蘭臺國學研究叢刊 第一輯 4

齊諧選編

毛鵬基 編著

蘭臺出版社

總序

夫國學者，一國固有之學術思想也；此乃民族精神之所基，國家靈魂之所依，文化命脈之所寄。吾泱泱中華之所以卓然傲立於世數千載，端賴於此道統思想薪火相傳，燈燈無盡，代代傳衍，不絕如縷。故四大文明古國，獨中國存世於今，此誠世界文明之奇蹟，亦吾國歷代知識份子之功也。然自清末列強交侵，民初之「五四運動」以來，西潮如浪，澎湃洶湧，傳統之學術思想受到極大的衝擊，頗有「經書緒亂，書缺簡脫，禮壞樂崩」之勢。

中國自上古時代起即有史官記事之傳統，綿歷於今數千年不衰；歷代知識份子亦皆有傳承道統思想之自覺。傳統學術思想之傳承，有賴於斯。更切要者，乃在中國傳統之學術思想與人生關係密切，無一不可於日常生活中確實篤行，且隨其歲月歷練淺深之不同，而有不同之感悟，如張潮於《幽夢影》中所言：「少年讀書，如隙中窺月；中年讀書，如庭中觀月；老年讀書，如臺上玩月，皆以閱歷之淺深，為所得之淺深耳。」此乃吾國學術思想之特色和引人入勝處，亦是與西方之純哲學與人生決無關涉所不同者。

於今物質勃發，人心飄搖無著之際，中國哲學當有所裨益於世，所謂「求其放心」，進而能「為天地立心，為生民立命；為往聖繼絕學，為萬世開太平」。更有甚者，在於一國之復興，必先待國學之復興；一國之強盛，必先待國學之強盛！未見一國之富強而國學不興盛者。國學興盛，民族精神方有基礎，國家靈魂方有依憑，文化命脈方有寄託。

蘭臺於此時出版「蘭臺國學研究叢刊」，除傳承固有之國學命脈，亦是為故國招魂，更深信東方哲學是本世紀人類文化的出路，在舊傳統裡尋找新智慧，將大有益於世。希冀此叢刊的出版，能收「雲蒸霧散，興化致理，鴻猷克贊」之效。

蘭臺出版社

毛鵬基教授全集序

毛鵬基教授，江蘇宜興人，民國前三年（1909）生，享壽八十六歲。家世耕讀，1928年入「無錫國學專門學院」，後改為「無錫國學專修學校」，畢業旋即攷入上海商務印書館編審部工作，與同學王紹曾等人參與校印「四部叢刊」、「百衲本二十四史」等巨著。於先秦學術思想興趣濃厚，用力最多，在商務印書館任內廣泛涉獵，曾與同學馮書耕有約：共同編寫「四部鑰」，為「四部叢刊」提要勾玄，作為導讀，經七年努力，已近完成。怎奈抗戰軍興，回鄉率領青少年子弟毛鴻基等二十餘人，徒步向大後方轉進，經長途跋涉，多次涉險，終於抵達重慶，曾有「避難日記」，詳加敘述，可惜早已佚失，余幼時於父摯輩閒談中，尚略聞一二。「四部鑰」的原始文稿，也在日後的遷徙中丟失，曾為此懊惱不已。

文化和教育乃國家命脈所繫，重慶商務印書館是當時全國最大的出版機構，日寇軍機多次地毯式轟炸，商務印書館也是重要目標，在一次轟炸中，曾險些喪命。旋應召從軍，帶筆從戎；抗戰勝利，受聘南京國民大會祕書，尚未到職又奉命隻身來台在警備總部，創辦「民眾服務站」，擔起民眾組訓與調解糾紛之責，與當時工商業者相知甚稔，因熱忱服務，清廉自持，普受民眾信賴和敬重。以上校副處長除役，轉任黨職，在臺北市黨部工作時與同事馬鶴凌，理念相同，相知相惜。分離多年後，在芝山岩相遇，曾蒙題詩相贈，茲錄於后：

歸隱泥塗意自如，芝山岩下結廬居。聖徒舊是薪傳者，嘯傲林泉合著書。

菊徑松坡扉半開，扶筇親引故人來。烹茶細說還山後，傳道傳經亦快哉。

一別都門廿五年，舊時風骨更清堅。欣聞徹夜燃藜事，想見山居不羨仙。

我亦泥塗衛道人，甘為赤子老風塵。海天握手情何限，放眼乾坤且自珍。

在離開黨職後，重回學術天地，應張其昀之聘在文化學院任教，即今之中國文化大學，近三十年之久。其間曾自設「雅言出版社」，便利出刊國學專書。

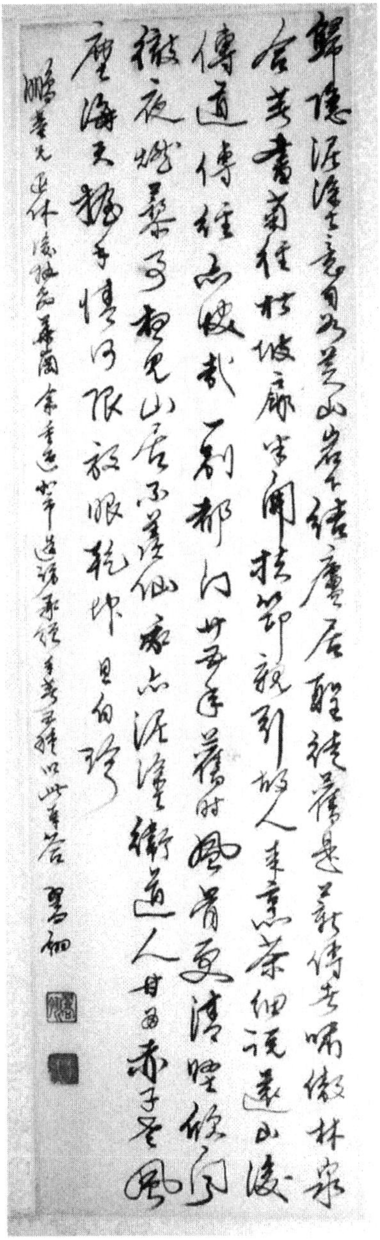

馬鶴凌〔翯翎〕先生題詩

無錫國專與民國以來國學的命脈密不可分，校長唐文治，字蔚芝，以救國救民為宗旨，抱捨我其誰的胸襟，以堅毅不撓之精神，首先創辦南洋大學，師法西洋，發展科技；繼而創辦無錫國專，傳承優良固有文化。科技與人文並重，希冀本末兼治，特從教育著手，致力培植振興國家民族的基礎人才。抗戰時期，國專也輾轉搬遷，雖然物質條件極度困窘，顛沛流離，仍弦歌不輟，絕不放棄！而唐校長當時雙眼已失明，靠助教為其讀文和板書，加上嚴重的糖尿病，身體衰弱，但仍親自授課！

錫國專招生，除嚴格筆試之外，唐校長都親自口試，精挑細選，入學者絕無僥倖，因此招生不多，卻人才輩出。「敦品勵節，修身養性」，是國專所強調的，非但在平時，而在危難之時，尤其能堅持不違。自校長以下，教師與學生都能以「孰讀精審，循序漸進，虛心涵泳，切己體察。」作為辦校和求學的圭臬。新生入學先求博覽，厚植基礎之後，再由博返約，集中在興趣相近的專項，不抄捷徑，不尚空談，不趨時尚，不畏批判，都能以發揚我國固有文明，為「舍我其誰」的終身職志！基於國專的傳統，畢業生在社會上給人的觀感，當然與眾不同。雖然不是個個「博古通今，學究天人」，但是都可以稱得上經師人師，足以表率群倫！

中華文化以人為本，重點在講求個人和社會的和諧關係，強調的就是「人倫」，是最務實的哲理。禮義道德為人生的基址，知識學問如同建築在基址上的屋宇。沒有強固的基礎，不可能有宏大的建築；沒有道德的人，學問反而更助其為惡。知識份子要學以致用，濟世利民，不泥古，不矯情，不欺暗室，去偽存誠，躬行實踐，為民表率！文化涵蓋生活中的一切，包括物質和精神兩個層面：有從橫切面看到某一時期的社會，也有從縱切面看到歷史的演變。其中支配著整個文化進程的，就是人文思想。中華文化在先秦，就已有多樣而且成熟的哲思，有文字記錄在典籍，延續了數千年之久，是世界文明史上最光輝的一頁。歷代的戰禍，對古籍的破壞，固然是無可彌補的損失，而近世國人對自身文化的蔑視，才是最大的危機！

整理古籍是目前當務之急，若不能將有學術價值的著述保存下來，時間一久就會被遺忘，甚至被湮滅。普及國學，不能祇喊口號，第一件事就要保存古籍，但是古籍浩瀚，要能精擇細選，避免遺珠之憾。第二步是要整理古籍，把內容散亂的重新編排，使之易於閱讀，便利初學者。第三步，在古籍的基礎上，配合當代的環境，闡發其精義，而不是以現代人的眼光，作狂妄的批判。有人認為，社會不斷在進步，為什麼要抱殘守缺，應該順應新時代的潮流。乍看似乎有理，但若以生物演化的速度來看，幾千年或幾萬年，在自然界只算是一瞬間而已，人類在最近一萬年內基因結構的改變，實在微乎其微。雖然人類發明了許多前人沒有的工藝技術，物質條件不斷改進中，但是今人和兩三千年前古人的遺傳基因並無差異！人與人相處的基本關係，並沒有改變：人們要追求理性和平的社會，要仰賴互助合作的關係，要父慈子孝兄友弟恭的親情，要誠信互敬的友誼，要有關心民生疾苦的政府，要有道德素養高深的領袖，諸如此類，並沒有今古或中外之別！那麼為什麼要拒絕學習前人的智慧？排斥先人的教訓？

「博學、審問、慎思、明辨、篤行」，是做學問的步驟，以現代語言來說，就是要大量涉獵，小心假設、虛心求證、實踐篤行。先要大量收集資料，瞭解其中的內容，有了充分的背景資料，再小心選定要探討的主題。主題的選定非常重要，不可以輕率大膽假設，若是弄錯方向，將是失之毫厘，差之千里。經過了謹慎思攷和研討，虛心接受事實，証明真相，確認無誤，就要切實奉行。

書固然要博要精，更重要的是能融會貫通：通情達理，捨短取長，師法先哲，以為己用。先秦諸子百家，處衰周之亂世，其言論皆以救世濟民，除弊安邦為宗旨。著眼處不同，主張也相異，做法當然也不一樣。春秋戰國是中國文化史上的大黃金時代，百家爭鳴，門戶各立，各是其是，而非其所非。各家主張自有獨到之處，但也難免一偏之譏。「諸子十家平議述要」，扼要說明各家立論的主旨和矯正當時社會亂象的方法。就各家相互批評和爭議之中，整理出各家學說的優劣點。實際上，百家之說雖然不同調，甚至相互譏評，勢同水火，但各有所用，如偏執於一家之言，就會像沈滯於泥濘之中，難以自拔。反之，若能摘取各家之長，偏者裁之，缺者補之，各家都可取法；相反又能相成，相滅亦能相生！

「論孟會通」是「論語會通」和「孟子會通」兩書的合訂本。古本論語因編次體例，均無定則，學者茫無頭緒，教者也難作有系統之講述。論語為孔子學說之精髓，孟子一書則為繼孔子之後，最能發揚儒家精神的代表，均為研習固有文化學術所必讀。為便於研習與講述，經過重新編目，以類相從，次第相關，各有所歸，不需苦思力索，即能得其融會貫通。

不語：怪力亂神，並非否定其存在，而是對未知事物，持保留態度，並非劃地自限。以孔子的智慧，尚且無法解釋許多現象，所謂知之為知之，不知為不知，不強不知為知。對一般人而言，實在沒有必要在這些方面浪費時間和精力。「齊諧選編」與「異夢選編」二書，是把古人神道設教的精神，加以宣揚，以勸善濟世存心，在物慾橫流人性墮落之世，有矯正世俗的偏差，端正人心的作用，千萬毋以迷信視之。迷信是若本無其事，卻盲從而附會之；

若確有其事，經親身體驗之奇事，不能因無法解釋，而歸之於迷信。兩書之編，旨在鍼薄俗而砭澆世，藉以有所警惕，亦有助於教化。

「傳記文述評」一書，為「傳記」與「文」正名，攷鏡源流，區別傳記文為經學、歷史、文學三大類，並詳述其原起、流裔、作法等，為傳記文體之特識創獲。

臺北市「蘭臺出版社」為宏揚中華文明，不計工本，重刊民國以來國學專著，不使日久湮滅，厥功至偉。為所當為，勇氣可嘉！謹向盧瑞琴女士與蘭臺全體仝人致敬！

中華民國壹佰零壹年壬辰上元日毛文熊謹記於臺北旅次

敘例

本編選集古今中外志怪之精英，雖情節奇異，似若危言聳聽；要皆主旨醇正，可勸可戒，可歌可泣。足以敦世道而正人心。舉凡誨淫誨盜，或意存詆毀，無裨名教有害心術者，均屏置焉。

「因果」之說，由來尚矣。蓋「月暈而風，礎潤而雨」；「種瓜得瓜，種豆得豆」，固屬自然之理。而「愛人者，人恒愛之，敬人者，人恒敬之」；「殺人之父，人亦殺其父，殺人之兄，人亦殺其兄」。亦事所必然，勢所必至者也。積善餘慶，積不善有餘殃。報施雖遲速有時，要皆歷歷不爽。足以啓羣蒙，閑邪枉，而肅官常。故本編於此，特致意焉。

易曰：「精氣為物，遊魂為變，是故知鬼神之情狀」。中庸曰：「鬼神之為德，其盛矣乎？視之而弗見，聽之而弗聞，體物而不可遺」。

又云：「郊社之禮，所以祀上帝也。宗廟之禮，所以祀乎其先也。明乎郊社之禮，禘嘗之義，治國其如示諸掌乎」？管子則言：「順民之經，在乎明鬼神，祇山川」。墨子且有明鬼之篇。而鬼神之說載於典籍者，不可勝數。蓋明乎鬼神之理，則雖獨處暗室，如「十目所視，十手所指」。而「不愧屋漏」之美德，亦非難能之事矣。此本編所以不憚三復而言之也。

「樂天知命故不憂」，命運之說，聖賢亦時或言之。蓋一身之窮達，若不守分安命，則奔競排軋，損人利己，無所不為，天下禍亂，必自此起矣。「至國計民生之利害，則不可言命！天地之生才，國家之設官，所以補救氣數也。身握事權，束手而委命，則天何必生此才？國家何必設此官？晨門曰：是知其不可而為之。諸葛武侯曰：鞠躬盡瘁，死而後已！成敗利鈍，非所逆睹。」此聖賢立命之學，吾人不可不知。蓋天定勝人，人定亦能勝天：「強本而節用，則天不能貧；養備而動時，則天不能病；循道而不貳，則天不能禍」。是以吾人一切皆當盡人事，而順天理，不可盡委之命運，而不敬德修業，或惰於守職。本編所述「前定」一篇，意在斯焉

自漢劉向晉葛洪等以來，列仙之事，盈乎典籍。但神仙究非人人可遇，其事難明。惟萬物芸芸，何所不有？「雉之為蜃，雀之為蛤，荇萊為蛆，腐草為螢，鼉之為虎，蛇之為龍」，物固有之，人亦宜然！故本編視其有裨世道者，亦擇要而甄錄焉。

輪迴再生，事涉幽冥。以現實人生觀測之，不免齟齬。惟古今中外，多言其事。時至今日，仍時有類此情事發生。蓋天地之大，變化無窮，靡所不有。凡事似未可概以常情律之。故亦簡擇選錄，以資研考。

災異妖孽之説，無世無之。易曰：「天垂象，以見吉凶」。中庸亦曰：「國家將亡，必有妖孽」。故後人頗多援天道證人事，以明妖由人興，吉凶自召者：五行傳云：「貌之不恭，時則有服妖；言之不從，時

則有詩妖；視之不明，時則有草妖；聽之不聰，時則有鼓妖；思心之不容，時則有脂液妖」。繁露云：「凡災異之本，盡生於國家之失。天出災異，以譴告之。譴告之不知變，乃見怪異，以驚駭之」。説苑云：「妖孽者，天所以警天子諸侯也」。漢書谷永傳云：「臣聞災異，皇天所以譴告人君過失，猶嚴父之明誡。畏懼敬改，則禍消福降。忽然簡易，則咎罰不除」。商箴云：「天降災布祥，並有其職。以言禍福，人或召之也」。凡此所舉，皆謂災異妖孽，莫非有因。足以使秉國鈞者，嚴省察而資修治。故本編於此亦采擷焉。

本編編次，均以類相從，不以時代先後為序。如一情節涉及多方者，則列入較為適切之目，不另互著。

經傳史志、諸子百家、以及歷代名人筆記，中外雜誌報章，均為本編取材之資。因之全書文體，頗不一致。但為存真起見，語錄、文言，均仍其舊。惟於每篇之後，附註所選書報雜誌名稱，或作者姓氏，俾便參稽。

余在弱齡，因時代潮流影響，亦常主破除迷信。逮抗戰軍興，流離四方，所聞見奇異怪事，不一而足。倘非身歷其境，絕難令人置信。觀念於是漸生轉變。蓋所謂迷信者，盲目而不歸於正之謂。若苟有其事，且耳聞目擊，不能謂為全然烏有無是。由是常縈繫於懷，留意搜集古今中外，奇聞異事，予以研究採擇。前年曾編印「異夢選編」，就正有道。茲再輯成是編，旨在鍼薄俗而砭世，藉以有所警惕戒懼。倘亦有助於政教治化歟？

中華民國六十三年六月二十一日宜興毛鵬基於臺北旅次

目次

敘例
第一篇 有施必報……………………一
第一章 寃獄枉殺（二十五則）……………一
第二章 謀害（十八則）…………………三五
第三章 淫慝（二十三則）………………五七
第四章 悍妬淩虐（九則）………………八九
第五章 輕薄讒謗（六則）……………一〇七
第六章 褻瀆鬼神（十則）……………一一二
第七章 暴殄天物（五則）……………一二二
第八章 盜墓（三則）…………………一二五
第九章 還債（二十二則）……………一二八

第十章　作惡轉生（四十七則）……………………一四六
第十一章　禽獸報怨（二十則）……………………一七六
第十二章　蟲豸報怨（五則）……………………一九〇
第二篇　無往不復……………………………………一九七
第一章　陰德（四十則）……………………………一九七
第二章　孝感（十三則）……………………………二三五
第三章　禽獸報德（二十七則）……………………二四九
第四章　蟲豸報德（十則）…………………………二七二
第三篇　雷擊…………………………………………二七九
第一章　忤逆（十二則）……………………………二七九
第二章　謀害（二十則）……………………………二八八
第三章　姦淫（三則）………………………………三一〇
第四章　大逆（十則）………………………………三一四

第五章　悔過免雷（五則）……三二一
第六章　雷擊妖孽（五則）……三二五
第七章　雷救人命（二則）……三二八
第四篇　幽靈……三三〇
第一章　淑靈護家（十九則）……三三〇
第二章　幽靈賦詩（三則）……三四四
第三章　鬼自治喪（三則）……三四八
第四章　鬼兵（四則）……三五一
第五章　鬼鄉……三五五
第六章　走尸（三則）……三五八
第七章　凶宅（十八則）……三六一
第八章　厲鬼（十一則）……三九〇
第九章　見鬼（四則）……四〇八

第十章 幽明問答（十九則）……四二〇
第十一章 制鬼（四則）……四四九
第五篇 神異（以下下册）……四五三
第一章 神佛靈異（十六則）……四五三
第二章 城隍靈應（十則）……四七一
第三章 土地呵護（四則）……四八二
第四章 灶神驅虎……四八七
第六篇 遊地府……四八九
枉死城帶信……四八九
陳叔父……四九〇
酆都知縣……四九六
地窮宮……四九八
閻王殿對……五〇〇

釋寧師……五〇一
沈自玉……五〇二
楊彩昭……五〇七
南續……五一〇
山東某生……五一一
香粉地獄……五二四
第七篇　生爲冥吏……五三一
第一章　判官錄事（十二則）……五三一
第二章　伴鬼勾魂（四則）……五四七
第三章　活無常（三則）……五五一
第四章　幽冥問答……五五六
第八篇　死而爲神……五七九
第一章　死爲閻羅（七則）……五七九

第二章 死爲城隍（十四則）……五八七
第三章 死爲冥吏（十二則）……六〇一
第九篇 自知前世……六一三
第一章 生便能言（七則）……六一三
第二章 自知前生（十五則）……六二〇
第三章 自知兩生……六四七
第四章 自知三生（二則）……六四九
第十篇 死而復活（十六則）……六五一
第十一篇 借尸還魂（八則）……六八四
第十二篇 前定……七〇四
第一章 奉行初次盤古成案……七〇四
第二章 生死（十則）……七〇七
第三章 前程（八則）……七一九

第四章 科第（五則）……七二六
第五章 官階（三則）……七二八
第六章 衣祿（四則）……七三〇
第七章 婚配（二則）……七三四
第八章 刼數（四則）……七三六
第十三篇 神仙（二十二則）……七四二
第十四篇 妖孽……七六五
第一章 人痾（三十七則）……七六六
第二章 禽獸禍（六十二則）……七八六
第三章 蟲豸孽（三十六則）……八一五
第四章 草木石妖（十五則）……八三九

齊諧選編

第一篇 有施必報

第一章 冤獄枉殺（二十五則）

杭州文學、淩聚吉、名萃微，予弟鯤庭、同窗友也。住新宮橋南首，於崇禎丁丑生一女，初無疾病，至癸巳年，女長十七歲矣。七八月間，忽遘奇疾，狀若中風，目瞪頭旋。食頃，始蘇。

言見一黑物，便頭暈欲倒，平復兩三月，忽又一發，漸漸頻數。遍訪名醫：有言風者，有言伏痰者，有言驚癎者，有言神氣虛者，有言肝虛者，有言己身藏神者。服諸藥無算，而終無一効。至今乙未四月間，年一十九歲，每發愈重。聚吉俟其發時，諦加窺視，微覺口中，諦諦作聲，聚吉始駭然。故與之語，輒忽應答，言談往復，殊有倫次。始聞有夙世冤業之說。聚吉方知爲鬼物所憑，乃專求治鬼，凡僧道巫祝，遣禳醮薦之法，無不畢修。辟邪鎮鬼之藥，無不畢投。而鬼忽作語云：「我係前世冤家，冥司稟白而來，任汝等作法，終不去也。至問其冤業所起，及何處鄉貫姓名，輒答云：「此時未言，久當自知。」

迨至五月廿五日，淩女見前黑面之鬼，復押一白面者同來。且言明日當攝汝魂。六月十三日，陰司牌懸赴審，聚吉初不之信。至明日午後，女方坐稠人中，忽大呼：「二鬼又至，已將來魂縛去矣！」遂復暈倒。自此不須頭暈，輒見二鬼，押持操縱，不可復脫，不能復飲食眠睡。每合眼，則二鬼與爭辯。聚吉輩與言，鬼便借女口應答，而女如在旁竊聽者。於是方知其夙冤始末：

黑面者言：「我本揚州人，名倪瑞龍。白面者、名袁長儒，與我同里，俱係富室，兩相詰訟。言凌女係揚州察院姓劉。彼收我銀若干，復斃我命於獄。我被毒藥所害，故面黑如此。一魂含冤至今，六十載，今來索命，無復他求！」

問其致訟之由？則云：「瑞龍有地五十餘畝，售與長儒，未經了絕，而長儒得地，即慮反復，便投一大家云：「己轉賣。」瑞龍計窮，無可加貼，由此仇恨，互相詰訟。今長儒已絕無嗣，而倪有子尚存，名宗某，其言鑿鑿可據也。」言已，復押凌女遊地府，凡人世所云：刀山、寒冰、劍樹、鐵床、磋磨、臼碓、水浸、石壓等獄，又如鬼門關、望鄉台、孟婆庄、破錢山等處，無不遍歷。且言奈何橋，僅濶八寸。凡入磨坊者，碎磨骨肉，片片作聲，悉呼痛楚。即分形變畜，如蟲蟻之類，苦不可言。大概，始則大地如潑墨之黑，久之，中又歷歷可見。又或遊善人長者之處，則略有微明，燈燭輝煌，冠裳楚楚。

又至一所，則竟如日月開朗，池中或開紅白蓮花，香氣襲人。堂戶皆金碧，云是最善者處也。又殿側大廳院一所，即閻賓館，中有鄉紳二百餘人，冠帶峨峨。女至其中，或有相拱揖者，言面甚善，云是昔同年同寅輩，一時忘其姓字。又有富生人道，未得空缺者，此類最多。總聚處，亦無善惡諸相。又三黨親戚中，或有見者，或不見者，或有與言者，或不與言者。又見前世母氏，高年白髮。倪瑞龍詆之云：「此一個老婆子！」凌女又怒云：「汝部民應稱太夫人，鬼子敢爾耶？」

聚吉聞之，猶疑怪誕，難可准信。然又念報冤之說，世亦嘗有，計惟訴之本府城隍正神，求其別白是非。於是以六月初一日，虔往投詞，大意謂：「果係眞寃，殺人者死，負人者償，夫復何辭！假令妖狐野魅，故託妄言，擾害無辜，則祈神聽聰明，立賜處決。」兼令凌女拜禱觀音大士，日誦三千聲，求其解寃釋結。直至初八日下午，女鬼果見二公差至云：「城隍出牌！」初九日下午，又來言：「明日五更候審。」而袁長儒者，如有恐慄之狀。凌女方悟此獄，或係此鬼所成也。

至初十日五更，差人果押二鬼至，同凌女魂赴城隍審理，候開門升堂。三人進跪堂下，瑞龍先言：伊在揚州作官，既受我賍，復害我命。凌女因言：據說我受汝賍，如今不知有無？但我既爲官，豈能躬自詣獄，來害汝命？是誰持藥？藥是何物？須還明白，我方承認！」瑞龍語稍塞。

城隍因言：「汝辯有理，人命何與汝事？但不應貪污受賄！汝既爲官，受朝廷俸祿，如何私取民財？難免罪過！」因指瑞龍言：「汝作鬼六十年，眞害汝命者不知，却去告伊！念汝喪命，姑責五板。」因指袁長儒令說：長儒，已自股慄，猶言此事，小人不知道。城隍怒，令夾起來！見吏卒上夾，鬼便自招云：尙有下毒家人！因放夾，責三十板。

審訖，城隍分付：「我衙門，不定罪，十三日，仍聽殿裏審去。如是遂出。自始至蘇，約半時許。此則六月初十日五更審勘事也。城隍紗貂錦袍，燈燭香案，殿上諸吏，俱帶外郎帽辦事，階下俱是隸卒拱立。堂陛寬敞，殊非人間廟宇也。

至淩女每對簿，則仍方巾葛衣朱履，有所稟訴，即與倪袁二犯，同跪。稟畢，即站立左旁。其體與齊民迥別。又審後，瑞龍來淩家，雖若憤懣，然束縛稍寬，强梁稍阻。即其向長儒索酒食紙錢，辭亦稍哀矣。

至十二日晚，二鬼又至，言明日巳時，三殿閻王掛審，汝須准備諸事，遂守定不去。至次早，聚吉用好語勸解，且許其審畢，送女復還。仍予銀錢，兼設酒食。鬼伴許諾。

迨至辰刻，俄見冥司二差至，凌女向臥床第，至此忽自起立，索換衣衫，與家人作別，言已就瞑，手足俱冷，而心頭微溫。候視約半時許，但見微作淚容。又稍頃，微聞言此路晒甚熱。蓋其蘇時，正赤日將中也。俄又言：汝等定要吃飯去！言畢，欠伸而蘇。因言：方去見者是三殿閻王，側立司善惡二判官，階下俱小鬼獄卒，猙獰可怖。牛頭馬面守門。始聞唱名，黑面者名倪瑞龍。次唱女名劉玉台，又次唱袁長儒、則白面者是也。閻王廷訊，二判持簿查閱，瑞龍與女爭辯，亦如對城隍時語。一判大聲指凌女言曰：「人命不干汝事，但汝得銀一千二百兩，亦不爲少！汝罪過尚有，不放汝回！」凌女惶恐，乞生，言我雖有罪，但今世父母生我一十九年，未曾孝養，顧且放回！蓋向之作淚者，此也。閻王因言：「汝既如此說，我放汝回去！但此去做好人，壽命可延。如或不改，仍來受罪！」一遂發放回去。倪瑞龍令其投托人身，以在生作惡，仍責十板戒訓。袁長儒不責，令收監，受牢獄罪十年。仍令二鬼送還凌女，遂從床起，急令燒送紙錢羹飯，以贈其去。

又從前燄口數壇，超度二鬼，無甚應響，惟集慶隱崖禪師，年已七十有九，戒律精嚴。至是，將施食時，凌女未嫁之夫，江聿修者，雅不信鬼，頗懷腹誹。女即於房中云：「汝家何故令外姓人罵我？」一問之，果然。聿修即前跪伏罪。又云：「今日施食極誠，法師極有道力，故寒林親身自來。但我輩既爾長往，劉公必須一送。女因疏粧冒雨出中堂，坐視燄口，若無病者。而江君親見寒林黑面吐火，形見，驚怖，虔誠拜。自是

之後，二鬼絕跡。凌女沉疴如失云。（凌女嫁後，孕凡二次，以丁酉十二月夭亡）

按：聚吉自序云：凡紀籍所載，前生宿世因緣，果報之說，聞之熟矣。以是為釋氏之苦心，警世之權語，儒者所不道也。豈知今日，近出己身，耳聞目擊，曾非影響。事理姓名，俱有對証，雖欲不信，不可得也。故不敢隱，謹述其事如左。

又云：予女自乙未五月廿五日至六月十三日，計十八日，粒米不進，目睫不交。當其去也，則僵臥，竟如死人。及其蘇醒，安居仍如平日。自始至終，曾無一語謨糊。其間幽冥警策之語甚多，筆不盡載，要不敢增飾一字，以墮妄語之戒也。因思世人，或有恃其勢位，負其才力者，少得尺寸，廣作不良，傷心刺骨，無所不至。豈知現世所不報者，即再世之後，重泉之下，尙有含寃隱毒，願得而甘心焉者。昭其姓名，揭其行事，不能掩覆，伊可畏也。因將前後始末，備載於紀。或亦冥冥之中，喚韋蒙而肅官箴之意云。（冥報錄）

☆ ☆ ☆

江南某將軍者自言：「一世爲官，因誤殺一囚，一世爲馬，在棧道驛遞中。雖爲馬，猶記前生事，但不能言耳。一日遇急差，於險峻處痛鞭之，馬恨甚，欲墮崖殺之。忽念我本爲人，居官因枉殺人，墮畜道。今復造業，永無超脫之日矣。作是念已，旋得病死，今生得爲將軍。然作馬之苦，歷歷能憶。特製軟鞍橋數百副，施棧道中，蓋驛馬奔驟馳蹶，背上木鞍橋，最痛故耳。」方伯王邁人先生述之如此。將軍左腿，猶有馬皮毛數寸，可信。（信徵錄）

光緒元年，伯相李公，以直隸、蘆僧河阻塞，籌欵濬築，派某觀察督辦工役。盧星五太守爲總辦，所屬有委員數人，分司局務。既清丈河身，及身旁地畝，分段取土築堤。有老嫗赴局控訴云：「業田十畝，與一媳一孫，賴爲衣食資，今在所丈河堤之內，請爲伸理。」委員以空言慰之。曰：「已丈之地，不能更改，自當給汝地價。」老嫗曰：「給價，則無田可種，終非久計，請另撥田十畝以償之。」委員佯應曰：「諾。」久之，老嫗復來，委員仍以空言慰之。久之，又來，委員厭其煩瀆，厲聲斥之，復呼吏役，示將拘執加扑責者。蓋欲懾之使退也。

老嫗號哭而去，自念失田，無以爲生，遂赴水死。其媳見其姑死，不知所爲，亦抱其子投水死。此事惟委員以下知之，而督辦與總督，皆不知也。

明年，盧太守權正定府篆，大病幾危，忽若有持帖來請者，隨往一處，則府城隍廟也。城隍神迎謂之曰：「去歲有一事，君知之乎？」因舉其顛末，且見老媼、及一少婦、一小兒跪階下，作訴冤狀。太守辭以實屬不知。城隍神曰：「我亦知君不知也。此事在陽間，不過失察處分，雖得小咎，尚無大譴。彼爲委員者，經老媼屢次申訴，而置之不理，又不以告君。貧民持田地，以資衣食，若坐視其衣食將絕，而漠然不動，于彼豈有不死之理？在委員不過偷懶一時，而致死三命，絕人之祀。是委員雖無欲殺人之心，不能不科以抵命之罪也。」言未既，聞呼號聲，甚慘，則視兩委員執縛在階下，鬼卒以炭火灼其徧體，身無完膚，奄奄垂斃。太守一驚而醒。既卸篆晉省，則聞一委員，已徧體生瘡，潰爛而卒。一委員亦生瘡，甚劇，胸

腹已穿，臟腑流出，頃之亦卒。（庸盦筆記）

☆ ☆ ☆

乾隆甲子、余宰沭陽，有淮安吳秀才者，館於洪氏。洪故村民，饒於財。吳挈一妻一子，居於外舍。洪氏主人，偶饌先生，并其子，妻獨居於室。夜二更，妻被殺死，刀擲牆外，即先生家切菜刀也。

余往驗屍，見婦人頸上三創，粥流喉外，爲之慘然。根究凶手，無可蹤跡。洪家有奴洪安者，素以左手持物，而刀痕左重右輕，遂刑訊之。初即承認，既而訴爲家主洪生某指使，爲姦師母不遂，故殺之。生即吳之學徒也。及訊洪生，則又以奴曾被笞，故仇誣耳。

獄未具，余調江寧。後任魏公廷會，竟坐洪安，以狀上臬司，翁公藻、嫌供情未確，均釋之，別緝正凶。十二年來，未得也。

丙子六月、余從弟鳳儀，自沐陽來，道有洪某者，係武生員，去年病死，尸柩未出。見夢於其妻曰：「某年某月、姦殺吳先生婦者，我也。漏網十餘載，今被冤魂訴於天，明午雷來擊棺，可速爲我遷棺避之！」

其妻驚覺，方議引柩之事，而棺前失火，幷骨爲灰燼矣。其餘草屋木器，俱完好也。

余方愧身爲縣令，婦冤不能雪，又加刑於無罪之人，深爲作吏之累。然天必報必遲至十年之後，又不於其身，而於其無知之骸骨，何耶？此等凶徒，其身已死，其鬼不靈，何以尙存精爽於夢寐？而又自惜其軀殼者，何耶？（子不語）

咸豐五年，黃某、貴州人，以進士官肅寧縣令，履任後，每遇坐堂理訟，則云：「吾前生於嘉慶年間，曾任肅寧縣知縣。有某村女，因膨脹，被婿家誣控，彼時聽訟，誤信門丁言，以胎孕訊之。致某女以刀自剖其腹而死。」每坐堂，始終言其事，退審後，辦理公牘，則清醒如常。幕友疑異，令書吏檢查此案，果否屬實。一老吏曰：「誠然！此事在嘉慶年間，某尚年幼，已在刑房充當書辦，曾眼見之。」檢牘查閱，與黃某坐堂時所言烈女之事，句句相符。福制軍聞而異之，憐其少年有才，飭學官代為和解，並准上疏旌表。令黃某設位，終身奉祀。女鬼假黃某口，對曰：「冥府首重節孝，黃某三世，皆應登進士。茲已兩列桂籍，後世仍擢高科。因其此生最孝，所以不奪其算，僅削其福。否則死於非命。吾遵冥府之判，不能解釋也。」學官無如之何。後黃某以改教去任，至今尚居鄉行善，以修來世云。

嗚呼！一烈女之寃，而今三世，進士無祿。幸黃有孝行，倖免索命。設黃無孝行，遇此夙報，尚何言哉？其婿家誣控，門丁受賄，其報必更有甚焉者矣！古云：「萬惡淫爲首，百善孝爲先。」凡居官者，可不以此爲前鑒乎？（玉歷寶鈔、徐升庵記）

☆ ☆ ☆

陳尚書戊午科場之案，陳孚恩紿殺程庭桂之長子，余記已記之矣。孚恩將敗之前兩月，其長媳有病，爲鬼所附，忽變男子口音，細聆之，蘇州話也。鬼罵曰：「陳孚恩老賊！汝殺我，以媚權奸，賺得一尚書好官，亦不過做得三歲有零耳。一因拊掌大笑曰：「白頭老翁，官興雖濃，乃亦有此一日乎？我看汝兩月之後，必以奸狀敗露獲罪。然此猶其小者，再閱一年，老賊且不能保首領，與我相同。我不過死于都中，老賊當死萬里之外。我至此，怨氣方平矣。自是，鬼無日不至，無日不鬧，往往抉其隱微，數其奸慝。一家僕婢，亦掩口而笑。孚恩至不敢歸寓，或託辭，借宿于外。且使人哀懇之，願爲延僧唪經，拜懺超度。鬼曰：「吾既已喪吾首領矣，超度何爲？且老賊之禍，皆其所自取，我不過宣播之，以出其醜耳。」及肅順伏誅，孚恩以奸黨遣戍伊犂，鬼始寂然。其媳病亦大愈。明年，回寇陷伊犂，孚恩全家死焉。人始知靈鬼之能知一歲前事也。（庸盦筆記）

☆　☆　☆

上海章生颶高、名士也。薄遊山左壽張縣。有娶婦薛氏者，富而守節，族人利其家貲，强之再醮。婦堅不從。乃誣以姦，訟之縣。

縣令章君貞、與颶高向聯宗誼，族人以六十金饋之，囑令斷改嫁，令如命。婦憤極，投繯死。及歸舟，神氣騷擾，隨感疾、。纔抵家，偏室中，鬼聲不絕。忽口作山左婦人聲曰：「我在上海縣學、久覓汝不得，今得之矣。惡黨俱齊，可同往面質也。」於是哀號半日，而卒。（蓴鄉贅筆）

☆ ☆ ☆

柏靜濤中堂，以戊午科場案伏法，其咎祇在失察，予以褫革，已覺情罪相當。若軍台效力則重矣。乃肅順等用意，在修怨以立威，必殺之而後快。天下頗謂用法過當，甚有為之呼冤者。肅順將敗之前數日，在熱河直廬獨坐，其僕從忽聞室中喧囔聲，倉猝奔入，則見肅順方作遜避狀，但連聲曰：「七哥！請勿怪我。七哥者，肅順平日稱柏相者也。兩僕前扯肅順曰「日尚未入，中堂何驚？」肅順如醉如醒，謂其僕曰：「汝等見柏中堂乎？頃，柏中堂以手自挽其頭，對我而笑，口稱索命，令人可怖。」因指示之，曰：尚在彼處。忽復驚曰：「耆中堂垂帛于頸至矣，當奈何？耆中堂、即耆英，亦因肅順專疏劾奏，奉旨賜自盡者也。俄而家人環集，肅順如夢初覺，若已忘前事者。自是，神氣頹喪，智慮亦大不如前。未十日，而奉旨褫逮矣。蓋死期將至，敗氣已見，而怨鬼乘之爲厲也。（庸盦筆記）

☆ ☆ ☆

杭州湯秀才世坤，年三十餘，館於范家。一日晚坐，生徒四散。時冬月畏風，書齋窗戶盡閉。夜交三鼓，一燈熒然。湯方看書，窗外有無頭人跳入。隨其後者六人，皆無頭，其頭悉用帶挂腰間，圍湯，而各以頭血滴之，涔涔冷濕。湯驚迷，不能聲。適館僮持溺器來，一衝而散。湯隕地不醒，僮告主人，急來救起，灌薑湯數甌。醒具道所以，因乞回家。主人喚肩輿送之。

天已大明，家住城隍山腳下。將近山，湯告輿夫，不肯歸家，顧仍至館云。未至山腳下，望見夜中七斷頭鬼，昂然高坐，似有相待之意。主人無奈何，仍延館中。遂大病，身熱如焚。主人素賢，爲迎其妻來侍湯藥。未三日卒。

已而蘇，謂妻曰：「吾不活矣！所以復蘇者，冥府寬恩，許來相訣故也。昨病重時，見青衣四人，拉吾同行。云有人告發索命事。所到黃沙茫茫，心知陰界。因問吾何罪？青衣曰：『相公請自觀其容，便曉矣！』吾云：人不能自見其容！作何觀法？四青衣各贈有柄小鏡曰：『請相公照。』如其言，便覺龐然魁梧，鬚長七八寸，非今生清瘦面貌。前生姓吳、名鏘，乃明季婁縣知縣。七人者、七盜也。埋四萬金於某所，被獲後，謀以此金賄官免死。託婁縣典史許某轉請於我。許匿取二萬，以二萬說我。我彼時明知盜罪難逭拒之。許典史引左氏殺汝，壁將為往之說請。掘取其金，而仍殺之。我一時心貪，竟從許計。此時悔之無及。乃隨四人，行至一處，宮闕壯麗，中坐袞袍陰官，色頗和。吾拜伏階下，七鬼者捧頭於肩，若有所訴。訴畢，乃掛頭腰間。吾哀乞陰官，官曰：我無成見，汝自向七鬼求情。吾因轉向七鬼叩頭云：請高僧超度，多燒紙錢。鬼俱不肯，其頭搖於腰間，獰惡殊甚，開口露牙，就近來咬吾頸。陰官喝曰：「盜休無禮！汝等罪應死，非某枉法。某之不良，在取爾等之財耳。但起意者，典史非吳。今似可緩索渠命。七鬼者、又各以頭裝頸哭曰：「我等向伊索債，非索命也。彼食朝廷俸，而貪盜財，是亦一盜也。許典史久矣被我等咀嚼矣。因吳令初轉世為美女，嫁宋尚書牧仲為妾。宋貴人，有文名，某等不敢近。今又託生湯家，湯祖宗素積德，家中應有科目。今年除夕，渠之姓名，將被文昌君送上天榜。一入天榜，則邪魔不敢近。我等又休矣。千載一時，尋捉非易。願官勿行婦人之仁！」陰官聽畢，蹙額曰：「盜亦有道，吾無如何！汝姑回陽間，一別妻孥可也。以此我得暫蘇。」

語畢，不復開口，妻爲焚燒黃白紙錢千百萬；竟無言而卒。湯氏別房諱世昌者，次年鄉試及第，中進士，入詞林，人皆以爲塡天榜者所抽換矣。（子不語）

☆　☆　☆

溧陽狄某、任雲南定遠縣知縣，有富翁死，而其妻掌家，積有數萬金。叔告縣密囑之曰：「追得若干，願與平分」。狄信之，拘其嫂到官，酷刑拷訊，至以鐵釘釘足，滾湯燒乳。於是悉出所有四萬金，狄得二萬。而婦遂齎恨以死。及狄罷歸，一日晝寢，忽見其婦，手持小團魚掛於床上，乃大驚異。未幾遍體生疽，如團魚狀。以手按之，四足俱動，痛

徹骨髓，晝夜號呼。踰年乃死。五子七孫，俱死此疸。止一孫僅免，亦無立錐之土。（稗史）

雷申錫者、江西人，紹興中，一舉中南省高第，廷試前三日，客死都下，捷音與訃踵至鄉里。其妻日夜悲哭。一夕夢申錫如平生。自言：「我往爲大吏，有功德於民，故累世爲士大夫。然嘗誤入死囚，故地下罰我，凡三世如意時暴死。前一世仕久連蹇，後忽以要官召入，及都門而卒。今復如此，凡兩世矣。要更一世，乃能償宿譴耳」。可以爲治獄者之戒。（稗史）

江陰俞生，才名遠播，乾隆間鄉試，文未脫稿，即裹具欲出，顏色甚慘沮。鄰號生力詰之。答云：「先君宦遊半世，解組而歸。彌留時，呼余兄弟四人，泣囑曰：『吾平生無昧心事，惟任某縣令時，曾受賄二千金，寃殺二囚。昨詣冥司對案，法當斬嗣。以祖上有拯溺功，留得一子，單傳五世，俱貧賤終身。吾地獄之苦，已不能免，倘子孫妄想功名，適增吾罪，非孝也！』言訖而瞑。

後兄弟繼死，獨余僅存。余前鄉試二次，悉污卷。昨三更，倏見先君揭號簾，責余曰：『汝不能積德，上格穹蒼，奈何背我遺囑？致吾奔走，且重獲罪。』因以手械擊燭而滅。余登藍榜不足恨，所恨先人負疚，拘繫九幽。行當削髮入山，學目連救拔亡靈耳。」聞者咋舌。同號陳扶青，作歸山詩送之。（玉歷寶鈔徐升菴記）

☆　☆　☆

憶三十年前，與秀才汪鐵宋明府和梅，同坐，用里草堂，有人入告曰：某戚死矣，家無一人，鄰里殮之。鐵宋愴然良久曰：「吾今乃信天道，因言其父故名諸生，累試不第，遂去爲小官，官江蘇巡檢。年已暮矣。亟亟爲子孫計，無惡不作，見銀即作鶻鷲笑。雖逆天理，悖人倫，勿顧也。一日有父控其子忤逆者，子大懼。倩人關說。許餽米十石免責。其允之。既又謂其人曰：「若再能加米十石，我爲杖厥父二十如何？」子大喜如命。

次日坐堂皇鞫訊，觀者如堵牆。先呼厥父上，略訊數語，即傳呼拿不孝子。厥子喜父之將被杖，已早伺於門矣。呼未已，子即趨而進。某罵曰：「若不知爾父之呈爾忤逆，而敢來耶？」子對曰：「父年老獨行，恐其傾跌，追隨而扶之來耶？」某遂霽顏曰：「始我以爾爲逆子，乃今而知爾爲孝子也。然爾父控爾不孝也曷故？」子因訴家貧，父索奉養奢，力不能盡供云云。父在旁怒斥其妄。某不之聽。婉謂其子曰：「我已知爾父之悖矣；然天下無不是底父母，爾第盡爾子職，爾父自能回心。以瞽瞍之惡，舜盡孝乃能感格之，況爾父之惡，尚不至瞽瞍乎？爾既扶之來，可仍扶之去。」因顧諭厥父曰：「爾有如此孝子，乃控以忤逆，可謂老悖矣！此後當體爾子，毋再蹈故轍！天下未有父慈而子不孝者也。」即諭傳點退堂。

父怒極無可言，將下階，子來扶，父揮之以肱，口喃喃言世上顧有如此糊塗官。觀者皆笑。某忽拍案大怒曰：「我好勸爾，爾乃敢罵父母官乎？」叱隸捉回，笞二十，逐出。而白米二十石，積乃倉矣。其他行事類如此。

未數年，以惡疾死。死後，妻媳相繼歿，所積貲蕩盡。今其子又死，遂致滅門。可不令人警懼哉？

先大夫嘗言：福建同寅某公，嚴於催科，每比卯，輒流血滿地。鄉民欠課者杖之，累千盈百，哀號之聲，有若鬼號。故輸課輒報最，而囊橐亦充裕焉。然身歿之後，亦遂絕嗣。貪酷之報，昭昭不爽也。（庸閒齋筆記）

以上冤獄酷報十三則

周宣王殺其臣杜伯而不辜，杜伯曰：「吾君殺我而不辜，若以死者為無知，則止矣；若死而有知，不出三年，必使吾君知之。」其三年，周宣王合諸侯而田於圃田，車數百乘，從數千人滿野。日中，杜伯乘白馬、素車，朱衣冠，執朱弓，挾朱矢，追周宣王，射之車上，中心，折脊，殪車中，伏弢而死。當是之時，周人從者莫不見，遠者莫不聞，著在周之春秋。（墨子事見左傳）

齊襄公田于貝丘，見豕，從者曰：公子彭生也。公怒曰：射之！豕人立而啼。公懼，墜車，傷足，喪屨。劉向以為近豕禍也。先是，齊襄淫於妹魯桓公夫人，使公子彭生殺桓公。又殺彭生，以謝魯。（漢書五行志事見左傳）

燕簡公，殺其臣莊子儀而不辜。莊子儀曰：「吾君王殺我而不辜，死人無知亦已；死人有知，不出三年，必使吾君知之。期年，燕將馳祖（將田獵而馳騁於祖澤之地）日中燕簡公方將馳於祖塗（塗、路也），莊子儀荷朱杖而擊之，殪之車上。當是時，燕人從者莫不見，遠者莫不聞，著在燕之春秋。諸侯傳而言之曰：「凡殺不辜者，其得不祥，鬼神之誅！」（墨子）

高后八年三月，之霸上，還過袚道，見物如倉狗，戟高后

掖，忽而不見。卜之，趙王如意爲祟，遂病掖傷而崩。先是，高后鴆殺如意，支斷其母戚夫人手足，以爲人彘。（漢書五行志）

☆

隨州大洪山人李遙，殺人亡命。逾年至秭歸，因出市見鬻杖者，等閒以數十錢買之。是時秭歸適又有邑民爲人所殺，求賊甚急。民之子見遙所操杖，識之，曰：此吾父杖也。遂以告官司。執遙驗之。果邑民之杖也。榜掠備至。遙實罪杖，而鬻者已不見。卒未有以自明者。有司詰其行止來歷，勢不可隱，乃遞隨州。大洪殺人之罪遂敗，卒不知鬻杖者何人？市人千萬而遙適值之，因緣及其隱匿，此亦事之可怪者。（夢溪筆談）

☆

阮大鋮以私隙殺雷縯祚於獄。清兵渡江，大鋮迎降，以圖富貴。從征入閩，過青草嶺，忽頫首曰：「介公饒我！」遂跌下馬死。介公、縯祚字也。

大鉞凶惡奸邪，禍人國家，寸磔未足蔽辜，而介公現形，立刻殛死，良可怖也。（冥報錄）

☆

夏侯玄、被司馬景王所誅，宗人爲設祭。見玄來靈座，脫頭於邊，悉斂果魚酒肉之屬，以納頸中。畢，還自安其頭。既而言曰：「吾得請于帝矣，子元（夏侯玄字）無嗣也」。尋有永嘉之役，軍還，世宗殂而無子。（異苑）

☆

許某、於順治四年，從清兵入粵，遂授一令，是時，新附之民，在城中者，皆已剃髮。而鄉村尙未知命令也。適擒長髮十四人至，實皆愚民，非强盜也。許某以盜申詳上司，盡殺之。

。殺之時，爲正午刻，恰於是日、許某家眷來署，中途遇大盜，盡刼行李，殺男婦恰十四命，亦在午時。許某口述其事於諸生黃鷹，時黃受教職粵中也。（果報聞見錄）

☆ ☆ ☆

北橋農民張寧，生一子，年已二十，忽發疹，醫藥罔效。臨危，呼父把臂爲別。堅持父臂，囓去肉二寸許。睜目大駡曰：「我前生爲汝所殺，今始得報，勿望久活也。」未幾，寧創口潰爛，脫落一臂，叫號月餘，而死。（蓴鄉贅筆）

☆ ☆ ☆

太倉衞指揮、王二，初生下盆，即能言隔世事。言前生係山東某府大鄉宦公子，家累巨萬，最好施予，廣結善果。但性兇惡，無故殺僮僕無數。死見閻君，罰於金陵聚寶門內城牆下爲蛇。身既穴，而性不昏，厭惡，欲尋死。乃夜以身橫城門下，五更城啓，爲衆車碾爛。蛇魂復見閻君，閻君曰：「汝蛇報未滿，何得自尋死乎？當再爲蛇，抵除夙業。」余叩首哀籲懇陳不願。閻君曰：「汝却作得有福，當受福報，惜以惡性定業未消。」余又懇苦求免爲蛇。閻君曰：「也能只得帶餘報去！」乃命託生太倉衙爲指揮，家亦豪富，但胸前有一蛇皮，斑剝膩滑，長七八寸，濶二寸。每至暑月，腥氣逼人，滿座掩鼻。時令家僮以盆水頻頻揩拭，慚恨切齒。後兒死，得襲職，州人稱蛇皮王二焉。余先君時時援此，以爲訓誡。（現果隨錄）

☆

平陽令朱鑠、性慘刻，所宰邑，別造厚枷巨梃。案涉婦女，必引入姦情訊之。杖妓去小衣，以杖抵其陰，使腫潰數月，曰：「看渠如何接客？」以臀血塗嫖客面。妓之美者加酷焉。髡其髮，以刀開其兩鼻孔，曰：「使美者不美，則妓風絕矣。」

」逢同寅官，必自詫曰：「見色不動，非吾鐵面冰心，何能如此？」

以俸滿，遣山東別駕，挈眷至茌平旅店。店樓封鎖甚固，朱問故？店主曰：「樓中有怪，歷年不啓。」朱素愎，曰：「何害？怪聞吾威名，早當自退。」妻子苦勸不聽。乃置妻子於別室，己獨携劍秉燭坐。至三鼓，有叩門進者，白鬚絳冠，見朱長揖。朱叱何怪？老人曰：「某非怪，乃此方土地神也。聞貴人至此，正羣怪殄滅之時。故喜而相迎！」且囑曰：「公少頃怪至，但須以寶劍揮之，某更相助，無不授首矣！」朱大喜，謝而遣之。

須臾，青面者、白面者、以次第至。朱以劍斫，應手而倒。最後有長牙黑嘴者來，朱以劍擊，亦呼痛而隕。朱喜自負，急呼店主告之。時雞已鳴，家人秉燭來照。橫屍滿地，悉其妻

妾子女也。朱大叫曰：「吾乃為妖鬼所弄乎？」一慟而絕。（子不語）

☆　☆　☆

太倉小東門，錢姓一友，乃舊家子弟，家頗饒裕，愛一婢，而其妻甚妬。乘錢往蘇郡，預置烙鐵熾炭中，召婢詈罵，乘怒，令兩僕婦，褫其底衣，而烙其私處。婢即暈絕。不十日潰爛而殂。錢歸，以他病告，亦不察也。

次年，值烙婢之日，其妻坐淨桶，忽覺陰處大痛，疑為毒蟲所螫，視之，無有也。痛漸不可忍，內中腫潰，膿血淋漓，百治不瘥，晝夜號呼。每夜見此婢，被髮攘臂，牽挽詬罵，不得已實告其故，追薦禳解不釋。私處洞潰而死。

又次年，錢生復見妻婢同來爭鬥，未幾，亦死。醫師王升谷言。（信徵錄）

以上枉殺酷報十二則

第二章 謀害（十八則）

乾隆年間，廣東三水縣前，搭台演戲。一日演包孝肅斷烏盆，淨方扮孝肅上台坐，見有披髮帶傷人跪台間，作伸冤狀。淨驚起避之，台下人相與譁然，其聲達於縣署。縣令某着役查問，淨以所見對。縣令傳淨至，囑淨仍如前裝上台。如再有所見，可引至縣堂。淨領命行事。其鬼果又現。淨云：「我係僞作龍圖，不若我帶汝赴縣堂，求官伸冤。」鬼首肯之，淨起鬼隨之。至堂，令詢淨，鬼何在？淨答：鬼已跪墀下。令大聲喚之，毫無見聞，令怒欲責淨。淨見鬼起立外走，以手作招勢。淨稟令，令即着淨同邑役二名尾之，視往何處滅，即誌其處。淨隨鬼野行數里，見入一塚中。塚乃邑中富室王監生葬母處。淨與邑將竹杖插地誌之，回縣復令。令乘輿往觀，傳王監生嚴詢，監生不認，請開棺以明冤，令從之。至墓，開未二三尺，即見一尸，顏色如生。令大喜，問監生。監生呼冤云：「其時送葬人數百共觀下土，并無此尸，即有此尸，必不能盡掩眾口。數年來，何默默無聞？必待此淨方白耶？」令韙其言，復問視封土畢歸家否？監生曰：「視母棺下土後，即歸家，以後事皆土工為之。」令笑曰：「得之矣！速喚眾土工來。」見其狀貌兇惡，喝曰：「汝等殺人事發覺矣，無庸再隱。」眾土工大駭，叩頭曰：「王監生歸家後，某等皆歇茅蓬下，有孤客負囊來乞火。一伙伴覺其囊中有銀，與眾共謀殺而瓜分之。即舉鐵鋤碎其首，埋王母棺上，加土填之。竟夜而成塚。王監生喜其速成，復厚賞之，並無知者。令乃盡置之法。相傳眾工埋尸時，自誇云：「此事難明白，如要得申冤，除非龍圖再世。

」鬼聞此言，故藉淨扮龍圖時，便來申冤云。（子不語）

☆ ☆ ☆

江蘇巡撫徐公士林、素正直，為安慶太守時，日暮陞堂，月色皎然。見一女子，以黑帕蒙首肩以上，眉目不可辨，跪儀門外，若訴冤者。徐公知為鬼，令吏卒持牌喝曰：「有冤者，魂許進！」女子冉冉入跪堦下，聲嘶如小兒。吏卒不見，但聞其聲。自言姓田，寡居守節，為其夫兄方德，逼嫁謀產，致令縊死。

徐公為拘夫兄，與鬼對質，初訊時殊不服。回首見女子，大駭，遂吐實情，乃置之法。一郡譁以為神。公作田烈婦碑記，以旌之。

時泰安趙相國國麟為巡撫，責徐公，謂此事作訪聞足矣，何必託鬼神以自奇！」徐公深以為愧。然其事頗實，不能秘也。徐公未遇時，往京師路上，有同行客忽稱背痛，跪地叩首曰：「我響馬賊也，利公之財，將手劍公，忽有金甲神以錘擊我，遂仆於地。公日後非凡人也。」言畢死。（子不語）

☆ ☆ ☆

山東林秀才長康，四十不第。一日有改業之想，聞旁有呼者曰：「莫灰心！」林驚問何人？曰：「我鬼也，守公而行，並爲公護駕者數年矣。」林欲見其形，鬼不可。再四言，鬼曰：「公必欲見我，無怖後可！」林許之。遂跪於前，喪面流血，曰：「某藍城縣市布者也。爲掖縣張某謀害，以屍壓東門城石磨盤之下。公異日當宰掖縣，故常侍公，求爲申冤。」且言公某年舉鄉試，某年成進士。言畢不復見。

至期，果舉孝廉，惟進士之期爽焉。林嘆曰：「世間功名之事，鬼亦有不知者乎？」言未畢，空中又呼曰：「自行有虧耳，非我誤報也。公於某月日，私通孀婦某，幸不成胎，無人知覺。陰司記其惡，而寬其罪，罰遲二科。」林悚然，謹身修善，逾二科而成進士，授官掖縣。抵任巡城，見一石磨，啓之，果得屍，立拘張某，訊之，盡吐殺人情實，置之於法。（子不語）

熊翰林滌齋先生為余言：康熙年間，遊京師，與陳參政儀計、副憲某，飲報國寺。三人俱早貴，喜繁華，以席間不得聲妓為悵。遣人召女巫某，唱秧歌勸酒。女巫唱終，半席腹脹，將溲焉。出至牆下，少頃返，則兩目瞪視，跪三人前呼曰：「我山西王二也。某年月日，為店主趙三謀財殺死，埋骨於此寺之牆下，求三長官，代為伸冤！」

三人相顧大駭，莫敢發聲。熊曉之曰：「此司坊官事，非我輩所能主張。」女巫曰：「現任司坊官僉公，與熊爺有交，但求熊爺轉請僉公、到此掘驗足矣。」熊曰：「此事重大，空言無信，如何可行？」巫曰：「論理某當自陳，但某形質朽爛，須附生人而言。諸位老爺替我籌之。」言畢，女巫仆地良久，醒問之，茫然無知。

三公謀曰：「我輩何能替鬼訴冤！訴亦不信。明日盍請僉司坊共飲此處，召女巫質之，則冤白矣。」次日招僉司坊至寺飲，告之故。召女巫，巫大懼，不肯復來。司坊官遣役拘之，巫始至。既入寺門，言狀悉如昨日，司坊官啓巡城御使發掘牆下，得白骨一具，頸下有傷。詢之土人云：「從前此牆係山東濟南府趙三安息客寓之所。某年捲店逃歸山東。」乃移文專差關提至濟南，果有其人，文到之日，趙三一叫而絕。（子不語蕭山有一人，販洋歸，挾二百餘金，將至家，未及數里，值晚遇大雨，止人家簷下避之。雨不止，主人出，此人求借宿，許之。

客入，問主姓名？曰：「張子畏也！」主人父子代客携囊，見其重，因私計醉之，縛而投之錢塘江，屍隨潮，不知所往，遂取其銀。營運三年，家稍豐裕，無人知者。

後其子，至前投屍處渡江，偶有同舟者，詢其姓名？曰：「我張子畏之子也。」言未畢，忽此子發狂，瞋目大罵曰：「汝謀財害命，我必殺汝報仇！」舟人大駭，亟推此子上岸，徑奔至家，對父大罵，作欲殺之狀。父驚遽入室，持厨刀，將殺其子。忽為子所奪，連揮數刃，父即殞命。鄰里執送蕭山縣，此子猶作死鬼言，聲聲執命，且證床下尚埋銀百兩，驗之果得。縣令錄其口詞，置之獄中，明日提出嚴審，此子已醒，昨事不知也。因斃杖下，父子俱死，人稱快焉。此康熙三十二年事，相士胡介山言。（信徵錄）

☆ ☆ ☆

塘棲鎮、潘因仲女，嫁吳埧沈愛民次子沈旦為妻。旦早夭，潘氏寡居。其大伯沈亘，日逐凌窘之，氏歸訴其父因仲。乃因仲原負沈氏千金，政無抵償，意欲借女一死，可以賴債。故激女投繯。

順治丙申年十月，女自經死，因仲復詐得千金。女冤不洩，遂抱恨於父若兄。丁酉年二月初十日，因仲長孫年十二歲，頗聰俊，無病，潘女附之，口作女語云：「汝家賴債詐銀，不與我伸冤！我今不獨死，欲得長孫甘心焉。」巫祝之詞，如出一口。

長孫白晝，時時自縊，家人惶急，防閑不敢懈。至十二日，長孫索繩帶，不得，遂痰喘結喉，立死。通鎮目擊，無不股慄焉。（冥報錄）

康熙初年，武林有賣菜郎，相貌平滿，爲人誠慤，每日過一富翁家賣菜。其翁有三女，而無子。賣菜郎來，翁在則與現錢。翁出，媼云：「且待」郎即靜坐門外候之，不敢輒入窺探，如是兩載餘。媼偶問曰：「汝家尚有何人？」答曰：「既無父母，又鮮兄弟，依叔嬸以居。」媼曰：「汝肯壻我家乎？」郎不敢應，而心識其言，歸以告其叔。叔曰：「彼家殷實，豈無良配？而愛汝隻身貧賤者乎？不過戲言耳！」郎不復萌此念矣。

又一日，媼又問曰：「吾欲汝爲壻，何汝不相答也？」郎述叔語，嫗曰：「婚配豈可戲哉？汝歸與叔商之！」

次日，叔率姪見嫗曰：「貴宅欲以某姪為壻有之乎？」嫗曰：「有之！我夫婦無子，汝姪誠實，思得半子之養耳。」叔曰：「家貧無聘，奈何？」嫗曰：「求壻，非求聘也！」叔姪大喜，遂擇日就親，娶其長女。翁壻夫婦，極其相得，不復賣菜矣。

三年，長女死，翁私與嫗曰：「女壻甚佳！但日夕悲苦，情何以堪？今次女長成，若別擇壻，未必德性如是郎！若別娶，我二人無依，盍再以次女續配焉？」遂復壻其次女。

又三年，而次女又死，舉家悲慟，翁又謂嫗曰：「六年而喪二女，情益難堪！今少女又長，豈復是其姻緣耶？」嫗曰：「業已如此，盍終與之？庶可偕老，我二人亦得所託矣。」遂又壻其少女。

三年，少女亦死，翁媼與壻三人，方聚哭間，忽一老僧，入門化齋。媼厲聲曰：「人家顛沛如此，齋僧何所望哉？」翁解之曰：「三女俱死，老年孤苦，皆夙生冤業也。汝且留之坐，我出市蔬齋之，可也。」

翁甫出門，媼昏倦，假寐，夢此僧語之曰：「爾夫前生，舟人，爾壻富商也，齎重資，以客淮揚，雇爾夫之舟，爾夫謀其命而取其財，三女皆搭船之客。爾夫恐其事洩，賂金三十兩，故各陪枕席三年。爾夫之財產，皆爾壻物也。何用怨尤為？」媼覺，而僧亦不見矣。翁歸告之，爽然若失，遂悉以家業付壻，使其另婚。翁媼皆往出家，不知所終。然此翁亦便宜矣！

（梟報聞見錄）

☆ ☆ ☆

新市陳文學妻，年可三十許，於癸巳年，歸寧，至荳地行散，忽然暈絕。扶歸，即有白鳥隨後，於室中飛翔，良久，鳥去，其妻即作刺船狀，並作鬼語云：「汝前生船戶也，我乃客商，負重貲，被汝謀死，吾於冥司告准，許我跟尋報冤，歷有年所。不意此地相值，必不放汝！」文學以年老無嗣，而妻方有孕，求緩其期，得免身後就死，無所恨。」鬼答云：「彼作孽若是，寧令有遺種？且仇人相見，可倖緩須臾耶？」數日後，竟斃。（冥報錄）

☆ ☆ ☆

余同年邵又房，幼從鍾孝廉某，常熟人也。先生性方正，不苟言笑，與又房同臥起。忽夜半醒哭曰：「吾死矣！」又房問故？曰：「吾夢見二隸人，從地下聳身起，至榻前，拉吾同行。路泱泱然，黃沙白草，了不見人。行數里，引入一官衙，有神、烏紗冠，南面坐。隸掖我跪堂下。神曰：「汝知罪乎？

「不知！」神曰：「試思之！」我思良久，曰：「某知矣，某不孝，某父母死，停棺二十年，無力卜葬，罪當萬死！」神曰：「罪小！」曰：「某少時，曾淫一婢，又狎二妓。」神曰：「罪小！」曰：「某有口過，好譏彈人文章。」神曰：「此更小矣！」曰：「然則某無他罪。」

神顧左右曰：「令渠照來！」左右取水一盤，沃其面，恍然悟前生，姓楊、名敞，曾偕友貿易湖南，利其財物，推入水中死。不覺戰栗。匐伏神前曰：「知罪！」神厲聲曰：「還不變嗎？」舉手拍案，霹靂一聲，天崩地坼，城郭衙署、鬼神器械之類，了無所睹。但見汪洋大水，無邊無岸，一身渺然，飄浮於菜葉之上。自念葉輕身重，何得不墜？回視己身，已化蛆蟲。耳目口鼻，悉如芥子。不覺大哭而醒。吾夢若是，其能久乎？

又房爲寬解曰：「先生無苦！夢不足憑也。」先生命速具棺殮之物。越三日，嘔血暴亡。（子不語）

江西、吳湛七，業商，性貪譎，闇閃巨測。每歲在閩中市布，至山左貨之。必有樣布，以悅買者之目。後復更易劣者。布已盡，而樣仍在，其替換之術百變。有西商使同行市布，至爲湛七所弄。商怒罵其友。友恚曰：「使自往，正復不免！」商曰：「豈有是？」次日，商自往，得樣布一束，踞坐其上。湛七急，則間道出，具衣冠從門入，迎商一笑長揖，若熟識者。商不得已，傴起答之，匆匆即進，初不知湛七也。而湛七已潛使人換其後矣。商自以爲無異。挾布歸。驕語其友，友取細閱，殊粗朽單薄不稱。索視前布如之。友乃還誚商曰：「自往如何？」商既得劣布，又遭友誚笑，回思前言，憤甚，遂自縊。

其陰詭取利，而不顧其後，大率如此。

天啓中，得疾旅舍，時見鬼卒驅迫，歷諸刑獄，口中呼叱聲，晝夜不絕。嘗臥簀間大叫曰：「救我！救我！縛我著火床上矣。」旁觀無措，則亟呼其子曰：「沃我水！」子不得已，以水噴之。良久曰：「釋矣。」視其背，赤如痕烙，條條隱起。已又大呼曰：「天乎！奈何秤我？而鉤我脊也！」衆益怪，任其號叫。良久又曰：「釋矣！」轉脊示衆，其中忽赤起方寸許，若著鉤者。又呼渴，其子以藥進不受，以茗湯，皆不受。曰：「非我食也！」問何所欲？曰：「戶外陰溝水，絕佳。」子醜之，不應。則拍床大罵不孝。有輕薄子戲去進之，則狂喜，張口大啜，一飲而盡。曰：「大香美！」如是數日而死。死時，遍體焦爛，自言諸獄楚毒狀，時謂之活地獄。（玉歷寶鈔、徐升菴記）

☆泗州蔣成、屠沽於鴨嘴湖，有客以竹荷包袱，宿其店。成覬之，匿金致富。既十餘年，逢端午宴客。成忽舉「青絲繫粽，汨羅江裏弔忠魂」，屬諸客對。一人號古澗者，先一夕，夢人教云：「明日當對『紫竹挑包，鴨嘴湖邊謀客命』」叮嚀曰：「能言之，管取獲利。」古澗舉以答，成失色。席散，以十二金滅口。古澗亦不深求。歸以語妻，妻曰：「此冤鬼假子雪耳，不言將有禍。」首之州，成遂服罪。取客屍於湖如生。（昨非庵日纂）

☆撫州民陳泰、以販布起家。每歲輒出捐本錢，貸崇仁、樂安、宜黃諸儈戶，達於吉之屬邑，各有駐主其事。至六月，自往歛索，率暮秋乃歸。如是久矣。淳熙五年，獨遲遲而來，盡十月不返，妻頗以爲念，夜夢其被髮流血而告曰：「我此行不幸，到樂安曾家，爲所戕殺，盍亟爲我雪此冤？」且與人言，皆曰：心疑生妄，勿信也。次夕，夢如初，遂訴於郡太守王曉浚明，謂事干刑名，怪其憑夢申理，扶之出。還家啜泣，夜聞戶外剝剝彈指聲，祝之曰：「吾夫有靈，此聲當入室。」俄傾，撼牀枕不已，妻悲怖，翌日，再詣公庭哀訴，且拜且哭。守惻然，爲下其事。縣宰張松茂者，悉集諸駔驗究，有曾小六者，在數中，白宰言：舉室受陳氏恩，未知所報，那敢作此大惡？既以某日離某家去矣。」張無以詰。後五日，里正報嚴陀村道側，有臥尸，牒尉檢視，曾主以甲首往曾，曰：非也。又五日，或與曾素仇，告其實殺陳泰，埋於舍後竹林中。於是捕送獄，繫鞫問，即承伏云：「初用渠錢五百千，爲作屋停貨，今積布至數千匹，因其獨來，妄起不義之心，醉以酒，隨行只一僕，詐主人之命，使先歸語妻云：「逋索未就，尚須小淹。」僕去少時，追斃之於山下，前所驗道側之尸，是也。續乃縊陳而埋之，不敢復隱。獄成坐誅死。（夷堅志）

定襄邱村王胡，以陶瓦為業，明昌辛亥歲歉，與其子王生者，就食山東。一日有强寇九人，為尉司根捕，急避死無所，就此家藏匿。以情告云：「我輩金貝不貲，但此身得免，願與君父子平分之。」王因匿盜窰中，滿室壞瓦，尉司兵隨過，無所見而去。胡父子心不自安，且利其財，乘夜發火，不移時，燎九人死。即携金貝還鄉。數年，殖產甚豐，出鄉豪之上。泰和中，王生禮五台，將及興善鎮，恍惚中，有所見，驚怖墮馬，遂為物所憑，扶舁至其家，生口作鬼語，瞋目怒罵云：「尉司追我輩，已得脫，中分貨財，足以致富。便發惡心，都將我燒死。尋之數年，乃今見汝，償命即休。」時或持刃，逢人亂砍。其家無奈。召道士何吉卿驅逐之。何至作法，鬼復憑語辯訴。何知寃對，非法籙可制，教以作黃籙超度，或可脫。胡陳狀齋壇，吐露情實，人始知其致富之由。大建一祠，日夕祈禱，生未幾竟死。（續夷堅志）

康熙三年四月間，吳淞所一守鎮官，有銀三百兩，放與一人，其人持本利來還，還訖，即去。

鎮官適為一友招飲，留一童子守門。同營旗校，即殺童子取銀。事露，將弁審問：「汝既殺人盜銀，何不走去？」校云：「曾走三次，其地有五聖廟，本在一處，不意昨夜走去之路，四面有廟，橫亙於前，竟夜狂走，終不能脫。」蓋鬼魂追隨不放也。銀還鎮官，校即梟斬。（果報聞見錄）

浙嵊乃一山邑，民性敦厚倔强，聚族而居，因爭水與鄰村涉訟，訟累不堪負擔，不得已族中公議將塋田若干畝以乙百千制文暫時典押於某富翁家，公推族長某出面代表全族簽字，某本貧農，固目不識丁者也。

數年後，訟了，族人共同籌款意欲贖回前所典押之塋田，不料某富翁謂贖價，乃「三百千」而非「一百千」，出示押據，固赫然一字上又有二劃在也，族長爲之驚慼失色，歸告族人，羣起詬詈，並謂富翁富有，並非暴發，決不肯作此欺人舞弊之事，此二百千數應由簽押人負責歸償，族長老而貧，既無法剖白，又無力負擔，遂在衆口鑠金之下，憤而自縊，以表心跡，塋田因案拖欠，利上混利，終致無力贖回，由富翁廉價佔有，事告段落矣。

十年後某夜夜半，翁在夢中親見族長披髮，匆匆自大門逕入媳婦房中，即聞呱呱之聲驚醒。祖父好夢，謂道長孫出世矣，翁內疚神明知做此負心害人之事，又親見受冤被害者之來投胎，冤冤相報，即在目前，不久卒得精神病而死，其所有富甲一鄉之財產，二十年後，即爲此長孫敗蕩無遺。（宋希尙教授親自筆記）

鹽官查貢生容，有族叔死，家富無子，容利其產業，逼嬸馮氏再醮。馮誓守節，堅迫之，遂投環死。後容赴京兆試，首場已畢五草，嬸忽突至前，且哭且罵。以手掩其卷，隨覺頭旋目眩，不終場而出。乙卯秋復與浙闈，纔構思，嬸至哭罵如前，推之仆地，亟出颺歸，因發病，嬸屢來索命。雖遠徙，不數日，即覓至。未幾死。

容一子，止數歲，臨絕時，見嬸戟手罵曰：當幷其種去之，後亦暴亡。海寧人皆能言之。

嘗聞場屋中有神兵繞護，諸魅莫敢近。惟感恩報冤兩種精魂、得直入無禁，意者其然乎？（蓴鄉贅筆）

☆ ☆ ☆

建平令周君、有族姪自言兄弟二人，娶妻各有一子。父母歿後，遺一弱妹，不能撫愛。兩婦尤虐待之。妹已字某廣文子，貧不能娶，乃贅焉。兩婦恒相語曰：「二姑已累人，今又多一食指，奈何？終當以計遣之耳。」會兄弟讀書城外僧舍，妹婿亦往省其親，兩婦俱託辭歸寧，而盡扃其薪米食物以行。次日，姑入廚，無以爲炊，忍餓兩日，赧無可告。輾轉不得已，遂自經焉。兩婦乃歸，召其夫，諱曰病死，草草殯殮，寄書其夫家攜柩去。心喜以爲晥然矣。然而室中，常聞鬼啾啾哭聲。

數月而長，婦母子驟病，俱死。未幾，次婦母子亦病，怖甚，囑夫還守之。夜二鼓，忽陰風襲人，門帘豁然啓，見一卒，赤髮鏨面，齒長數寸，手執鋼叉，直入牀前，攫其子去。急追逐之，見其子猶赤體展動，而忽不見矣。還視榻上，則子已絕，而婦猶呻吟也。黎明，婦亦歿。某目擊其妻子之死，而大悔恨，每告人以示戒焉。夫殺一姑，而四人償之甚矣！陰謀致死之罪，至大也。（續子不語）

第三章　淫慝（二十三）

朱生某、臨試日，至較士館門，腹甚痛，廣文引驗，主司放歸。及抵家，腹中隱隱作人語，曰：「我爲姚洙，金陵人。明初爲偏將，隸魏國公子麾下，魏公子即朱生三世前生也。主帥與我千人，勦山賊，深入被圍。艷我妻，求救不發。我與千人，死傷殆盡，生還者不[illegible]人。因強納我妻，不從。自經而死。欲報已久，故來索命。」家人詰之曰：「彼時何不即報？乃遲數百年始報耶？」曰：「彼為元戎，忠且勇，宿根甚厚，故不得報。及再世，則為高僧，至三世，則為顯官，有實政，又不得報。即今生，彼亦有科名，尚不得報。今彼一言，而殺三命，祿位已削，方得報之也。」問殺三命者何事？曰：「渠某月日，錯告某為盜，并其妻弟俱死，非殺三命耶？」先是，朱生被竊，心疑是鄰人張某所偷，告官究治。以形迹可疑，眞贓不獲，張與妻及其弟，拖累而死，事實有之。

時同邑有周生者，學法治鬼怪頗驗，聞之往候。朱生有懼色，腹中不作聲。周生復出，大言曰：「我豈畏若耶？我畏其天蓬尺耳！」詢之周生，果持之袖中也。

又有行脚僧西蓮者候朱，見朱痛楚狀。乃口誦其呪，腹中曰：「師德行人，乃誦咒禁我耶？」西蓮曰：「我與汝解冤！何爲禁汝？」腹中曰：「若欲解冤，須誦法華經，師所持咒，是穢迹金剛咒，命惡神强禁我，我豈服哉？」西蓮曰：「我即起道場誦法華經，能解仇釋宿冤乎？」腹中唯唯！又要冥鏹若干，立定券約書中保。曰：「依我，我即捨之去。但我貴者，當從口中出，諸跟隨者，從後竅出。」朱生遂嘔痰斗許，下溲數日，而聲遂息。

越數日，腹中復言曰：「我之仇已解，奈死賊圍者又甚衆，渠等不肯釋，奈何？」於是聞千百人，喧鬨腹中。朱生患苦不堪而逝。（續子不語）

佃戶劉破單婦云：嘗一日早起，乘涼掃院，見屋後草棚中，有二人裸臥，驚呼其夫來，則鄰人之女，與其月作人也。並僵臥，似已死。俄鄰人亦至，心知其故，而不知何以致此？以薑湯灌甦，不能自諱，云久相約，而逼仄無隙地，乘雨後牆缺，天又陰晦，知破車草棚無人，遂藉私會。倦而憩，尚相戀未起，忽雲破月來，皎然如晝。回顧棚中，坐有七八鬼，指點揶揄，遂驚怖失魂，至今始醒。衆以爲奇。破車婦云：「我家故無鬼，欲觀戲劇隨之而來。」

先從兄懋園曰：「何處無鬼，何處無鬼觀戲劇。但人有見有不見耳。此事不奇也。」因憶福建水口關公館，大學士楊公督浙閩時所重建。値余出巡，語余曰：「公至水口公館，夜有所見，愼勿怖，不爲害也。」余嘗宿是地，已下鍵睡，因天暑，移牀近窗，隔紗幌視天晴陰。時雖月黑，而檐掛六燈尚未燼。見院中黑影，略似人形，在階前或坐或臥，或行或立，而寂然無一聲。夜半再視之，仍在。至雞鳴，乃漸漸縮入地。試問驛吏，均不知也。」余曰：「公爲使相，當有鬼神爲陰從，余焉有是？」公曰：「不然！仙霞關內，此地爲水陸要衝，用兵者所必爭。明季唐王，清初鄭氏耿氏，戰鬥殺傷，不知凡幾？此其沉淪之魄，乘室宇空虛而竊據。有大官來，則避而出耳。」此亦足證無處無鬼之說。（閱微草堂筆記）

曹小二鑾者，徽浦人，游惰、好博弈。丁亥春，應募爲兵，征江西。戊子逃回。

辛卯七月初，忽臥不起，其鄰炊食呼之，午後方起，至水濱洸面，喃喃曰：「非我一人殺汝，何獨尋我？」遂往屠家借刀。屠者慮其爲博質也，故與之鈍者。小二持往水濱，且磨且語。見者救之歸，堅臥至暮，狂叫痛絕，聲震鄰戶。啓扉視之，血流床簀，抽刀刺喉，以手作援筆欲書狀。與之筆札，書云

：「我在江西，殺二節婦，今追至此。」乃於血汙中，取刀投出曰：「爾可去尋頭目來！」

越數日，始知痛，進勺飲，聲啞啞如內豎。詳述其事曰：「初破江西，擄二婦，其丈夫姓王，亦孝廉孫。長號請死，以身奔江中不得，掠置艙中，數日軍中下令，不許留婦女。小二恨其不受淫也，與什長共起刃之。二婦忻然脫苦矣。頃二婦魂來云：不識汝姓名、故尋汝三年，賴土地引至此。又數日叫死。（冥報錄）

☆　☆　☆

蘇州羅姓者、年二十餘，元旦夢其祖謂曰：「汝於十月某日將死，萬不能免，可速理後事。」醒後語其家人，羣驚怖焉。

至期，衆家人環而視之，羅無他恙。至暮如故，家人為夢不足信。二更後，羅溲於牆，久而不反。家人急往視，衣離其身矣。取燈照之，裸死於牆東，去衣服十餘步，心口尚溫，不敢遽殮。

次夜，夢告家人曰：「寃業耳！我姦妻婢小春，有胎不認，致妻拷掠而亡。渠訴冥司，親來拘我，適至我牆，渠以手剝我衣，如我曩時淫彼之狀。我昏迷不省，遂同至陰司城隍衙門。正欲訊鞫，適渠亦以前生別事發覺，為山西城隍所拘。陰官不肯久繫獄囚，故仍令還陽。恐終不免也。」

羅父問曰：「爾亦問陽間事乎？」曰：「我自知死不可追，恐老父無養，故問管我之隷，吾父異日何如？隷笑曰：念汝孝心，爾父大福未享，家人聞之，皆為老翁喜。翁亦竊自負。未逾月，羅父竟膨脹亡，腹大如匏。始知「大福」者，「大腹」之應。其子又隔三年，乃死。（子不語）

荊溪有二人相善，一豐一窶。窶子妻美，豐子設謀，謂有富家之主計人，令往投之。窶子感謝，豐子具舟，并載其妻以行。將抵山曰：「留汝妻守舟，吾與汝先往詢之。」偕上山，豐子宛轉引溪林寂處，出鉞砍死，佯哭下山，謂其妻曰：「汝夫死於虎！」婦大哭，偕上山，至溪林寂處，擁而求淫，忽虎出叢柯間，嚙豐子去。婦驚定，念夫果落虎口也。哭還，遙望山中一人哭來，駭以爲鬼也。至則其夫，相攜大哭，各道故，曰：「彼圖淫汝，汝未淫，圖死我，我未死，我何恨？」婦曰：「吾苦汝死，汝固不死。圖報賊，賊固自報。我又何恨？」於是轉悲爲慰而歸。（昨非庵日纂）

成化間，海康吳金童，攜其妻莊氏、及一女，避賊於新會，寓劉銘家，傭以自給。莊有姿色，銘屢誘之不從。謀之鄰人梁狗，向其夫漁於海，推下水死。越三日，莊氏尋之海濱，得屍，手足皆縛，乃夫也。歸家攜女赴水，抱夫屍而沒，時年二十有二。翌日，三屍隨流繞銘之門，去而復還。鄉人驚訝感傷，共殯祭之，然未知銘之殺也。久之事露，猶畏銘強暴，未敢發。士夫各爲詩歌，聞於官，得實，磔殺之。審錄員外郎奏聞，旌表，其處立祠。（湧幢小品）

☆ ☆ ☆

龍舒人劉觀任平江滸監酒稅，其子堯舉、字唐卿，因就嘉禾流寓，過試，僦舟以行。舟人有女，唐卿調之。舟人防閑甚嚴，無由得間。既引試，舟人以爲重局棘闈，無他慮也。日出市貿易，而試題適唐卿私課，既得意，出院甚早。比二場皆然，遂與女得諧私約，歡如夫婦。

一夕夢黃衣二人馳至報榜云：「郎君首薦」。覷前欲視其旁一人忽云：「劉堯舉近作欺心事，天符殿一舉矣」。忽覺，驚異。俄而拆卷，堯舉以襆犯見黜。主官皆歎息其文。既歸觀以夢語之，且詰其近作何事？匿不敢言。次舉亦不第。（稗史）

河南陳州學院衙堂後，有樓三間，封鎖。相傳有鬼物。康熙中，湯西崖先生、以給事視學其地。亦以老吏言，扃其樓如故。時直盛暑，幕中人多屋少，杭州王秀才照、中州景秀才考祥，居常以膽氣自壯，欲移居高樓。湯告以所聞，不信。斷鎖登樓，則明窗四敞，梁無點塵。愈疑前言為妄。景榻於樓之外間，王榻於樓之內間，讓中一間，為憩坐之所。

漏下二鼓，景先睡，王從中間，持燭歸寢。語景曰：「人言樓有祟，今數夕無事，可知前人無膽，為書吏所愚。景未答，便聞樓梯下有履聲，徐徐登者。景呼王曰：「樓下有響？」王笑曰：「想樓下人故意來嚇我耳。」少頃，其人速步上，景大窘，號呼。王亦起，持燭出。至中間，燈光收縮如螢火。二人驚，急添燒數燭，燭光稍大，而色終青綠。樓門洞開，門外立一青衣人，身長二尺，面長二尺，無目無口無鼻，而有髮。髮直豎亦長二尺許。二人大聲喚，樓下人來，此物遂倒身而下。窗外四面啾啾然，作百種聲。房中雜物皆動躍。二人幾駭死。至雞鳴始悉。

次日，有老吏言：「先是，溧陽潘公督學時，歲試畢，明日當發案。潘已就寢，將二更，忽聞堂上擊鼓聲。潘遣僮問之。值堂吏云：「頃有披髮婦人，從西考棚中出，上階求見大人。吏以深夜不敢傳。答曰：「吾有冤，欲見大人陳訴，吾非人，乃鬼也。吏驚仆，鬼因自擊鼓。署中皆惶遽，不知所爲。僕人張姓者，稍有膽，乃出問之。鬼曰：「大人見我何礙？今既不出，即煩致語。我某縣某生家僕婦也。主人涎我色，姦我不從，則鞭撻之。我語夫，夫醉後有不遜語，渠夜率家人殺我夫（餵馬），次早入房，命數人抱我行姦。我肆口罵之，遂大怒，立捶死，埋後園西石槽下。沉冤數載，今特來求申。」言畢，大哭。

張曰：「爾所告某生、今來就試否？」鬼曰：「來，已取在二等第十三名矣。」張入告潘公，公拆十三名視之，果某生姓名也。因令張出慰之曰：「當爲爾檄府縣查審。」鬼仰天長嘯去。

潘次日，即以訪聞檄縣，果於石槽下得女屍。遂置生於法。此是衙門一異聞。而樓上之怪，究不知何物也。王後舉孝廉

，景後官侍御。（子不語）

乾隆庚午，官庫失玉器，勘諸苑戶。苑戶常明對簿時，忽作童子聲曰：「玉器非所竊，人眞所殺，我即所殺之魂也。」問官大駭，移送刑部。姚安公時爲江蘇司郎中，與余公文儀等、同鞫之。魂曰：「我名二格，年十四，家在定海。父曰李星望，前歲上元，常明引我觀燈歸，夜深人寂，常明戲調我，我力拒。且言歸當訴諸父。常明遂以衣帶勒死我，埋河岸下。父疑常明匿我，控諸巡城，送刑部，以事無佐証，議別緝眞凶。我魂恒遂常明行，但相去四五尺，即覺熾如烈燄，不得近。後熱稍減，漸至二三尺。又漸近之尺許。昨乃都不覺熱，始得附之。

又言初訊時，魂亦隨至刑部，指其門，乃廣西司。按所言月日，果檢得舊案。問眞尸？云在河岸第幾柳樹旁。掘之亦得，尚未壞。

呼其父，便辨認，長慟曰：吾兒也！以事雖幻杳，而證驗皆眞，且訊問時，呼常明名，則忽似夢醒，作常明語。呼二格名，則忽似昏醉作二格語。互辯數回，始款伏。

又父子絮語家事，一一分明，獄無可疑。乃以實狀上聞，論如律。命下之日，魂喜甚。本賣糕爲活，忽高唱賣糕一聲。父泣曰：久不聞此，宛然生時聲也。問兒當何往？曰：吾亦不知。且去耳。自是再問，常明不復作二格語矣。（閱微草堂筆記一）

☆　☆　☆

庸盦筆記：嘉慶中，先祖蘅圃府君，設帳無錫北門外。有施生者，年逾二十，荒廢學業，爲狎邪遊，屢誡不悛，先祖擯之牆門外。施生益流連酒色。一夕，在妓室酣飲，四更後，肩輿歸家，適經一橋，忽見一人，身長丈餘，白衣高冠，肩掛紙錢，如世所稱無常鬼者。植立橋前，對之嘻笑。轎夫皆驚駭狂竄，委肩輿于橋上。頃之，有擊柝行夜者，見轎中人已半死，復爲呼集轎夫，舁至家中，灌以薑湯，嘔綠水一盂而卒。蓋其胆已破矣。夫施生困于酒色，神不守舍，死期將至，而後陰氣乘之。固非無常鬼之能嚇人也。

☆ ☆ ☆

大陸淪陷前，有位湖南籍青年名叫張志明，他從光華大學外文系畢業後，就到外交部做事，這時認識一位名叫孟犽琴的女孩子，孟雅琴是個大學音樂系畢業的學生，曾在湖南女子師範學校敎過音樂，透過這層關係，因此，兩人相處得非常融洽，不久，便雙雙墜入情網，走上結婚的殿堂。婚後，夫唱婦隨，琴瑟和諧，過了一段非常美滿的日子。不料，赤焰燃遍大陸，他們爲了自由，不得不棄暗投明，雙雙逃到香港。但是，到了香港後，由於人地生疏，舉目無親，加上所帶的一點錢都在旅途中用光了，無可奈何，只得在調景嶺的貧民窟住下，靠做苦工渡過了一年，那段日子眞可說是飽嘗顛沛流離，貧苦困頓。

後來，幸好遇到了孟雅琴的姑丈，經由他的介紹，幫張志明在一家公司找到一份英文秘書的工作，替孟雅琴在一家廣播電台找到一份唱歌的職業，這樣一來，他們總算安定下來，同時生活也有了轉機，漸漸的又恢復了在南京時代的歡樂的日子。

俗語說得好，「貧在路邊無人問，富在深山有遠親」，他們的生活稍微富裕之後，漸漸的朋友也多了，在這些朋友中，有一個名叫施進壽的，這個人是張志明公司的總經理，有一天他打開收音機，聽見孟雅琴的歌唱，不禁嘆道：「此曲只應天上有，人間那得幾回聞？」讚賞之餘，就跑到電台去拜訪孟雅琴，孟雅琴知道有人欣賞自已的歌曲，當然很高興的接待他，兩人寒暄幾句後，彼此談到自已的家世和親人，施進壽這才知道，原來自已所崇拜的歌手，竟是同事張志明的妻子。從此以後，施進壽便常常到志明的家裡玩，志明夫妻認爲既然是同事，彼此應相互照顧，也就熱誠的接待他，誰知，施進壽心懷不軌，他所以與孟雅琴接近，並不完全是欣賞她的歌聲，而是看上她的美色，一心想找個機會染指孟雅琴。張志明當然不知他心懷鬼胎，雖然施進壽時常在自已家裡出出入入，他想以他的地位斷不會有什麼問題發生的，而且同事到家裡來與妻子聊天，不是很平常的一件事嗎？

事有湊巧，有一天，志明所服務的公司，忽然接到菲律賓呂宋分公司的電報，說有一件大事必需總公司派個人前去協調，施總經理接到這個電報，一時計上心來，便去遊說董事長，推荐志明前往，董事長也認為張志明是適當的人選，於是毫不考慮的派志明前往呂宋的分公司。

志明走後，施進壽到志明家走動得更勤了，有時還邀請孟雅琴到他家玩，他家有個女孩很喜歡彈鋼琴，孟雅琴又是音樂系畢業的，於是，他又請孟雅琴教女兒彈琴為由，叫孟雅琴每天下班後到家裡來教女兒彈琴，孟雅琴不好意思一口回絕，因此，每天在電台唱完歌後，便到施進壽家教他女兒彈琴。有一天施進壽竟利用機會，使用迷藥把孟雅琴姦污了，孟雅琴醒後，痛不欲生，本想寫信把失身的事告訴海外的志明，但，又恐怕丈夫得知這個消息後，心緒不安影響他的事業，只得每天以淚洗面。靜等兩個月後，張志明從呂宋回來了，夫妻久別重逢，照理應該是歡天喜地才對，誰知志明踏進家門，雅琴不但沒有歡喜之色，反而愁眉苦臉，欲哭無淚，志明問她什麼原因，她不肯說，志明心中納悶不已，雖然很想問出一個究竟，但由於旅途勞累，他想明天再問不遲，於是倒頭便睡了。

第二天一早，志明匆匆忙忙趕到公司報到，等他忙完回到家裡，屋裡寂然無聲，他走進臥室一看，不禁嚇呆了，雅琴竟自殺僵臥在床上，身邊留下一個空藥瓶和一封遺書，看完才知自已離開香港後，妻子中了施進壽所設的圈套，被他姦污了。

志明看完遺書，立刻跑到施進壽家中理論，施進壽矢口否認，反罵志明存心敲詐勒索，並且要他拿出證據，志明又找不出有力的證據，無可奈何，只得悵然回家料理妻子的喪事。

志明受了這錐心刺骨的刺激後，萬念俱灰，就辭掉公司的職務，整天守在妻子的靈前痛哭，一面哭還一面指著靈桌嚷道：「雅琴，你太不該了，妳怎麼能夠便宜了施進壽？難道妳就這樣輕易的放過他嗎？想想，他不但害死了妳，而且害得我失去妻子，失去職業，妳爲什麼不變成厲鬼捉他到陰府去對質？」這樣，每天都像和尙唸經似的在靈桌前哭着，罵著。這天，他又在靈前痛哭，忽然間，他將雅琴的牌位摔在地上，用腳踐踏，一邊踏一邊罵，正在陷入半瘋狂狀態時，施經理的家人找上門來，請他到施家去一趟。志明恨不得剝施進壽的皮，吃施進壽的肉，心想來請正好，於是跟施進壽的家人來到施家。一踏進門，只見客廳擠滿了人，施進壽歪躺在椅子上，面無人色，口吐白沫，見志明進來，突然一變成雅琴的聲音說道：「志明，你來得正好，你不是要我變成厲鬼來捉這禽獸嗎？今天我是奉閻羅王的命令來捉他去對質的，現在你總可以相信我是清白無辜吧？希望你將我的遺書公諸於世，使人都知道施進壽的罪惡，同時，也讓世人瞭解朋友妻不可欺，萬不可存有淫心邪念，要不然縱使逃出陽間的法律，陰間的鬼神絕不會寬恕你。志明，我的話說完了，我現在要把這禽獸拉到閻王那兒對案，你多保重吧！」說完，只見施進壽喉嚨中吱咯的被痰堵住，兩腿一伸，一命嗚呼。

志明看到這種情形，知道妻子的鬼魂已把施進壽捉去，就照著妻子的意思，當衆宣讀雅琴的遺書，在場的人才知道施進壽竟是這樣一個人面獸心的傢伙，後來報上也公佈了這個消息，以致轟動了香港九龍，大家在茶餘飯後談起這件事時，都一致認爲「朋友妻不可戲。」（人間奇譚）

☆ ☆ ☆

道光季年，四川寧遠府地震，環府城數十里，城垣房屋，傾陷尤甚。人民牲畜，死者無算。前此三年，有一道士呼于市曰：「牛鳴地裂」。人以其顛狂，不之異也。及是，知寧遠府事牛雪樵先生，壓於壞垣之下，三日後，遇救而蘇，遂有跛疾，而全家皆已壓死，終以無嗣。知西昌縣事鳴謙，及其全家皆死。

有人夜睡，忽覺牀屋滉瀁，如在舟中，已而墮于牀下，驟聞天崩地裂之聲，房屋傾倒，竟被牀板撐拄，因得不死。徐自挖開壞牆而出，思其父在某街某店，欲往救之，而街道幾不可辨，僅誌彷彿。既而見某店招牌臥地，因呼其父，忽聞有應者曰：「速救我出！汝父尚在我下一層，救我乃可救汝父也。」如其言救之，復救其父，皆得不死。

是時，天色矇矓，莫辨晝夜，冥然孤往，凡諸戚黨朋友，恍惚遇之，與相慰勞，知其無恙，旋見大地，劃然迸裂，海水湧現，奇鬼突出，有頭大如車輪者，長身蟠腹者，百般怪異之狀，森然可怖。須臾地合如故。久之，有礮聲震耳者三，聞人言，天礮鳴矣，於是豁然開朗，復見天日，知已晦冥三日矣。向所遇之戚黨朋友，詢其無恙者，實皆鬼物云。

牛太守嘗自悼曰：「我生平行事，不背古人，為官未嘗不勤民事，而遽構此阨，天道庸可問乎？」一夕忽夢城隍神拜會，告之曰：「子之所遇誠酷矣！然此定數，不可違也。吾奉上帝命，已三年，迭請展緩，至於無可延宕，而後行事。此三年中，耗盡心血；其不在數，而居此地者，既須設法遣去；其在數，而未到此地者，又須引之使來。終日忙碌，刻無暇晷。即如吾子，本在數中；然吾以子剛方誠篤，力請上帝，僅免其身，亦已煞費苦心矣。」太守自是，遂不復怨尤。後仕至四川按察使。

寧遠淫風頗盛，地震之後，有司督率吏役，檢尸於瓦礫中，凡得男女合抱之尸，三千餘具；而實係夫婦者，不過八百餘具。淫慝之風，上干天怒，故有此刼云。（庸盦筆記）

☆ ☆ ☆

河南祥符縣、最繁劇，凡各州縣申解院司案件，有覆審者，多委辦焉。自理詞訟，雖常接受，而示審無期，反致沉擱。令尹鮑公，勤於掌事，一夕收呈狀若干，未及細閱，即交幕友批發。次日幕友問公曰：某處命案可往驗否？公曰：未見呈稟，安得有此？索狀觀之，則是謀殺親夫狀也。內載姦夫姓名，自稱雙瞽某，被殺某處。屈指計之，隔十六年矣。公愕然曰：案懸十六年，事頗怪。因將各呈俱爲批發，獨壓其呈不發。逢收呈日。又親點名過堂，並無瞽者。及晚查閱，則前瞽者，呈又在內矣。公問書役，「汝輩可識劉順否？」或答曰：「有，其人現充臬司廚役。」公赴司，請拘兇犯，臬司交公帶訊，供認不諱。

先是，劉順本屬無賴，在城外河口，以馱人渡河為生。值瞽者夫婦同行，見其妻有姿，遂萌惡念。於負渡時，即戲挑之，曰：「娘子嫁一瞽者，殊非終身了局。倘不予嫌，願同白首。」其妻心動，共紿瞽者息樹間，解裹足布勒死，挖坑埋之，遂成夫婦，偽作逃荒者，至外縣。雇佃於巨紳家，遂學烹飪，頗有所積，乃偕妻入汴城，充臬司廚役。公廉得眞情，即往掘驗。尸未朽，傷痕宛然。於是劉夫婦皆伏誅。—續子不語—

薛矜者，開元中為長安尉主知宮市，迭日於東西二市。一日于東市市前，見一坐車，車中婦人，手如白雪。矜慕之。使左右持銀鏤小合，立于車側。婦人使侍婢問價，云此是長安薛少府物，便餉之。婦人甚喜謝。矜微挑之，遂欣然，便謂矜曰：

「我在金光門外，君宜相訪也。」羚使左右隨至宅，見婦人門外，騎甚衆，遲疑未通客，各引去。羚令白己在門，使左右送刺，乃邀至外廳，令羚坐云：「待粧束。」羚覺火冷，心竊疑怪。須臾，引入堂中。其幔是青布，遙見一燈，火色微暗，將近又遠，疑非人也。然業已求見，見畢當去。心中恒誦千手觀音咒，至內，見坐帳中，以羅巾蒙首，羚苦牽曳，久之方落，見婦人，面長尺餘，正青色，有聲如狗，羚遂絕倒。從者至其室宇，但見殯宮，羚在其內，絕無間隙，遽推壁倒，見羚已死，微心上暖，移就店將息，經月餘方蘇矣。（廣異記）

☆ ☆ ☆

唐東都道德里，有一書生，日晚行至中橋，遇貴人，部從車馬甚盛，見書生，呼與語，令後從。有貴主，年二十餘，豐姿絕世，與書生語不輟，因而南去長夏門，遂至龍門，入一甲第，華堂蘭室。召書生，賜珍饌，因與寢。夜過半，書生覺，見所臥處，乃石窟，前有一死婦人，身正洪漲，月光照之，穢不可聞。書生乃履危攀石，僅能出焉。曉至香山寺，為僧說之，僧送還家，數日而死。（紀聞）

洞庭陳生者、家甚貧，挈妻及弟，徙洙涇。其地商賈駢集，陳為人柔佞，善貿易。不數年，累千金。忽染疾，伏枕數日，蹶起謂妻與弟曰：「我三人前生，俱為僧，共姦一婦，而殺其夫。手刺之者，即我也。今冤將償，拘訊期迫，我先行，汝二人亦不免矣。」

言畢，自拔其髮、并髭鬚俱盡。復取刀割舌，又以兩指，將眼珠剔出。少頃，氣絕。

余家西席周生與陳鄰，目覩其事。今不知其妻弟若何？（

（蕈鄉贅筆）

張安國有文名，而無德行。誘淫一鄰女，女父母覺，致女死於非命。後應鄉試，主司佳其文，欲取作元，忽聞空中叱曰：「豈有淫人害人者，而作榜首耶？」主司忽撲地，及蘇，卷已裂而粉碎矣。揭曉後，召張告之。張慚忿成疾而死。（禍福指南）

☆ ☆ ☆

東城李某，以販棗往來鄰邑，私誘居停主人少婦而回。及至家，其妻已被人誘去。自詫曰：「幸攜此婦來，不然成鰥夫矣！」人計其妻逃去日，正此婦乘逗候，何報之巧也。

既而此婦不樂居農，復隨一少年遁去。前夫蹤跡至東城，欲訟李。李以婦遁無證，堅不肯認。適里有扶乩者曰：「盍去質乩仙？」乩判一詩曰：「鴛鴦夢好兩歡娛，記否羅夫自有夫

？今日相逢須一笑，分明依樣畫葫蘆。」其人見詩，默然竟去。有知其事者，謂此婦亦誘來者也。（同前）

☆ ☆ ☆

鳳陽朱維城，家種池荷，從未開花。康熙己酉，將赴省錄遺。忽池中放一並蒂蓮花，謂是秋捷闈兆。是夕置酒賞之。一美婢侍酒，朱以酒戲婢，遂私之。明日，花已萎矣。是夕夢謁帝君，見己名登天榜，忽勾去。因涕泣拜禱。三度麾下。及醒自知不祥，怏怏就道。府遺舊額三名，錄遺者亦僅三人，朱獨黜。大考亦然。垂涕而歸。（同前）

☆ ☆ ☆

武林張士進，丰姿俊美，丁酉中式。同兄士宏赴禮闈，寓於尼庵相對，見一小尼端麗，且多藏金。士進誘通之。訂與續室。尼贈貲辦聘，士進獲貲背盟。及下第竟歸。尼知被騙，痛哭自縊，遂爲厲鬼。追至中途，士進忽仆地發狂，口作尼音，痛罵薄倖。其僕許以超度解釋。尼曰：「此解難釋，特來索命，非所願也！」抵家三日後即死。（同前）

☆　☆　☆

浙江某生，性最淫，兄早喪，嫂有殊色，生愛之。遂誘逼焉。一日聞里中關帝廟請乩，生往問功名，並終身休咎。乩云：「吾有對，汝願對否？」生答願對。少頃，乩出云：「紅錦被中，無限恩情呼嫂嫂。」汝對來！生見對，俯伏良久。乩復云：「汝不能對，吾代汝對。」旋云：「黃泉路上，有何面目見哥哥？」生此時面如死灰，歸家不一月而卒。（同前）

☆　☆　☆

唐李登，才冠一時，十八歲爲鄉貢首，自意高科魏甲，唾手可得。試應四舉不登弟。年將老，尚潦倒諸生。心中鬱鬱，，莫知其故。因求葉靖法師入冥查勘。靖曰：「功名事，乃文昌帝君所司，我當爲汝叩之。」一日路過梓潼縣，入謁帝君，問士八李登，其人果如何？帝君令吏查其祿籍。吏觀畢，奏曰：「李登初生時，上帝賜以玉印，十八歲登科，十九作狀元，五十五歲爲右相，七十致仕，七十九歲善終。緣其得擧後，竊鄰女張燕娘，事雖不諧，反繫其父張澄於獄。以此罪罰遲十年，降爲二甲矣。十八歲得擧後，又佔其兄李豐屋基，訟而奪之。其兄呼天，以此罪罰遲十年，降爲三甲。該三十八歲得擧。後住長安，淫一婦人鄭氏，又罰遲十年，降爲四甲。今又三盜其鄰女王慶娘，爲惡不悛，已削盡其籍，而壽亦不永矣。」

葉聞，辭退還陽，述其語於登，登無以對，悔恨成疾而死。（同前）

邢州守方谷珍有一女，年少而美，兼通文墨。一日，赴關帝廟進香，一僧見其少艾，作淫詞挑之曰：「予有回向偈，誦與神聽，爲小姐增福壽。」小姐跪伏。僧念曰：「江南柳，嫩綠未成陰，枝小那堪攀折取？黃鶯飛上力難禁，留取待春深。」女聽畢，怒塞胸次，遂趨出。甫升輿，聞空中有人言曰：「方氏！汝牢記此詞，歸告汝父，吾當助汝，誅此淫僧。」女聞仰視，見一神赤面長鬚，乘馬雲中，急拜謝而去。

僧見女盛怒出，知女爲方守小姐，恐事發，遂逃去。急趨半日，仍在關帝廟左右環繞。及女回語方，方怒，簽差拘見。方曰：「我亦作個回向偈汝聽！」方念曰：「江南竹，巧匠作成籠。留與禪師藏法體，碧波深處伴蛟龍，方知釋是空。」念畢，命用竹籠，將僧囚起，拋入浮橋急水中。此誤覓皈依者也。諸山衆僧聞之，無不悚然，以釋規自勵。（同上）

第四章 妬悍凌虐（十一則）

衡陽周令、蜀川人，喪妻三數歲，再娶妻，亦蜀川人。後妻攜三女，俱長矣，來周令家，周撫之如己女。後妻凶妒，周舊蓄婢數人，內二人姙娠。後妻每加以他事，鞭撻之無虛日。二婢各為懷姙，常以背，或以臀腿，受其梃。周令妻多方用杖觸其腹，欲其不全。二婢竟以鞭捶墮胎而死。是時余任衡州通倅，聞嘗不平之。及余罷歸，周氏之家，久無所聞。有士人與周有舊，話及之，且曰：「周之後妻，既殺二婢，其後三女相次適人，因權寄寓衡陽。不四五年，三女俱因產而死。每一女死，其妻必飯僧懺悔，為先鞭撻墮胎死者二婢看經，自禮梁武懺。三女俱以產死，未死間，必旬日號呼痛楚，宛轉而後終。周令妻泣涕誦佛經，自對佛稱罪。焚香憂惱，因而得疾。女亡後，歲餘亦死。嗚呼，書所謂「天網恢恢，疏而不漏。」佛經報應，何昭昭若是乎？書之，俾妒悍不令之婦，聞之增懼，亦勸誡之道，有益於世教云。（洛陽縉紳舊聞記）

☆　☆　☆

程泳之沂、爲平江崑山宰，秩滿，其弟鉅、爲府監倉，乃攜其家就居焉。一日，泳之方與妻對食，忽有髑髏自空墮几案間，舉家駭愕。泳之爲祭文而埋之。不數日，泳之妻病，日益加劇，一夕爲鬼所憑，下語云：「我李貫也，爾先爲吾妻，酷妒特甚，三婢懷姙，皆手殺之。今使吾無後，職汝之由。吾既死，資財且多，曾不爲吾廣作佛事，以伸薦悼，乃盡奄有，爲再嫁資。吾已訟於陰府，不汝置也。」妻遂冥然。

有道士善治鬼，使視之。道士取幅紙密咒，展示童子，童子怖曰：「正見一庭下，有人抱笏而立，傍有三婦人，皆披髮流血。庭中捽一婦人，鞭之甚楚。程視之，果然。遭鞭者、乃其妻也。道士曰：「此已爲陰府所逮，疾不可爲也。」程懇祈，徒欲其少蘇而訣。道士復作法，書篆文焚之。童子復視，則曰：「鞭者已停笞矣。」程亟入視其妻，果漸蘇醒能言。問之，乃言前嫁爲李貫妻，嘗殺婢，故爲所訴。乃囑程集篋中某物，皆貫故物也。可貨以飯僧，已而竟卒。（睽車志）

☆ ☆ ☆

曾伯祖光祿公，康熙初，官鎭番守備云：有李太學妻，恒虐其妾，怒則褫下衣鞭之。殆無虛日。里有老媼能入冥，所謂走無常者也。規其妻曰：「娘子與是妾有夙冤，然應償二百鞭耳。今妒心熾盛，鞭之殆過十倍，又負彼債矣。且良婦受刑，雖官法不褫衣。娘子必使裸露以示辱，事太快意，則干鬼神之忌。娘子與我厚，竊見冥籍，不敢不相聞！」妻哂曰：「死媼謾語，欲我禳解取錢耶？」

會經略莫洛遘王輔臣之變，亂黨風起，李歿於兵，妾爲副將韓公所得，喜其明慧，寵專房。韓公無正室，家政遂操於妾。妻爲賊所掠，賊破被俘，分賞將士，恰歸韓公。妾蓄以爲婢，使跪於堂而語之曰：「爾能受我指揮，每日晨起，先跪粧台前，自褫下衣，伏地受五鞭，然後供役，則貸爾命。否則，爾爲賊黨妻，殺之無禁。當寸寸臠爾飼犬豕。」妻懼死失志，叩首願遵教。然妾不欲其遽死，鞭不甚毒，俾知痛楚而已。年餘，乃以他疾死。計其鞭數，適相當。此婦眞頑鈍無恥哉！亦鬼神所忌，陰奪其魄也。此事韓公不自諱，且奉以明果報，故人知其詳。（閱微草堂筆記）

以上三則，爲妬悍慘報。女無美惡，入宮見妬，妬忌雖係惡德，亦爲人情之所難免。惟慘酷如上所述，則爲天理人情之所不容矣。

☆　☆　☆

葉星槎別駕之姊，適張氏，婚未四十日而寡無子。歸守節於母家。別駕為請旌於清朝乾隆己酉，姊年七十二矣。偶秋日遊園中，忽冷風如箭，直射其心，臥牀，醫藥無效，而食量頓增。素持長齋，病後大索葷腥。且能兼數人之食。終日向空絮語，兩手作支吾拒抵之狀。頤頰間，時有傷痕，徹夜呼號，侍婢皆不得眠。惟別駕在坐，則安睡片時。如是數月，醫者莫能名其病。別駕乘其神志稍清時，詢其終日喃喃，與誰共語？所患何處痛癢？而呼號不止。姊初不答，强問之，乃長嘆曰：「前世孽也！彼日我遊園時，忽陰風吹來，毛髮俱悚，急歸房中，見一短小婦人，面醜而麻，著白布單衣，渾身補綴，攜兩小男亦醜惡，藍縷相隨。婦呼我曰夫，兒呼我曰爺，我前生乃男子也。江西人，姓顧，饒於財，婦為我妻，兩男皆我子。我嫌婦醜，酖殺之，並酖二子，而連娶二美婦，以天年終。婦沉冤百年，索我不得，上年遇張得新，得新前世與渠有瓜葛親，乃告知我在此處，並引之至園。又以室有乩壇，不得入內，匿園中者半年，今始相遇，要我償命，我亦恍然，覺前生殺妻殺子，實皆有之。猶憶身死後，閻羅王以我生前有罪，須審。但怨主未至，且罰作女身，而使早寡。皆了了於心目間，悔之無及！彼母子三人者，日披我頰，扼我喉，使我不得一息平安。食非我食，而我不自知飽。呼非我呼，而我不能禁聲，其苦甚矣！惟弟在側，則三鬼潛匿，若他人皆不畏也。所以隱忍不言者，以事太怪，而又可醜。今不得不以實告，弟須為我傳說於世，使知因果顯應，雖隔世不相寬假。雖念佛齋僧，絲毫無益也。

」言畢泣數行下。

所謂張得新者，乃葉之老僕，死已多年者也。別駕聞之駭然。向空喝曰：「寃寃相報，理所固然。然汝輩果含寃，何不索報於前世未死之時，而容其以天年終？又何不索於既死之後，而容其再轉人身，而遲至七十餘年之久？太覺糊塗非情理，且寃仇宜解不宜結，我為爾延高僧超度，三人早投人生如何？」姊搖頭曰：「渠說不願，只需兩件衣服，上身便好。」葉即制大小紙衣三襲，方持入戶，姊忻然起坐牀前，兩手盡力扯擘云：「我妻穿一件白布衫，破爛不堪，純以斷線縫補，解之不開。我為盡力撕之，纔得脫體。今甫換新衣，便覺容貌漸可觀，雖醜亦像人矣。」其實紙衣猶在桌上未焚，乃謂三鬼已着於身也。別駕又喝曰：「衣既易，可速去！」姐呢喃片刻云：「渠尚要黃金數錠，白銀一千兩。」別駕有難色。姊曰：「勿難！只佛草數莖，錫錠一千耳。」佛草者、麥草也。於是眷屬輩羣取麥草，朗宣佛號而斷之。麥草中間，有零星顆粒墜地。姊曰：「是絕好珍珠，何可拋棄？」皆令拾起。頃刻得草數百莖。姊呼曰：止！渠等嫌重，不能勝矣。宜更與一包袱。」乃剪紙爲袱，并錫錠一千，焚於牀前，姊即瞑目鼾睡。別駕出見客，逾數時姊醒。詢以怨鬼去否？曰：「去矣！要我親送出大門。」問鬼得衣物喜否？曰：「不喜，亦不謝。但云：『着此衣，可出去見官府矣。』我送渠轉入門時，弟方送鄭六爺出，我避於門側，弟不看見我耶？」鄭六爺者，別駕所見之客，室內所不知者也。羣相駭異。自是，姊安眠不復索飲食。未三日，忽呼曰：「二奶奶來矣！」又呼曰：「三奶奶來矣！」囈語相寒溫；或笑或泣，刺刺不休。詢之，則云：「此二婦，乃我前生繼娶之兩室也。陰司以大奶奶事要質審，故將二婦囚閉已久，不得託生。今大奶奶得我衣財，向各衙門告准，放出兩婦質訊，故先來相看。」且云：「明日當赴城隍處聽審，我其休矣！」嗚咽不自勝。至夜三鼓，呼號慘甚。遲明，稱右股痛甚。視之，一片紅腫，若受杖者。次日，復呼左股痛，繼呼足踝痛，皆紅腫潰爛，流血淋漓，委頓特甚。譫語別駕云：「我事本無可辨，到案即一一承認。乃既兩次受杖，復一次受夾。而案終不結，奈何？」自是，遂不能言。又十餘日，方死。此乾隆庚戌年，二月中事。別駕親言之。（續子不語）

☆　☆　☆

太倉潮音菴僧允修、三際法師之徒也。在家性惡，好毆妻，妻臨死立誓曰：「我死必為蛇報汝！」允修嘗舉以語人。且曰：「今為僧，年久，離鄉又遠，寃必解矣。」一夕，法師手摸一蛇，呼衆驅出，勿傷他。允修臥榻，恰在法師單後。次夕

，夜半燈火猶在，允修絕叫云：「蛇來也！」衆排戶視之，已斃矣。（現果隨錄）

☆

康熙五年，北直廣平府永年縣、舉人李司鑑，積惡詐人，連殺三妻，問罪抵償，監候處決。一日，解審過市中，忽奪屠刀，登城隍廟樓，口稱城隍罪罰你，不該聽信鄉黨是非，令割去耳朵，即自割兩耳擲樓下。又責罰你，不該批手本、簽告示、寫書帖、詐人錢財，令去其指，即自割其指，擲樓下。又責罰你，不該姦淫婦女，令割去腎囊，即自割擲樓下。自己活活淩遲而死。事見邸報。（果報聞見錄）

☆

湖南某觀察，以鹽筴致富，卜居揚州。其長子娶某太守之女，憎其貌寢，納妓爲妾。妾恃寵淩嫡，而其夫常右之。久之，某氏有孕，其母恐妾之謀害也，迎之以歸。觀察之子，聽妾之愬，即令其弟，寫離婚書，告絕于某氏。而沒入其貲財甚富。某氏生女，遣人來報，冀觀察之子，或許其歸也。而觀察之子，執意甚堅，復令其弟作書拒之。曰：「此女非我所生。」某氏聞之，先殺其女，取剪刀自斷其喉，大呼一聲，由床上自投於地以死。

數日，而觀察之子有疾，鬼附言曰：「汝助兄為虐，作書絕我，我將捉汝以去。」病者之妻出詬之曰：「汝自見棄于夫，不能報怨，乃反欲令我作寡耶？」鬼應之曰：「夫之惡我，豈舍之哉？我夫不能作書，而叔代為書，叔罪實大。且渠陽祿已盡，吾故先捉之。」言畢寂然，氣已絕矣。此同治戊辰年事也。

辛未四月，觀察大病，死而復蘇，召其長子，使速辦後事。曰：「我與汝終不免，吾適至陰府，與新婦對質而不勝，以我不能順汝。六十日，必來捉我，次當及汝矣。」六月中，觀察果卒，蓋六十一日矣。後數日，長子亦卒。其妾見鬼，謂之曰：「吾將使汝守寡一二年，再來捉汝。」余聞人談此事時，妾尚未死云。（庸盦筆記）

☆　☆　☆

國立台灣大學宋希尚教授，在其所著浮生散記中云：抗戰的後期，民國三十一二年間，遠在西昌的國立藝術專校，聘到一位原任交通大學英文教授蘇州鄒某。我當時因病後須易地休養，遂應老友周校長宗蓮博士之聘，就該校土木科主任，與鄒先生同住校內劉公祠宿舍，朝夕相　，相處甚得。

數月以後，鄒先生突然生病，好久不能上課；而且病勢日益沉重，諸醫束手；他奄奄只餘一息，了無生氣了！

當時我和汪呈因教授（現任台中中興大學農藝系主任，我國水稻專家）因同是「下江」人，都住在劉公祠教員宿舍，特往省視。看他精神異常萎頓，我們一再問其病情，他都含糊其詞，我們檢視了醫生所開藥方，也都未說出究患何病，只是一些安神鎮靜的藥劑。經再三詢問後，他才赧然的說出了一段怪異的隱情。他說：「有一女魂，自稱前生曾作他的小妾，當時他身任前清武官，權勢顯赫。某日，爲了一項誤會，他竟給她不由申辯的扼頸而死，此寃久久不報。如今陰間始准了她的申訴，向夫報仇索命。當他在重慶交大宿舍時，她就找到他，不斷的在他耳中用種種脅迫恐嚇的言詞，要他服毒自殺，但非外人所能聽到。他日夜受到糾纏，爲之神魂顛倒，精神日益疲憊，不能上課，只好請假休息。交大當局認爲他「神經失常」，多方爲他治療，迄不見效，只好准其辭職。他辭職以後，爲求擺脫這種痛苦的環境，便潛來了偏遠的西昌。初到數月，果然避難得所，獲得了短暫的安寧；不料現在，竟被找到，責難斥罵比前更劇！」言下不勝悲憤。他並說：「自從聖約翰大學畢業以來信仰基督，從事教育工作，努力崗位，從來不信有所謂鬼魂之說。不圖如今竟會身受其困，無法自拔！終日在他耳旁嚕囌，不但不許他工作，夜間還不許他入睡，她只促他速死，大家了此孽債。當我們兩人約好前來訪問時，他說女鬼已先告訴兩兄的光臨。我听到這一段情形後，便正色相勸：「寃家宜解不宜結，如果這樣循環相報，必且永無已時，決非台理辦法。我們站在同事及同爲亂世難民的立場，有意爲你們調解，請即提出條件，在合情合理範圍內我宋某願意負責辦理。」可是我說了這些話後，却久久沒有答覆。我便又說：「聽說心經可以解仇造福，我們極願延請高僧唸經，爲妳超度，如何？」她忽向他耳語曰：「金剛經最好！」不久即又急語曰「不行！此仇不能如此輕易放過，非他償命方雪心頭之恨！且我父母也都因我之死而被迫死，三條性命此恨綿綿，豈肯甘休！」我們鑒於無法再談，也就只好暫作結束而散。

不料月餘以後，忽見鄒先生精神健旺已到飯廳吃飯，照常上課了。我立即前去探問，據他欣然相告：「天下果然有此不可思議的事！自從月前承你懇切調解後，她每次再來，言外之音，也就不時提到「寃仇不宜久結」之意，語氣已較和緩。某晚，她忽惶急來告，此事已為「劉公」所知，（劉公，為前清時該地好官，辦理水利，造福人民；奉准立祠塑像（穿黃馬掛）春秋祀奉很具威靈，時作教員宿舍。）大為震怒，認為何物妖孽，竟敢出入此境大胆搗亂！限她三天以內離開，否則決不寬貸。此女受此刺激，果然大改常態，以溫柔語調相慰，並深自悔責，不應如此久久纏擾。同時竟說中日抗戰，不久即將勝利，我們大家歸期指日可待。她只要求我歸蘇州後，在家鄉建立一祠，塑製其父母和她自已的像，經常供養就夠了。當時鄒還提出，祠有大小，力不從心，亦屬無法。她答只要盡君心力而爲之。我亦自然能知究竟，毋欺我也。于是情意綿綿的勸我好自珍重，就此告別了。我看他心情輕鬆爽朗，和前相較，竟是判若兩人了。

至於此事究竟結果如何？勝利復員後彼此天南地北，不通音訊，無法詳知了。來台見遇同學李熙謀博士（時任教育部次長，後任交通大學校長，現任行政院原子能委員會委員）。偶然談及此事，他也記得在重慶時，有這樣一位鄒先生，任交大英文多年，嗣因精神不正常，而辭職云。（見浮生散記宋教授並親自對編者道及，謂係千眞萬確之事）

☆裴章河東人，有僧曇照，道行甚高，能知休咎。章幼時為曇照所重，贊其官位必顯。章娶李氏，嫌其貌陋，別行娶妾，拋棄李氏於別墅，過門不入。李氏自感命薄，褐衣粗食，鬱鬱而死。又二十年，與曇照會，照驚歎久之，謂曰：「貧僧二十年前，嘗謂郎君必貴。今相大改，何也？」章曰：「他亦無罪過，或者薄待嫡妾之故也？」曇照請其詳後，嘆曰：「好色不好德，不惟前程盡棄，禍且旋至矣。」未幾，章目見妻來拘之，乃叫號求免，不絕口而死。（禍福指南）

☆陳欽明號紹伊，福州人，江西布政使，宦囊甚富。其子與婢通，婢有孕，許納爲妾。妻李氏奇妬，將婢嫁與東門外老農爲婦以消恨，婢死於產。事隔三年，李氏白晝見婢披頭散髮來索命，對李說你夫不仁害了我，你尤狠毒，我先死你長子，再死你次子，最後才死你丈夫，留你這無子無夫的寡婦活受罪。孟子曰：罪人不孥，陰律未免太酷。經種種懇求皆無效，果一一受其慘報。因吾家設壇，名通元壇，供林和靖。李氏常來跪求，求時叩頭流血，聲淚俱下。余穉年親見之，恍如昨日事。

（勸懲見聞錄）

抗戰勝利前夕，我曾任敎西昌技專，校在山明秀水之間，固一畫境詩境之讀書園地，同事某夫婦，子女衆多，因生活關係，均任職于校，雇一老傭，執炊洗濯並照顧其子女，傭孤苦赤貧，一身之外，無更換衣袴。某日，暗穿主婦交辦之衣，急先洗其已有沓藉借數小時之替換，事爲主婦發覺，嚴加呵斥，並立即解雇，時已近午，飯熟茶香矣，竟勒令即走，不留一飯。傭嗚咽，抱頭悲泣，繞余籬門而去，我聞之惻然，欲呼留一飯，又恐開罪對方，盛怒之下，引起糾紛。不料半小時後，忽聞哭聲震動宿舍，慘案發生，已不可救藥。蓋當傭婦去後，主婦親自上灶燒菜，其幼子二、三歲，正匍匐灶下，因照顧不周，手攀灶旁騰沸之開水，傾覆全身，剎時燙斃，慘不忍睹。以一飯一衣之小事，刻薄待人，終以其愛子一命相償，果報之速，誠可為世誡也。（宋希尚教授親筆記）

第五章　輕薄譏謗（六則）

程仲蘇言，嘉慶年間，河南某縣，有一余姓與張姓素好，同學讀書，俱係茂才。端午，各解館歸家，張姓寫一信寄余姓，嬉言其婦不貞。

余姓閔之大怒，瘋病陡發，余有二子一女，忽持刀先殺其妻，又將子女一併殺死。余亦自縊。逾年，張姓在家，忽持刀自言，余某至矣！遂用刀自剖其腹，逾時身死。

夫朋友戲謔，原非所宜。況無端污衊閨門？即使余姓不自殺其妻子，冥報亦所不免。況一言連斃數命乎？（北東園筆錄）

何長瑜爲臨川王義慶記室，好譏議人，嘗以韻語嘲其僚佐云：「陸展染白髮，欲以媚側室。青青不解久，星星行復出。」輕薄少年多效之，凡人士並爲題目，皆加劇言苦句。其文流行，義慶大怒，言于文帝，遂謫廣州。行至板橋，遇暴風溺死。（人譜類記）

常熟西門、陸某妻張氏，慣能捏造是非，挑唆口舌。受其毒者甚多。康熙十二年十一月初一，同夫夜膳，忽自摸其嘴曰：「痛極！那個割我舌頭？」其夫曰：「又來見鬼！舌頭不在口中耶？」張氏痛不能忍，上床而睡，呻吟不絕。次早，大呼大叫，夫視其舌，已爛矣。漸次吐盡爛塊而死。（果報聞見錄）

☆ ☆ ☆

青浦李友梅、好談閨閫，極工賭咒。曾借李敬雲銀三十兩未還，敬雲身故，孤寡往索，堅執已還，賭咒云：「若我說還未還，當遭拔落牙齒之報。」

不半年，病傷寒，發狂語曰：「我一生談人閨閫，且騙人財物，虧心賭誓，今鄷都楊老爺、差役來拔牙齒矣！」隨以手挖去門牙三枚，備現慘狀而死。康熙十四年四月中事也。（果報聞見錄）

曹娥下沙李氏，族大丁旺，有李某者，年三十餘歲，家頗溫飽，以耕種自樂，無求於世之人。人亦以為陸地神仙也。誰知一日倏然敲欖拍桌，聲言索命，取刀常欲自殺，力大無窮。雖親友眾多，尚難保護。時時口中極聲疾色而言曰：「我本可不死，被你於髮逆前數言讒謗，以受髮匪殺身之慘。害我一死，而全家因我死而俱死，是彼一人殺我全家，此冤安得不報？今余已探得其人所在，告准閻君，許我索命。故領全家冤魂，並邀親鄰好友，一併來此索命。汝等眾位，雖救無益。」其家人及親友等，見是冤魂，眾人共相羅拜；或許錠帛，或許經懺超度。似乎見人稍覺安靜，管守漸疏，且李某亦覺已好，向眾說：不必守護云云。尚每日親友看守四五人也。一日午飯後，親友防守稍疏，李大呼救命而狂奔。其行如電，其親友四五人，上前拖掠，悉被打倒。聞從下沙中路，飛奔而往百官，其口中尙大呼救命。適有大力者孫七，從百官而來，見此情形，即將李某頭髮拉住不放。豈知孫七雖有千斤之力，而李某掙命前往，致髮脫，而其人如箭，穿入江心死矣。此乃光緒十五年事也。（玉歷寶鈔、徐升庵記）

鹽梅夫人，爲陽羨王忠烈大母。孀居時，有疑之者。時夫人方食鹽梅，聞之憤甚。即取鹽梅核樹之，矢曰：「妾苟無他志，此核當復生；否則，妾當死。」閱數日，果挺萌吐穎，迨成實，而味皆鹹。所疑者，偶食此梅遂死。由是，人皆信服。小湘公子詠七絕八首記其事。中一首云：「梅根雖活妾心灰，讒口何人播說來？不是天工能創格，此身終古惹疑猜。」（三借廬筆談）

按信口開河，雖是無心說說，但一涉陰私，其禍則有不堪設想者。此古人所以三緘其口學金人歟？

第六章　褻瀆鬼神（十則）

蜀中有一無賴子，夏日大醉，裸體仰臥文昌殿前。道士勸之，反被辱罵。道士畏而避之，無賴猶訕謗不已。且對神像潰溺。

忽風雷大作，霹靂一聲，削柱木一片，鋒銳如刃，適破其腹，劃然中開，腸流滿地。更有奇者，神前布幡、器具、柱木，皆為雷火所燒。惟兩柱上所挂金字長聯，雷火燒處，逐字跳過，無一筆燒壞者。

時吳門周勗齋太守，適宦敘永廳，親自往驗，目擊其事。

（履園叢話）

揚子江邊，有空柳一株，大可數十圍。枝條衰颯，幾無復生意存者。行人往來，恒休息其下。道士元精子過而歎曰：「此樹婆娑，生意盡矣！吾當有以扶植之。」乃於懷中出一桃核，以濕泥封固，置其中。明日，忽有桃樹從柳中出，大亦數圍。鄉人見之者，咸以爲神，遠近來觀者，如堵牆焉。禱之輒應。

有宋穆生者，素不信神奇怪異。遇人談及，輒笑爲迷信。一日過此笑曰：「草木何知？而乃使人迷信耶？樹果有靈，吾願當其禍！」溺之而去。行不數十步，覺陰頭痛甚。俄而睪丸大如栲栳，如病疝氣然。乃大懊悔，拜而悔過，爲之立圍欄於其側，病始漸愈。題一聯於其欄云：「昔年嘗謂天無鬼；此日方知樹有神。」蓋志其過也。薛乃愚少府，素與穆生善，與余相遇於眉州，爲詳言之。

南皋居士曰；聖人數言鬼神矣，左氏亦往往載之。夫豈憑空結撰者哉？鬼神能福人，亦能禍人。不之信則已，乃笑之而復溺之，宜其得禍也。拜而悔過，病亦尋愈。神於人，亦何容心焉？傳曰；「過而能改，善莫大焉。」宋穆生可謂能改過者矣。（南皋筆記）

☆　☆　☆

常熟、孫君壽，性獰惡，好慢神虐鬼。與人遊山，脹如廁，戲取荒冢髑髏蹲踞之，令吞其糞曰：「汝食佳乎？」髑髏張口曰：「佳！」君壽大駭急走，髑髏隨之滾地，如車輪然。君壽至橋，髑髏不得上。君壽登高望之，髑髏仍滾歸原處。君壽至家，面如死灰，遂病，日遺矢，輒手取吞之，自呼曰：「汝食佳乎？」食畢更遺，遺畢更食，三日而死。（子不語）

勝州都督薛直，丞相納之子也。好殺伐，不知鬼神，直在州行縣還歸，去州二驛，逢友人自京謁，直延入驛廳，命食。友人未食先祭，直曰：「出此食謂何？」友人曰：「佛經云：有曠野，鬼食人血肉，佛往化之，令其不殺，故制此戒。又俗所傳每食先施，得壽長命。」直曰：「公大妄誕，何處有佛？何者是鬼？俗人相誑，愚者雷同，智者不惑，公蓋俗人耳。」言未久，空中有聲云：「薛直！汝大狂愚，寧知無佛？寧知無鬼？來禍於君，命終必不見妻子，當死終此。何言妄耶？」直聞之，大驚，趨下再拜謝曰：「鄙人蒙固，不知有神，神其誨之。」空中又言曰：「汝命盡午時，當即返，得與妻孥相見。不爾，殯殮于此矣。」直大恐，與友人馳赴郡，行一驛，直入廳休偃，從者皆休，忽見直去，從者百餘人，皆左右從入，驛戶，已死矣。於是驛報其家，直已先至家，呼妻與別曰：「已死北驛，身在，今是鬼，恐不得面訣，故此暫來。」執妻子之手，但言努力，復乘馬出門，奄然而歿。（紀聞）

☆

順治初年，崑山康順泉，其父已死十三年矣。一夕魂忽歸家，附其第三媳云：「余今已為金神寧濟侯從者。頗知冥間事。余家無大罪，止以汝母及童男少女，或傾溺器，或大小便，不洗手，輒即上竈。竈神每於月晦之日，上告天曹，故特降茲合家疫症。猶幸修醮，少解，甚慰！然汚穢竈間之咎，俱係汝母承當，止有兩月在世矣。」至期果然。（果報聞見錄）

☆

崑山朱裕先居於鄉，一日雷雨，火光繞室，暈地如夢，有神曰：「汝妻產月未滿，帶汚犯竈，以此奏聞天曹，罪應震死

。因汝曾勸善建橋，姑恕免死。」康熙戊申夏月事也。（果報聞見錄）

☆往年兗州有人家贅壻，與其妻妹私通，事頗露，二人屢事分疏。既而語家人：「吾二人，不能自明，當共往岱山頂，質諸天齊帝。」遂與俱去。告于神：「吾二人，果有私，乞神明加誅！」祝訖下山，各以爲謾衆而已，神固何知？

行至半山，趨林薄僻處行淫焉。久而不歸，家人登山覓之，始得於林間，則皆死矣。而其二陰根交接，粘著不解，方知神譴之，以示衆也。（語怪）

☆寶應城中，有戚烈婦寺，殿宇軒敞。乾隆年間，奉旨發帑特建者也。咸豐庚申之歲，有諸惡少，在寺中挾妓飲酒，歡呼諸謔，無所不至．樂而忘疲，夜以繼日。忽狂風起于殿外，窗戶傾倒，燈燭盡滅。諸人驚怖失據；或爲窗門所摧壓，或自隕于庭階，皆血流被面，身負重傷，踉蹌奔散。一少年，生平惡跡最多，自觸殿前石獅，頭腦破裂，越日而死。兩妓顚頓塵埃中，面目爲糞土所汙，幾失人形，見者無不失笑。城中父老聞而驚歎曰：「嗟乎！諸人敢在烈婦祠中狎飲，宜其自速厥戾矣。」（庸盦筆記）

八月、上海縣、向有岳忠武祠，不知何年所建。神於地方無專轄，祭享寥落，棟宇傾圮。邑紳張君錫懌者，素褻，屢過祠前，不甚加敬。忽一日，輒去神像，改塑痘神，親友力諫止之，不聽。

同邑有滕生世禎，與張狎，夜半夢至一官署，如王侯邸第。傍有人指示之曰：「此岳王廟也。」中門高扃，滕立右角門，遙見張立左角門。有鬼判二自內出，面一白，一黔。相謂曰：「此二人俱獲罪，限十日內，令頸後各生一疽。」白面者辭氣頗和曰：「尚可解釋否？」黔者勃然怒曰：「罪重不可宥也。」乃各押一人去。不數步，遇一白鬚老翁，語滕生：「汝所犯甚輕！」將手中所執拂、拂其頸曰：「去！去！可無慮矣。」生惕然而醒。傍徨悚懼，適與張君會飲，以夢告之。大恚曰：「夢寐事，安足信耶？乃妄言謗我！」且云：不驗，當受重罰。生不敢復言而退。

自是張爲彷佛見絳袍玉帶貴人、坐堂上，從者甚衆。呼張名而叱之曰：「汝何人斯？而敢擅毀我像！罪當死。」隨有甲士上，持刀砍之。叩頭乞哀，似夢非夢，驚寤，汗流浹背。披衣起，徧話之於家人。神色沮喪。日午，即覺頸後微癢，詰朝，似蜂螫者，急延醫治，曰：「此對口疽也，雖初起，而毒氣蔓延，勢已不可遏矣。久之，瘡口漸大，肩背如負重者。痛楚叫號，莫可名狀。諸醫相顧束手。

於是，大發金錢，修葺廟宇，迎還神像。家邀巫師，且盛筵，日夜匍匐叩禱，擾擾者數月。未幾，咽喉潰爛，頸項不絕如線。逾年竟死矣。

夫自古迄今，忠義如王者，能有幾人？上自君相，下至販夫販婦，莫不敬而仰之。張君讀書仕宦，乃恣行無忌，其受冥責，亦自取之也。（蓴鄉贅筆）

丁稚璜宮保，在山東兩次治河；前則侯家林工，後則賈莊工也。大王將軍來集工次，每日演劇敬神，有衆蛇各就神位之前，昂首觀劇。優人或以戲單呈上，請大王將軍點劇，蛇以首觸劇單，所點之劇，往往按切時事，非漫無意味者也。而點第一曲者，必金龍四大王，其次第亦不稍紊。有總兵趙三元者，戟手謂人曰：「此皆蛇耳，何神之有？」言未已，忽叫云：不敢不敢！羣趨視之，則有蟠其頸者，有繞其背者。咸勸總兵跪神座前自責，且願演劇三日以贖罪。倏忽間，已見大王復位矣。然未見其去來之迹。

賈莊之役，有某提督駐河干，忽見大黿順流而下，或謂此元將軍也，宜設香案，望空叩禱。提督怒曰：「吾乃將軍耳，彼區區介族，何足懼焉。命軍士舉火槍擊之。黿遽返而上駛，若畏避者。提督方自鳴得意，忽見大小黿數千，蔽流而上，波濤汹涌。提督正命舉槍，則向所見之巨黿，已忽近岸，昂首濆沫，衆黿隨之，奔流箭激，聲勢震蕩。軍士皆驚恐奔潰。提督知不可禦，亟策馬登高避之。而其所駐之河濱草屋十餘間，皆被水捲去。沈汨無餘矣。噫！宇宙間靈蹟昭然者，莫如河神，彼武人粗鹵，不知敬畏，幸而未降之罰，乃著異於俄頃之間，以示薄懲，神顧可慢乎哉？（庸盦筆記）

第七章　暴殄天物（五則）

王黼宅與一寺鄰，其廚溝中，每日流出雪色飯顆，累累不絕。有一僧取之，洗淨曬乾，積成一囷。靖康中金人入寇，黼以誤國獲罪，與家眷拘囚寺中，絕食。此僧即用前米水浸，蒸熟送食。老幼皆飢甚，食之惟覺香美。僧指囷中乾米曰：「此皆公廚溝流出者。」黼聞之，不勝歎悔。（人譜類記）

安溪李家婦某氏某翁，爲邑諸生，去世已久，家中書籍盈架，氏生兒甫週歲，每值兒下便，即拆頁拭穢。一夜適夫他往，，氏閉戶睡醒，失兒所在。欲起尋覓，忽被雷震死。明日，族人出操作，路經氏門，見呱呱小兒，知爲氏子，不解何故擲置門外？遂抱入懷。及中午，門仍緊閉，不聞人聲。衆破門入，驚視冊頁成堆，皆沾穢物，氏尸在焉。

每怪世人拋棄字紙，輒自解曰：「我非讀書家。」遂至踐蹈無忌，上干天怒。如氏者，可勝道哉！不知朝廷非字不尊，官吏非字不治，士民非字名利不成。振古如斯，其所維繫者甚大，而其理甚明也。是故天下不可一人不識字，即不可一日不敬字。（北東園筆錄）

☆ ☆ ☆

康熙四年六月十四日，嘉定西門外，有一徐氏婦，荷鋤往田，忽爲暴雷震死。其子甫垂髫，亦爲雷火所焚而未死，擊其履粉碎。人爭拾視，則以字紙置其子之履也。此慢褻字紙之報。

也。（北東園筆記）

☆ ☆ ☆

仁和舊馬頭沈姓者，精堪輿術，人亦謹厚，但不知敬惜字紙。康熙八年，壽五旬矣，尚不知改。忽一夜，夢人追攝，至公府，殿宇森嚴，榜曰：「文昌殿」，堂懸一牌，大書四句曰：「成人在字，字在成人，人不敬字，字不敬人。」旁一人唱曰：「知未？」遂驚覺，自悔無及，述夢勸人，未幾卒，無子。（果報聞見錄）

☆ ☆ ☆

楊慧兒九歲即善屬文，于五經諸史，過目成誦。一夕，在館病痢，夜中如廁，誤投字紙於內。次早翻閱古書，茫然不省。拈題搆思，胸中如有物礙，不復能成文理。遂至廢棄，未幾夭亡。（人譜類記）

第八章 盜墓酷報（三則）

開元初、華妃有寵，生慶王琮薨，葬長安，至二十八年，有盜欲發妃冢，遂于塋外百餘步，僞築大墳，若將葬者。乃于其內，潛通地道，直達冢中。剖棺，妃面如生，四肢皆可屈伸。盜等姦行凌辱，仍截腕取金釧。兼去其舌，恐通夢也。側立其尸，而于陰中置燭，悉取藏內珍寶，不可勝數。皆徙置僞冢。乃于城中以輀車載空棺。會日暮，便宿暮中，取諸物置魂車、及送葬車中。方掩而歸。

其未葬之前，慶王夢妃，被髮裸形，悲泣而來曰：「盜發吾冢，又加截辱。孤魂幽枉，如何可言？然吾必俟其敗于春明門也」。因備說其狀而去。

王素至孝，忽驚起涕泣。明旦入奏，帝乃召京兆尹萬年令以物色備盜甚急。及盜載物歸也，欲入春明門。門吏訶止之，乃搜車中，皆諸寶物。盡收羣盜，拷掠即服。逮捕數十人，皆貴戚子弟、無行檢者。王乃請其魁帥五人得親報仇。帝許之。皆探取五臟烹而祭之。其餘盡榜殺于京兆門外。改葬貴妃，王心喪三年。（廣異志）

☆ ☆ ☆

杭州朱某、以發塚起家，聚其徒六七人，每深夜昏黑，便持鋤四出。嫌所掘者多枯骨少金銀，乃設占盤預卜其藏。一日岳王降壇，曰：「汝發塚取死人財，罪浮於盜賊。再不悛改，吾將斬汝。」朱大駭，自此歇業。

年餘，其黨無所歸，乃誘其再禱於乩神，以試之。如其言，又一神降曰：「我西湖水仙也，保叔塔下，有石井。井西有富人墳，可掘得千金。朱大喜，與其徒持鋤往，遍覓石井不得。正徘徊間，若有耳語者曰：「塔西柳樹下非井耶？」視之，已填枯井也。掘三尺四，得大石槨，長濶異常。與其黨六七人共扛之，莫能起。相傳淨寺僧有能持飛虎咒者，誦咒百聲，棺槨自開。乃共迎僧，許以得財烹分。僧亦妖匪，聞言踴躍而往。誦咒百餘，石槨豁然開。中伸一青臂出，長丈許，攬僧入槨，裂而食之。血肉狼藉，骨墮地，錚錚有聲。朱與羣黨，驚奔四散。

次日往視，並不見井。然淨寺竟失一僧，皆知爲朱喚去。衆徒控官，朱以訟事破家，自縊於獄。朱嘗言：所見棺中僵尸不一，有紫僵、白僵、綠僵、毛僵之類。最奇者，在六和塔西邊掘墳，有圈門石戶，廣數丈，中有鐵索懸金飾朱棺，斧之，乃犀皮所爲，非木也。中一尸，冕旒如王者，白鬚偉貌，見風悉化爲灰。侍衞甲裳，似層層繭紙所爲，非絲非絹。又一陵中，朱棺甚大，非紼索所懸，有四銅人，如宦官狀，跪而以手承棺，雙手捧之。土花青綠，不知何代陵寢？（子不語）

☆　☆　☆

燉煌實錄云：「王樊卒，有盜開其冢，見樊與人樗蒲，以酒賜盜者。盜者惶怖飲之。見有人牽銅馬出冢者，夜有神人至城門自云：「我王樊之使，今有發冢者，以酒墨其唇，詑旦至，可以驗而擒之」。盜既入城，門者乃縛詰之，如神所言。（獨異志）

第九章　還債（二十二則）

平江陸大郎者、家頗富厚，有別業在平山，一庵僧與之素善。僧所置產業，率皆寄陸戶內。既陸遂萌乾沒之心，僧索之不與，乃訟之官。陸多推金錢賂胥輩，僧不得直，反坐誣詐。僧不勝憤恨，乃日焚香，望陸門而拜。且禱願為其子，取償所負。久之僧死，逾年而陸生子。以年長始立嗣，鍾愛之，號曰小大郎。稍長遊蕩不檢，家貲為耗，陸不之禁也。及陸死，小大郎者奉葬甚厚，是後妄費奢侈。不數年，財產蕩盡，無以為計，乃伐墓木以易斗升。既童其山，則又託言風水不利，發取其棺及甃甓之屬盡賣之。焚其骨棄燼湖中。人皆謂小大郎即僧後身。蓋伐墓焚屍之酷，非至讎不忍為也。今世之不肖子以貧故，若小大郎所為者多矣，是雖名為子孫，安知非宿世冤憎願力之重，假託以償其忿耶？但業緣所牽，一經歌羅邏位，則不後自知耳。（睽車志）

陝允為司獄，有富商犯死刑，商僕以巨萬求免，允詐許焉。

，假成輕罪文卷，夜囑獄卒縊之。召其僕曰：「文卷已成，奈夜暴卒何？」僕曰：「此命也。」乞屍化歸。允謂名利兩得。後免官歸，娶妾生一子，才八九歲，歷覽羣書，十六舉狀元，衣馬酒色，恣其欲，貲財殆盡，十七隨死於家。父母慟絕數四，臨葬不忍，必欲開棺視訣，尸變爲四五十有鬚者，乃富商貌也。允止哭曰：「天示人，我敢隱？具述前事，衆爲駭歎。

（昨非庵日纂）

超果寺之左，有姚翁者，家貧，一子痘殤，舉櫬寄寺中。僧不許，翁以情告曰：「某住房止一間，而幼兒復疹，恐致兩傷。倘蒙見許，不過一月，便舉而昇諸火。仍以儭值奉繳。僧憫之，留置殿側。

三日後，又有右鄰，援例來懇，不得已，亦留之。兩棺相傍。一日僧晨起焚香，天尚昏黑，聞壁間應答聲，俯聽，乃棺中兒也。曰：「姚翁宿生所負，今已償清，僅少錢五十八文耳。早間，復以銅盆典錢，明日便完，我將往矣。但汝恐未得同行，奈何？」僧大驚詫。

少頃，有叩門者，果翁也。緘錢來謝，並言欲舉柩。僧曰：「此錢得非銅盆所典乎？」曰：「然！」「其中計五十八文乎？」曰：「然！」問何以知之？因細述兩兒應對之語。且曰：「我斷不敢領，可速買楮帛焚化，以了此一段因果可也」。翁聞，慨然歎息曰：「今乃知，人家子弟、未成立而死，大抵皆索債者耳。我可以無戚矣。」記此以告世之不肯償債者。（蕁鄉贅筆）

烏鎮殷實之家，例於蚕畢收帳。一李姓人買舟至鄉索逋，夜宿舟中，忽有鼠嚙其指。李覺痛，遂起撲殺之，復睡。鼠魂附於是人曰：「我來索汝債，反撲殺我，我必殺汝矣！」狂言至旦不醒。舟人載還其家，其妻問之曰：「汝來索債，請問尊姓？」曰：「我姓張！」「我夫欠汝債幾何？」曰：「三十兩！」於是設張公之位，延僧禮懺，七日齋醮，冥資費用，計如其數，然後平復。問其病中所言，瞢然不知。（果報聞見錄）

武林蔣仁瑞，江千人，移居蠟燭巷對門，於壬辰年五月間，嘗患鼓脹，垂危。夜半見有上四鄉、賣石灰者五六人，排戶突入。云：「前生負債二千兩。」竟捽蔣出門。蔣於是昏絕。其家謂爲已死，即燒肩輿草人等類，蔣便乘之以行。

比至鳳山門，諸賣灰者云：「我等徒步，彼安得獨乘轎？」竟前擒蔣下地，簇擁以去。過江千資福廟，即都土地門前，見先亡母弟、及僕皆在。因拉諸賣灰者云：「汝奉何牌票？敢逮繫平人耶？」我輩即當往東嶽控告，喊聲震驚。判官鍾姓者、詰問？果無符檄，叱即放還。其母護送至家。

比覺，時已刻，兩手皆握沙泥。其家業已去帳，易衣，焚紙錢，含飯具矣。越二十餘日，又見前賣灰者，捧檄而至云：「已告准！汝不得活。」於是遂殂。（冥報錄）

以下轉生為牛還債，計十七則

洛陽水陸庵僧、號大樂上人，饒於財。其鄰人周某，充縣役，家貧，承催稅租，皆侵蝕之。每逢比期，輒向上人借貸，數年間，積至七兩。上人知其無力償還，不復取索。役頗感恩，相見必曰：「吾不能報上人恩，死當為驢馬以報。」

居無何，晚有人叩門甚急，問為誰？應聲曰：「周某也！來報恩耳。」上人啓戶，了不見人，以為有相戲者。是夜所畜驢產一駒，明旦訪役果死。上人至驢旁，產駒奮首翹足，若相識者。上人乘之一年，有山西客來宿，愛其駒，求買之。上人弗許，不忍明言其故。客曰：「然則借我騎往某一宿可乎？」上人許之。

客上鞍攬轡，笑曰：「吾詐和尚耳，我愛此驢，騎之未必即返，我己措價置汝几上，可歸取之！」不顧而馳。上人無可奈何，入房視之，几上白金七兩，如其所負之數。（子不語）

康熙二十年，旌德縣十二圖，劉唯一名英，係按察司書辦。向在寧國縣放債，因路途拔涉，買驢代步。行至東岸地方，驢故緩行。其僕痛加鞭策。驢忽人言：「我前世少債不多，今將滿矣！何必打我？」劉聞言，即下驢，步牽之而走。至寧國，取討帳目，俱各從寬。歸途，即於東岸，造一涼亭，為行人

憩息之所；居家廣行善事，今子孫俱入泮矣。（果報聞見錄）

黃州有時顯之者，富而刻。一李姓者、借時銀四十兩，本利俱楚。以平日交厚，偶失取券。數年後，時執前券取償。李重還之，始滅券。

未幾，時死，李家一驢產駒，額有白毛，作「時顯之」三字。時家聞之，來買。然驢兒價，不過一二金，力挽不前，添至四十金，方行。（見聞錄）

有崔君者、貞元中爲河內守，崔君貪而刻，河內人苦之。常於佛寺中，借佛像金，凡數鎰，而竟不酧直。僧以太守，竟不敢言。未幾崔君卒於郡，是日，寺有牛，產一犢，其犢頂上有白毛若縷，出文字曰：崔某者，寺僧相與觀之，且歎曰：「崔君常借此寺中佛像金，而竟不還，今日事，果何如哉？」崔君家聞之，即以他牛易其犢，既至，命剪去文字，已而便生。及至其家，雖豢以芻粟，卒不食，崔氏且以爲異，竟歸其寺焉。（宣室志）

☆

卞士瑜者、其父以平陳功，授儀同。慳吝，常傭人築宅，不還其價。作人求錢，卞父鞭之。曰：「若實負錢，我死，當與爾作牛。」須臾之間，卞父死，作人有牛，產一黃犢，腰下有黑文，橫給周匝，如人腰帶，右胯有白紋斜貫，大小正如笏形。牛主呼之曰：「卞公！何爲負我？」牛即屈前膝，以頭着地。瑜以錢十萬贖之，牛主不許。死乃收葬。（法苑珠林）

☆

廣陵有王氏老姥，病數日，忽謂其子曰：「我死，必生西溪浩氏爲牛，子當尋而贖我！腹下有王字，是也。頃之，遂卒。西溪者、海陵之西地名也。其民浩氏，生牛，腹有白毛，成「王」字。其子尋而得之，以束帛贖之而去。（稽神錄）

揚州妓鶯嬌、年二十四，矢志從良。有柴姓者，娶爲妾。婚期已定，太學生朱某慕之，以十金求懽。妓受其金，紿曰：「某夕來，當與郎同寢。」朱臨期往，則花燭盈門，鶯嬌已登車矣。朱知爲所誑，悵然而反。

逾年，鶯嬌病瘵卒。朱忽夢見鶯嬌、披黑衫直入朱門曰：「我來還債！」驚而醒，明日家產一黑牛，向朱依依若相識者。賣之，竟得十金。狎邪之費，尚且不可苟得也如此。（子不語）

常州華嚴寺僧道良、爲知庫數年，多所乾沒，忽臥病危殆。長老道素夜夢良來云：「且往近庄養疾去。」逮曉，則報良已卒。俄近庄報牛夜產犢，而病一目。良素眇，皆驚訝。他日道素按視近庄，取犢視之，見素淚下。素謂曰：「汝知庫耶？業報如此，當隨我還寺，作麵供衆，以償宿負。」犢即隨肩輿而行，不待驅逐。既至寺，日作麵兩石，有常課。主者竊增其數，犢至常課即止。驅之竟不行。或呼知庫良公撫勞之，則淚下。有僮行斥良名，罵之曰盜常住賊，則怒目奔觸，人力不能制。素令日以僧飯啖之。僧從簡言，親見其事。（睽車志）

宜春郡東安仁鎮有齊覺寺，寺有一老僧，年九十餘，門人弟子有一二世者，彼俗皆只呼爲上公，不記其法名也。其寺常住莊田，孳畜甚多。上公偶一夜夢見一老姥，衣青布元衣，拜辭而去云：「只欠寺內八百！」上公覺而異之，遂自取筆，書于寢壁。同住僧徒，亦無有知之者。不三五日後，常住有老特牛一頭，無故而死。主事僧于街上市鬻之，只售錢八百，如是數處，不移前價。主事僧具白上公云：「常住牛死欲貨之，屠者數輩皆酧價八百。」上公歎曰：「償債足矣！」遂令主事僧入寢所，讀壁上所題處，無不嗟歎。（玉堂閒話）

☆

蘭州民張家畜一驢，善走，日可二百里，然好齕嚙生人。惟張父子三人乘之，則調良就馭，他人莫能乘。

偶行醫趙姓者，欲應狄道人延請，姑試借之，帖然馴伏，遂騎以行。既歸，夜夢黑衣人語之曰：「我張氏驢也。前生借君錢三百未還，今當補償。昨乘我至狄道界，往返纔二百八十里，尚未滿數。速借我再騎二十里，則吾事畢矣。」問汝欠張氏錢幾何？韇鼞曰多，不可說。趙趕而異之。果復借以他適。既而忘之，去路稍遠，忽奮躍掀趙墮地。計程則不止二十里矣。趙益異之。攬轡祝曰：「吾知其故矣，但今距吾家十里，不乘汝，如何得達？歸當以十錢買芻秣飼汝。何如？」驢貯視良久，復馴伏就騎。嗣後趙故欲試之，甫據鞍作欲乘狀，即蹄齧長鳴矣。

夫畜還債，見之說部者甚多。此家大人在甘藩任內，聽署中書吏所口述近事，可徵信也。（北東園筆錄）

揮麈新談：潘愛松、名[illegible]、字廷犬，贅於李氏。李氏有拽磨老牛，已十五餘年，精健多力。一日清晨，帶所拴繩，至李臥房前，作人言曰：「牛即係某人，原負主公本錢若干兩，罰令變牛來償。今年限已滿，本利已足，告歸矣。」主人與其妻啓戶視之，蓋磨牛也。再跪前二足，垂淚而死。其事潘所親見者。（堅瓠秘集）

黎思之縣尉言：蜀南部縣近城四十里，有小村，村內李某，年近六旬，生二子。父子居心忠厚，耕種為業，僅可餬口。道光六七年歲歉，向本村富人陳良棟借錢一百貫。不數年，李姓父子因勤儉持家，家業漸豐。李翁忽得病，彌留時，喚二子至床前告曰：「前借陳姓之錢，可算清本利還之。此人為富不仁，務將借約取回，免致受累。」

二子遵命，以錢往還。陳姓收錢後，捏稱借約無從尋覓。李翁復令二子向索，陳終不給。不數月，李亡。二子愈勤儉，家道益饒。陳頓昧天良，執約向李姓復行索債。李姓二子歷言前還錢狀。陳指約爲憑，堅稱未還，否則必鳴於官。李畏果，令陳翁對天起誓，陳跪階前誓云：「重收爾債，來生當變牛馬償還。」李遂復以錢還之，將約取回。

年餘，陳暴病，將終，告妻子曰：「我往李家還債去矣。」言罷而逝。陳終時，李姓家牛，忽生一犢，額上似有字，初尙模糊，年餘，字跡朗然，係「陳良棟」三字。陳妻子夢哀求贖身，尙不深信。及聞李姓家牛額有字，母子同往視，果然。牛跪而求之，狀如人。陳妻乃大悲，願將李姓重還之錢，付李贖牛，李不許。後復再三懇求，以千金相贖，李仍不允。妻子訴於官，縣令喚陳李二姓到堂，斷銀一千二百兩，將牛贖還陳姓。李不遵斷，令再三勸諭，李終不從。令亦無可如何！

道光十一年，道經此村，聞其事以爲異，往視，則牛額之字顯然，果報之說，信不誣矣。然李姓兄弟之不遵斷聽贖也，

似亦太過我！（北東園筆錄）

☆

貞元中、蘇州海鹽縣，有戴文者，家富，性貪，每鄉人擧債，必須收利數倍。有鄰人與之交利，剝刻至多。鄉人積恨，乃曰：「必有神明照鑒！」數年後，戴文病死，鄰人家牛，生一黑犢，脇下白毛字曰「戴文。」閭里咸知，文子恥之。乃請求以物贖去其字，鄰人從之。既而文子，以牛身驗，乃訟鄰人妄稱牛有字。縣追鄰人，及牛至，則白毛復出。成字分明。但呼「戴文」，牛則應聲而至。鄰人恐文子盜去，則夜閉於別廡，經數年方死。（原化記）

☆

永徽中、汾州義縣、路伯達，負同縣人錢一千文。後共錢主，佛前爲誓曰：「我若未還公，吾死後與公作牛畜。」話訖，逾年而卒。錢主家母牛生一犢，額上生白毛，成「路伯達」三字，其子姪恥之。將錢五千文求贖，主不肯與。乃施與隰成縣、啓福寺僧眞如，助造十五級浮圖，人有見者，發心止惡，競技投錢物，以布施焉。（法苑珠林）

六合張家、頗富，有尤門子負其銀若干，忽夢尤曰：「我來做牛，償前負。」其夜產一牛。跡尤，於昨夜死矣。後於羣牛中，呼尤門子，此牛即叩頭。曰：「汝來償債乎？」又即叩頭，若應者。

夫財雖身外之物，可得可失。然臨財分明，義所當然。彼負心者，宜其入於異類也。語曰：「寧人負我，我毋負人。」執此臨財，其庶幾乎？（見聞錄）

遂平門城鎮，高監初到門城，就富民高氏，求相紹繼。高氏農民，淳質，墮其術中。所借錢麥，積數百斛。後百方詆欺，一錢不償。未幾高監死，生一赤犢，腹下白毛成字云：「還債人高都監」。時武州人吳成可罷鹿時丞，閒居此鎮，作牛報文。（續堅夷志）

☆ ☆ ☆

徐俅之僕程華，典張三公田，爲錢二十五千，約不立契，冀可省傭書人數百之直。且謂華曰：「我與爾素厚，斷不負汝。雖無文約何害？」經三載，張自佔爲己業，一切租入，了無所償。華往訪之，未抵其居，遙見新冢，詢之，則張近死，此其葬所也。歎曰：「翁言不負我，今死矣，何所復望！」遂輟行歸。夜夢張著皂衣白領巾，扣門曰：「來共布田。」及覺，水牛正生一犢，毛黑頭白而長，售于人，恰得二十五千。（夷堅志）

第十章 為惡轉生（四十七則）

為豬（十四則）

順治初，蔚州魏果毅公，官刑部尚書，嘗夢至冥司，代冥曹決冥中事。一日湯文正公斌訪之，值公午睡，待之良久，甫出。湯因以晝寢諫，公笑曰：「非寢也，此事本不欲言，因有關臣節非細，故不妨為知己道也。適夢至冥司，提問秦檜公案耳。」湯驚問曰：「此案至今猶未了乎？」公曰：「非未了也，渠前世本在涿州一富家為犬，其夜有數盜持刀入，執縛主人，主人不敢號，任其搜括。盜猶未慊，疑其尚有窖藏，脅以刃，使指其處，而室中實無餘蓄。盜舉刃欲砍，犬從旁力嚙其足，盜反身斷其首，而主人得乘間逸去。冥官嘉其義，俾其託生秦氏為子。故身後眼有夜光也。不意忘其本來，害賢賣國，罪惡至此。閻羅用罰令三十世為豬，以示殺害忠良之報。而秦檜仍欲乞為犬。」湯公曰：「犬豈有勝於豕乎？」公笑曰：「此其所以為奸狡也。犬不盡殺，而豕則未有能免屠割者也。適笞之三百，渠猶不承，繼以炮烙乃服。今押往汴州，為豬去矣。」

問以前却在何處？曰：「此案未可驟結，自瀛國公入燕以後，始令其世世投生岳氏，為鼠以飼其猫，俾償武穆之怨。迄今纔令往生他處耳。」

湯曰：「宋自和議成，而歲貢金繒，偷安半壁，君臣遊燕荒嬉，無復中原之志，以迄於亡。而南自南，北自北之議，檜發之，檜實成之，是其賣國之罪更大也。」曰：「此意受自金人，主於高宗南渡，享國不長，半由自取。既斬檜嗣，俾其先宋而亡，已足蔽其辜矣。但其斃武穆於獄，及誅殺不附和議諸

賢，罪孽尤難末滅。需爲豬三十世，乃可洩一朝忠臣之憤也。」湯歎息而退。湯與陸清獻，皆爲公所薦引者也。（埋憂集）

☆ ☆ ☆

萬曆丙子，京口鄔汝璧遊於杭，見屠豕者，去毛畢，腹上有五字云：「秦檜十世身」。康熙中，震澤某，遊武陵，適屠家宰一豬，蹄上及肺管，皆有「秦檜」字，衆無敢買者。某毅然買之，攜歸付僕，煮既熟，率衆携至岳王祠，羅拜以獻。祀畢，恣啖，聞者大快。

青州徐相國溥家，嘗宰一豬，燖去毛，肉內隱有字云：「秦檜七世身」。烹而食之，臭惡異常。相傳相國之祖，在宋朝爲秦檜所害。故生平最敬武穆。特於青州城北，建岳王祠。鑄秦檜、万俟卨像跪階下。此豕豈以示償歟？然則果報之說，信而有徵矣。（異識資諧）

☆ 萬曆戊戌，去鳳陽城三十里朱家村，雷震一白牛，燎毛盡，背有「秦檜」二字，豈爲其所規免，故不爲豬而爲牛？而卒死於雷，奸臣之不能逃天網也，如是夫。（堅瓠集）

☆ 康熙丁卯，舉人邵某者，平湖人也。邑中富人陸米蟲，因善販糴起家，得名。有二子，米蟲死，長子亦死。次子小米蟲，年未二十，有親楊某，爲經理家事。其人素貪狡，凡陸之錢物出入，楊悉力侵騙，歲獲數百金。

未幾，小米蟲與本邑劉姓者訂婚，劉富而老成，翁婿甚相得。劉見楊之不端，往往與婿言之。婿亦覺其多欺。凡家事商之於翁，與楊遂疎。

楊無所獲利，謀離其婚，苦無良策。思邵某居鄉，把持武斷，多智術，求爲劃計。邵初難之，楊許以二百金。邵遂細訪某醫，出入劉家，奸而好利。劉有僕頗佼，因造飛語，遍貼通衢，言劉女與僕通姦有娠，請某醫墮胎。即誘醫至邵室，始懼以威，繼餌以多金，令醫實其事。小米蟲，尚未知也。

一日，小米蟲至邵處，堅拒不見，久之，命至階下，言汝乃娼門賤類，豈可復登縉紳之室？小米蟲愕然而出。遍訪果得其說。遂大怒，訟之官，求退婚。令拘劉主僕，不承。遂拘醫詢之，醫云：「劉女飲墮胎藥是實，但不知姦夫爲何人耳？」令不察，遂斷離婚。其女投繯者數矣。父知其寃曲，慰得生。遂別字海鹽彭氏。

劉恨甚，訴之城隍，願與造謗者同死。未幾，劉果歿，而楊已爲小米蟲擇配矣。配甫彌月，小米蟲同妻歸寧，忽有孩呼其妻爲母者，米蟲怪詢之，詭云養子，然遍質之，則其妻所私生子也。小米蟲恚甚，不久得病死。而陸氏絕嗣矣。

一日，楊與邵、同飲醉歸，中途忽大言曰：「此事我實造端，已知罪矣！當即赴質。」自掌其頰，不止。抵家兩日，吐血斗許死。是時，邵方入秋闈，頗得意，在棘院，忽吐血，數日歸，即囈語曰：「我今歲應中，前程尚遠，今為陸米蟲事，以二百金之賄，為人畫策，離人婚，絕人嗣。今即中式，亦不能生見矣！」嘆詫悔恨，前放榜之夕死。比明報至，已小殮矣。目尚視，家人以泥金示之，始瞑。

及卒之夕，邵妻子同見夢云：「我為陸某之事，折盡功名壽算，尚不蔽辜罰，在某處某姓為豬，豬有四五蹄，白尾半白者，我也。速往贖之！不久，將就屠矣。」母子相對駭詫。

次日，邵子跡其處，視其豕，與夢同，以三金買之，畜之城外塔寺，日以豆餅酒糟飼之。後其家老嫗洩其事，觀者日如堵墻，家見生平所交識，輒俯首不出，如慚怍者。人或侮之，則叫聲怒視跳躅。人猶以爲邵生豪氣未除也。家人惡其昭著，一夕移去，不知所終。（信徵錄）

杭垣某綢莊，開設已歷數十寒暑，主人某，年逾知命。顧其宅心不良，昔年該處回祿，某莊亦遭池殃。莊後有一貧戶，全家三口，以洗戶度生活，出入必由該莊之側。當火熾時，貧戶狂呼啓門，冀脫火坑，而全生命。豈意某力阻不准開放，並堵其門。已則搬運貨物殆盡。迨火熄後，貧戶全家，竟葬身火窟。

越年，某暴卒，某夜示夢於其子曰：「余草菅貧戶生命，陰曹不准再投人世，令余投入豬胎，現已在某處農家產生。豬共有四，惟體上有花斑者，即我也。汝可向該農家購余回，免蹈宰割」。言訖泫然。其子醒後，覺夢境逼眞，乃即按址往。果有一花猪在，見其子至，哀鳴作乞憐狀。其子乃以價購之歸，另闢一室，爲其居住。並雇役任服侍之職，每日爲猪沐浴，飼以上菜，供養一如生父。某在日，性好烟酒，其子乃以烟酒奉敬。每飯必面紅耳赤。其吸烟也，僕執管進其口、猪乃狂吸而進。如是者數年。猪復示夢曰：「余生前罪惡滔天，死後既轉畜類，飲食仍與人無異，是我更增罪戾也。嗣後可將沐浴烟酒三事去之，僅飼我以飯足矣！此猪現尚存在，茲事全城人士，幾無一不知。（此事係登入民國十七年四月初一新聞報第六張。蕭山倪耀楣錄入玉歷寶鈔）

☆ ☆ ☆

康熙八年六月，蘇城過街橋、腐店、趙德甫，有二猪，索價二兩五錢，未售。十五夜，忽聞人言：「吾兩人以犯淫至此，今當就戮矣。」趙夫婦初疑為街上人語，細聽，聲出豬圈，怪之，決意速售。十六日，一豕復作人言：「今中元、地官赦罪圓妙觀，建黃籙大醮，吾兩命若得免死，同到西園修行去。」一豕曰：「吾願往圓墓！」趙益狂駭。事遂喧傳，其鄰汪俊思，以銀一兩六錢，買而放之。十七日許孝酌尋友府橋，親訪得實。（果報聞見錄）

☆　☆　☆

話說民國十二年，江北泰興有一個無業游民名喚施慶鐘，此人一向不務正業，胡作非為，再加上生性凶悍，動輒霸道橫行，魚肉鄉民，使得鄉民畏之若虎，避而遠之。

這一年，施慶鐘突然大病不起，生命已危險得像風裡殘燭了。這時，正好有一個雲水僧雲遊到這個地方來，看見施慶鐘這種慘狀，便走到他床前對他說：

「你平日無惡不做，罪深孽重，如今罪惡貫身，已接近因果報應的時候了，我看你還是趁早懺悔彌補罪過吧！要不然，你死後一定會轉世爲豬。」

這時，病入膏肓的施慶鐘，已經知道自已離死期不遠，再聽見和尚這麼說，心中不禁惶恐萬分，雖然後悔自己一生的荒唐，事到如今，一切都晚了，但，心想將來轉世爲豬，仍覺不甘心，於是勉強伸出一隻左手放在胸前，作個懺悔的樣子。站在一旁的雲水和尚看了後，又說：「可惜呀！可惜。你僅僅以一隻手禮佛，還是難脫轉世爲豬的命運，這大概是自作孽不可活吧！雖是如此，你的左手還是可免於生成豬形，而且也可以免去挨刀之苦。」

幾天之後，施慶鐘一病不起，帶着一身罪孽離開了人間。泰興一帶的居民，對這個罪惡滿貫的惡人之死，莫不額手稱慶，不過，很快的，大家就把他淡忘了，當然，雲水和尙的話，也就沒有人把它放在心上。

施慶鐘死後的第七天，隔鄰蔡大柱家所養的一隻母猪生下一條「怪猪」，這條小猪前面的左脚，竟生得與人的左手一模一樣，不但五指俱全，大小長短和人手相同，而且指甲也齊全的掛在五指上。當左鄰右舍看見這條怪猪時，才恍然想起雲水和尙那句話：「你僅以一隻手禮佛，還是難脫轉世爲猪，不過——你的左手可免於生成猪形……。」於是施慶鐘再生爲猪的消息不脛而走，泰興一帶的居民，都把此事當成茶餘飯後談話的資料，有的老年人更以此事來敎訓子女，要他們千萬別做壞事，因爲施慶鐘就是一面活鏡子。

自從蔡家的母猪生下這條怪猪之後，消息當然馬上傳到施家人的耳裡，施慶鐘的家人爲了不忍這隻猪遭到刀割之苦，便花很高的代價同蔡大柱買下這隻豬，送到上海市的大廟寶華寺放生園放生。說也奇怪，每次有人到園裡去參觀，這隻豬就東藏西躲的置在豬羣中，好像無臉見人似的。從這種跡象看來，人們更相信此豬是施慶鐘轉世無疑。（人間奇談）

見聞錄：宋曹彬為大將，下江南，不殺一人，歿而為神。四子俱領旄鉞，孫女為后，少子封王。曹翰克江州，憤其城不下，屠之。未幾，子孫有乞丐者。蘇郡劉錫糸字玉受，萬曆丁未進士，道過江濱，夢青衣長面人曰：「我宋曹翰也，生平殘忍，罰為豬數世矣。明晨又當見殺，願公救之。」劉公早起，果見屠夫擒一豬至，號聲動地。劉買而放之閶門西園，人呼曹翰，豬即應之。（堅瓠祕集）

遼東董某，康熙初年，任繁峙令，嘗言家居時，鄰人宰一豬，褪毛時，見脇下白毛，成「秦將白起」四字。又萬歷丙子，京口鄔汝翼來杭，見屠家宰豬，毛盡腹下有「秦檜十世身」五字。其色紅。嗚呼！一殺降，一害忠，千百年後，猶受慘報，爲將相者，可鑒矣。（曠園雜誌）

☆　☆　☆

銅陵張澧南先生自言其祖在日，有對河居住之佃戶，癱瘓三年，忽呼其家人曰：「吾非病，吾負章宅銀，冥罰作他家豕，以了前愆。或可冀轉世爲人耳。」

其妻詣章門，訴以原委，章翁曰：「家畜肥胖，留備大事。鄉鄰之負吾者不少，詎必獨於某之負而施報乎？然聽其妻言，念是佃困病之言，與畜豕之年相若，冥報殆非無因？吾當宰之而已。」

宰之日，豕就刀大啼，佃在牀亦大啼，戲同豕音。澆湯刮膏，豕不啼，而佃又大啼。且身起白泡，恍如湯火之傷。分臠時，佃又不號。須臾，聲微而斃矣。

世之載冥報者多矣，大半在影響之間，惟此事身猶生養於家，而魂已變豕他所。世之得財喪心者，猶云假貸，不同訛詐，負亦無傷，其亦鑒此而有悟哉！（北東園筆錄）

☆ ☆ ☆

桐城沈茂亭司馬言：渠鄉富人，精於推算。有鄉人某借錢十二千，已還而忘未取約。遂重索之。某不得已，即再還之。越十餘年，富人死，而某家生一豬，甚肥胖，將宰而貨其肉。是夕，屠人某夢富人哀訴云：「我不合重收某家錢十二千，冥謫為豬，償其債。明日請君往殺之豬，白質而黑章者，即我也。乞君勿殺！而告我家，往贖之，感且不朽。」

次日，某果邀屠殺豬，屠至，驗其豬之毛色果信。遂不肯殺。某觸前事，忿且喜。即牽豬呼其名而誚之。豬人立而啼。某大驚撲地，病月餘始愈。傳聞遠近，富人子遂備價贖之歸。

（庸閒齋筆記）

☆ ☆ ☆

康熙癸丑春，常熟橫塘屠戶劉七，買一豬，價止銀一兩，無暇操刀，倩人代之。夜夢豬變爲人，謂之曰：「汝若肯還一兩二錢，我債已完，可得人身。今少他二錢，又要投豬還之。且汝若自殺我，止吃一刀之痛。奈彼不會用刀，多吃三四刀之痛。」

又托夢賣豬人曰：「汝賣我銀一兩，尚少二錢，我今要投一次人身，不多時，就要命終，仍要做豬，還汝二錢！」賣者曰：「我不要汝還矣！」豬曰：「汝雖不要，陰司那許我不還

？汝還做不得主！但賣豬殺豬，俱罪過，勸汝勿做此營生，何如？」兩人互述其夢，誓各改業。（果報聞見錄）

☆　☆　☆

高郵三垛鎮、一村翁，養一母猪，生育甚繁，年久致富。忽夢一人語曰：「吾多年還汝舊債，止欠蘆蓆一肩。」覺而疑之。偶報母猪死，村翁憐其有功，命其子埋之。子持鍬方在河畔掘坎，忽一蘆蓆船至，問埋何物？子以死猪對。舟子曰：「猪雖自死，吾尚可啖也。」竟以蘆蓆一肩易之。子頂蘆蓆回，父大嗟嘆！余西堂卓源、親見言之。（現果隨錄）

☆　☆　☆

杭州鹽商施生者，至正八年，其家猪欄中母猪，自噉其子，喂猪者往笞之。忽為人語曰：「因你不喂我，自食我子，干你何事？」喂猪者大驚，往報施生，生往視之，旁觀者或曰：可殺，或曰貨之。豬復言曰：「我只少得你家三十七兩五錢，賣我還你便了，何必鬧？」遂賣之，果得三十七兩五錢而止。古有中宵牛語之說，誠不誣也。（山居新話）

以上作惡轉生爲豬，或變豬還債，計十四則。

爲犬（十一則）

縉雲有李生者，自幼勤讀書，試輒高第。家甚貧，以館爲業。然性疏懶，倦於訓廸。又喜交遊，不耐靜坐。頗廢程課。故門下生，率多無成，往往不終局而散。

一日，病熱，昏憒中，見有皂衣人，手執一帖，促之同行。出門半日，至一處，城堞巍峨，內有大殿，金書「冥府」二大字。生悚然！始知已登鬼錄矣。

隨有鬼卒數人，以銀鐺繫頸，驅之至堦下。殿上坐一人，衣王者服。侍衛環繞，呵生曰：「汝有三罪，曾知之乎？」生拜訴曰：「某係貧士，家無擔石。且平生讀書，幸無他過，罪實不知。」王者怒叱曰：「汝空受人禮，而毫無報効，一罪也。終日素餐，不自愧恥，二罪也。屢誤人家子弟，三罪也。當判往舊主人、楊監生家，爲犬三年。今且暫釋歸五日，可偏戒親友，使若輩知警，或可稍薄汝罰。不然，墮阿鼻中，永無出期矣。」

生大哭，瞥然而覺，汗流浹背。因細語此事，五日後復瞑。

家人亟往楊氏偵之，果產一犬，性頗馴，主人極愛之。逾二載，不吠不食，而死。徐君喈鳳說。（蓴鄉贅筆）

海鹽馮南，爲勢家鷹犬，嚇詐詹氏三百金。己亥病死，託夢與其子云：「我生前詐詹氏金，今為犬於其家，受報甚苦！」其子往詹氏覘之，毛形色狀，俱如夢中所言，因乞贖歸。詹氏以必償三百金，方得請贖歸之。後人以馮南呼之！此犬搖尾而前，至今尚在。（冥報錄）

☆

杭州徐媼，以賣金珠為業，每出入人家，輒用假銀為首飾。賺婦女重價。有一富室，所買最多，皆贗物也。一日，富室婦夢見徐媼來云：「明朝，君家犬生子，其第三花犬，即我也。冥司以余好作偽欺人，故受此報！幸善視之。」次朝，果見花犬，加意護惜。猶呼曰：徐老娘云。（曠園雜誌）

☆

恩州劉馬三，以鉤距致富，嘗用詭計，取鄰舍袁春田。春訴於官，馬三出契券為質，竟奪之。春不能平，日為鄉人言：

「渠詐欺如此，已將爲異類矣。」馬三亦自誓云：「我果詐取汝田，當如所言也。」太和二年，馬三以病死，袁春家犬乳數子，中一小花狗，腹毛純白，有朱書「我是恩州劉馬三」七字。馬三素多怨家，竟欲出錢買之。尋爲州刺史所取，闔郡皆馬氏子孫，不勝其辱。購而藏於家。（續夷堅志）

☆　☆　☆

湖州村民、有父子操舟，而往天竺進香者，偶一夕泊村間，其父見竹林低簷之下，有水車一具，私與子言曰：「此車材料既佳，製亦堅固，燒香回日，與汝竊之。」子曰：「將來進香，而乃竊人之物乎？」其父不應。

迨歸，仍泊此處，其父必欲竊，其子固止之而去。厥後竟私往竊歸。子常見而憾之。

越二年，父死，失車之家輒生一狗，見夢於子曰：「我以竊車之故，冥罰為狗於彼家。一時失見，墮入畜生，今甚悔恨，汝可贖我！」子覺，密與母妻言之，於是訪於失車之家。果見一狗，見其子至，跳躍迎繞，其家怪之。子因備述其故，因求贖還。其家曰：「既有此因果，在我家所係甚輕，在子所關甚重，逕攜之去，豈待贖哉？」子歸備禮謝罪，並償車價。主人固辭，正遜謝間，犬已躍入舟中矣。

子至舟中，與犬言昔日拒諫之事，且商所以待之。犬則垂頭而聽，似有愧悔之狀。舟抵家，犬遽投河而死。其子衣冠為棺葬焉。此順治初年之事。（果報聞見錄）

☆　☆　☆

康熙丙子，杭州油燭橋、豬行，吳德甫賣豬，且業屠，三十餘年矣。六月間，止一子一媳，相繼而死。至九月廿六日，夫婦同夢其子媳歸家。子身穿白衣，腰繫黑帶。媳身穿褐色衣。云：「吾二人向間壁、索子鋪夏家，投胎為狗，求來看我！認我衣色可知也。」夫婦驚醒，即晨起往夏家。而夏家夫婦，亦同夢此二人至家，問之曰：「汝鄰家吳姓子息，緣何來此？」對曰：「吾二人向汝家投胎，求汝憐念！」未畢，又見兩男一女突入，遂寤。

方早起，而吳德甫夫婦已至。問夏曰：「汝令媳坐蓐乎？」夏曰：「吾兩媳皆未懷孕！」夏妻忽笑曰：「吾家止有牝狗方產耳。」其往視之，則果生三牡二牝。內有二狗，果類夢中衣色。因泣而告其夢，彼此駭異。二狗離乳，吳竟攜歸，至今尚存。吳蘭墅言。（信徵錄）

☆　☆　☆

徐氏女於滸墅關、徐家橋為尼、募緣銀七兩，為其姪聘婦。夢大士責之曰：「汝既為尼，敢將布施淨資，供俗家之用。

罰作犬子七日。」徐驚覺，私告所親，在疑信間，偶入市，一癡狗突來嚙其足，視之一無損傷。

逾日，又入市，聞鼓鈸聲，腹痛仆地，口作犬吠，狺狺不止。叫號七日，備諸苦楚而死。康熙五年、臘月事。穹窿山朱選科述。（果報聞見錄）

☆ ☆ ☆

宋秀州華亭縣吏陳生者、為錄事，不問事之曲直，惟冒賄稔惡，常帶一便袋，每事即納其中。既死託夢於家人曰：「我在湖州歇山寺為犬」。家人驚慘，詣寺問之。犬見家人至，急避於僧榻下，意若羞見家人，竟不得見而去。僧呼犬語曰：「陳大錄！你家人去矣」。即振尾而出。見腋下垂一物，若便袋狀，內有皮帶周匝繫腹隱然。（稗史）

☆ ☆ ☆

有某甲守父成業，家日饒裕，一鄉以爲肖子。死後，甲子見二隷押甲縲絏而來曰：「我平生未修一善，五倫但知妻子，重富欺貧，絕情忘義，周親世誼，一至困乏，先戒閽者，來即拒卻。凡有作爲，一味巧取，功歸於己，咎委他人。冥司責我陰惡，謂犬最欺貧，飼之則搖尾效媚，拂之則反噬無情。今將墮爲西鄰白蹄黃犬，願爾勿惜家財，廣行陰騭以贖我愆，亦貲爾福。」嗚嗚而去。

越日，果見鄰有黃犬，四蹄全白，心動，取以畜之。終歲不吠人，其悔前生過惡歟？悔之晚矣？（北東園筆錄）

☆　☆　☆

樂平八間橋農張八公、壯年無賴，不事生理，而一日忽自悔悟，積善存心，自稱道人。唯賒放米穀，取其贏息以贍家。每歲置一簿，遇貸則書之。已償則勾去。近村程七，借大麥二斗五升，爲錢五百。秋成不曾償，至於累歲，張亦不復索。程死後，張育一犬甚俊，歷九年、老而不食，程七之子三百爲屠，過其門，張以鬻犬爲言，需值五百。程曰：此犬老瘦，能有幾何？只還其半，張令牽去。將至橋，犬盤旋不肯行，遂作人語，呼三百曰：「來！我是汝爺。以紹興二年二月某日，賒了張八公大麥，失還錢，今罰作犬，賠塡宿債。雖在他家有吠守之勞，然日食糟糠之費，積之不少。汝當盡還元錢，使我託化。」子且信且疑，繫之橋柱，反詢張公，乞假紹興故簿檢視，果如所言。遽奉上半直，以犬歸。餵飼加謹，未幾而斃。子以棺衾埋諸野，仍爲設僧供資度之。（夷堅志）

桐鄉縣烏鎮人家，畜一犬，每夜，犬必涉水，至河南人家守宿。一日犬主人呼犬詈之曰：「我食汝，而爲他家守夜，明日必覓殺犬者，賣汝矣！」

是夜，犬夢見曰：「我曾負河南人家錢，每夜往守，償還其錢。今止欠十三文，償畢，即不渡河，誓報主人大德也。」至曉，呼犬於前，以十三文繫其頸曰：「昨夢汝云云，今往還之，可免涉水矣！」犬垂首受誡，遂啣錢往擲其家，即不夜去矣。

未幾，主人探女，更深醉歸，失足魚池之內，犬即號呼，啣其衣，拖上池岸，跳至主母家前，以首撞門。主母驚起，見犬往來池邊，如指引狀。攜火視之，其夫尚臥池畔未醒也。遂扶入室。

至晚，語其故，夫曰：「前夢犬云，報我大德，此其是矣。越數月，家中不戒於火，舉家熟睡，犬又以頭撞門，且撞且吠，夫婦驚起視之，則火發竈前，將及屋矣。急救得熄。犬主

人因厚養此犬，至死，以棺埋焉。康熙年間事。（果報聞見錄

以上作惡轉生爲犬，或變犬還債，計十一則

爲牛驗（五則）

康熙三年九月，法師施亮生，設黃籙大醮於蘇城圓妙觀。是日念九里人鄭大勳、夢一牛跪而乞命，自言姙娠，明日當死刀下，今有眞人建醮，惟君能活我！一天明，果有牽牛入屠肆者，牛見大勳，四蹄俱跪。遂約同社捐金買放。社友周德新，是夜夢黃衣人拜謝，自稱毘陵驛前殷國禎，以刀筆害人，罰三世爲牛。今賴道法解厄，且得度矣。同里鄭士敬先生、親見而爲之記。（果報聞見錄）

吳興王某，勇悍强暴，每用詐計騙買人田，哄契到手，止交半價，便挾契管業，餘皆拖騙。其放賬，則本利全還，猶留借據不退，分外多索。人畏其勇，莫敢與爭。一日暴死，鄰家生一牛，主人往觀，忽作人言曰：「我王某也，陰司以我騙汝田價，罰為牛以償之，快喚我子來，令其奉還。」主人驚異，往呼其子。子至，高聲問曰：「牛何在？」牛慚，埋頭不應。其子以主人謗父，大怒，揮拳欲打。牛乃言曰：「汝勿逞强！陰司報應甚嚴。」因歷數某田欠價若干，某賬原據未還，藏在何篋，汝須一一清楚，以脫我罪。」言訖，大哭曰：「我在陰司，受苦甚慘，今變為牛，如何見人？」因以頭觸欄而死。（玉歷寶鈔徐升庵記）

六合沈某業醫，病死心窩溫熱。至數日後，始蘇云：「被人攝入冥府，冥主曰：汝誤醫死數人，在此索命。當罰汝為驢。鬼卒即以驢皮被我體。判司持簿啓云：此人雖誤醫殺人，猶是人來尋彼，非故害人者比。且查此人，尚有三十餘年陽壽。乞放還生，令其改過以儆世。王即令揭去驢皮。揭時，甚堅，痛甚。大叫一聲遂醒。脊背尚痛，漸潰爛。皮肉一塊，變為驢皮。病愈，宛然在焉。每語及，解衣示人，以為戒。康熙丁未年間事。（曠園雜誌）

進士蔣某，任山東分守道，有兄弟爭產，兄賄金二百兩求斷，弟賄金三百兩求斷。蔣具受之，因弟多金一百，乃斷於弟，兄氣鬱死。

後蔣某死，里有紳士死三日，復生，喚蔣子謂曰：「我到陰司，見汝尊人，已變成驢，托生某家。」蔣子不信，紳士曰

：「魯人任山東時，受賄枉斷，着爾僕某過付。可問之！」果然。紳士又曰：「魯人託我寄語喚汝，退還此金，並印送玉歷鈔傳至寶書，以脫其罪。」蔣子從之，即往買其驢，寄養於揚州放生菴，用二僕飼之，三年而斃。（玉歷寶鈔、徐升菴記）

正德中，平陽庠生周震，恃才無忌。甫秋試，語父曰：「我等貴子，非爾所生！」父忍之。忽雙目並盲，作驢鳴聲而卒。又夢震見冥王，王命吏籍之作驢。震喧辨曰：「何罪？」王曰：「汝忤逆不孝，非畜而何？」震曰：「既爾應墮畜產，願求善地！」王曰：「爾眼界自大，更覆雙目，俾行磨受笞。」震語塞，蒙皮而去。（稗史）

以上作惡轉生爲牛爲驢，計五則

第十一章 禽獸報怨（二十則）

同治九年三月初五日，浙江嵊縣知縣嚴思忠被戕。有櫛工龐姓，設舖縣城，而令其子學技於新昌。會清明節，其子由新昌回家，至中途，忽發瘋病。櫛工赴鄉省墓，俾一徒與瘋子居店中，夜將半，瘋子忽放火，自焚其屋，鄰人奔救，火既滅，瘋子不見，人皆謂其懷慚自遁，未之覓也。是時嵊縣令，無公廨，僦民室以居。瘋子竊菜刀置之懷，徑趨縣令公館，登館後土山，壞後門以入，館中人皆不覺，倏入縣令正寢。寢室凡七間，皆有簾帷而無門戶。縣令與一妾居東，縣令之女，年約二十，與傭媼居西。瘋子先遇一媼斫之，負傷仆地。遂趨縣令臥牀，遽斫之，其妾聞聲呼救，復趨斫之，皆在牀呻吟。瘋子見牀後花裙一條，遂取而自束之，復趨西室，見縣令之女，斫之數十下，負重傷未死，仍入東室，斫殺縣令。其女聞聲，匍匐往救，瘋子出遇之，復被斫以死。縣令與其女，皆受七十餘刀以死，而面目模糊，不可辨認。瘋子取印佩之，開箱取寶銀一枚，復出後門而去。

天既明，有豆腐店翁，方開店門，忽見一人滿身血污，腰束花裙，執刀來撲，店翁以門板禦之，壓其印及刀於地。瘋子挾銀而遁。居民拾印與刀，來叩縣令公館，則大門猶未啓也。既知縣令已死，遂報典吏，先來相驗，發捕役，嚴緝兇手。瘋子泅伏水中，執而訊之，若茫然不自知前事者。縣令之妾，逾一日而死，置瘋子于極典。然終莫解其由來也。

或曰：嚴君少時，其父為山東博山縣令，嚴君讀書學宮之魁星閣，閣有三層，嚴君居中層，其上為人跡所罕到，而嚴君每若見人憑欄眺望，知為狐也。陰戒其僕從亦之，知其在數里外之古墓中。歸而告其母曰：「某處有狐窟，兒將召獵戶，殲彼醜類。」其母先一夕，夢一老人來見曰：「吾族與郎君，夙無嫌怨，兩不相侵。郎君居心陰狠，吾族氣數已到，恐遭毒害。然吾必有以報之。」其母既感是夢，乃叱止之曰：「彼雖異物，然無害於人，何必殲之？敢若此，非吾子也！」嚴君重違母敎，數月未發，厥後技癢，不能自已，遣其僕陰購火藥，藏之墓中，乘夜以引線發之。清晨往觀，則死狐枕藉穴中。人有知其事者，以爲龐瘋子之案，老狐爲之也。

嚴君被狀之歲，元旦，館中階石，忽裂爲二，血痕殷然。嚴君自占一課，謂縣中當有逆倫重案，亟召其吏役敎戒之。俾各慎厥職。而不知其身自當之也。（庸盦筆記）

☆　☆　☆

宋子剛言：一老儒，訓蒙鄉塾，塾側有積柴，狐所居也。

鄉人莫敢犯，而學徒頑劣，乃時穢污之。一日，老儒往會葬，約明日返，諸兒因槃几爲臺，塗墨演劇。老儒突返，各撻之流血，恨恨而去。衆以爲諸兒大者十一二，小者七八歲耳，皆怪師太嚴。次日老儒返，云昨實未歸。乃知狐報怨也。有欲訟諸土神者，有議除積柴者，有往詬罵者。中一人曰：「諸兒實無禮，撻不爲過，但太毒耳。吾聞勝妖當以德，以力相角，終無勝理。冤冤相報，吾慮禍不止此也。」衆乃已。此人可謂平心，亦可謂遠慮矣。（閱微草堂筆記）

☆ ☆ ☆

從叔梅庵公言：族中有二少年，聞某墓中有狐跡，夜攜往，共伏草中伺之，以背相倚而睡。醒則兩人之髮交結爲一，貫穿繚繞，猝不可解。相互牽掣不能行，亦不能立。稍稍轉動，即彼此呼痛。望見行路者，始呼止，斷以佩刀，狼狽而返，憤欲往報。父老曰：「彼無形聲，非力所勝，且無故而侵彼，理亦不直，侮實自召，又何讐焉？讐必敗滋甚。」二人乃止。

此狐小虐之使警，不深創之，以激其必報，亦可謂善自全矣。然小虐亦足以激怒，不如斂戢勿動，使伺之無迹彌善也。（閱微草堂筆記）

交河及友聲言：一人見狐睡樹下，以片瓦擲之，不中，瓦碎有聲，狐驚躍去。歸甫入門，突見其婦縊樹上，大駭呼救！其婦狂奔而出，樹上縊者已不見。但聞簷際大笑曰：亦還汝一驚。此亦足為佻達者戒也。（閱微草堂筆記）

餘姚朱某，屠狗為業，勸改不從。後被火，為火所燎，急解衣赴溪水中，皮捲肉露，宛如一新剝狗，痛楚狂走，遶城市

叫呼一匝死。妻媳俱死瓦礫中，髓腦血肉，煎熬有聲。（人譜類記）

☆

蜀民李紹，好食犬，前後殺犬，不可勝計。嘗買一黑犬，甚雄壯，紹養之。一日因醉夜歸，犬迎門號吠，紹怒，取斧擊犬。其子自內奔出，正中其額而死。索犬，不知所之。未幾，紹病，作犬嘷而死。（人譜類記）

☆

裴令公度、性好養犬，凡所宿設燕會處，悉領之。所食物餘者，便和碗與犬食。時女婿李甲見之，數諫。裴令公曰：「人與犬類，何惡之甚？」犬正食，見李諫，乃棄食，以目視李而去。裴令公曰：「此犬人性，必讐於子！竊慮之！」李以爲戲言。將欲午寢，其犬乃蹲而向李，李見之，乃疑犬讐之，犬見未寢，又出其戶。李見犬去後，乃以巾櫛安枕，多排衣服，以被覆之，其狀如人寢。李乃藏於異處伺之。逡巡犬入其戶，以爲李已睡，乃跳上寢牀，當喉而咬，咬畢，知謬，犬乃下牀，憤跳號吠而死。（集異記）

☆　☆　☆

田招者、廣陵人也。貞元初，招以他事，至於宛陵。時招有表弟薛襲在彼，襲見招至，主禮極厚。一日招謂襲曰：「我思犬肉食之！」襲乃諸處覓之，均不可得。招曰：「汝家內犬何用？可殺而食之！」襲曰：「此犬養來多時，誰忍下手？」招曰：「吾與汝殺之！」言訖，招欲取犬，忽乃失之，莫可求覓。

後經旬日，招告襲將歸廣陵，襲以親表之分，遂重禮而遣之。招出郭，至竹室步歇次，忽見襲犬在道側。招認而呼之，其犬乃搖尾隨之。招夜至旅店，將宿，其犬亦隨而宿之。伺招睡，乃咬其首，銜歸焉。襲懼，遂以茲事白於州縣，太守遣人覆驗，異而釋之。（集異記）

☆

順治年間，桐鄉圖差，潘順溪者，包粮爲事。凡軍需課役，皆包攬焉。

一鄉愚，有田數畝，潘爲包管。麥熟、則索其麥，米熟、則索其米，絲綿布帛、無不設法取之。鄉愚不勝誅求，飲恨日甚，以致成疾。臨死曰：「我必作惡犬噬之。」其家殮以黑毡帽、紫花布袍、青鞋。

未幾，其子買一犬，黑頭，褐身，黑脚。子亦忘其父之言矣。及犬壯，圖差又來索其子之物。犬聞其聲，躍出，噬其腓，不釋，百計不能脫。遂連人與狗，置之河中，以爲入水必放

矣。犬竟曳圖差至深處，人狗俱斃。地方聞之於官，且述此段冤報。縣差妻自行收殮，而埋其犬。（果報聞見錄）

紀文達公云：先祖母張太夫人，畜一小花犬，羣婢患其盜肉，陰扼殺之。中一婢曰柳意，夢中恒見此犬來齧，睡輒囈語。太夫人知之，曰：「羣婢共殺犬，何獨銜冤柳意？此必柳意亦盜肉，不足服其心也」。考問，果然。（閱微草堂筆記）

僧某在俗時，種園爲業，偶鄰家一豬食其菜，怒以鋤捶殺之。後出家，住武昌北門外、三官殿，夜夢一黑衣人謂曰：「我止食汝幾莖菜，便害我命，我今已變爲虎，汝縱往天上，必報汝仇也。」

僧寤而恐，百計思避，皆非善地。獨東門外，有龍蟠磯，突出江心，壁立數仞，非舟莫渡，遂往栖止。

忽一日，早起出門，望江見一獸，浮巨浪而來，意謂是牛也。近前矚之，忽躍起一虎，嚙某僧，立斃。萬人皆駭，係甲午年除夕也。（現果隨錄）

☆ ☆ ☆

元撫軍、展成三二女，皆有國色。一嫁李敏達之第四子，星曜觀察。一嫁厲少司寇之子守謙太史。乾隆壬子春，余與太史相遇虎邱，偶談往事，曰：「異哉！吾妻之死也。結褵之後，琴瑟甚調，將及三年。忽一日閨中置酒，向余作訣別狀，曰：『我前生獵戶也，曾殺三虎，虎魂不散，要來索命。今我懷孕矣，明年分娩之期，正值寅年，寅年屬虎，我其不免乎？』問何以知之？曰：『昨夜夢中有神人，金甲而虎冠者，告我也。因所殺三虎中，有二虎俱曾傷人，故上帝不准報仇，其一

虎未傷人，故准其索命。」言畢，涕泣不止。逾年，果以產難亡。（續子不語）

武林官巷、東平廟巷、姓沈，小名蘭官者，年二十二歲，係竈丁，於甲午年十月初二日，見一大黑猫過前，欲以其皮爲韃帽，遂以繩繫猫頸，不死，更以尖刀刺喉，乃死。乙未正月初三日，夢猫云：「汝既害吾，吾已告准，今刀何在？欲得作證耳。」

其人覺而惡之，因急賣去原刀，更市一利刃。於六月廿一日迎鹽院歸，即發狂云：「猫已入樓矣！又上梁矣！」又云：「非猫，乃變鬼矣！五七人來打我矣！」更作鬼語云：「繩不能殺，奴須用刀也。」至晚，遂以刀自刺而死，深入喉間一二分。（冥報錄）

呂德卿親戚家，一庖婢曰慶喜，置兔腊於厨，爲猫竊食，而遭主母責罵，不勝憤憤，擒猫擲於積薪之上。適有木叉與腹植簽刺洞，腸胃流出，叫呼彌一晝夜而絕。後一歲，此婢因暴衣失脚仆地，爲銛竹片所傷，小腹穿破，灑血被體，次日即亡。殊似猫死時景象，蓋寃報也。（夷堅志）

婺源姦民以屠牛爲業者，或能用藥毒牛。但慢火焚汁，濟以他藥，浸鐵針長三寸餘，插於牛脇皮中，不經日必死，則喚之使宰剝。肉既非帶疾，人食之無害，謂爲長殺，厥價差高。數年前，鄱陽村屠，頗傳習之。有江六三者，居城東十五里，常得此技。農民見牛不病而斃，莫能曉，悉付之鬻賣。雖鄰里鄉曲，無一人知其事。紹興五年十二月十三日，出外至昏夜不歸，妻子遍詣平日所往來處訪尋，彼人皆云不曾見。明日過午，妻見羣鴉及鷹，翔噪於居舍百步間汚池畔，試往視之，江已溺死於水中。水僅深三尺耳。臨棺斂尸，匠人見六三手握鐵針兩枚，方知行詐已久，時將適何人家，而爲鬼所誅也。（夷堅志）

☆

梁望蔡縣民，有以牛酒賀令者，令將殺之以供客。牛徑至階下而拜。令大笑，遂宰之。飲啖醉飽，即臥於簷下。及醒，覺遍體皆痒，爬搔隱疹，因而成癩，半年而死。（人譜類記）

☆

張四兒業殺牛，有人牽牛登舟，繩忽斷，牛奔入市。遇四兒，四兒恃膂力，素慣縛牛，直前縛之。忽不能制，異常時。大懼，奔入一店中，牛亦迫入店。四兒登樓，牛亦登樓，觸四

兒腸出死。牛自下樓，復轉入一巷，覓賣牛肆主，適其人他出，盡毀器具，始徐徐出郊。（人譜類記）

☆ ☆ ☆

六畜充庖，常理也。然殺之過當，則爲惡業。非所應殺之人而殺之，亦能報寃。烏木齊把總茹大業言：「吉木薩遊擊，遣奴入山尋雪蓮，迷不得歸。一夜，夢奴浴血來曰：「在某山遇瑪哈沁爲臠，食殘骸骨，猶在橋南第幾松樹下，乞往迹之」。遊擊遣軍校尋至樹下，果血污狼藉。然視之，皆羊骨。蓋園卒共盜一官羊，殺于是也。猶疑奴或死他所。越兩日，奴得遇獵者引歸，始知羊假奴之魂，以發園卒之罪耳」。（閱微草堂筆記）

☆ ☆ ☆

西佘有潘姓者，以捕鳥爲業，日殺數十命。一日臥病，見

怪鳥無數，飛集帳中，啄其心胸，痛不可忍，遂死。將付火，忽大雷雨，衆走避。雨止，視之，兩目已爲饑鳥所食矣。（蓴鄉贅筆）

☆ ☆ ☆

新塗楊兒，以捕鳥爲業，被殺甚多。一晚，有寒雀棲樹上高處。乃急裝黐，登高取之。忽折枝墮地，一竹簽刺入腦中，流血被面而死。（人譜類記）

第十二章 蟲豸報怨（五則）

崑山顧瑞屏先生、諱錫疇，字九疇，崇禎朝，官大宗伯，甲申國變後，闔門悲慘，誓以死殉。父筍洲翁，自餓死。瑞翁後在溫州，丙戌六月十六日，爲同事賀君堯所害，沉之江。華亭令、張諷鼎字太羹，公門生也。好請乩仙，忽瑞翁來降。太羹逕問曰：「老師何時登道山？」乩曰：「吾於前六月十六日，被副將賀君堯害我於江中矣！」張問：「賀與師，何仇？」乩曰：「老夫前世，乃天台一老僧也。因托缽同路，逢巨蛇，以杖擊殺之，賀即蛇後身也。寃對相尋，因果應受。可語我兩兒，切勿報仇！」張公立遣人至溫州，蹤跡之，一一不爽。後君堯入海，亦為人所殺。

余已丑秋，在吳中開元寺，硯友吳純祜來晤，余以其曾為永嘉令，談及瑞翁事，純祜曰：「此弟所身經而目擊者也。丙戌六月十六日，弟讌瑞老於江心寺，月夜話別。明晨報瑞翁被害，弟召募漁人捕之，無影蹤。當夜夢瑞翁立水中，余急命挽之登舟。瑞翁曰：『余前世為天台老僧，誤殺一蛇，今抵其命。承公厚意營我後事者，以公前世孫，是我徒孫，有方外一脉親故也。明日當向某灣尋之，余即在矣。』早起，詢漁人，果有其灣，一尋而獲，乃力助扶櫬歸崑祖塋焉。

純祜諱國杰，庚辰進士，公歿後三年，司理席君敎事，亦遇公降乩問賀因果，公留詩云：『我昔曾爲僧，彼亦在山林。蟒蛇當孔道，山人皆爲驚。老僧提錫杖，隨步出山門。動起無名火，杖下化爲塵。夙緣前已定，從此樂天眞。』（現果隨錄）

臨平沈昌穀、余戊午同年舉人。年少英俊，忽路間遇僧，授藥三丸，曰：「汝將有大難，服此或可少瘳。臨期吾再來視汝。」言畢去。沈素不信因果事，以藥擲書廚上，勿服也。亡何，病大重，忽作四川人語曰：「我峨嵋山莽蛇，尋汝二千年，今方得汝。自以手扼其吭，氣將盡。家人憶路問僧語，即速覓書廚上藥，只存一丸，以水呑下，恍然記歷代前身事：沈在王莽時，姓張名敬。避莽亂，隱峨嵋山學仙。有同志人嚴昌、爲偶耕之友，劉歆謀起兵應漢，事敗，裨將王均、亦逃奔峨嵋，事二人爲弟子。

山洞有蟒，大如車輪，每出遊，必有風雷，禾稼多傷。張欲除其害，命王削竹刺插地，以毒藥傅之。蛇果出，爲竹所刺死。蛇修鍊有年，將成龍者。其出穴自夾風雷而行，非有心害人。爲王殺後，思報主謀者之寃。而王均聞蟒死後，隨出山佐光武中興，拜饒騎將軍。遣人迎張敬入洛，亦拜征虜將軍，蛇不能報。再世爲北魏高僧，三世爲元將某，有戰功，蛇又不能報。惟今世僅作孝廉，故蛇來將甘心焉。其原委歷歷，口皆自言。

家人問路僧爲誰？曰：「即嚴昌先生也。先生辭光武之聘，早登仙道，與吾有香火緣，故來相救，言終，沐浴整衣冠卒。開弔日，前僧果來，泣拜畢，語其家人曰：「無苦！無苦！了此一重公案，行當仍歸仙道耳。」語畢忽不見。（子不語）

☆ ☆ ☆

楊雨亭言：萊州深山有童子牧羊，日恒亡一二，大爲主人朴責。留意偵之，乃二大蛇從山罅出，吸之呑食，其巨如甕，莫敢攖也。童子恨甚，乃謀於其父，設犁刀於山罅，果一蛇裂腹死。懼其偶之報復，不敢復牧於是地。時往潛伺，寂無形迹，意其他徙矣。半載以後，貪是地水草勝他處，乃驅羊往牧。牧未三日，而童子爲蛇呑矣。蓋潛匿不出，以誘童子之來也。童子之父有心計，陽不搜索，而陰祈營弁藏一礮於深草中，時密往伺察。兩月以外，見石上有蛇蜒痕，乃載燧夜伏其旁。蛇果下飲潤，簌簌有聲，遂一發而糜碎焉。還家以後，忽發狂自摑曰：「汝計殺我夫，我計殺汝子，適相當也。我已深藏不出，汝又百計以殺我，則我為枉死矣！今必不捨汝。」越數日而卒。

俚諺有之曰：「角力不解，必同仆地。角飲不解，必同沉醉。斯言雖小，可以喻大矣」。（閱微草堂筆記）

☆ ☆ ☆

蘇州進士顧三典、好食黿魚者，知者每得黿，必售顧家。顧之岳母李氏，夜夢金甲人哀求曰：「吾江中三太子也，為爾婿某所獲，幸免我！必不忘報。」次早，遣家人馳救，則廚人已解之矣。

是年進士家，無故火自焚，圖史散盡。未焚之夕，家畜一犬，忽人立，以前兩足，擎雙盂水獻主人。又見屋壁上，有歷

代祖宗如繪。識者曰：「此陽不藏陰之象也，其將火乎？」已而果然。（子不語）

☆　☆　☆

頃有寺僧所住房前，有蜘蛛爲網，其形絕大。此僧見蜘蛛，即以物戲打之。蜘蛛見僧來，即避隱。如此數年。一日，忽盛熱，僧獨於房，因晝寢。蜘蛛乃下在牀，咬僧喉，成瘡，少頃而卒。蜂蠆有毒，非虛言哉！（原化記）

第二篇 無往不復

第一章 陰德（四十則）

陸孝廉諱在新字蔚文，蘇州人。順治乙酉夏，至虎丘，見一幼兒啼哭，問之，曰：「九歲、揚州人，姓韓，過江，爲清兵衝失。」陸即裹粮送往。時僵尸滿道，步至鎮江，徧覓韓氏舟，還之。其父母感泣。是年，陸父病篤，夢朱衣神曰：「爾子有還兒之善，增爾壽三十九年。」父病尋愈。陸又館於他邑，一日歸，忽有館鄰女婢，泣奔舟，欲相隨，陸拒之，婢將赴水，急訪其母家還之，並告其主，速擇良配。康熙丙午，赴句容途中，拾銀一包，特留旅店，候失物者至，還之。是科場中閱至陸卷，彷彿見陰兵無數。又忽現金書「三還」二字。房師

異之，即中式。（果報聞見錄）

☆ ☆ ☆

南陽李翁某，乃閣老文達公大父故商也。載綿花一大船抵湖湘鬻賣。有臨江客三人，釀金三百兩易花。在邸舍不戒於火，盡焚訖。三人擊胸大慟曰：「本盡赤手，歸不得矣！非死則行乞耳」。李來唁，笑曰：「公等何憂至是？貨之售不售，僅一間耳！我即失價，貧不至死，何忍爲公禍乎」？即持金盡與之，垂橐而歸。三人德翁，徧禱神廟。是時，翁尚在途，而家已夢二緋衣神稱翁陰德，錫以玉童。明年，文達公生，中宣德癸丑進士，天順末，正位首揆。（稗史）

☆ ☆ ☆

江州醫生萬君謨，業甚精，遠近就醫者絡繹。君謨皆盡心療之，絕不計其有無酬謝也。甚有貧者，欸之於家，病愈而遣之。一日有道人欵門求醫，萬診之曰：「師病痞漏，服藥數十劑，可以平復。」道人曰：「來自廬山，奈往返何？」因留治之。月餘果瘳。崇禎末年事也。其時流寇猖獗，所在患其突至。君謨憂之。道人曰：「公有力可徙避之乎？」君謨曰：「糊口之外，毫無長物資生！且無別業棲託，奈何？」臨行，道人令君謨取土斗許，咒之，命藏於功德堂中，晨夕焚香，猝有賊至，取升許土，撒前後門，閉戶不出，只吃炒米，不舉火食。度賊退乃出。賊入城數次，及官兵至俱用此法，絕無所損。鄰人有回視者，但云見雲霧而已。及土用完，世已太平。（續子不語）

宋張彥明善醫，凡貧者不受錢，或反以錢米與之。富者以錢求藥，不問多寡，必多與藥，期於必愈。病危篤知不可救，

亦多與好藥，以慰其心，終不肯受錢。一日城中火災，周遭爇盡，烟焰中獨存其居，子孫俱貴顯。（昨非庵日纂）

張知常在上庠日，偶他出，有同舍生發篋，盜其金十兩。學師集同舍檢得之。公不認曰：「非吾金也。」同舍生夜袖金還公，公憐其貧，復以半與之。後公大顯。（人譜類記）

錢江陸君元龍，持躬甚謹，常獨處館舍，有鄰女慕之，艷粧而至，語笑不止。陸堅拒之，女慚怒去。是夜，夢二龍繞柱，紅光滿室。秋闈遂登賢書，丁亥成進士。（尊鄉贅事）

孫泰有隱德，姨老，以二女為託，曰：「姊損一目，汝可取其幼。」姨卒，秦取其姊，曰：「彼有廢疾，非秦何適乎？」嘗買鐵鐙台，磨之乃銀也，即持還之。嘗置別墅，用錢二百緡。人將他徙，聞老嫗長慟，秦驚詰之。嫗曰：「老婦嘗逮事吾姑於此，今為他人有，故悲耳。」秦憮然。因紿曰：「吾適得京書，已別具官，所居且命爾子掌之。」言訖而去，不復返矣。

他日，秦夢一神人，紫衣象簡，謂之曰：「汝平生德行不虧，名知天府，奉帝命，增汝壽而昌汝後。」壽九十，子及第，世顯官。」（昨非庵日纂）

鎮江靳翁、五旬無子，訓蒙金壇，夫人鬻釵梳，買鄰女為妾。翁歸，夫人置酒於房，以鄰女侍。曰：「吾老不能生育，此女頗良，或可延嗣。」翁赧然，夫人謂己在，而翁赧也，出，反扃其戶。翁踰窗出，曰：「汝意良厚，但此女幼時，吾嘗提抱之，恒願其嫁得所。吾老矣，又多病，不可以辱。」遂謁鄰而返其女。逾年，夫人自受娠，生子貴，登弟為宰輔。（昨非菴日纂）

☆ ☆ ☆

太學生景姓者，流落他郡，家有一子，又被人拐去。而景不知也。傭書數年，僅餘銀三兩。偶見一窮人鬻妻，慨然贈之。夫婦得完，感謝而去。至明年送還，猶念其貧，堅不肯受。夫婦心大不安，以景生親自炊煮，乃買一小廝送之。景不得已，勉強應允。及攜入門，乃即景生被拐之子。悲喜不勝，聞者莫不歎異。（人譜類記）

☆ ☆ ☆

無錫顧響泉廉訪，以乾隆間名進士，由御使歷官甘肅按察使，歸而享林下之福，一時風流文采，蔚然為江左靈光。

相傳廉訪幼時，資性極鈍，年十四五，讀書無成。封翁使在市廛學賈。吳俗，凡初入廛者，一切灑掃、傳餐、雜役、皆任之。并須為先入廛者滌溺器。越日，廉訪悻悻辭去。告人曰：「雜役吾所不敢辭，滌溺器，胡為者？」請于封翁，誓必奮志讀書，雖餓死，不願學賈。於是下帷攻讀，讀書不熟，焚香跪而讀之。猶不熟，則夜以繼日，稍欲睡，則以水沃面，以錐刺股，至旦不休。及詣塾師背誦，茫如也。塾師為講解書義，每至舌敝脣焦，戒以牢記勿忘。明日試之，又茫如也。越一年，塾師謝封翁曰：「此子篤志有餘，而吾力已竭，愧無寸效，盍早改業，毋徒自苦。」廉訪涕泣，固請卒業，塾師憐而許之。

適吳中大饑，封翁家素清貧，欲賑濟而無力。僅存古帖一通，聞某學使酷嗜書畫，欲售與之，而無從也。書賈有曹姓者，里人呼之曰：「曹作惡」，常遊學使之門。封翁謂作惡曰：「吾帖價值千金，因急欲賑饑民，雖減價，亦當鬻之。」作惡攜以呈學使，且告之故。學使曰：「此帖本值千金，吾亦欲救饑民，當倍與之價。」以二千金購之。作惡還告封翁曰：「學使謂此帖，僅值百金。特因賑饑，而倍其價，今有二百金在此。」封翁不得已而受之。設廠施粥，繼以勸募，躬自經畫，劬勞萬狀，全活頗多。

當封翁籌賑時，作惡忽得疾而死。示夢于其妻曰：「吾一生乾沒人財多矣，然尚在可原之列，此次侵食顧先生帖價千八百金，數非甚多，陰司以民命至重，吞賑不仁，譴罰甚酷，既奪余壽，又將絕余後嗣。顧先生雖限于財力，施濟未周，然仁心發于至誠，善機充溢，福在其子，不日可擢科第，登顯秩。吾一念貪財，累及妻子，曹氏之祖宗餒矣。」啜泣而去。

里中微聞其事，或謂顧氏子頑鈍如此，豈能驟得科第？疑信參半。未及一年，作惡之妻及其三子，相繼夭沒，曹氏遂絕。廉訪年十七八，學業無所成。塾師教以作文，每命一題，窮日夜之力，僅成一起講，且格格不成文理。廉訪發憤研思，每忘寢食。一夕作文，苦索，不得一字，倦極，憑几而臥。忽見一神，如學宮所塑魁星狀，左手執盤，內盛人心一枚。右手執利刃，徐步而前，驟刳其胸，劃然中開，遽以手探其心去，復以盤內心補入之，拊摩數周，胸前脗合如故。魁星徐步而去。廉訪驚醒，則一燈熒然，覺戶外尚有足音也。自捫其心，始而怦然，繼而豁然，注視所構之題，則已徹上徹下，融會貫通。振筆疾書，遂成全篇。

明日，以呈塾師，塾師疑駭，謂為勦襲，欲撻之。廉訪請試他題，頃刻間，援筆成篇。塾師讀之，驚曰：「汝可以為吾師矣！此吾所百思不到者也。」自是廉訪讀書，十行俱下，博覽多識，爲文章，操筆立就，冰雪聰明，名震一時。往應小試入泮，聯捷鄉會試，成進士，入部曹，年未弱冠也。

管子云：「思之思之，又重思之。思之不通，鬼神將通之。」以廉訪之誠心嚮學，固無不通之理，所謂誠至，則金石開也。然苟非封翁有大陰德，則感通不能若是之速。蓋必二者兼至，而讀書斷無不成矣。嗚呼！孰謂天道之無報施耶？（庸盦筆記）

江右舒翁、館楚二年，偕鄉里同舟歸，登岸散步，聞一婦哭甚哀，問故，曰：「夫負官銀十三兩，將鬻我以償，幼兒失哺必死，故悲耳。」翁曰：「舟中皆塾師，每人一兩，足完汝事矣。」返告同行，皆不應。翁遂捐兩年束脩盡與之。未至家三舍，糧竭，衆爭非之，亦有憐而招之食者，翁不敢飽。及抵家，語婦云：「吾忍饑二日矣，速炊飯。」婦云：「安得米乎？」翁云：「借之鄰。」婦云「借已頻，專候汝歸償耳。」翁告以捐金之故。婦云：「如此則尋常家飯可覓同飽也。」遂攜籃往山中，採苦菜，和根煮爛，同食一飽。夜寢，婦夢人呼云：「今宵食苦菜，明年產狀元。」遂促翁告之。翁曰：「此神告我也。」是夜有孕，明年生子芬，果狀元。（昨非庵日纂）

☆ ☆ ☆

常熟縣、朱姓者，放債致富。忽一日，見已故之僕至前。驚問之，答云：「吾奉陰司勾命之役，吾主姓名，現在勾中。因受主恩，特來相報。可速料理家事，待他處勾完，一月後，將同去矣。」

朱念，一子甚幼，而諸事未了。遂將田地一半給親族，諸債中，有不能償者，還其文契。能償者，亦不取息。爲子延壽計，靜以待命。

一月後，其僕又至曰：「冥間知主人還券事，已增壽免死。但吾洩漏天機，將歸受罪。」遂不見。此康熙初年事。（果報聞見錄）

☆成化中，毘陵錢長者，貲甲郡中，行善乏嗣。里有喻老，爲勢家假官威索逋，械繫連歲，妻女凍餒，求假於翁，翁不計券，如數給與，得解。老挈妻女踵謝，翁婦見女有殊色，欲爲翁取，爲生子計。老與妻女皆喜。翁曰：「本意作善，乃復雜愛慾其間耶？不可！」是夕，婦夢神語曰：「汝夫陰騭隆重，當賜貴子。」逾年，果生子，年十八，鄉會聯捷。（昨非庵日纂）

餘干陳醫，有貧士病將死，陳治之愈。貧無以償藥債，陳亦不責報。後陳薄暮過其家，且避雨，因止宿。

夜深，姑謂婦曰：「爾夫因彼活命，何不伴宿以報？」婦唯唯，出就。陳拒之曰：「奈尊姑何？」婦曰：「此姑意也。」陳曰：「奈尊夫何？」婦曰：「夫身君賜也。」陳曰：「不可！」婦強之，陳曰：「不可！不可！」遂坐以待旦。用指連書不可二字於桌。及後，幾不能自持，又連書：「不可二字最難！」達旦遂去。

後陳子入試，主司欲棄其文，忽聞呼曰：不可！復閱復棄。又聞連呼曰：不可二字最難。主司意其人必有陰德錄之。明年，陳子遂連登進士。（禍福指南）

嘉興庠生李定，遇人談閨閫事，即正式拒之。更作口孽文勸世。年邁，久廢科舉，因門人應試者多，強邀赴舉。一夕夢父謂曰：「有某士，應今科解元，明春連捷。因前月姦人室女除名。文昌帝君奏汝作口孽勸戒後進，陰功不淺，請以汝名補之。汝宜愈加勗勉。」榜發果中，次年連捷。後官至侍郎。（禍福指南）

☆　☆　☆

雲南謝履端，少篤學，孝友端方，凡見一切淫書，恐其傳世，誤人子弟，不惜重價，購買焚燒。後夢金甲神曰：「汝焚淫書甚多，功德浩大。上帝嘉汝存心，當名冠多士。」康熙丙子果發解，癸未連捷南宮，簪纓數世。（同前）

☆　☆　☆

太倉陸容，字式齋，應試南京，館人有女，善吹簫，夜奔。

公給以疾，與期後約。女退，公作詩曰：「風清月白夜窗虛，有女來窺笑讀書。欲把琴心通一語，十年前已薄相如。」次日，託故辭去。是科中式，擢榜首。

試前公父夢郡守送一匾額，上題風清月白四字。父以為月宮之光。作書遺公。公益悚然。後官至參政。（同前）

☆ ☆ ☆

順治甲午，溧水湯聘，就試省城，病劇而逝。覺魂自頂出，往求觀音菩薩指引救度。菩薩令謁孔聖。繼謁文昌。查明壽本該盡，因順治辛卯春，湯買舟如皋。舟人有女美，而善謔，意欲就湯，正色拒之，德動天府，前程遠大，急令還魂。乃告曰：「因汝見色不迷，特來救汝。以後須信心樂善，廣勸戒淫。方今人心險薄，鬼神伺察最嚴。往昔富貴功名，從前註定。今之善惡冊籍，一月一造。無俟來日後生，始有報也。」諭畢

，即蘇，後登辛丑進士。（禍福指南）

先大夫年登八秩，嘗言服官數十年，閱歷數十年，見官而貪墨者，其終未有不潰敗者也。然總無逾於侵賑報應之速而且酷也。彼敗露而身攖顯戮，若王伸漢輩者，無論矣。即倖逃法網，大都必以急病死，以惡疾死，子孫亦俱絕滅。再不然，而爲盜爲娼，作眼前報者，尤不少其人。固可屈指數也。蓋貪贓枉法，害止一人一家。侵賑則害及萬衆。貧民以富，而謂己身及子孫可長享之，有是理乎？其有於賑務能如意者，享報亦必豐。則舉二事可鑒焉：

廣東顏中丞希深，乾隆時，官平度知州，因公事赴省，適遇大水爲災，低區盡沒。民皆登城以避。顧無所得食，哀聲嗷嗷。太夫人聞而惻然。因命盡發倉穀，糴米賑濟。全活者數萬人。巡撫以不俟報聞，擅動倉穀，特疏參奏落職。高宗覽疏怒曰：「有此賢母好官，為國為民，權宜通變。該撫不加保奏，翻加參劾，何以示激勸乎？」乃特旨擢希深知府，母賜三品，封為淑人。天下羣頌聖天子之明焉。後希深官至巡撫，子檢由拔貢，官直隸總督。孫伯燾由翰林，官閩浙總督。其孫曾至今蕃衍，登科第者極多。稱巨族矣。

湖南蕭狀元錦忠之封君，道光時，官直隸知縣，會秋被水，已逾報災之期限，不能奉准。封君乃將徵存之銀，悉以賑撫。其未輸者，亦焚券免其征。民大感戴。而封君則以虧帑監追。上司憐其愛民被罪，令通省官代為設法彌補。比虧帑出獄，而錦忠狀元及第之報至矣。

此二事皆果報彰彰在人耳目前者，天道甚邇，可不感動警畏哉？（庸閒齋筆記）

穰縣宋莊王叟，人目為王評事，身年八十一，子有孫二十餘人。曾孫亦娶婦。自叟至其曾，凡三十六房，夫婦皆結髮。推戶為縣中第一。第四子榮，以軍功官宣武軍魯山尉。長孫中武擧，某州巡檢。宋莊四區宅前大槐，數百年物，老幹已枯，而五枝內向，各成大樹，蔭數十步。予在鎮平日，嘗過其家，見其健康如六十許人。謂必有陰德致然。問之不答。

旁一叟云：「王評事年雖高，乃以診治為生。病家來請，上馬去，不以僮僕自隨。為人處方，一藥不備，不以和劑。貧家調患，夏月，日二三往，不倦。病既平，不責一錢，此非陰德邪？」叟乃肯自言：「今商販家，自臨洮山外，以長耳負甘草來，塵垢糞穢，何所不有？卸之藥肆中，隨即剉以與人。某每用此草，必以水洗，暴晾如法，然後和藥。他品悉然。非敢

自為陰德，但心之所安，不能不爾也。」予酌酒與之曰：「此公陰德大矣！」（續夷堅志）

☆　☆　☆

順治壬辰年，海賊圍漳州數月，斗米至六十金，民相食人，肉價湧貴，守兵每放若干人出城，例留肥者，殺而食之。孝廉謝鴻奇攜家出城，夫婦相商，無可棄者。惟一婢年十四與一歲女孩，可商去留耳。

謝曰：「婢無父母，八歲依吾至今日，不忍棄，寧棄吾女。遂置女於地，聲呱呱不絕。是時，同謝出城，為兵殺食者甚衆，獨謝一門無恙。而遺姊一人未至。少頃，抱女孩來云：「頃見女孩在地，兵指曰：是呱呱者，為肉幾何？汝持去！」姊急攜之出城，骨肉十四口相聚，無一缺者。謝後登戊戌進士。（果報聞見錄）

清朝咸豐年間，在揚州，有位看守衙門的差役，名叫王錫，他平時樂善好施，凡是認識他的人，都認爲他是一位好人。誰知，有一天他竟無緣無故害了一場大病，求醫問卜，沒有效果，反而病情一天比一天嚴重，到後來，祇剩下一口氣，幾乎快要死了。

在昏迷中，王錫突然看見兩名青面獠牙的鬼卒前來說：

「走！跟我們去。」

王錫心裡雖然害怕，却不敢違抗，只得跟着他們走。走了好長一段路，來到城西的城隍廟前，鬼卒便一把將王錫推進去，一看只見廟裡陰森森一片，兩旁站立的鬼卒一個個都殺氣騰騰的，王錫見了心裡更加害怕，正嚇得不知所措時，拉他來的鬼卒大喝一聲道：「見了城隍爺還不趕快跪下！」王錫兩脚一發歎，「咚！」的一聲便跪在殿下，這時，判官便對城隍爺說：「這個人的壽命本來已到，但是他在廿年前救活了兩條人命，照道理應讓他多活十二年，不知城隍老爺意下如何？」城隍爺看了看王錫，再轉頭問判官道：「廿年前，他如何救了兩條人命？」

判官回答道：「當太平天國的軍隊到江陰時，有一天王錫走到江邊，看見一個老婦人和一名少女坐在路旁哭，王錫就走上前問她們為什麼哭得這樣傷心？那老婦人便哭哭啼啼的答道：她是這少女的乳母，這少女的父親是位縣官，由於太平天國之亂，父親被洪秀全殺死，她們逃到異鄉，舉目無親，無處安身，所以才傷心的哭起來。王錫聽了她們悲慘的遭遇，十分同情，又再進一步追問，獲知當地釐捐局的局長是縣官的朋友，便領她們到釐捐局去，局長好心的收容她們，使她們得到了一條生路。」

城隍爺聽完，再看看生死簿，認爲不錯，便點頭宣判道：「放王錫回去！」

於是，鬼差領他走出城隍殿，往回家的路上走去。走到半路，突然雷聲大作，風雨交加，王錫被淋得像隻落湯鷄，混身又濕又冷，最後，終於被凍醒了，睜開眼一看，那有什麼城隍殿？那有什麼鬼差？原來自己仍躺在床上，不過，自己的病却不藥自癒。

王錫仔細想想，自己確實在廿年前救過一位婦人與一名少女，雖說那是舉手之勞，却沒想到竟因積了這善德而得到善報，從此，王錫益發樂於做善事了。（人間奇談）

☆　☆　☆

周狀元旋之父，浙人也。多子而貧。其鄰巨室，累貲甲一邑，而妻無嗣。嘗謀於妻曰：「彼多男，神氣勝我，盍求其種乎」？妻初不可。既而久不孕，乃請從命。富翁爲具酒餚召周，意甚慇懃。酒半逸去，令妻出陪。周踧踖告退，妻勉留之。既數杯，妻屏婢，告以故。周遽起，而妻已使人閉門，不得出。周面壁不顧，適有筆硯在案，漫取以書云：「欲傳種子術，恐欺心上天」，如此數百句。妻彷徨失意，叱婢啓門放客，慍罵而入。其後旋中鄉試入都，知府夢見出城迎狀元，前導從甚盛，旗旛數十柄，皆作對語於上云：「欲傳種子術，恐欺心上天」。知府覺而不諭，曰：「此何祥也」？已而報周旋有大魁之捷，知府登其門，爲其父致賀，自述其夢而不解旗上語。某笑而不答。固問之，乃密語曰：「二十年前，老夫曾題於某家之垣墉，可驗也」。知府使人視之，果然。乃知一念一語之公，雖在暗室，神明知而福之矣

。旋、溫州人。（稗史）

王曾之父，生平見字紙遺棄，必拾而以香湯洗之，然後焚化。一夕，夢至聖撫其背曰：「汝何敬重吾字紙之勤也？恨汝老矣，無可成就，當遣曾參來生汝家。」未幾果生一男，即沂公也。二元及第，為宋名相。（人譜類記）

☆　☆　☆

蔣味村杭城人，言某甲以種菜為業，小有家貲。平生惜字，遇街路牆壁所貼告示招紙，為風雨飄搖欲墮者，檢藏回家，彙焚惜字社洪爐中，年九十餘不倦。

一夜遇祟迷路，奔走三更，輒遇阻牆。諺所謂：遭鬼打牆也。摩摸間，似有紙飄搖，即揭取之，頓覺手中發光。隱約知是村中社廟，因得循其門而扣之，遂止宿焉。

夫倉頡造字，天雨粟，鬼夜哭，何等鄭重？某甲手揭字紙

，即鬼不能迷，豈非顯證？嘗聞太上垂訓：「惜字十萬，延壽一紀。」彼種菜者，年逾九十，謂非惜字之報歟？（北東園筆錄）

彭詠莪副憲繼室朱氏，連生五女，八年不孕。副憲固多子，而皆係原配所生，故望子甚切。性仁慈，尤敬重字紙，隨京宦多年，見有字紙包茶葉等物，輒隨手棄去，甚至為人揩糞者。因出錢計斤收買，遇有污穢者，必洗淨焚化，行之有年。及四十餘，因病延醫診脈，則云有孕。而月經已年餘不至，斷無受胎之理。不以為意。已而腹中轉動，始信是胎，得一子。

夫惜字善事也，而得之於巾幗之中，尤為可嘉。蓋婦人之惜字，下至於子女奴婢，均知奉以為法，所得不益多乎？要歸於惜字之報可耳。（北東園筆錄）

☆朱坎泉者，錢塘諸生，客遊他省。有某官延課二子，見其居民不知惜字，糊窗抹桌，踐踏穢汚，惡習相沿，恬不爲怪。乃力勸居停捐貲收買。或有不潔之紙，必手自洗滌焚燒，逢人勸諭，竟移其俗。不數年間，所收之字，以百億萬計。及其歸也，長子名瀾，以嘉慶丁丑成進士入翰林。次子瀛，亦以某科登鄉薦矣。夫一人惜字，爲善有限。能使人人惜字，則其善大矣。宜其獲報之隆也。（北東園筆錄）

☆閩縣廖氏兄弟之父，羣稱廖太翁者，曾於台灣充郡署吏書。生平最敬惜字紙，每自背一籃，於窮衙僻巷檢之。其汚穢不堪着手者，亦必拾回洗淨焚化。行之數十年不倦，蓋文人學士之所難者。彼時廖家尚未發祥，後即兄弟相繼而登科第，長鴻翔嘉慶戊寅舉人，廣東知縣。次鴻禧，道光乙酉舉人。次鴻苞，嘉慶丁丑進士，江南司知。次鴻藻，嘉慶己巳進士，江西粮道。次鴻荃，己巳榜眼，官尚書。鴻苞、字竹臣，鴻藻、字儀卿，鴻荃字鈺夫。三人皆由翰林出身。（北東園筆錄）

馮南江恩，有僕馮勤，其父傭者也。素多病，日者謂其短造，甚憂之。問一道士，何以延年？道士曰：「若為傭，不能積德，惟勤灑掃，惜字紙，乃可延年。」傭乃市箕帚，徧歷所居村巷，凡有穢惡，悉為掃除。見一字，則取置於筒，至暮焚之，歲以為常。壽至九十七，無疾而終。（湧幢小品）

蔡公諱儔，號崑陽，德清人，康熙庚戌科狀元也。順治甲午鄉薦時，尚無子，夫人賢甚，私蓄三十金，為置一妾。妾來，垂泣不止。公怪問故？乃云：「吾夫以負營債，故至此！」公乘夜亟往其夫家語之曰：「我爲爾消釋此事，然吾今晚不可歸，歸則心跡不白。」即帕被臥其夫家。營卒至，公曰：「汝輩違法，今不汝較，繳券即付金。」卒亦惶遽感動，交券辭金。公乃命轎舁婦還其夫，並以三十金爲贈，然後歸。後夫人即舉子，公亦及第。（果報聞見錄）

魏武子有嬖妾，武子疾，命子顆曰：「吾死之後，必嫁是妾！」疾甚，又曰：「必以爲殉！」父卒，顆嫁之，曰：「吾從其治命也。」後顆與秦戰，見老人結草以抗杜回，故獲之。夜夢老人曰：「余，即爾所嫁之父也。爾用先人之治命，余是以報！」（左傳）

柯潤堂筆載：「台州應尚書，山中肄業時，方挑燈鈔錄玉歷，聞鬼語曰『某家之妻，以夫久客不歸，翁姑迫嫁，此婦不肯，明夜當縊死，我得代矣！』公次早訪之，果然！歸館潛齎其祖遺名琴、古硯，得銀四兩，復僞作某子手書，並銀寄送其家。父母得書，信其子無恙，媳因不嫁，得以不死。未久，夫竟歸完聚。又聞鬼語曰：「我例當得代，奈此秀才壞我事！」傍鬼曰：「何不禍之？」曰：「彼常鈔玉歷勸世，又存救人之心，上帝已命作陰騭尚書矣，我何敢禍？」後公果官至尚書。

（玉歷寶鈔）

☆　☆　☆

須縣民姚牛、年十餘，父為鄉人所殺，牛嘗賣衣服，市刀戟，圖欲報仇。後在縣門前相遇，手刃之於衆中。吏擒得，官長深矜孝節，為推遷其事，曾赦得免。又為州郡論救，遂得無他。令後出獵，逐鹿，入草中，有古深井數處，馬將趣之，忽見一翁擧杖擊馬，馬驚避，不及鹿。令奴引弓將射之，翁曰：「此中有井，恐君墮耳。」令曰：「汝爲何人？」翁長跪曰：「民姚牛父也。感君活牛，故來謝」！因滅不見。（幽明錄）

河南汲縣李秀才，就館村落，夕行迷路，遠望叢林間燈火，趨之，見一茅舍，隱隱有讀書聲。叩其門，主人出迎，年四十許，見李延入，自稱葛先生。素好讀書，厭城市囂雜，故隱此僻處。且言其妻在家乏食，爲妻母逼嫁，明日將投河，惟君能救，望乞垂援！言之泣下。李唯唯，因就止宿。茵褥精潔。既明，身臥塚上，並無屋舍。李駭極趨歸。道遇一婦，衣綠衣，行且泣，臨水將自投，李挽止之。詢其所以？則葛姓妻也。孀居乏食，父母將奪其志，故覓死耳。李以去舍不遠，邀婦與

嫗共詫其異，養爲己女。李年已五十餘，忽舉一子，覛其眉目，酷肖所遇葛姓者，戲以葛先生呼之，兒輒笑投其懷。（續子不語）

明周秀才，諱某，素方正，家極貧，賃婁門韓家潭子屋一間，拆舊竈，竈底方磚下，得二元寶，妻大喜，周君曰：「此不義財也！豈可得乎？」取筆書銀面云：「若是我的財，須是明白來！」竟袖至胥門外，登渡船，擲之中流而返。舟子親見，呼漁翁投水摸之。漁翁藏銀別處，詐言不見，二人大鬨，訟之太守。太守欲加刑，二人吐實，乃押漁翁立取銀至。見面有字，命貯庫。是秋鄉試，周公竟中，舊例，本府小鹿鳴宴，每舉子，有牌坊銀百金置面前，書字二元寶，恰在周君前。衆共驚異，後成進士。（現果隨錄）

江南旱西門、回子哈九、開飯店，有江浦人携銀五十兩、赴縣完粮，遺於店中，哈九追至江邊還之。別後得銀者至江浦，見大風覆舟，人俱溺水，其人忽思，譬如哈九不還吾銀，且將此銀做件好事，遂呼漁舟曰：「救得一人，謝銀五兩。」漁舟爭救，止救得一人。問之，即哈九之子也。此順治五年三月二十三日事。因還銀一念，而兒子得免于死。天道昭昭，報最速矣。（果報聞見錄）

揮麈新譚，京師數貧人，貸銀十兩，爲托賣燒鵝之計，道傍有傾銀店，共假其錐鑿剖之。忽一塊爆起不見，約計八錢。覓之不得，衆大相咎，至有欲畢命者。明日又鬨於樓下。上有監生訊之，告以故。曰：「我昨夜歸，於樓門檻得銀一塊，當是汝物。」出銀還之，果是。衆感其意，分半酬之。生固辭曰：「我欲銀，匿不言矣。爾輩借貸所得，吾安忍分？」衆益感德，思有以報。他日得利頗厚，見一人鬻小兒於道，索錢五百文。衆議以三百錢得之，送監生爲僕。同至旅次；小兒一見，便呼爹爹，大哭，生亦哭，乃在張家灣所失子也。年八歲，登車時，爲奸人抱去，三月餘矣。父子感衆意，又出銀以謝之。乃知一事之善，遂使父子完聚，造物報施之巧如此。（堅瓠廣集）

羅一峰先生，以孝廉赴會試。僕于途中拾一金鐲，行已五日。先生憂旅費不給。僕曰：「無慮也！向於山東某處，拾一金鐲，可質爲費。」先生怒，欲親賫付還。僕屈指叩頭曰：「往返必誤考期，不可！」先生言「此必婢僕遺失，萬一主人拷訊，因而致死，是誰之咎？吾寧不曾試，不忍令人死於非命也。」竟尋至其家，果係婦遺面盆，而婢誤投於地者。主婦疑婢竊取，鞭笞流血，幾次尋死。夫復歸妻有私，辱罵不休，妻亦忿怒投繯，賴人解救。先生至，出鏹與之，舉家感激，急行至京，已二月四日，倉皇投卷，竟得中式，狀元及第。（人譜類記）

明鄞縣南鄉北渡、有孫姓者，就童子試。晨起，往它山廟祈籤，問府試取否？行至跳江橋上，見一包袱，遂携歸。視之，乃批文一角，銀二百兩，係奉化縣、解府錢糧也。

生以告父，父曰：「爾欲還之，抑取之耶？」生曰：「錢糧解差，身家干係，何可不還？」父曰：「爾能如此，府案必取，何用卜爲？」生遂復至跳江橋伺之。

晚見一人踉蹌而來，鎖杻號泣。生曰：「汝得非失銀者乎？」其人曰：「我爲本縣差，解銀二百兩至府，因天早步行，負重勞頓，天尚未晚，暫臥橋上，解包爲枕。及覺徑行到城，方記，已無及矣。遂自投到府。主差押追賠，妻孥皆死矣！」生曰：「汝弗懼！我收在家。」即引歸還之。差曰：「既蒙見還，敢煩同往回官！」生有難色，父曰：「汝肯還銀，官府必獎汝，或因此獲取，未可知也。」

生遂同至府，失銀解差，備述其故。府主即起立揖生曰：「汝能如此，願汝世世榮昌，汝歸肄業、出案，我必首拔。是年府主即薦之入泮，次年補廩貢，出除主府教授，後四世明經，三爲主府教授，一爲府學教諭，至今書香不絕。（果報聞見錄）

☆　☆　☆

長洲縣治東，有張麻子者，爲舟子胥姓篙師，歷有年矣。

痳子家貧而鰥，十年前如厠，見一人倉皇出，遺一囊，啓視之，乃白金數兩也。急追之，其人已入縣應比較，探前銀，則烏有矣。號哭訴邑宰云：「今鬻一女，得銀數兩，不意行急失去。」令詫其妄，將枷責，痳子亟挐銀至，云：「其銀宛在也！」令問故？具實以對，深爲嘉嘆，出俸錢三百文旌之，一時傳爲義事焉。

越歲，痳子抱痾，絕而復蘇言曰：「頃攝至冥府，見有冕旒南向坐者，傳諭張某，有還金一事，功甚大，放回！」今痳子年六十餘，理楫矍鑠如故也。康熙十八年事。（信徵錄）

海寧趙郭村文學、郭天生，於天啓壬戌年、廿二歲時，臥病昏憒，見有四青衣圓帽，如承差者，踰窗而入，手持牌票，有天生名。天生疑爲督學催考也。即隨之去。四人仍從窗躍而出，天生亦如此。四顧本身，猶偃臥在床也。

比至一官衙前，甚壯麗，甬道寬濶數十丈，四人引至左首廨宇內，周圍木欄如牢獄狀。因置天生其中，見投文放告謁見會審者，肩摩雜沓，略如人間。

須臾，天晚，便有號燈數十盞，如貢院東西文場，照曜明亮。頃之，陞堂鼓九下，四人牽天生出，唱名天生，即見此身無巾幘，腰間已繫白裙矣。第一門、長而皙者冠帶點名，年纔二十許。第二門、黑而髯者，冠帶點名，可五十許。比至大殿，前階數十丈，樓閣巍煥，如帝皇室，逐人唱名，由東階上，西階下。天生震恐，歷階而上。遙見南面聽政者，冕旒綠袍，黑面。始悟爲閻君，非文宗也。因慟哭而前，攀桌脚，求生甚急。

閻君曰：取簿來！有判曹捧簿進。閻君示天生曰：「汝數已盡，試問之！」天生又哀懇不已。閻君又云：取卷來！即見前長皙者、庭參畢，捧手本進。閻君翻閱再三。又呼取卷來！又見前黑髯者，庭參畢，捧卷數十冊進。閻君又閱再三，方首肯，用硃批簿上示天生云：「汝有陰功，再加一十八年。」書法鮮麗可愛。

天生喜躍而出，至道左，徘徊不識歸路，適與伊祖遇，祖曰：「汝來，安得歸耶？」正躊躇間，見有龐眉皓齒，以杖繫胡蘆者，祖曰：「吾孫不得歸，須君神藥，煩為賜之！」老者即傾三粒，如硃砂色。天生翹首，見道旁大宅，有「天醫院」三字，然以渴甚，不能嚥。祖即向道上小兒，屬其取水。小兒取一碗與天生嚥藥，藥下，即覺心目頓開，精神陡復，忽然而蘇，香氣滿室，經日不散。從此遂痊。

至。陰功一事，余亦叩之；則天啓間，武林大火，天生時寓佑聖觀，至三元坊觀火，遇閩婦，負一箱，內皆重貲。於人叢中，誤付天生。天生急辨其非，而閩俗不通杭語，婦人遂去。天生携藏別家，仍於原處守候，果見向婦，偕一女子攜手而來，號泣尋覓。天生令其女守箱，偕其婦往路旁認夫，邀而還之，絲毫不染，當是此一事云。（冥報錄）

第二章　孝感（十三則）

睽車志：常州一村媼，老而盲，家惟一子一婦。婦一日方炊未熟，其子呼之田間。婦囑姑畢其炊。盲無所睹，飯成，捫器貯之，誤貯溺具。婦歸，不敢言，先取其中潔者食姑，次以餉夫。其親近臭穢者，以水洗之，自食。良久，天忽晝晦，其婦暗中若為人攝去。俄頃眼開，身在近舍林中。懷挾中，得一小布囊，貯米三四升，適供饔飧。明旦視囊中，米復充滿。寶

之，以終其身。（堅瓠秘集）

☆馬天駟、少即警悟，好讀書。康熙丙午補博士弟子員，旋食餼。乙卯七月，赴省試，聞賊逼三衢，復返家。賊卒至，駟父出奔，遇賊，將殺之。駟以身蔽之，泣訴曰：「此我父也，願無加害，寧殺我！」賊竟殺其父，駟躍起，奪賊刃，連斫數賊，賊衆至，乃殺駟。其妻余氏遁於爛柯山。時孕已彌月，迨將分娩前一夕。夢駟壯繆告之曰：「汝夫為父死，不可令無後，我當予汝子。」次日，果生一子。賊又至，賊首見壯繆輪刀而立雲際，賊馬皆止。策之不前，不敢登山而回，一方賴以無虞。孝之感神如是哉！（見聞錄）

☆太倉張受先生、諱采，事母至孝，崇禎戊辰，未發榜前，有友夢曾榜第三名下註「孝子」二字。生不甚信佛，獨信關帝。乙酉元旦，夢帝送一「乾坤正氣」扁到家，公大喜，奉人說項。

先是，州中豪僕吏胥，多結黨蠹民，公負性剛正，白於錢希聲州侯，案治其罪。羣小銜恨，欲甘心焉。是歲五月十三日，乘亂要刼公於路，擁至城隍廟，叢毆慘酷，血肉糜爛。有童子自外入，見城隍神，以身翼蔽公。公僵仆不動，羣小謂已死也。命丐者負公屍，棄之小較場關王廟側。夜分，廟中一僧謂同住者曰：「張公正人也！棄屍於此，恐有毀傷，吾等當舁還其家。然無別物可盛，乃下一「乾坤正氣」扁舁焉。到家，以酒漿灌之，忽唇動得蘇。調養半月而愈，真神祐也。明年，捕兇黨，並斬於市。

☆

☆

☆

滄州有婦人不食，惟日飲水數杯。年四十五六，而面貌悅懌。人問不食之因，自言幼年母病臥床，家無兄弟，日賣果於市，得贏錢數十以養母。值歲歉，穀貴艱食，乃仰天禱曰：「今日所獲，不足以活二人，願天憫之，使我飲水不饑，庶所得可盡以供母。」遂臨井飲一杯，果不饑。自是亦不思食。又數歲而母卒。時不食已三十矣。（睽車志）

貞元末，渭南縣丞盧佩，性篤孝。其母先病腰脚，至是病甚，不能下牀榻者累年，曉夜不堪痛楚。佩即棄官奉母，歸長安寓於常樂里之別第。將欲竭產以求國醫王彥伯治之。彥伯聲勢重，造次不可一見，佩日往祈禱焉。半年餘，乃許一到，佩期某日平旦。是日亭午不來，佩候望於門，心搖目斷。日既漸晚，佩益悵然。忽見一白衣婦人，姿容絕麗，乘一駿馬，從一女僮。自曲之西，疾馳東過。有頃，復自東來，至佩處駐馬。謂佩曰：「觀君顏色憂沮，又似有所候待來，請問之。」佩志於王彥伯，初不覺婦人之來。既被顧問再三，乃具以情告焉。婦人曰：「彥伯國醫，無容至此。妾有薄技，不減王彥伯所能。請一見太夫人，必取平差。」佩驚喜，拜於馬首曰：「誠得如此，請以身為僕隸相酬。」佩即先入，白母。母方呻吟酸楚之次，聞佩言，忽覺小瘳。遂引婦人至母前。婦人遂舉手候之，其母已能自動矣。於是一家歡躍，競持所有金帛，以遺婦人。婦人曰：「此猶未也，當要進一服藥，非止盡除痼疾，抑亦永享眉壽。」母曰：「老婦將死之骨，天師再生，未知何階上答全德？」婦人曰：「但不棄細微，許奉九郎巾櫛，常得在太夫人左右則可，安敢論功乎？」母曰：「佩猶願以身為天師奴，今反得為丈夫，有何不可！」婦人再拜稱謝。遂於女僮手，取所持小粧奩中取藥一刀圭，以和進母。母入口，積年諸苦，釋然頓平。即具六禮約為妻。婦女朝夕供養，妻道嚴謹。然每十日，則請一歸本家。佩欲以車輿送迎，却終固辭拒。唯乘舊馬，從女僮，倏忽往來，略無踪跡。初且欲順適其意，不能究尋，後既多時，頗以為異。一日俟其將出，佩即潛往窺之，見乘馬出延興門，馬行空中，佩驚問行者，皆不見。佩又隨至城東墓田中，巫者陳設酒殽，瀝酒祭地，即見婦人下馬，就接而飲之。其女僮隨後收拾紙錢，載於馬上，即變為銅錢。又見婦人，以策畫地，巫者隨指其處曰：「此可以為穴。」事畢即乘馬而回。佩心甚惡之，歸具告母。母曰：「吾固知妖異，為之奈何？」自是婦人絕不復歸佩家，佩亦幸焉。後數十日，佩因出南街中，忽逢婦人行李，佩呼曰：「夫人何久不歸？」婦人不顧，促轡而去。明日使女僮傳語佩曰：「妾誠非匹敵，但以君有孝行相感，故爲君婦。太夫人疾得平和，君自請相約爲夫婦。今既見疑，便當決矣。」佩問女僮：「娘子今安在？」女僮曰：「娘子前日已改嫁孝恭李諮議矣。」佩曰：「雖欲相棄，何其速歟？」女僮曰：「娘子是地祇，管京兆府三百里內人家喪葬所在。長須在京城中，作生人妻，無自居也。」女僮又曰：「娘子終不失所，但嗟九郎福祜太薄，向使娘子長爲妻，九郎一家，皆爲地仙矣。」盧佩第九也。（河東記）

雍正年間，江蘇宜興縣有孝子邵志垟者，母歿，葬九村西，既葬，廬墓三年。墓旁枯竹，炯然有光，可照夜行。人皆謂篤孝所致。（宜興縣志）

嘉興徐祖、幼孤，叔隗養之，如所生。隗病，祖營作甚

勤。是夜，夢二人來云：「汝叔應合死也」。祖叩頭祈請哀愍。二人云：「念汝如此，爲活之」。祖覺，叔乃瘥。（搜神記）

太原王方平，性至孝，其父有疾，危篤，方平侍藥餌，不解者逾月。其後，侍疾疲極，偶於父牀邊坐睡，夢二鬼相語，欲入其父腹中。一鬼曰：「若何爲入」？一鬼曰：「待食漿水粥，可隨粥而入」。既約，方平驚覺，作穿碗，以指承之，置小瓶於其下。候父啜乃去承指粥入餅中，以物蓋上，於釜中煮之，百沸開視，乃滿瓶是肉。父因疾愈。議者以爲純孝所致也。（廣異記）

後魏宋瓊母病，冬月思瓜。瓊夢見人與瓜，覺，得之手。

中，時稱孝感。（夢雋）

袁孝叔者、陳郡人也。少事母，以孝聞。母嘗得疾，踰月不痊。孝叔忽夢一老人，謂曰：「子母疾可治」。孝叔問其居，不告。曰：「明旦迎吾于石壇之上，當有藥遺子」。及覺，乃周覽四境，所居之東十里，有廢觀古壇，見老父在焉。孝叔迎至家，如夢中見者。取出九靈丹一丸，以新汲水服之，即日而瘳。久之，來謂孝叔曰：「吾將有他適，故來訪別。君藏此書，受一命，即開一幅。不爾，當有所損」。孝叔跪受而別。後孝叔寢疾，殆將不救。其家問後事？孝叔曰：「吾爲神人受書，一編未曾開卷，何遽以後事問乎」？其疾果愈。後孝叔以門蔭調授密州諸城縣尉，五轉而晉縣令，每之任，輒視神書。持日無差，後秩滿歸閑別墅。因晨起，就巾櫛，忽有物墜鏡中，類蛇而有四足。孝叔驚仆于地，不語，數日而卒。月餘，其妻因啓笥，得老父遺書、猶餘半軸，因開視之，後空幾幅，果畫一蛇，盤旋鏡中。孝叔之戚，以元祐初，爲太學生，具言其事。（稗史）

☆　☆　☆

道光二十七年七月，雷錫嘉興農家孝子米一擧，傳播一時。言者失其姓名，謂是張叔禾先生之佃人也。極貧苦，孝子與母妻共止三人，而食常不給。因與妻謀，以飯爲母養，而己與妻食粥。如是者有年矣。至是，母之飯亦偶不給，以粥進。母性卞急，不食傾於厠。俄而雷殷然作，母懼跪於庭。子婦邀視之，詢得其故，亟如厠取出，以水潔之，相對食訖。隨同跪叩引愆，爲母解免。

俄而雷又一震，自天降米，二十四石，堆積院中。村鄰環睹，驚嘆天之哀憫孝子如斯也。驚喜既定，孝子視米囊所書字號，則即叔禾先生米倉之物也。又驚而往告其主，欲返歸之。先生曰：此天賜孝子者，非吾物也。堅持不受。人兩義之。（北東園筆錄）

清光緒戊戌春，三月二十八日，秀山大雨雹而風。初擒龍之近山，有蝙蝠為患，出則雨雹，居民苦之。其山界居黔蜀之間，前阻秀山之北，後當秀山之南。其北為百歲莊，南屬邑梅司。雨雹之前數日，百歲莊有獵者數人，見山崖間有一洞，洞中有蝙蝠飛出。其大縱橫十數丈，知其將為害，競鎗擊之。蝙蝠乃復入洞。

次日，有螻蟻無數，相率啣泥草之類入洞中，絡繹不絕，鄉人咸異之。然竊意蝙蝠之不復出矣。

後二日，蝙蝠乃從山後逸出，自秀山之南而東，風雹大作，雹之大幾如碗，以此風力尤猛。當此時也，樹木傾摧，禾麥盡偃，廬舍顚覆，瓦礫皆飛。彼六鷁過宋都而有風，大蛇見御座而爲雹，恐不若是之烈也。起邑梅司，逾秀山城，越石堤，至水墹，縱約二百里，橫亦五六里許，其爲害不可勝計。至水墹，蝙蝠乃爲雷殛斃。其時秀山城內之西，有萬壽宮者，殿前鐵爐，重約萬斤，爐耳初向兩廡。風雹定後，則其耳直對殿上，風力之大，概可知矣。

城東有文昌宮者，亦古廟也，其旁有老柏百餘株，蒼蒼鬱鬱，陰翳無際，一時拔地而起，無一株生存者。城南鳳鳴書院，右側數十步，有邑刺樹一株，大可數十圍，枝柯銅磨，根荄鐵鑄。檀欒蓊鬱，覆蓋幾十畝，誠數百年物也。有應氏者，結廬其下，倚樹而居。應氏家故貧，早寡，守一子，以鍼線資贍給，素以節孝著。是夜樹倒，壓及其屋，人之望者，皆以爲死矣。而應氏母子，方偃然而臥。晨起，始知居室爲樹所壓。而其身則在樹根空中。初不知有雹，不知有風，并不知其樹之倒，而其屋之爲樹壓也。人蓋以爲節孝所感云。

南皋居士曰：雨雹而風，天地之厲氣也。然必藉蝙蝠以顯其異，爲害一二百間，而蝙蝠乃爲雷擊斃。至於鐵爐移動，大樹傾倒，誠有江翻海倒，地覆天翻之勢。而應氏母子，方偃然高臥，夢夢焉不知也。夫豈非鬼神呵護之靈哉？（南皋筆記）

金陵盧止泉孝廉澤，學問深醇，品行尤方正。者取國子監學正，不赴補而歸。其子某山陽縣教諭，會縣有水災，教諭帮辦賑務，侵食銀得四百兩寄家，止泉疑之。貽書詰所從來？教諭以友人資助對。

未幾，其僕忽見數差人洶洶入門，迹之不見，而教諭陡暈絕，半日而蘇。始知以侵賑事，爲餓死者所控。城隍頗庇之，故得生。越數日，僕得見前差人于大門外，教諭又暈絕，似死非死，數日不蘇。教諭之子極孝，于神前哀禱，燒一指以致誠，家人不知也。

一日教諭忽起坐，衆皆驚，則搖手曰：「未也！前日控案，城隍斷後，諸餓者不服，再控於冥王，王訊之確，謂侵食賑銀，當付油鍋。欲解衣就烹，忽復呼：上諭以爾子在陽世爲爾燒指，孝心感格，免爾鼎烹之罪，然不能不死。暫令回生，布告大衆，以賑務之銀，不可侵蝕。」

如此言畢即死，衆索其子手視之，則一指已燒去過半矣。于是人共憫盧子之孝，而恨教諭之貪也。此事金陵人多知之，而止泉亦歷述之不諱。（庸閒齋筆記）

第三章 禽獸報德（二十七則）

義犬（十九則）

趙甲年五十，娶妻而美。其妻以為老也，常不能安其室。

有鄰家子羅某者，年少而美，趙妻誘之，遂私焉。趙察覺之，而陰戒其妻曰：「汝以我為年老耶？汝之有私，我盡知之。若羅某者，倘復來，吾將殺之！且手刃及汝矣。」其妻不應，陰以告羅。羅懼其不利于己也，乃與其妻謀而毒之死焉。埋尸荒山中，鄰人無知之者。

趙家有犬，自趙死後，即不食其家食，亡之山中，守其冢，雖大風雨不去也。每有人過其處，犬輒呼號，搖尾作乞憐狀。而人不之覺。

越數月，犬乃去，臥於道旁。一日，其縣官下鄉，道經於此，犬直撲馬前，狂奔號，如呼寃狀。役從麾之不去也。官有異，語之曰：「汝有何寃？吾當爲汝伸之！但汝不能明言，奈何？」犬乃西向號走，卻而復前，若有所指示也者。官乃命役尾之行。至荒山中趙某葬處，犬以爪搔其墓，見屍焉。役以告，出其屍驗之，蓋酖毒也。然不知死者爲何人？傳土人詢之，亦無知之者，官復向犬曰：「死者爲汝主人耶？汝主爲何人？毒汝主者爲何人？汝必知之？盍以示我！」犬復向南號走，指示。如前狀。官乃命役隨犬所之。

犬先至，時趙妻方與羅某對坐飲。犬直撲羅，傷其足。趙妻起，執杖逐之。而巡緝隊已至，遂將趙妻與羅某併拘到案，一訊而服。皆論抵。

讞既定，犬乃觸柱死。縣人咸嘉其義，具衣冠殮之。葬之趙甲塚旁。表其碑曰：「趙家義犬之墓」，而記其事於碑陰焉

。（南皋筆記）

☆　☆　☆

交河泊頭鎭，正德中，有崔氏母子，爲盜所殺。所畜犬，隨盜吠不已。明日盜過其門，犬嚙盜馬足，不得行。盜以刃傷犬，犬負創追數里不及，歸則守主尸。盜去，家殮尸，犬不食，長號兩夕死。唐秀才理，爲作義犬賦。（婕階外史）

☆　☆　☆

晉泰興二年，吳人華隆、好弋獵，畜一犬，號曰的尾。每將自隨。隆後至江邊，被一大蛇圍繞周身，犬遂咬蛇死焉。而華隆僵仆無所知矣。犬彷徨號吠，往復路間，家人怪其如此，因隨犬往。隆悶絕委地，載歸家，二日乃蘇。隆未蘇之間，犬終不食。自此愛惜，如同於親戚焉。（幽明錄）

☆　☆　☆

會稽張然、滯役，有少婦，無子，唯與一奴守舍。奴遂與婦通，然素養一犬，名烏龍，常以自隨。後歸，奴欲謀殺然，盛作飲食。婦語然：與君當大別離，君可彊啖！奴已張弓拔矢，須然食畢。然涕泣，不能食，以肉及飲擲狗，祝曰：「養汝經年，吾當將死，汝能救我否？」狗得食不吃，唯注睛視奴。然拍膝大喚曰：烏龍！狗應聲傷奴，奴失刀遂倒，狗咬其陰，然因取刀殺奴，以妻付縣殺之。（續搜神記）

☆　☆　☆

晉太和中、廣陵人楊生者，畜一犬，憐愛甚至，常以自隨。後生飲醉，臥於荒草之中，時方冬燎原，風勢極甚。犬乃周匝號吠，生都不覺。乃就水自濡，還即臥於草上，如此數四。周旋跬步，草皆沾濕，火至免焚。

爾後，生因暗行墮井，犬又號吠，至曉，有路人經過，怪其如是，因就視之，見生在焉。遂求出己，許以厚報。其人欲請此犬為酬。生曰：「此狗曾活我於已死，此難依命，餘可任君所欲也。」路人遲疑未答，犬乃引領視井，生知其意，乃許焉。既而出之，繫之而去。去後五日，犬夜走還。（紀聞）

☆ ☆ ☆

楊褒者、廬江人也。褒旅遊至知親家，其家貧無他物，唯養一犬，欲烹而飼之。其犬乃跪前足，以目視，褒異而止之，不令殺。乃求之親知，將犬見贈帶歸。

經月餘，常隨出入，褒妻乃異志於褒，褒莫之知。經歲餘後，褒妻與外密契，欲殺褒。褒是夕醉歸，妻乃伺其外來，殺褒。既至，方欲入室，其犬乃齧折其足，並咬褒妻，二人俱重傷，鄰里咸來救之。褒醒，見而搜之，果獲其刀。鄰里聞之，送縣究辦，妻以實告。褒妻及懷刀者，並處極刑。（集異記）

行。

☆吳興姚氏者，開元中，被流南裔。其人素養二犬，亦隨南歸。家奴附子、及子小奴，悉皆勇壯，謀害其主，然後舉家北歸。姚所居偏僻，鄰里不接。附子忽謂主云：「郎君家本北人，今竄南荒，流離萬里，設有不測，奴當扶持喪事北歸。近來已覺衰憊，恐溘然之後，其餘弱小，則郎君骸骨，不歸故鄉，伏願圖之！」姚氏曉其意，云：「汝欲令我死邪？」奴曰：「正爾，慮之！」姚請至明晨。及期，奴父子具膳，勸姚飽食。奉觴哽咽，心既愴惶，初不能食。但以物，飼二犬。值奴入持，因撫二犬云：「吾養汝多年，今奴等殺我，汝知之乎？」二犬自爾不食，顧主悲號。須臾，附子至，一犬咬其喉斷而斃。一犬遽入廚，又咬其少奴喉，亦斷。又咬附子之婦，殺之。姚氏自爾獲免。（廣異記）

☆柳超者，唐中宗朝，爲諫議大夫，因得罪，黜於嶺外。超以清儉自守，凡所經州郡，不干撓，廉牧以自給。而領二奴，掌閣掌書。并一犬，至江州。超以鬱憤成疾，二奴欲圖其資裝，乃共謀曰：「可奉毒藥於諫議，我等取財，而爲良人，豈不好乎？」掌書曰：「善！」掌閣乃謂超曰：「人言有密詔到，不全諫議命，諫議家族將奈何？」超曰：「然！汝等當修饌，伺吾食畢，可進毒藥於吾，吾甘死矣！」掌閣等聞言，乃備珍饌，掌閣在廚修辦，掌書進之於超。超食次，忽見其犬，乃分與食之。涕泣撫犬曰：「我今日死矣！汝託於何人耶？」犬聞之，不食，走入廚，乃咬掌閣喉，復至堂前，咬掌書，二奴俱爲犬所殺。超未曉其事，後經數日，敕詔還京，而復雪冤，方知其犬之靈矣。（集異記）

劉巨麟、開元末爲廣府都督，在州恆養一犬，雄勁多力，有異他犬。巨麟常夜迎使，犬忽遮護，不欲其出。巨麟亦悟曰：「犬不使吾行耶？」徘徊良久，人至白使近，巨麟叱曰：「我行部從如雲，寧有非意之事？」使人關犬而出。上馬之際，犬亦隨之。忽咬一從者喉中，頃之死。巨麟驚愕，搜死者懷中，得利匕首。初巨麟常鞭打此僕，故修其怨，私欲報復，而犬逆知之，是以免。（燕異記）

吳江南倉橋世宦沈氏，有帳船若干，命僕輩詣鄉索租。適一徽商附舟，偶見屠者，縛一犬，將殺，商即解皮箱銀贖之，不覺露白。沈僕起害心，遂縛商人，入大麻袋沉之河底，船徑去矣，所放犬，呻吟河岸，乃退縮數十步，奮身躍入中流，啣袋一拖，即奔上岸，如是者，數次。袋漸近岸，往來舟子詫絕，以爲一探，即得麻袋。見內有人，爲解放，倒去水，人漸活。袋上有沈府二字，人皆知爲沈宦家物也。由是，引商，牽犬詣袋，獻之。

沈府主人，命藏之，不幾宿，帳船歸，點麻袋，獨一船少一袋。主人問故？僕曰：「偶風吹落水矣！」主命閉宅門，呼商與犬出，同謀僕六人，皆頓口伏辜。乃鳴官，釘之板門，活焚焉。此余弱冠時事也。（現果隨錄）

☆ ☆ ☆

過竹溪訓導夢釗言：常遊幕蜀中，聞納溪縣，有兄弟二人，家素豐，兄歿無子，嫂有遺腹。弟恐其生兒分產，密囑收生嫗：產時，如女也，則任之。若男也，則斃之。迨產，乃一男，小兒落地不哭，嫗謬言已死。婦不察，遂埋後園中。彌月後，婦將詣母家，忽一牡犬銜其裾不放，驅之不去，婦異之。隨犬行，犬至倉板下，含一小兒出，仍活。婦疑即己兒。急令人往視埋兒屍處，已挖成洞，婦知犬所爲，攜兒歸。

夫弟控於官，謂嫂抱他人子爲子。官傳婦攜兒訊之，犬亦隨往，到堂，犬展轉臥於旁，兒即就犬食乳。官徵其異，察其情，命婦攜兒歸，使鼓樂送犬返。書一牌，號曰義犬。而置其夫弟於法。此道光五年事，惜不記姓，是兒蓋已二十二歲矣。（北東園筆錄）

☆　☆　☆

伏波灘入廣之要區，因其地有漢伏波將軍廟而名也。某年有客收債而返，泊其處。船戶數人，夜操刀直入，曰：「汝命當畢於斯，我輩盜也。可出受死，勿令血汙船艙，又需洗滌。

」客哀求曰：「財物悉送公等，肯俾我全尸而斃，不惟中心無憾，且當以四百金爲酬。」盜笑曰：「子所有盡歸吾囊橐，又何從另有四百金？」客曰：「君但知舟中物，豈識其餘？」乃出券示之。曰：「此項現存某行，執券往索可得。惟我淸醒受死，殊難爲情！請賜盡醉，裹敗薦而終可乎？」盜憐其誠，果與大醉，薦捲而繩縛之拋擲於河。甫溺，有犬躍而從焉。俱順流旁岸，犬起抓擊廟門。僧問爲誰？不應。及啓關，見犬走入，渾身淋漓，啣僧衣不放，若有所引。隨至河邊，見裹尸俱欲散去。犬復作遮攔狀。僧喻其意，抬尸至廟，撫之酒氣薰騰，猶有鼻息。解其縛，驗薦上有齒痕，始知是犬嚙斷。乃與茶湯而臥。明晨客醒曰：「盜走水路，我輩從陸，告官，當先盜至。蓋度其必執券而往某行也。僧諾與俱，盜果未至。因告行主人以故，戒勿泄。俄而盜果持券至，主人僞爲趨奉，遣客鳴官，遂皆擒獲。客偕犬同歸，終老於家，不復再出，著義犬記。

（續子不語）

☆　☆　☆

番隅某甲家素豐，出外貿易，唯其婦獨處，孕數月矣。有從叔嬸異居而貧，常往來，及分娩，邀嬸接生。既產，嬸告婦曰：「育一女，氣已絕，不能活也。」其婦疲乏之中，亦不及審視。嬸以絮塞口，將竹筐貯之，棄而歸。

忽家所畜犬，號跳入房，口牽婦衣，似欲其外出者。婦異之，強起隨犬行里許，犬忽躍出伏下，以脚爬地，露黃色布，抱一嬰貯筐內，肉溫而動，男也。驗布知所自產，抉口中絮，歸。遂呱呱發聲。陰念嬸惡，不敢揚。

越數日，嬸偕叔同至。始入戶，犬撲向叔，狠咬之，傷足。正呼急間，忽霹靂轟然。婦出視，則叔嬸均斃於庭。各有字

在背，篆文不可辨。遠近喧觀，咸知叔夫婦謀產絕嗣。倘非天誅，或別將肆毒，殆叵測也。（北東園筆錄）

☆　☆　☆

京中常公子某少年，貌美，愛一犬，名花兒。出則相隨。春日豐台看花，歸遲，人散。遇三惡少，方坐地轟飲。見公子美，以邪語調之。初而牽衣，繼而親嘴。公子羞沮，遮攔力不能拒。花兒咆哮奮前，咬噬。惡少怒，取巨石擊之，中花兒之頭，腦漿迸裂，死於樹下。惡少無忌，遂解帶縛公子手足。剝去下衣，兩惡少踏其背，一惡少褪褲，按其臀，將淫之。忽有癩狗從樹林中突出，背後咬其腎囊，兩子齊落，血流滿地。兩惡少大駭，擁傷者歸。隨後有行人過，解公子縛，以下衣與之，始得歸家。

心感花兒之義，次日往收其骨，為立塚。夜夢花兒來作人語曰：「犬受主人恩，正欲圖報，而被凶人打死。一靈不昧，附魂於豆腐店癩狗身上，終殺此賊。犬雖死，犬心安矣。」言畢，哀號而去。公子明日訪至賣豆腐家，果有癩狗。店主云：「此狗奄奄，既病且老，從不咬人。昨日歸家，滿口是血，不解何故？遣人訪之，惡少到家死矣。（子不語）

☆　☆　☆

康熙元年、吳江平望鎮，有徽商，見一店家，縛犬欲烹，商以銀四錢買放，任其所至。不意此犬隨舟而行。至僻靜處，有盜數人，沉舟子於河，欲殺商。商求全尸，乃以麻袋倒置商在內，結口沉之於水。

盜去，犬見有後舟來，如泣如訴，啼號不止。犬又入水，口啣麻袋稍起。舟人羣挈之解開，救蘇。商言其故，亟控於官，先擒店主人，物色盜，即賣犬諸人也。一一得之，犬亦隨商

至公堂，若爲質證者然。盜皆梟斬，無一得脫。（果報聞見錄）

☆ ☆ ☆

李明道、豐城人，家富於貲，乘亂起兵。附徐壽輝，後附陳友諒。及見獲於胡大海，太祖宥之。命爲行省參政，令與曾萬中等守吉安。兩人不相能，明道復叛，附於友諒。及友諒敗滅，明道復走歸豐城。剪其鬚髮，逃逆武寧山中。有茶客識之，縛送武昌。上數其反覆之罪，明道無以對，遂磔於鮎魚口沙上。

明道嘗有所畜犬，爲我軍所得。攜至武昌。犬見明道被戮，嗥鳴跳躑不已，啣聚其肉，跑沙埋之。上義此犬，因命歛葬明道。（湧幢小品）

☆ ☆ ☆

安帝義熙年，譙縣崔仲文、與會稽石和，俱爲劉府君撫吏。仲文養一犬，以獵麋鹿，無不得也。和甚愛之。乃以丁奴易之，仲文不與。

和及仲文入山獵，至草中，殺仲文，欲取其犬。犬咬和，守其主尸，爬地覆之。後諸軍出獵，見犬守尸，人識其主，因還告劉撫軍。石和假還，至府門，犬便往，牽衣號吠。人復白撫軍曰：「此人必殺犬主！」因錄之，撫軍拷問，果得其實。遂殺石和。（廣古今五行記）

☆　☆　☆

青州老人、朱先生，以賣藥自給，每攜一妻一妾一犬，往來贛州及南康縣，土人多識之。紹興丁丑歲四月，南康還，至館，贛南黃岡有村民來，稱母病，邀往其家診視。問其居遠近？曰數里。朱即從行。已至，則盡奪其貲橐，殺三人埋於林間。犬隨而叫號，俄舍去，民逐之不已。徑還南康縣舊邸，以爪爬地，哀頓不已。邸人怪之？引詣縣，犬伏庭下，如有所訴。縣宰諭之曰：「汝主人得非爲姦盜所殺耶？吾當遣弓兵擒捕！」犬即起，搖尾引衆至埋所，發穴見尸。兵復語之曰：「屍雖已見，當引我至賊家！」犬又前導，盡獲凶黨。（異聞總錄）

☆　☆　☆

秦邦者、家饒好貨殖，永樂初，年已四十，將往京師，卜不利，妻許氏，苦勸不聽。邦畜一白犬，相隨出入，甚有靈性。是日解纜，犬忽呼號躑躅，躍入舟中，啣邦衣裾，若阻其行者。邦不悟，遂挈之偕行。舟次張灣，有寇登舟，俱被刺死於水，惟曰犬從後艙躍出，嚙一盜，手幾殞。衆持刃來逐，犬赴水遁。

賊既去，犬潛尾到家，默認其處，晝則覓食，夜伏水次，守邦。如是數月，人皆異之。未幾，巡河御史、呂希望至，見白犬號呼岸傍，狀如泣訴，異之曰：「此必有冤，命吏卒從，犬足爬地，果見邦尸，犬嗥叫尸傍不去。希望曰：「此必故主被害，但不知兇人何在？犬能指其處乎？」犬搖首，遂行，命吏隨之。里許，至一室，賊方會飲，犬徑入嚙之，吏縛賊至，拷掠未服。忽一人，啼而前訴曰：「某乃秦邦僕也，吾主被刼死，某亦被刺落水，幸而不死，此尸即吾主也。」賊遂伏罪。其僕舁主柩還，犬亦隨到家。晝夜屏伏柩側，時或悲號。葬甫畢，犬觸樹而死。許氏義之，埋犬冢傍。許氏守節終身。被旌。（湧幢小品）

義猴（二則）

汪中丞可受，黃梅人，嘗令金華。有丐者作猴戲乞錢，遂飽所欲。旁一丐者，忌且羨之，因醉丐者以酒，誘至破窰內，椎殺之。繩其猴從己，亦作戲乞錢。而汪呼道聲至，猴嚙繩斷，，脫走車前，作訴冤狀。即令人隨之，至破窰內。得尸。又令人行捕，得後丐者。鞫問伏辜，杖之死，方焚前丐者尸。烈焰始發，猴又號鳴，赴火抱尸，共爲煨燼。（湧幢小品）

☆　☆　☆

建南楊子石袍，告予曰：吳越間，有毳髯丐子，編茅爲舍。居於南坡。嘗畜一猴，敎以盤鈴傀儡，演於市，以濟朝夕。每得食，與猴共。雖嚴寒暑雨，亦與猴俱。相依爲命，若父子然。如是者，十餘年。

丐子老且病，不能引猴入市。猴每日長跪道旁，乞食養之久而不變。及丐子死，猴乃悲痛旋繞，如人子擗踊狀。哀畢，復長跪道旁，悽聲頓首，引嘗乞錢。不終日，得錢數貫，悉以繩錢入市中，至棺肆不去。匠果與棺。仍不去，伺擔者，輒牽其衣裾。擔者爲舁棺至南坡。殮丐子埋之。猴復於道旁乞食以祭。祭畢，遍拾野之枯薪，庋於墓側，取向時傀儡置其上焚之。乃長啼數聲，自赴烈焰中死。行道之人，莫不驚歎，而感其義。爰作義猴塚。（虞初新志）

義虎

山西孝義縣、郭外諸山多虎。一樵者、行叢竹中，失足墮虎穴，兩虎臥穴內。樵徬徨不得出，泣待死。

未幾，有虎踰垤入，口銜生鹿，分飼小虎。見樵甚怒。俄，巡視，若有所思者。反以殘肉食樵，抱小虎臥。味爽躍去。少頃，復銜一鹿飼其子，仍投餘於樵。如是一月，浸與虎狎。小虎壯，虎負之出。樵急呼曰：「大王救我！」虎復入，以肩就樵，騰出石壁，虎置樵欲去。樵又跪告曰：「蒙大王活我，今不識歸路，懼不免，幸導我歸，不敢忘報！」虎頷之，遂前至中衢。樵復告曰：「某關西窮民，歸當畜一豚一羊，候大王郵亭之下，某日過饗，無忘我言！」虎點首。迨歸，家人驚訊，至期，典衣具畜，虎先期至，不見樵，竟入西關，民驚譁呼，獵者擒獻邑宰。樵奔救，擊鼓大呼。官怒詰，樵具告前事。不信。樵曰：「請驗之！」遂至虎所，抱虎哭曰：「大王以赴約入關耶？」虎點頭，墮淚如雨，觀者衆千人，莫不詫異。

官駭異，趣釋之，投以豚，未盡，戀戀顧樵而去。士人義之，因建亭其地，名義虎亭。宋荔裳琬、有戚知縣事，述之甚詳，并記以詩。末曰：「亭名曰義虎，刻石傳郊坊。楚國穀於菟，書傳非荒唐。作詩表厥異，愧彼中山狼。」余有和作，今不錄。（蓴鄉贅筆）

義牛

齊河縣洪店，有盜殺人于王臻戶前，衆報臻，已誣伏久矣。知縣趙清、過洪店，一牛奔清前，跪而悲鳴，若有所訴。清曰：「誰氏之牛？」衆曰：「王臻牛也。」清曰：「臻其有寃乎？」抵邑，即辯釋臻父子，復鞫大盜王山，得其殺人狀。齊河人稱神明，作義牛記。清代州人，成化癸卯鄉薦。（湧幢小品）

禽鳥報恩（四則）

宜興陸某、繞宅皆茂林修竹，百鳥咸集，不許獵人彈射，遇雨雪寒冷之時，取米穀散布林中，以飼之。順治三年，一仇家，以逆黨陷之。公衙門嚴訊時，械繫共千人，衆詞積案，忽百鳥盈庭，喧噪震天。及訊至陸，一鳥飛至案頭，啣所誣首陸詞一紙而去。羣鳥始散。問官驚異，刑訊陸之仇人，知其誣而出之。陸構義鳥亭於郡中，以識其異，今在毘陵城中。（果報聞見錄）

鎮江衛左所軍士、范某，其妻患瘵疾頻死，周道人與之藥云：「用雀百頭，以藥米飼之，至三七日，取其腦服之，當愈。然一雀莫減也！」范如教，買雀養之，有死者，則旋買之，以充數。未旬日，范以公差出，妻觀雀嘆曰：「以吾一人，殘物命至百，甚不仁也。吾寧死！安忍爲此？」開籠放之。夫歸，怒責其妻，亦不悔。已而病愈。

初范妻久不產育，是年忽有娠，生一男，男兩臂上，各有黑誌，如雀形，一飛一俛，而啄羽毛，分明不減刻畫。蓋冥道以此示放雀之報也。（庚巳編）

楊賓性慈愛，九歲時，過華山，見一雀爲鴟鴞所搏墜地，賓置巾笥中，餌以黃花百餘日。雀愈，朝去暮來。一夕化爲黃

衣童子、以白玉環四枚與之。（漢書）

☆ ☆ ☆

順治丁酉秋，有行腳僧，過高平縣南關，一雉自肆中出，飛撲之，啄其面碎。傍人驅斥，終不捨。已行，尚追趕十數步。衆以爲怪。他日僧再過，雉再撲啄如前，流血被體。衆益怪之。有兩捕卒，執詰之，僧支離喪魂，遂送官拷鞫，具言半月前，於某鄉餅店借宿，見有贏錢在橐，因殺主人攫之去。再問此雉，從來，則主人死後，其家鬻於市，南關人買之。此事已曾報官，但以遠村，無從究緝，是僧亦漸心安，謂人無復知者。不意遇雉見害如此。乃知雉爲主人報仇也。（廣園雜誌）

第四章 蟲豸報德（十則）

崑山縣、村中一老叟，夢門前河下，泊大舟。舟中買人充滿，皆繩索纏縛，見叟哀呼求救。既寤，迨旦啓戶，岸下果有一舟。視之，滿艙皆鼈也。詢其所至？曰：「販往臨安鬻之」。叟悟夢，問所值？曰：「三萬錢」。叟家富，如數買之，盡放諸水。是夜，又夢數百人，被甲唱連珠喏。驚出視之，列拜謝再生之恩。且云：「保君家五世大富，一生無疾，壽終昇天」。叟日康寧，生計日益。乾道中事也。（稗史）

吳中甲乙兩細民、同以漁鱔爲業，嘗得鱔未賣，夢人哀鳴曰：「念我有子在腹」！言至再，驚覺，燃火尋之，聲在桶中，一鱔仰首噞喁。甲悟，乃發心改業，併買乙之所賣者，放諸江潭，鱔迎首引水，隨之而逝。既空手歸，其妻以失利詬之。是夜，夢數十人言：「汝別圖經紀，可往某路二十里間，當遂意」。寤憶所指，非常人行處，試往，約二十里草蔓中，似有物，視之，得開元通寶錢二萬，忻然拜受。歸以爲本，家遂小康。（稗史）

龍山有數軍人，修築茶園。見一白蛇，大如拱，競舉助斃之。一人姓余者，獨勸阻。來日，一白衣女子，攜籃下嶺，入林中，衆往奪之。內盛一蕈，軍人將歸，烹之食次。余姓者、忽頭痛不可忍，乃睡。夢其女子云：「此蕈有毒，君不害我，請莫食之！」余即拋棄。旬日，衆人相次嘔血而卒，惟余存焉。（稗史）

劉子塡竭塘取魚，放水將半，有二大鯉躍出堰外，復躍入，且銜且涉，如此再三。子塡異之，探觀堰內，有小鯉數百頭，聚一窟中不得出，故二鯉往來跳躍，而救其子。寧身陷死地不惜也。子與歎息，悉撤堰放魚。越二年，掘地得金，遂致大富。（人譜類記）

康熙七年，松江黃浦漁人，獲一大黿，有徽商，以銀三兩，買放浦中。漁人窺見多銀，夜即刼之。船家及小僮悉被殺死。商跪乞命，盜縛其手足，投浦中，即若有物負之，逆流而上。行二十里許，天明，有船至，大呼救命，乃巡兵也。見大黿負一人來，撈起問故，共疑盜即漁人。黿遂順流下，衆隨之，至買黿所，黿沒水中，而漁舟尚在分銀。巡兵悉擒之，追出銀，共四百餘兩，不失一釐。解盜松江府問罪。太守判同謀漁人等，立斬，無一得脫。（果報聞見錄）

晉咸康中，豫州刺史毛寶，戍鄒城，有一軍人於武昌市、買得一白龜，長四五寸，置甕中養之，漸大，放江中。後鄒城遭石氏敗，赴江者，莫不沈溺，所養人被甲入水中，覺如墮一石上。須臾，視之，乃是先放白龜。既得至岸，廻顧而去。（幽冥錄）

☆　☆　☆

鎮江京口渡一徽商，附漁船過瓜州，見網一巨魚，遂開箱揀銀買放，中有銼銀，不覺漏洩。漁翁遂計誘商云：「欲放此魚，須至無網船處放之，乃揚帆北向。至無人處，纔以大網裹商人，擲之江中。網順流而下，出沒波濤，至守汎處。其中兵丁，忽見大魚浮空，一擲競來，撈網解出，乃人也。尚未氣絕，向兵丁白其故。立拘漁翁，解至將軍府鉞之，銀仍歸商人。此即庚戌二月事也。世一揭巖二公，自鎮江來，目見口說。（

現果隨錄）

長洲禕侍郎世能，世居陸墓，甚貧。祖永椿，喜放生，乞錢，每早起，持箒掃兩岸螺螄，盡放水中。有時忍饑掃踰數里，如此者四十年不倦。

隆慶丁卯，侍郎赴鄉試，夢金甲神告曰：「汝祖父放生功大，從此累代貴顯，當令汝入翰林，官一品。」後仕至少宗伯，奉使朝鮮，賜一品服。生曾孫治、萬歷丙午舉人，沐崇禎壬午舉人，六世孫奕、康熙癸丑會狀兩元。（果報聞見錄）

王公諱某，選蘇州府同知，道經句容，將近丹陽，忽見羣蛙數百，在公輿前，叫噪跳擲。公停輿告曰：「果有冤，指我處所！」眾蛙逐羣集一處，公命人掘下，得一死屍，口中塞一鞭柄，上有腳夫名。至丹陽，一詢而獲。立屬縣令拷問，乃一商，買蛙放生露曰，而被腳夫害也。立爲抵命。吳人因呼公曰，田雞王焉。先子庭訓嘗道及。（現果隨錄）

☆胡僖方省試時，欲寓一潘姓園，見羣蟻集室中，以數十萬計。家僮構火欲焚之。公力止曰：「以吾一夕之安，致傷數十萬命，吾不忍也」。竟辭而去。後入試，署三書義，但見羣蟻戢戢筆端，逐之不去。遂思如泉湧。至四經義，蟻即不見。既中式，司試者評公文云：「若有神助。」（人譜類記）

第三篇 雷擊惡人

雷擊本屬有施必報範圍，因分量較重，篇幅較多，故另立篇目

第一章 忤逆（十二則）

廣陵孔目吏、歐陽氏某者，居決定寺。其妻少遇亂，失其父母。至是，有老父詣門、使白其妻：「我汝父也！」妻見其貧陋不悅，拒絕之。父又言其名字，及中外戚族，甚悉。妻竟不聽。又曰：「吾自遠來，今無所歸矣！權寄門下，信宿可乎？」妻又不從。其夫勸之，又不可。父乃去曰：「吾將訟爾矣！」左右以為公訟耳，亦不介意。

明日午，暴風雨從南方來，有震霆入歐陽氏之居，牽其妻

至中庭，擊斃之。大水平地數尺，鄰里皆震蕩不自持。後數日，歐陽之人、至后土廟神座前、得一書，即老父訟女文也。（稽神錄）

五月戊子、湖濱有村民張某，母年六十餘，溺妻言，屢肆狂逆。一日曉起，送母往婿家，至半途，擠母水中，疾趨歸，與妻闔戶寢。時久旱，忽大風雨，電光環繞其室。張反接出跪庭中，震雷一聲，擊殺之。天氣黯霾，半空中如怒號。須臾，雨止，已失其首。衆駭異，相與蹤跡之，行六七里，抵大澤，見一屍橫臥，張首方哺其乳，牢不可脫。視之，即其母也。妻驚，始吐實。嗟乎！鴟梟破獍果有之耶？（蓴鄉贅筆）

隋大業中，河南婦人，養姑不孝。姑兩目盲，婦以蚯蚓爲羹，以食之。姑怪其味，竊藏其一臠，留示兒。兒見之，號泣，將錄婦送縣。俄而雷雨暴作，失婦所在。尋見婦自空墮地，身及服玩如故，而首變為白狗，言語如恒。自云不孝於姑，為天神所罰。夫乃斥去之。後乞食於道，不知所在。（冥報記）

興國軍民熊二、稟性悖戾，父明為軍卒，年老去兵籍，不能營生理，妻又早亡，惟恃子以為命。而子視其如路人，至使乞食。明垂泣致懇，肆罵勿聽。將訴之官，復不忍。但每夜焚香，仰告神天，冀其子回心行孝，如是二年。惡子方從其徒，縱酒聚博，長空無雲，忽變陰慘，雨脚如麻，雷電交至。諸人對面暗翳，莫能擧目。聞有呼熊二者，良久開霽，不見其人，相率尋覓，得尸於郭門外。剜其兩目，截其舌，朱字在背，歷歷可識，曰：「不孝之子」時淳熙三年，九月七日（夷堅志）

長洲縣北原村農夫謝三二，不敬其母，動有悖言。乾道庚寅夏五月，雨霽，欲放田水，罵母而出。纔至田所，天雷震死。（睽車志）

大湖于某，年六十有二歲，以種田為業。家僅二子，長子年二十有八，次子年二十有四。貧甚，皆未授室。于某適病痢甚篤，長子孝甚，日侍湯藥不稍離。次子性游蕩，漠不關心。延醫立方，囑須煎好後，承露一宿，次晨飲之立效。長子侍父側，並無刻暇，因將藥煎成，露於院中，囑弟守視。

弟與鄰婦有私，是日鄰婦之夫外出，潛就宿焉。不料藥為蛇虺遺毒。次早，其父服藥，即中毒死。其父之死，雖非子殺，然當父病危篤之時，尚作為淫惡之事，以致藥有蟲毒，父以

毒亡，則不孝孰大於是哉？後父喪尚未出殯，而次子已為雷殛死矣。（北東園筆錄）

廈門道署有一客陳，暴厲居心，而善權子母，一出十償，以是成家。有老母，年五十餘。某叱咤指使，若奴隸然。稍不如意，輒辱罵百出，不可名狀。母泫然背泣者屢矣。

鄰友聞之，為諷刺曰：「為母也子者，顧如是乎哉？」某不答，仍自得不為怪。一日有事晏歸，腹饑餓，供食稍遲，怒目側視，厲聲曰：「炊一頓飯，尚不能，不死何為？」言訖，忽天黑，風雨驟至，一聲霹靂，聞者膽碎。而某已震死。面有小字云：「不孝極惡之報。」此道光八年四月事也。夫孝可格天，則不孝斷不能逭天怒，況此極惡乎？（北東園筆錄）

紹興甲寅七月十四日、吳縣光福雅宜山，一村夫以事私恨其母，遂萌梟獍之心，懷刃挈斋，與母同之近村看親。中路謂母藉草飲，意欲乘醉行逆。時天晴霽，俄有黑雲驟起，大震一聲，擊其子殞道傍。母初不知，而怪其衣懷刃。有知其謀者，始以告焉。（睽車志）

☆ ☆ ☆

常熟西北區、逆子某，於康熙元年五月念三日，在田揷蒔，母向住女家，是日，偶歸一看，其媳迎之甚喜。爲黍欲留，嘔去以米幾升送姑，囑姑速行，勿使爾子見之。途中，母子恰相遇，子便發嗔，指米爲盜。母置米在途，子竟携歸，口中怒罵不絕。

忽雷聲大震，此人駭甚，囑妻將大缸蓋我，妻不從。未幾，提母至家，口含母乳，而其身已擊斃矣。（果報聞見錄）

三水杜之英先生云：高姻丈伯循有遠戚周某，濾縣人，娶媳張氏，悍潑忤逆，其子懦弱不能制，老夫婦隱忍已非朝夕。某夜，忽同夢天上露金字一行，文曰：「六月十三日雷劈周張氏」，以爲積金所成，未加注意。詎料翌晚，復夢如前，其子亦然。僉以此婦雖然不孝，但其罪不致上動天誅，乃惻然虔禱，願各減壽代爲求宥。時在五月底，距期尚遠，張氏初不置信，行爲如故。及至是日上午，仍然風和日麗，毫無影光。張氏嘲笑翁姑迷信，邀鄰人抹牌爲戲。詎至午時，天際忽起烏雲，大雨如注，雷電交作。張氏駭奔樓上，嚴閉門窗，匿身大衣櫃中。無何，霹靂一聲，樓上門窗洞啓，果將張氏攝至街前轟斃，並將樓下某夫妻及其子震死，鄰人多方救治始甦。但其子額角被電火灼傷，痊後仍留黑誌，百

治莫去。（幽冥問答錄）

按：天示兆，所以儆人之過失：「改則禍消，不改則咎罰」。惜周張氏不特未能改悔，且嘲笑翁姑爲迷信，宜其難逃天誅矣。

☆ ☆ ☆

叔父權雲公述其同居某者，年七十矣。子早卒，僅遺一媳一孫。孫素忤逆，某鍾愛之。稍長授室，無何而孫媳亦亡。某素豪飲，一日自外醉歸，渴而呼茶。孫故聞之不至。且隔房叱曰：「爾欲人事爾耶？其如爾之子亡矣。且爾孫媳爲爾刻責歿，爾又何揚氣之爲？」

某聞之忿極，因焚香當天跪訴曰：「某若有不孝於祖父，應護此不孝孫，某何敢怨！某若無不孝之事，雷而有靈，請立殛此孫，某不惜也。」言方已，大雨如注，電光閃然，霹靂自空下。孫懼，面失色，誓改前愆。詣母懷求救。其母代為懇於翁。翁念嗣續之故，且以其孫知懼，怒稍緩，復禱天求免。而雷聲漸息。此道光二十四年五月事。

天雷神物也，無端可請之使來。又可禱之使去。抑亦眞誠之所感耶？向使其孫怙惡不悛，其被殛必矣。及其悔罪亦即赦之，皇天誅惡，不加悔罪之人，覩此而益信矣。（北東園筆錄）

平湖陸蘭史，其父止生一子，少頑劣，不受訓。至年十八五月間，因一語不合，牴觸父母。其母怒極，跪灶前，訴子不孝，天雷何不擊之？言未畢，忽雷電大作，攝蘭史至古廟中，見一鬼判，展一文卷，命蘭史視之。但見卷中，註某事某事，天雷擊死。蘭史驚悸，不能悉記。方惶懼間，而家中夫婦失子，互相怨悔。其母復訴於灶，求其放還。不逾時，蘭史已攝至庭中矣。細問其故，口不能言，若神癡者。至數月而愈，至今尙在，大改前非矣。然與親友談及此事，猶時作戰慄狀焉。唐石公言。（信徵錄）

第二章　謀財害命（二十則）

江蘇葛菊人言：太湖西洞庭山有村，日後堡，人烟輻輳，多以織綿綢爲業，綿綢以繭網爲之。謂繭面第一層茸絲，其薄如網也。

先是，有湖州某叟，每年繭熟，輒舟載繭網至後堡販賣。村有某媼，其子外出傭工，家惟孫女十二歲，外孫女十四歲，相依過活。道光十三年六月，某叟來販繭網，揹貨到村，子十三歲，留以守舟。二女恒至舟，與叟子戲，日久益密無猜。後叟售貨既罄，將歸，以風逆不能解纜，歛番佛十二元，納諸橐，置舟中，携揀賸殘網到村，貶價賣訖。旋舟，索橐不得，怒詰其子，鞭之幾死。岸人僉為緩頰，各叟疏虞，不能專責乃子。叟無詞，含淚刺舟，快快而去。

是月二十四日，某媼將午炊，以石敲火，不得，出門乞火，忽烈風暴雨，雷電大作。村民某甲，見媼宅火起，趨報媼。媼罵曰：「促狹兒無妄咒人，我敲火不得，始出求，家中那得火發？」甲曰：「此何等事，敢作謊語？謂予不信，可自覘之。」媼即冒雨趨歸家，果見火焚屋內，哭央村眾撲滅，火頓息，雷雨亦止。入視二女，手扶瓷罈，跪死院中。兩太陽穴，各洞如針孔，血水涔涔然流出，面不改色，眾甚訝之。罈故盛爆豆，試共發之，則豆下叟之橐貲存焉。村民多與叟善，急遣人持送湖州。至則叟與妻已於昨夜投環死矣。蓋叟歸途，復痛責其子，逼迫投河，到家妻詢得其故，既痛子死，又以失貲無以

爲生，夫妻交謫半夜，俱自經云。村人回，始知雷擊二女，爲有由也。（里乘）

皖城懷寧某媼孀居，一子年弱冠，貌甚樸愿。爲某官侍從服役，勤愼能得主人意。同治七年，三月十八日，夜漏二下，其子啓戶爲主人煮茗，忽暴雨，一聲擊死，僵跪戶外。媼聞之來，撫尸哭曰：「吾兒素樸愿，天乎冤哉！何罪而遭此慘也？」雷又震震有聲。僉戒媼勿妄言，干神怒。」雷乃止。後有人言，其子曾盜販陶器某甲錢五百文。甲夫婦詬怒，無以營生，俱投環死。事已隔一年，雷始擊之，尚是恕也。吁！以五百錢斃二命，天怒之烈，不亦宜乎？（里乘）

同治戊辰歲杪，合肥東南鄉、地名府大圩者，有一貧人，無以度歲，步行二十餘里，告貸于戚友家，得米數斗，錢兩貫以歸。中途迫於饑渴，叩一村戶乞茶。有張氏婦，方與其幼子共飯。見貧人有飢色，問其故而憐之，留給午餐。其錢米在筐中，置於門外。是時張婦之夫，遠出貿易，其鄰有禿子者，素遊蕩無賴，見門外錢米一筐，私念夫不在家，而其婦容留外客，必有他故。遂擔其筐以去。蓋既利其錢米，又欲藉爲異日婪索之具也。然張婦素勤儉持家，好行方便，實並無他意。貧人飯畢而出，不見錢米，惶窘欲死，婦又惻然憫之，遂給以錢米如原數，並畀一器使擔之。貧人感泣而去。

越數日，其夫自外歸，禿子布造蜚語，謂張婦有外遇，并以私給錢米爲証。其夫以婦平時素賢淑，尚未之信。姑詰其盛米之器所在？則云已借貧人矣。夫謂禿子言果不謬，頗加斥責。婦無以自明，遂自縊。其夫悲憤交集，又迫歲事，遂草草厝於祖塋之側。明年正月四日，貧人感張婦之德，備微禮，往其家賀年，並歸其盛米之器，始知婦死，遂痛哭，力白其誣。其夫亦悟，淚下如雨。遂二人同至婦墓前哭奠，且呼曰：「善人遭誣，何天道之無知耶？忽見黑雲迷漫，迅雷驟作，霹靂一聲，從空中攝禿子至墳前，跪而自訴其情甚詳，然後擊死，又霹靂一聲，將婦棺自墳中掀出，開棺而婦遽蘇，與其夫相見，恍如夢覺。俄而遠近奔走來觀。蔡子方司馬、合肥人也。目睹其事，爲余述之。且云：張婦至今尚存，其子亦秀慧能讀書云。

（庸盦筆記）

☆　☆　☆

無錫縣某鄉，離塘口五里餘，今忘其地名矣。有老嫗年六十餘，攜一小兒，年約十歲，云係孫也。在塘口市米一斗歸，因年老就衰，力不能負，與孫互相更換，行甚艱難。

有不識姓名人尾至，問曰：「老太太所負者米乎？」曰：「然！」又問：「家住何處？」曰：「某鄉。」其人曰：「距此尚遠，既艱於負荷，余正由某鄉過，願代負如何？」嫗甚德之，即以米交伊。伊始猶緩步徐行，行未一里，則大步疾馳。嫗與孫，漸行漸後，呼之住不應。知其意不善，且呼且哭曰：「饑餓兩日，百法得此，正待舉炊，以救殘喘。今若失去，合家為餓鬼矣。」嫗力竭不能追，命孫即尾之。路旁有小港，其人浮水過去。小兒亦隨過，不意水深，竟至滅頂。嫗追至，見孫不起，呼天大哭。倏陰雲四合，霹靂一聲，將負米者，提至水側擊死。背上有文，若符篆云，係雷神批出惡跡示人，然不能辨。其原米亦提置港上。惟米經雷火藉灼，嗅之作硫磺氣。報施之速，捷於影響，可異哉！此乾隆五十六年，五月十二日事，余適在塘口親見之。（志異續編）

邵伯民有伯仲析炊而同居者，伯素樸愿，病瘵，瀕死。召仲執手泣謂曰：「我病殆將不起，手足從此分矣。先人遺產，不憂餓殍，奈無子息何？顧汝嫂賢弟所知也。幸有娠，男也佐嫂善撫之，成人必教之讀書。女也，亦善視之，爲擇一快婿，不使失所。汝後日子多，當分嗣我，佐汝嫂守柏舟節，吾目瞑矣。弟如重骨肉情，須念我治命，識之勿忘。」仲慰之曰：「兄第安心調攝，當不至若是。萬一不幸，敢不如命！」伯點首者再，不日尋卒。仲爲治喪，殊草草，嫂雖不慊，猶以奢不如從儉，曲諒其無他。無何，嫂分娩，視呱呱者，儼然男也，心大快慰。仲亦欣然，慶兄有後。兒狀貌甚偉，但苦善啼。乳之不哺，百方呵撫之不止。延醫諦視指紋，僉謂無病。而哭則未嘗一刻輟也。嫂甚愛之。甫三日，竟以不乳殤。嫂抱尸痛泣，幾不欲生。戚黨再三勸慰，乃啜泣召仲謂曰：「亡人寄託之言，歷歷在耳，嫂所以忍死須臾者，戀戀此一塊肉耳。今已矣，復何望哉？汝如重骨肉情，必厚其衣衾棺槨，待此藐諸孤以成人之禮，俟殯殮畢，吾亦將從汝兄地下，所有貲產，壹以付汝。汝如重違吾意，我夫婦九泉亦必默佑也。汝意云何？」仲不得已允之。爰市美材殮兒，權厝兒墓之側。嫂復延僧侶諷誦經咒，所費不貲。仲心怏怏而不敢言。七日事畢，嫂遂絕食，粒米勺水不入於口。終日嚎啕慟痛，血淚俱枯。鄰里聞之，無不寒心。時方冬月，朔風怒號，黑雲四合，氣象慘愁，忽霹靂一聲，天頓晴霽。人言伯與兒棺，均爲雷擊開，有二人跪墓側，不知何故？嫂聞亟揮淚力疾趨視，見伯與兒俱生。而跪者，則仲與鄰村某嫗也。急令人舁伯，自抱兒從與俱歸，進食進乳，居然各慶再生矣。

先是，仲以伯既死，慮生兒不能幷其產，以某嫗素爲人接生，重賄之曰：「女也則已，男也則爲針戕之。願以五十金爲壽。」嫗初不肯，富倍之。嫗利其賄，乃諾之。爲娌接生時，悄以花針納兒臍中，而他人不知也。至是仲與嫗被擊，各手持元寶一枚，臍針則拔揷嫗額，其半入骨，血縷縷猶未絕也。

噫！誰謂彼蒼者憒憒哉？衆議以伯與兒棺殮仲嫗，即同葬其穴。後伯夫婦壽至八十，生四子。憐仲無子，以一嗣焉。兒後舉孝廉。（里乘）

☆ ☆ ☆

丙寅春，某縣令如金陵謁制軍，舟次江東橋，鄰泊一巨艦，上載總兵某。麾下健兒繁有徒，亦謁制軍來者。氣象森嚴，望之可畏。夜雷雨大作，河水簸蕩，某令同舟人衆不能立足，正惶懼間，忽霹靂一聲，巨艦凌空而云。而令舟與巨艦，首尾相繫，竟安然無恙。

平明，三十里內村人來報，各處零骸斷骼，盈尺盈寸，皆爲雷火鑠炙，其黑如炭。船板碎若敗葉，散落滿地。僉謂非造大惡孽，不能干天之怒如此。後聞人言，方雷擊時，惟一庖人，擲置洲上，幸免於禍，且爲人言：「有某公子者，挾巨貲挈家如都門求官，薄暮舟行患盜，見孤洲有緫兵巨艦，急趨栖其旁，冀叨翼庇。緫兵眈視其貲，夜半刃公子，並縱兵淫辱婦女，悉殺而投諸江中，搜括財物，半犒麾下，半入已橐，卒火其舟，舟人無一得免者。不匝月，即遭此報。蓋麾下惟庖人不肯染指，故得免於禍云。（里乘）

吾皖定遠縣北肅橋，距鎮也。有客冬月賃車過橋上，聞下有呱呱聲，異而覘之。則席裹男嬰存焉。客惻然謂車子曰：「

我在客中，無可位置。汝士人，倘知有乳母，能收養此兒，願出白金五十兩，爲哺兒之資。車子喜曰：「小人妻新生女，正苦無子，將此兒與女共哺，他日長成，即爲螟蛉，不亦可乎？」客大稱善。乃取羊裘裹兒，並出元寶一枚付車子，令抱兒送交其妻。車子至河上，擲兒水中，以銀與裘付妻，徒手含笑而返。客問如何？曰：「比小人歸，妻正哺女，得兒大喜。且頌大德不置也。」越明年三月，雷擊車子死。背書「貪財傷命」四字。人問其妻，始知前事。（里乘）

☆ ☆ ☆

湘潭縣西二十里，地名石灰窰。某翁家頗小康，無子，有二女，贅婿相依。翁販穀粵西，買妾歸，腹有孕矣。其次女夫婦私議，若得男，吾輩豈能分翁家財？乃陽與妾厚，而陰設計害之。及分娩得男，落地死。翁大恨，以爲命不宜子。不知乃其次女賄穩婆扼吭絕之也。翁痛悼不已，解衣裹死兒，埋之後圃。次女與穩婆心猶未安，往啓視之，忽霹靂一聲，女斃而死，兒蘇矣。穩婆亦焦爛猶未死。衆問得其故，翌日穩婆亦亡。若天故遲死之，取其供狀，以戒世者。某乃葬女逐其婿，分給錢票使歸。舟抵中流，怪風起，婿亦溺死。前後纔數日。（子不語）

康熙三十五年六月初三日。蘇州養育巷，有母子二人，子十餘歲，午間風雨晦冥，雷繞其門，子懼入母懷中，雷就母懷中提出擊之，母亦驚死。

次日，復蘇言：「今春有一育嬰堂乳母，抱嬰至堂，照驗領米三斗，歸途遇雨，借我家坐，雨久不止，我因給之曰：「雨大如此，挈米携子，難以行走，何不先抱兒歸，米留我處，復來取之。彼依言而去，令其夫來取米。我抵賴其米。夫歸，其婦自來，我終賴不與。婦因無據，不得已哭去。夫又痛責其婦，是夕縊死。夫抱兒還堂中，商欲告我，亦以無據而止。今吾母子遭殛，宜也。」即口吐綠水，至晚命絕，蓋胆破矣。（一信徵錄）

浙紹之曹娥鎮，有沈大毛，操舟爲業，爲人忠厚。生有子女各二，家道少康。曾與相近之上山章家埠董大爲莫逆交，來往如戚屬，已十餘年矣。同治三年，十二月二十四日，董大往紹興府城，因事探親。及回家，路經曹娥鎮，時已昏夜，不及到家。因投宿於沈處一宵，將所負貯銀洋雜物之錢袋一只，置於床下。次日早飯後，肩負錢袋，辭別起身。約行半里許，似覺錢袋輕於昨，手輒探囊摸索，始知親友所託帶回家用銀信三十餘元，不翼而飛。即時返身，向沈大毛家查問。而沈家夫妻子女，互相尋索，無所得。董大只得憤恨而去，細思此等銀洋，皆是親友家中年關所用。一旦被我失去，諸家何以卒歲？何面目交代親友？愈思愈憤，終難了局，不如一死！遂抱石投江而死。約去曹娥江三里之遙，地名定三廟。其屍浮起，經人見報知其家，亦莫名其致死之由。此同治三年十二月二十六日事也。

至次年正月二十三日，天氣忽煖熱異常，下午陰雲四合，風雷交作，直繞沈大毛之家。繼竟霹靂一聲，穿入屋頂，將沈大毛之長女，提出街心，跪而擊斃。細視之，惟頭頂如線香一眼，直透心腹而出。沈大毛見長女被雷打死，逃入灶間。而灶突打破，見有託董大所帶原封各家洋信俱在。始知此事，係長女所爲。雷擊罪固宜也。經曹娥巡檢司履勘無異，而事已遍傳台府矣。（錄自玉歷寶鈔，附記此係筆者吳福泰親目所見。）

九華山庸廸和尚言：池陽有塾師，設帳古寺，授徒凡十有三人。忽雷雨暴作，霹靂一聲，將其徒俱擊死，環跪寺外。遠近來觀，見冠者半，童子半，面各置三千八百四十六文，麻繩貫之。莫喻其故。旁一人言：「此得勿某生寶婦錢耶？若此，雷擊宜矣。」衆問何故，曰：「距寺密邇，有某生貧病交集，家惟一妻，伉儷甚敦，以無所爲計，不得已，將妻鬻去，夫婦相持痛哭而別。生得錢五十千文。鋪墊草薦下，綸出門。及歸，索錢不得，既恨失貲，又痛失婦，遂自經死。婦聞之，失聲大慟，哭曰：『是奴負吾夫也夫！是奴負吾夫也夫！』乃援剪刀刺喉以殉。然則此錢得勿即某生者耶？」衆統爲計算之，恰符其數。蓋其徒闞某生出，竊攫而瓜分之也。衆議以錢殯殮某生，且商之後夫，迎婦棺歸，與生合葬。墓在池郡東南三十里山上，恒生連理樹，人以爲夫婦義烈所感，因稱爲義烈墓。（里乘）

☆光緒十五年五月十七日，武進戚氏堰田隴中，有一人被雷擊死，須臾又一人奔至，狀似瘋顛，自訴前事。衆人聽之，始知死者一素愿無能之鐵工，其一人則傭工也。先是連鐵數担，由無錫南鄉，駕一野航，回至戚氏堰。有一素識之鄉人，來求附行。鐵工問來此何事？曰索逋賬。問索得幾何？曰：得洋銀七十四員。鐵工乃招令登舟。中夜與其子及傭工密謀，欲殺之而取其財。傭工以爲不可，其子依違其間，俄聞汩然一聲，則已乘客出溺，而墮之水中矣。客首自波間冒出，則舂之以篙，凡三冒三吞之。客尸遂飄沒不見。鐵工因取其財，分傭工以洋銀十員。及聞鐵工之被擊也，傭工自念，既分其利，必同受其殃，驚悸發狂，奔至田畔，盡言其隱。衆人以質諸其子，猶囁嚅不肯吐實。世傳人被雷擊，三日內必有回覆陣。次日果有飄風奔電，雷聲隱隱旋繞。鐵工之子大懼，衆人皆爲跪求，且謂之曰：「上天欲汝自陳其父之惡，爲世炯戒也。」其子長跪自訴，一一與傭工之言相符。久之，雷斯收聲，雲散天霽矣。

（庸盦筆記）

康熙丁未四月、六合縣、雷擊陝西兄弟二人於客舟。先夕，舟子及諸客，皆有夢。衆疑不祥，不敢解纜。命舟人起視，天霽無雲，乃始行。晚泊六合界。方睡更盡，狂風大起，雷電交作，一火龍直入艙中，擊死陝西客兄弟二人，餘亦有被傷者。

次旱，移舟六合，舁出二人於河涯，衆方設壇修醮，其擊死二人內，兄忽少蘇。自言：「弟兄領富人貲本，行商久不歸，富人怒訟我父於官，監禁追此本銀。父屢寄書令歸，均置不理，致父死於獄。及聞訃，諸客為我二人收淚，邀妓侑酒，各挾一妓陪宿。至販油，時以數簍貯水，面上着油少許。至中途傾倒，勒車夫賠償。車夫鬻妻償之。再販木耳，雜和泥沙，種種惡孽，致遭天譴。」言畢，潰瀾，一日，復死。

其船頭二客，安然無恙。一持準提齋，一持長齋，皆行善者。恍見一白衣道人，指揮金甲神，插旗而去。（曠園雜誌）

☆ ☆ ☆

安東縣村中，一婦產子，喚穩婆接生，留宿一夜而去。其夫某自外歸，抱子甚喜，欲祀神償願。忽探摸其枕驚曰：「我暗藏銀四錠在內，無一人知道，如何失去？」妻怪而問之，因謂昨夜收生婆睡此枕，可疑也。某即往問索銀，許以一半為謝，一半償還，作酬神之用。穩婆勃然大怒，且罵且咒曰：「我為汝家接生，乃冤我為賊，是兒必死！若盜汝銀，天雷打死！」罵之不已。某反疑其妻有別情，亦不敢索銀。三朝，復請穩婆洗兒。是日，穩婆不到，令其女來。至夜兒果暴死，夫婦相泣，盛以木匣，埋之空地。僉曰：穩婆之說驗矣！時忽雷電大作，遠近聞一霹靂聲，合村有硫磺氣，咸蹤跡之，見空地跪兩婦人，俱雷火燒焦，各捧銀二錠在手。而所埋之兒，已出地呱呱啼矣。鄉鄰奔告埋兒之家來認，兒兒腹臍露出針頭一指，隨拔針出血，兒仍無恙。雷擊斃者，一係偷銀之穩婆，一係穩婆之女，洗兒時暗以針刺兒臍心致死，欲實其咒詛之言也。見者咸為悚懼。乾隆五十七年六月間事。（續子不語）

某年春夏之交，定遠苦旱，早禾無收。六月中旬，甫得甘霖。農人心稍慰，僉謀種麥，可以救荒，但苦無種。某甲藏陳麥甚多，慮顆瞀色黯，不能出售，以甑蒸之，頓覺碩大光潤，大喜。遂榜其門曰：出賣麥種。於是爭往購求，麥價翔貴，獲利千萬。後所種麥，竟無一出者，衆無所歸怨，歎為天意使然。然田此饑餓以死者，指不勝屈矣。無何，雷擊某甲死。釜底書「蒸麥誤人，粉身莫贖」八字。人始知甲險惡，而不能逃天誅也。（里乘）

盧山賣油者，養其母甚孝謹，為暴雷震死。其母日號泣於九天使者之祠，願知其故。一夕，夢朱衣人告曰：「汝子恒以魚膏雜油中，以圖厚利。且廟中齋醮，恒用此油，腥氣薰蒸，靈仙不降，震死宜矣。」母知其事，遂止。（稽神錄）

唐封元則、渤海長河人，顯慶中、爲光祿寺太官，掌膳。時于闐王來朝，食料，餘羊數十百口，王並託元則，送僧寺長生。元則乃竊令屠家，烹貨收直。龍朔元年夏六，洛陽大雨，雷震殺元則於宣仁門外街中，折其項，血流灑地。觀者盈衢，莫不驚愕。（法苑珠林）

疁城一奸民、略識字，喜弄刀筆。一日與鄰人偕往田間，風雨驟至，家人遙見邑旗一，紅旗一，搖颺其傍。迅雷一聲，奸民倒於地，旗隱不見。急趨視，兩足已陷泥淖中，土埋至膝。其子負至岸側。少頃，雷復震，仍埋舊處。觀者悚惕。（蓴鄉贅筆）

唐史無畏、曹州人也，與張從眞爲友。無畏止耕壠畝，衣食窘困，從眞家富。乃謂曰：「弟勤苦田園，日夕區區，奉假千緡貨易，他日但歸吾本。」無畏忻然賫緡，父子江淮射利。不數歲已富，從眞遭火災，並罹刼盜，生計一空。遂詣無畏曰：「今日之困，不思弟千緡之報，可相濟二三百乎？」無畏答曰：「若言有負，但執券來！」從眞怨恨塡臆而歸，焚香泣訴，言詞慷慨，聞者戰慄。午後，東西有片黑雲驟起。須臾，大雨，雷電兼至，霹靂一震，無畏遽變爲牛。朱書腹下云：「負心人，史無畏！」經旬而卒。刺史圖其事，而奉奏焉。（會昌解頤錄）

☆ ☆ ☆

嘉慶年間，永春州有賣小豚者，至一孤村，有婦人以二金買兩豚。已付金，忽聞兒啼聲，入室抱兒出，賣豚者逕去，婦追呼曰：「若取我二金，奈何不與我豚？」其人佯答：「豚頭，欲賣四金，二金不賣也。」舉步如飛。婦追不及，路側有水碓，即其小姑視舂。婦置兒於碓室，復追之。小姑方篩米，聞言未及投抱，兒爬至碓下，舂如泥。須臾，小姑回視，見殘骸委棄狼藉，驚悼欲絕。哭曰：「我何以見吾嫂哉？」遂解繩自縊。嫂還，方歎恨財物兩失，忽見兒死碓下，小姑懸樑上，驀地不知其由，亦縊於碓室。

賣豚者行未數里，白日無雲，爲迅雷震死矣。（北東園筆錄）

第三章　姦淫（三則）

常州王三積惡訟棍也。太守董怡曾到任，首名訪拏。王三躲避，其弟名仔者，武進生員，正在取親，新人入門，而差役拘王三不得，遂拘其弟往，管押班房。王三知家屬已去，則官稍鬆，乃夜入弟室，冒充新郎，與弟婦成親。

　次日，差役帶其弟上堂，太守見是柔弱書生，愍其無辜，且知其正值新婚，作速遣還，寬限一月，訪拏王三。其弟入室，慰勞其妻，妻方知此是新郎，昨所共寢者非也，羞忿縊死。其岳家要來吵鬧，而報於發揚。且明知非新郎之罪。乃曰：「我家所賠贈衣飾，須盡入棺中，我纔罷休。」新郎舅姑，哀痛不已，一一從命。

　王三聞之，又動慾念，伺其掩殯之所，往發掘之。開棺婦色如生，乃剝其下衣，又與淫污。污畢，取其珠翠首飾，藏裹滿懷，將奔上路。忽空中霹靂一聲，王三震死，其婦活矣。

　次早，管攸送信於其弟家，迎婦完娶。太守聞之，命斫王三骨而揚其灰。（子不語）

乾隆三年二月間，雷震死一營卒。卒素無惡蹟，人咸怪之。有同營老卒，告於衆曰：「某頃已改行爲善，二十年前披甲時，曾有一事，我因同爲班卒稔知之。某將軍獵臯亭山下，某立帳房於路旁。薄暮，有小尼過帳外，見前後無人，拉入行姦。尼再四抵攔，遺其褲而逸。某追半里許，尼避入一田家，某悵悵而返。尼所避之家，僅一少婦、一小兒，其夫外出傭工，見尼入拒之。尼語之故，哀求假宿。婦憐而許之。借以己褲。尼約以三日後，當來歸還，未明即去。夫歸，脫垢衣欲換，婦啓篋求之不得，而己褲故在。因悟前倉卒中，誤以夫褲借去。方自咎未言，而小兒在旁曰：昨夜和尚來，穿去耳。夫疑之，細叩蹤跡，兒具告和尙夜來哀求阿娘，如何留宿，如何借褲，如何帶黑出門。

婦力辯，是尼非僧。夫不信，始以詈罵，繼加捶楚，遍告鄰佑。鄰佑以事在昏夜，各推不知。婦不勝其寃，竟縊死。

次早，其夫啓門，見女尼持褲來還，并籃貯糕餅爲謝。其子指以告父曰：此即前夜借宿之和尚也。夫悔，痛杖其子，斃於柩前，己亦自縊。

鄰里以經官不無多累，相與殯殮，寢其事。次冬，將軍又獵其地，士人有言之者，余雖心識而爲某卒，而事既寢息，遂不復言。曾密語某，某心亦動，自是改行爲善，冀以蓋愆。而不虞天誅之必不可逭也。」（子不語）

泰州鄭姓者，其父工刀筆，積有貲，鄭世其業。性素乖張，無惡不作，私一婢有孕。其妻知而責之，謂事既如此，只得納爲妾，鄭不承，且辱打婢，並云其孕不知從何而來？遣之去。婢歸其家，爲父母所詬，謂行此無恥事，而仍爲人所擯棄，何以為人？婢賁極，無以自容，遂自縊。而鄭自若也。其妻知婢之死，責夫昧良喪心，泣告曰：「吾此後尚能靠汝乎？」鄭厭其絮聒，以脚踢之，適中其腹，妻亦有孕，痛楚之下，亦自縊。其妻父在揚州，鄭以其女產亡報，岳家亦不之疑。

一日，鄭到揚州經紀，隱為續絃計也。住新寺，是日午刻，大雷雨，鄭適在乘除，聞雷聲，即面有戒色。忽霹靂一聲，而鄭死矣。時同在寺者，一賣畫，一小道士，均被震而蘇。此道光二十六年六月十三日事，余正隨侍邗上，故知其詳如此。

（北東園筆錄）

第四章　大逆不道（十則）

唐元和中、李師道據青齊，蓄兵勇銳，地廣千里，儲積數百萬。不貢不覲。憲宗命將討之，王師不利，而師道益驕。乃建新宮，擬天子正衙，卜日而居。是夕，雲物遽晦，風雨如撼，遂為震擊傾圮。俄復繼以天火，孑無遺者。青齊人相顧語曰：「為人臣而逆其君者，禍固宜矣。今譴見於天，安可逃其戾乎？」旬餘，師道果誅死。（宣室志）

☆ ☆ ☆

英吉利滋事之初，尚有所畏忌於國中，其暗中羽翼而保護之者，則粵東洋商之罪不容誅也。當林少穆先生總制兩粵時，日思以計擒其酋義律。而洋商輒偵知之。一日制府以事招義律諭話，即將羈之。義律乘轎詣督署，已入外轅門。適有洋商伍紹瓊者，由督署出，即於轎中以手搖揮之。義律會意，遽回轎。迨制府聞而追之，則出城已遠矣。此粵東人衆目所共瞻，切齒所同恨者也。

先是，有英夷數百萬金寄在洋商家，至是取還，皆伍紹瓊密為布置。無何，雷起洋商屋後，將伍紹瓊從弟四進廳事，提至頭進庭中，攝擊斃之。衆洋商暨英夷始稍知畏懼。余時隨侍桂林，不數日即聞其事。蓋無不撫掌稱快者。（北東園筆錄）

杭州舊有惡少，插血結盟，刺背為小青龍，號青龍黨，橫行閭里。雍正末年，臬司范國瑄擒治之，死者十之八九。首惡董超，竟以逃免。乾隆某年冬，夢其黨數十人，走告曰：「子為黨首，雖幸逃免，明年當伏天誅。」董惶恐求許。衆曰：「許惟投保叔塔、草庵僧為徒，力持戒行，或可倖免。」董夢覺，訪之塔下，果有老僧結草棚趺坐誦經。董長跪泣涕，自陳罪戾，願度為弟子。老僧初猶遜謝，既見其情眞，乃與剪髮為頭陀。令日間誦經，夜沿山敲木魚念佛號。自冬至春，修持頗力。四月某日，從市上化齋歸，小憩土地祠，朦朧睡去。見其黨來促曰：「速歸！速歸！今夕雷至矣。」董驚覺，踉蹌歸棚，天已昏黑。果有雷聲。董以夢告僧，僧令跪己膝下，兩袖蒙其頂，而誦經如故。不數刻，電光繞棚，霹靂連下，或中棚左右，或中棚右樹。如是者，七八擊，皆不得中。少頃，風雷俱止，雲開見月，老僧謂難已過，掖以起曰：「從此當無事矣。」董驚魂少定，拜謝老僧，出棚外。忽電光爍然，震霆一聲，已斃石上。（子不語）

康熙癸酉、浙西大旱，河水絕流，泉源俱竭。烏鎮某氏家，有一井，甚甘而有水，人取者衆。氏甚厭恨之。一日，晨起，以便桶傾井中，取者不知，得水，始覺其穢也。六月廿四日，大雨，震雷擊死。其婦自十九歲孀居，今五十歲矣，平生持齋念佛，擊死時，素珠猶在手中。特以一念之

惡，遭天譴耳。（述異記）

海寧繡經庵相近，有張姓者，家貧母老妻病。長子十三歲，方執炊，其母令滌溺器，子以洗鍋水帶飯粒滌之。時康熙丁未五月初八日也。日正當戶，天忽陰晦，震雷擊死。次子九歲，見天神黑面、黑盔、黑甲，從家柱頭徙下，以爲盜，出門驚喊，而其兒已死竈前矣。

余同周憲寧往視，見此子肋下如針刺一眼，血流不止，滿屋唯聞火藥氣而已。家堂上揭去瓦數椽，其柱劈開，上下皆焦，柱上貼許保鑑觀音三官經三十卷十餘字，其紙條依然，不燬許經數字。雷神欽敬如此。（果報聞見錄）

陝州盧村張海，與同里一農有仇，佃客發謀，誣此人以燒麥積，渠從旁證之。海縛農民解尉司，農性純質，不能自明，分一死矣。三人者行至南城外，忽雷震佃客，從空而下，骨肉皆盡，惟皮髮存耳。士人牛叔玉親見，時郭敬叔爲陝令也。（續夷堅志）

漢河南李叔卿、爲郡功曹，應孝廉，同輩疾之，宣言曰：「叔卿妻寡妹，以故不得應孝廉之目。」叔卿遂閉門不出。妹悲憤，乃詣府門自經，叔卿亦自殺，以明無私。既而家人葬之。後霹靂遂擊殺所疾者，以置叔卿之墓。所震之家，收葬其尸，葬畢，又發其冢。（列女傳）

有平望王姓者，被營丁誣陷爲盜，弔拷致死，並破其家。

其母設神位，號冤甚切。尋營丁被暴雷震死。（冥報錄）

至正三年秋，興國路，永興縣，雷擊死糧房貼書、尹章于縣治。時方大旱，有朱書在其背云：「有旱却言無旱，無災却道有災。未庸殲厥渠魁，且擊庭前小吏。」（元史）

汪銘甫明經曰：浙中有某甲，善用銅銀。其子甫七歲，於除夕忽驚啼告母曰：「有青面獠牙人，自天降下，以小旗插爺頭上而去。」未幾，雷震，甲死於通衢。猶手執用剩銅銀。親鄰有知其事者。緣郊外某農以雞遺子售于市，爲卒歲之需。甲以銅銀向買。農子貪其價貴，孰知無可兌錢？歸後被父責，投河自溺。蓋甲雖未殺農子，而農子實由甲而死。國憲不及加，天雷殛之耳。（北東園筆錄）

第五章 行善悔過免雷（五則）

嘗聞父老言，被雷擊者，陰司先有小旗插其首。曾有人因晨起盥沐，見盆水中頭插小旗，大驚。時欲藥死孤姪而吞其產，乃亟棄其藥，而愈善撫其姪。後竟獲免。此可見陽律有自首之條，天誅亦容人懺悔也。（北東園筆錄）

☆ ☆ ☆

無錫城內，有一學徒，在塾中，忽被迅雷旋繞。衆皆望見金甲挺鞭圍坐四簷。又有奇形異狀似仙佛者，往來空中。於是父兄及塾師，皆爲執香跪求，且使學徒自言過惡。願立即改悔。學徒言：「昨日大解，偶不檢點，有制錢二百，墮入厠中，未及撈取，願速撈之。」雷仍不散。學徒乃跪祝曰：「我有欲害人之事，今已悔悟，斷不敢再作妄想！」雷聲漸止。衆隨往淘糞坑，果得制錢二百。其害人之事，則堅不肯言。後有人在其枕邊，搜得銛刀一柄，蓋與舊友某甲為讐，欲刺殺之而未發。聞雷後，決計銷燬，尚未得暇。適為人所見云。

同日，又有一茂才，因毆其妻，肆口怨尤。忽迅雷擊其足，茂才跳走以免。回視一履已燬矣。蓋因茂才罪不至死，故燒其一履，以警之。

以上二事，聞在一日，余檢時憲書，是日為天刑日，而盛夏又純陽當令之時，雷部於此宣其威柄，亦所以救人道之變，而濟王法之窮，天道神明，豈不信哉？（庸盦筆記）

☆　☆　☆

吳二事母至孝，一夕夢神曰：「汝夙業，明日當遭雷擊。」吳以母老乞救，神曰：「受命於天，不可逃也。」吳恐驚母，清晨向母云：「兒將他適，請母暫住妹家！」母不許。

俄黑雲起，雷聲闐闐，吳使母閉戶，自出田待罪。後雲氣開霽，吳急歸視母，猶未敢告。夜又夢神曰：「汝至孝感天，已赦夙惡。」（果報聞見錄）

常熟西北區，有逆婦，素悍，慢罵其姑，一日婦方切菜，姑在前，即指罵曰：「恨不得即以刀斷爾頭！」俄頃，雷電大作，雷神提逆婦髮擲跪庭中，霹靂一聲，其婦眉髮衣服，焚燒殆盡，而身不即死。

鄰有請仙者，或叩以婦事？仙云：「婦素不孝，且有以刀斷爾頭一語，故遭雷擊。」或又問不死之故？仙云：「其夫好打鳥銃，其婦屢次勸止，一念好生，故得不死！使爲廢人倖矣。」此順治十七年事。（果報聞見錄）

有祝姓者、夜夢神告之曰：「子來年某月日，應遭雷震死，若入空門可免。」祝氏爲固始著姓，且族指無多，不令緇髡。未幾，又夢曰：「不出家而俗處，斷不免於擊也。」因即披剃於宅旁小廟中。至期，雨如注，轟雷掣電繞簷不散。而祝端坐，誦佛號不輟，移時電方止，然祝之首，岑岑作楚，視之，頂有大窪，深半寸許，至今年未五十也。（見聞錄）

又：江右熊威、賈於楚，遇一人於客舍，相得甚歡，聯床數月。臨別，其人曰：「子應震死當廣行方便，以今上之錢七枚，置於冠中，雷作，走匿佛座下可免。」熊問之？曰：「我在部中故知之，與子有緣，故告之。」熊每日廣爲方便，事急，治裝歸，未至家，纔數十里，雷發。奔一寺中，隱佛座下。見雷神入，火光迸裂，旋繞左右，若有所搜索。一神披甲仗鉞者曰：「熊威無處尋求，今已過時，我曹遭譴，奈何？」倏然而散。

夫雷擊，天之顯戮也，司其事者，何以洩其機？使人知所趨避耶？止以一念之善，禍福轉移，天心神愛，不夭折人於非命，故時一露其機歟？（見聞錄）

第六章 雷擊妖孽（五則）

嘉慶間，余在郡中，聞飛英塔中，震死百足一條，其長徑二尺餘，濶贏二寸，周身完善，惟頂上一孔，僅大如針，黑水湧出未已。後數年，至陳莊蔣時芳表兄家，見穿堂內壁間，一鑿痕，自椽末直下至地。濶指許，深入半寸。進至庭中，見檐前銀杏樹東南一朽枝，葉皆焦黑，一鑿痕從梢至根，深濶皆如壁間。余從姊言，去年夏間，此樹爲雷火所燒，其鑿痕亦皆雷殛所致。方其霹靂大作，滿室昏黑如夜，但見火光繞屋，鼻中聞硫磺氣，遍地熾熱如火。時羣兒皆著草履，雨過見之，足底盡起紫泡，或謂雷神追擊妖物，故兩處都有擊痕。其樹上小枝，至今無葉云。（埋憂集）

☆ ☆ ☆

清初、城南，遭兵燹之後，郡學前最為荒涼，大成殿春秋二祭，絕不啓門。丙戌夏，雷電繞殿三日而不下，衆學役異之，啓門遍視，至至聖牌板上有物，叢叢排列，而精光外射。細視之，乃一大蜈蚣，環抱周遍。其白而叢叢者，乃其足也。學役中有黠者，知雷之盤空旋轉，定為此惡物。但下擊，牌板必碎。怪物有靈性，知雷神必畏文宣，不敢傷殘其牌板，故借此以避雷殛耳。遂以火撓遠鉤牌板倒地。蜈蚣蜿蜒欲遁，而天雷下震，蜈蚣遂糜爛矣。衆乃大快。環視之，見其腹有「逆閹魏忠賢」五字。（花間笑語）

粵兵攻城，除挖掘地道外，又有邪法，能眯守兵之目，以逞其攻。初圍開封，偽軍師徐某，本道州人，素習辰州法。當在城下，用方桌四十餘隻，結成壇式。徐披髮仗劍，口喃喃，僉見黑霧平空起，離地約三四尺許，從下望上，纖悉可覩。我兵下視，模糊莫辨。賊眾藉得仰攻。方危急間，忽西北有紅雲飛至，霹靂一聲，將徐擊死。身如焦炭。左右執帆者二人，亦斃。竟日大雨如注，平地水深二尺。敵衣囊火藥盡濕，不能紮營，遂解圍向朱仙鎮去。此咸豐三年五月十三日事也。（墨餘錄）

咸豐乙卯之夏，京師暴風雨，咸見一緋衣小兒，騰空南行，如有翼能飛者，迅雷閃電隨之，聲勢驚人。越一日一夜，小兒集於天津之城樓，手執一帕，揮舞不已。雷聲轟轟然，旋繞左右，不敢下擊。如是者又一日。有一獵戶在其下，試發一鳥槍，小兒出不意，方俯首下視，忽聞霹靂一聲，則已墮死城下矣。衆共視之，乃四尺長巨蝎也。其所執，則婦女之騎馬布云。（庸盦筆記）

☆　☆　☆

餘姚地多田少，民以種棉爲業。順治甲午夏，花熟時，雷電大作，震棉花地數畝，花俱焦灼。內有數尺，其花如故，人異而掘之，下有白蜈蚣一條，長尺餘，背負法華經一頁，始知蜈蚣爲害，天欲殛之，負經以免。此經爲上天所重如此，人競取蜈蚣撲殺之。（果報聞見錄）

第七章　雷救人命（二則）

庚寅歲、茅山有村中兒牧牛，洗所著汗衫，暴於草上而假寐。及寤，失之。唯一鄰兒在傍，以爲竊去。因相喧鬨。鄰兒父見之，怒曰：「生兒爲盜，將安用之！」即投水中。鄰兒匍匐出水，呼天稱冤者數四，復欲投之。俄而雷雨暴至，震死其牛，汗衫自牛口中嘔出。兒乃得免。（稽神錄）

無錫北鄉，有農家養一童媳，其姑遇之甚虐，督使撚棉放紗。每日以十索爲度。一日忽少紗一索，苦搜不得，其姑謂其偷賣鄰家也。既嚴撻之，又將置之死地。忽陰雲四合，雷聲陡作，震死家中一老牛，其腹亦已劈開，有紗一索，宛在腹中，蓋牛實呑之也。然後養媳之冤始白。天道以人命爲重，牛固無知，呑紗一索，亦罪不至死，然因呑紗而將致人於死，則不能不速擊之以救人也。（庸盦筆記）

第四篇　幽靈

第一章　淑靈護家（一六則）

毘陵之北地曰橫林，有查老者居之，年逾五十而死。死後鬼歸於家，不見其形，但空中言語，其音節，查之素也。凡家事巨細，一一豫言之，某當行，某當止。點檢門戶，什器失物，則指其人姓名，及物所在。是以貨殖獲利。為事不誤，而無失物之虞。家因以致富。外人過謁者，亦聞其言。至於設宴邀賓，亦陳一席於主位，以為查席。仍聞查言勸酒、留客等，了了分明。久之，人亦不以為異也。如是及三年。一日，語家人曰：我今去矣！遂泯。（語怪）

☆　☆　☆

寧王文學趙夏日，文章知名，以文學卒官。終後，每處理家事如平生。家內大小不敢爲非，常於靈帳中言，其聲甚厲。第二子常見之，率常在宅。及三歲，令其子傳語，遍別人，因絕去。（紀聞）

☆

海虞有民家，主母死，而不離其家。凡家有所爲，鬼語於空中，謹從之，每有利益。鬼日夕在室，與人雜處，但不見其形。闇則言，明則寂。一夕其女婦，試言宿火於缶，伺其言，而啓燭之。既而復語，婦急發火，但見黑氣一道，直起三四尺，其上彷彿如人首，迤邐而去。（語怪）

☆

紀文達公云：前母即張太夫人姊，一歲忌辰，家祭後，張太夫人晝寢。夢前母以手推之曰：「三妹太不經事！利刃豈可付兒戲」？愕然驚醒，則余方坐身旁，擊姚安公革帶佩刀出鞘矣。始知魂歸受祭，確有其事。古人所以事死如事生也。（閱微草堂筆記）

開元中，有幽州衙將姓張者，妻孔氏，生五子而卒。後娶妻李氏，悍妬狠戾，虐遇五子，日鞭捶之。五子不堪其苦，哭于其母墓前。母忽于冢出，撫其子，悲慟久之。因以白布巾題詩贈張曰：「不忿成故人，掩涕每盈巾。生死今有隔，相見永無因。匣裏殘粧粉，留將與後人。黃泉無用處，恨作冢中塵。有意懷男女，無情亦任君。欲知腸斷處，明月照孤墳。」五子得詩以呈其父，其父慟哭訴於連帥，帥上聞，勑李氏決一百，流嶺南。張停所職。（本事詩）

劉沙門、居彭城病亡。妻貧兒幼，遭暴風雨，牆宇破壞。其妻泣擁穉子曰：「汝爺若在，豈至於此」？其夜，沙門將數十人料理宅舍，明日完矣。（甄異傳）

相傳縊死之人，往往在其死所，爲厲。然亦有不盡然者；余聞外祖母、陳太夫人之初卒也，每清晨薄暮，家人恍惚見其形影，出入家祠中。豐神不異平生。其所縊之披裹者，後改爲厨房。一夕竈下養遺火於積薪，夜將半，家人如有聞呼救火者，皆于夢中驚起，則竈前煙燄，已迷漫矣。室中固有水缸，缸內有瓢，咸于煙燄內，望見一麗人，以瓢酌水，連沃叢薪，火已漸熄。家人遽前迫視，見薪邊溼水淋漓，瓢亦投在缸外。乃合力傾水滅火。始悟救火者，實陳太夫人也。

外祖早卒，外祖母侯太夫人，艱苦守節，撫育二女，一爲從母適曹氏者，一則先妣也。是時，家貧赤立，恃女紅以度日。侯太夫人、旋得膨脝疾，臥在牀褥，九年未愈。侯太夫人常怨言曰：「彼無端縊死，以後累遺我，使我日受百般苦況，求死不得。鬼如有靈，能攜我同去乎？」一夕，忽夢有姝一人，翩然前來，謂之曰：「我自沒後，得返舊位，未嘗不樂；然繫戀故廬，常來呵護家人。即良人之死，我籲求上帝，跪膝將穿，竟不獲允所請。顧氏家運衰矣。所幸者，吾妹一女，福德兼全，他日外孫鼎盛，吾妹猶及見之。且有三十年陽壽。今疾當全愈矣」。乃以手摩腹，覺冷氣自臍間湧出，一驚而醒。則殘燈熒然，彷彿有人影瞥然而去。腹中癥結，覺已盡消。明日霍然而起。以夢語家人，驚詫良久，終身不復怨陳太夫人。其後，余與諸昆季，常從先妣居外家。道光乙巳，余年八歲，陡患爛喉痧症，諸醫皆束手，以爲必死。余忽于病中見一人，彷彿如陳太夫人畫像，手執盂水灑之，偏體清涼。未數日疹透痂落，病遂釋然。迄今思之，其遺像猶在目中也。（庸盦筆記）

☆

司庖楊媼言：其鄉某甲，將死，囑其婦曰：「我生無餘貲，身後汝母子必凍餓，四世單傳，存此幼子，今與汝約！不拘何人，能為我撫孤則嫁之，亦不限服制月日，食盡則行。」囑訖，閉目不更言，惟呻吟待盡。越半日，乃絕。

有某乙聞其有色，遺媒妁請如約。婦雖許婚，以尚足自活不忍行。數月後，不能舉火，乃成禮。合巹之後，已滅燭就枕，忽聞窗外嘆息聲，婦識其謦欬，知為故夫之魂。隔窗嗚咽語之曰：「君有遺言，非我私嫁。今日之事，於勢不得不然！君何以為祟？」魂亦嗚咽曰：「吾來視兒，非來祟汝！因聞汝啜泣，卸粧，念貧故，使汝至於此。心脾悽慟，不覺喟然耳。」

某乙悸甚，急披衣而起曰：「自今以往，所不視君子如子者，有如日！」靈語遂寂。

後某乙耽玩艷妻，足不出戶，而婦恒惘惘如有失。某乙信愛其子以媚之，乃稍稍笑語。七八載後，某乙病死無子，亦別無親屬。婦據其貲延師教子，竟得游泮。又為納婦，生兩孫。至婦年四十餘，忽夢故夫曰：「我自隨汝來，未曾離此。因吾子事事得所，汝雖與彼狎暱，而念念我，燈前月下，背人彈淚。我見之，故不欲稍露形聲，驚爾母子。今彼已轉輪，汝壽亦盡。餘情未斷，當隨我同歸也。」

數日，果微疾，以夢告其子，不肯服藥，荏苒遂卒。其子奉棺合葬於故夫，從其志也。（閱微草堂筆記）

咸豐年間，貴州、貴筑縣一馬兵，因事伏法。越一年，其同營一步兵，奉差道出某村，宿于逆旅。有老媼忽發狂囈語，諦聽之，馬兵音也。對步兵拱手曰：「賢弟！相別一年矣。我來此無他事，我生前在伍當差，扣至某月某日，尙有應領錢糧銀六兩八錢。吾營把總，欺我已死，意思乾沒，致令吾母，無以度日。今託吾弟歸告把總，速將我名下餉銀六兩八錢，付與吾母，爲衣食資。（庸盦筆記）

宋甄法崇永初中、爲江陵令，在任嚴明。其時南平繆士爲江安令，卒于官。後一年，崇在廳，忽見一人，從門而入云：「繆士謹道」。法崇知其亡，因問：「卿貌何故瘦」？答云：「我生時所行，善不補惡，罹繫苦，復劇勤理墨」。又云：「

卿縣民某甲，負我米千餘石，無券書，悍不還。今兒果窮弊，乞為嚴敕」。法崇曰：「卿可作詞」。士云：「向不齎紙，且又不復書矣」。法崇令省事取筆疏其語。士口授其言歷歷，辭成謝而去。法崇以事問繆家，云有此。登時攝問，負米者畏怖，依實輸還。（渚宮舊事）

☆　☆　☆

距無錫數十里，有鄉鎮曰大牆門者，明季富室，某氏居之，貲雄一郡。其居址，自大門以及內宅，占地幾五六里。今雖改為村落，而土人又名其地曰大牆門。

光緒初年，有村婦攜一七歲子同居。其夫外出貿易，而童子讀書村塾。一夕，童子自塾歸，晚餐後，忽云有記書條，忘在塾中，欲往取之。村婦以塾中相隔，不過數家，命童子攜燈前往，良久不返。俄而雨聲淅瀝，村婦倚閭盼望，中心如焚，而大雨滂沱矣。待至三更後，雨勢稍止，村婦自往塾中詢問。塾師則云童子並未到塾。村婦徧走村中，循戶問之，皆云未見。復赴溪邊呼問傍岸各船，俾以篙撩水，恐其或溺于河也。亦竟杳無蹤跡。只得歸家。自念祇此一子，而無端失之，恐爲其夫所斥責，愁悶欲死。其族婦，有來伴居勸解者。延至四更，忽聞門外剝啄聲，亟啓戶視之，則儼然童子也。其衣履並無濕痕。詳詢其故？童子曰：「余方啓門，欲往塾中，忽有一人，從旁突出，挾余而走。其行甚疾，須臾，至一處，燈燭滿堂，僕婢雜沓，排筵宴十餘席，左男右女。忽抱余入座。見其相對言笑，略聞其聲，而不辨爲何語。一美人欵余嘉肴數種，余微嗅之，有泥土氣，因嚼而不咽。潛吐于地。久之，見一翁一媼，大呼入門，曰：「何故騙誘我孫？速卽還我！」始在堂下與僕婢爭論，繼而上堂，拍案揮拳，燈燭盡滅，男女僕婢，皆不復見，身在暗室，無路可出。適有微光，射入窗內，細審之，知爲某氏家祠，覺媼與翁，尚在堂上。媼謂翁曰：「何不挾之，送往家中。」翁遂挾余而走，斯時窗戶關閉，不知何以能出？往返所經街道，似與常路，微有不同。倏忽至門，翁遂舍余，回首無見也。

既而童子之父歸家，詳詢翁媼狀貌，果童子之祖父與祖母也。蓋翁媼于粵賊滋擾時，投水殉難，宜其靈爽昭著，能護其孫矣。拍案一怒，使某氏之鬼，銷聲匿跡，殆其正氣所攝云。

（傭盦筆記）

☆　☆　☆

晉王彪之、年少未官，嘗獨坐齋中，前有竹，忽有歎聲。彪之愓然怪似其母，因往看之。見母衣服如昔。彪之跪拜歔欷。

母曰：「汝方有奇厄，自今以去，當日見白狗。若能東行出千里，三年然後得免災」。忽不復見。彪之悲悵達旦。既明，獨見一白狗，恒隨行止。便經營行裝，將往會稽。及出千里外，所見便蕭然都盡。過三年乃歸，復還先齋住。忽聞前聲，往見母如先，謂：「從吾故來慶汝，汝自今以後，年踰八十，位班台司」。皆如母言。（幽明錄）

☆　☆　☆

會稽嚴猛婦、出採薪，爲虎所害。後一年，猛行至蒿中，忽見妻云：「君今日行，必遭不善，我當相免也」。既而俱前，忽逢一虎，跳梁向猛。婦擧手指撝，狀如遮護。須臾，有二胡人前過，婦因指之，虎即擊胡，婿得無他。（異苑）

☆　☆　☆

汴河有賣粥嫗，日以所得錢置錢筒中，暮則數而緡之。間得紙錢二，驚疑其鬼也。自是每日如之。乃密自物色買粥者，有一婦人青衫素裙，日以二錢市粥，風雨不渝。乃別貯其錢，及暮視之，宛然紙錢也。密隨所往，則北去一里所，闃無人境，婦人輒四顧入叢薄間而滅。如是者一年。忽婦人來請嫗曰：「我久寄寓比鄰，今良人見迎，將別嫗矣。」嫗問其故，曰：「吾固欲言，有以屬嫗，我李大夫妾也，舟行赴官至此，死於蓐間，藁葬而去。我既掩壙，而子隨生。我死無乳，故日市粥以活之。今已期歲。李今來發叢，若聞兒啼必驚怪，恐遂不舉此子，乞嫗為道其故，俾取兒善視之。」以金釵為贈而別。

俄有大舟抵岸，問之，則李大夫也。徑往發叢，嫗因隨之。舉柩而兒果啼，李大夫駭懼，因為言，且取釵示之。李諦視，信亡妻之物，乃發棺取兒養之。（睽車志）

句容鄉婦，有以產死者，厝棺荒墟，其鄰近賣餻店，每日見一婦人，來買餻兩枚，及晚穿錢，必有紙錢灰。適如婦人買餻之錢數。店主怪之。

玥日，復來，乃以盆水受其錢。婦遽泣曰：「實告君，我非人也。我以產死，既入棺，而子生，每日買餻哺之。當佑店中，多獲生意，凡買客夜來者，皆我所爲也。」因復哀籲曰：「吾家現已無人，此子久在棺中，終難得活，且與店主同姓，如蒙救出，撫育爲子，則生生世世，銘此大德矣。」店主惻然許之。因曰：「吾恐以開棺獲罪，奈何？婦人曰：「方感大恩，開棺何害？」因告以地址方面，嗚咽拜謝，瞥然而沒。店主依言覓之，果得一棺，啓之，尸尚未朽，即買餻婦也。一孩微有溫氣，灌以薑湯，始能啼能動。店主遂撫為子，而葬婦棺。及兒已長，頗以貿易致富。店主告以其母墓所在，使往祭焉。

夜夢其母告曰：「吾昔為汝買餻，每過其溪，浮水而渡，甚覺苦楚。汝今宜建一橋，以便行人。」其子乃建橋溪上，名之曰「買餻橋」。句容人至今，能道其事。（庸盦筆記）

第二章 幽靈賦詩（三則）

余昔年家住湖南省垣，當地習俗扶乩，多於每年正月或家有亡人時舉之，其法用廚中舀水之水瓢為乩，瓢柄末端，用黑布層層纏繞插一花，另裹箸一支作乩筆，名此乩為瓢瓢姑，舉行時，設香案，陳乩盤，用通習文字女性二人，各扶瓢之左右兩方，（用男性則乩不動，用不通文字之女性，乩雖動而書不成字）另用一人，男女皆可，在香案前跪拜，口中念念有詞曰

：瓢瓢姑姑瓢瓢神，正月請正月靈，以下及非正月時作何語已不能記憶。念畢，乩動，則知神已臨壇，凡欲請亡人，則須將亡人姓名生卒年月日寫就焚化，有頃，所欲請亡人即到，如有問，由跪拜者發言，乩筆即在乩盤上寫字作答，乩盤盛以米，平鋪盤中，以便在盤上寫字易於認識。民前五年（清光緒三十三年）四月中旬，余三兄天驄字肖奉與三嫂合葬於湘垣南門外鄉間，事畢，二兄天聽、字不浮，自日本附日輪博愛丸歸國，四月二十一日，因憤激國事，蹈海以殉，電音見於報紙，但尚未得到閩寓來函，約在四月杪，湘寓循湘俗有扶乩之舉，祇請三兄三嫂臨壇，問答畢，正擬送神間，乩忽大動，書曰海天大將到，吾人不知何爲海天大將，皆驚駭甚。乃請曰敢問大將姓名，因何臨此，乩書吾不浮也，乃知是二兄降臨，皆轉爲驚異，請曰，二兄素喜吟詩飲酒，請示以一詩，吾人將進酒佐吟興乩筆連連在乩盤點點，似表示歡喜，既而陳酒前席，乩筆又連連在酒杯中點點，如是者二三次，乩筆忽向上昂起，作徘徊四面張望狀，絕似兄生前飲酒賦詩時神態，頃刻間乩筆在乩盤上書曰：「秦地山河漢闕堅，賢人今已不如前，我生為此心灰矣，捨死拋軀海底天。」書畢吾人正擬有問，又書曰，吾去矣。遂寂焉不動。此事不可思議處甚多，一、何以不請而至，豈靈魂常在虛空知家人扶乩而遂來耶。二、何以神態能與生前維妙維肖。三、寫出之詩，除首句不得其解，次句或另有所指外，三四兩句則與兄之死事情况胳合，豈眞是神靈臨降耶，抑另有其他鬼物之假託耶。民國二十四年二月二十八日，慈闈棄養於南京寓所，旋歸葬福州，五月下旬吾人喪葬事畢回京，約在六月上旬，京寓亦循湘俗舉行扶乩，請慈闈降臨，問答畢乩已寂然，忽又動，書曰人人到，二兄譜名作人，惟先君呼之曰人人，先君於民前七年逝世時已三十一年，知此名者惟吾與七弟仲經兩人，於是告於家人曰，二兄來矣，乩筆又書一詩曰：「來去來兮海底天，弟兄相隔廿八年，傷哉我獨爲仇憤，不幸於今更勝前。」書畢又書吾去矣，此番書人人到，固已奇，詩首句與民前五年詩之末句相呼應，次句之二十八年，計算亦相符合，又更奇，後二句寫當年時事都相符合，又無一不奇，此番來亦不請而來，去則類於戛然而止，謂是靈魂不散，何以能三十餘年長在虛空待機而現，謂是鬼物假託，何以能相隔數十年發爲文章，扣人心弦，合拍如此，講求科學者，對此等事實，作何解說，願聞明教。

民國六十三年七月二日遲莊老人陳天錫謹誌時年九十

☆　☆　☆

監察御使李叔霽者，與兄仲雲俱進士擢第，有名當代。

大歷初，叔霽卒。經歲餘，其妹夫與仲雲同寢，忽夢叔霽相見，依依然語及仲雲，音容悽愴曰：「幽明理絕，歡會無由，正當百年之後，方得聚耳。我有一詩，可爲誦呈大兄；詩云：「忽作無期別，沉冥恨有餘。長安雖不遠，無信可傳書」。後數年，仲雲亦卒。（廣異記）

韋檢舉進士不第，美姬捧心而卒。檢悲不勝情。因吟曰：「寶劍化龍歸碧落，嫦娥隨月下黃泉。一杯酒向青春晚，寂寞書窗恨獨眠」。一日忽夢姬曰「某限于修短，不盡箕箒，涕淚潸然，當有後期。今和來篇」。口占曰「春雨濛濛不見天，家家門外柳和煙。如今腸斷空垂淚，歡笑重追別有年」。

第三章 鬼自治喪（三則）

開元中，涼州節度郭知運出巡，去州百里，于驛中暴卒。

其魂遂出令驛長，鎖房勿開。因而回府，徒從不知也。至舍四十餘日，處置公私事畢，遂使人往驛迎己喪。既至，自看其殮。殮訖，因與家人辭決，投身入棺，遂不復見。（廣異志）

☆ ☆ ☆

岐陽令李霸者，嚴酷剛愎，所遇無恩。自丞尉以下典吏，皆被其毒。然性清介自喜，妻子不免飢寒。後暴亡，既殮，庭絕弔客。其妻撫棺慟哭呼曰：「李霸！何令妻子受此寂寞耶？」數日後，棺中忽語曰：「夫人無苦，當自辦歸！」其日晚，衙令家人於廳事設案几，霸見形，令傳呼召諸吏等，吏人素所畏懼，聞命奔走，見霸莫不戰懼股慄。又使召丞及簿尉皆至。霸訶怒云：「君等無情，何至於此？謂我不能殺君等耶？」言訖，悉顛仆無氣。家人皆來拜庭中祈禱。霸云：「各贈五束絹，絹至便生。」各謝訖去。後謂兩衙典：「吾素厚於汝，何故亦同衆人，唯殺汝一身，亦復何益？當令兩家馬死爲驗。」須臾，數百匹一時皆倒欲死。因謂諸吏曰：「我素清廉，今已死，諸君能不惠涓滴乎？」又指令某官出車，某出騎，某吏等爲某事。違者必死。一更後，方散。後日處分悉便，家人便引導，每至祭所，留下歆饗，饗畢又上馬去，凡十餘里，已及郊外，遂不見。至夜停車騎，妻子欲哭，棺中語云：「吾在此，汝等困疲，無用哭也。」霸家在都，去岐陽千餘里，每至宿處，皆不令哭。行數百里，忽謂子曰：「今夜可無寐，有人欲盜好馬。宜預爲防也。」家人遠涉困疲，不依約束。爾夕，竟失馬。及明，啓白。霸云：「吾令防盜，何故貪寐？雖然，馬終不失也。近店東有路向南，可遵此行十餘里，有叢林焉。繫在林下往取。」如言得之。及至都，親族聞其異，競來弔慰，朝夕謁請。霸棺中皆酬對，莫不肅然，觀聽聚喧，家人不堪其煩。霸忽謂子云：「客等往來，不過欲見吾耳。汝可設廳事我，欲一見諸親。」其子如言，衆人於庭伺候。久之曰：「我來矣！」命捲幃，忽見覇頭大如甕，眼亦睛突，瞪視。諸客等莫不顛仆，稍稍引去。覇謂子曰：「人神道殊，屋中非我久居之所。速殯野外。」言訖，不見。其語遂絕。（廣異記）

☆　☆　☆

晉太元初、符堅遣將楊安侵襄陽。其一人于軍中亡，有同鄉人扶喪歸，明日應到家。死者夜與婦夢云：「所送者、非我尸。倉樂下面者，是也。汝昔為我作結髮猶存，可解看便知」。迄明日，送葬者果至，婦語母如此。母不然之，婦自至南豐，細檢他家尸，髮如先，分明是其手迹。（幽明錄）

第四章　鬼兵（四則）

宋虜人南侵，朝廷遣校將四出探望。有何兼資者，領兵至六合縣境，見一隊軍馬旗幟自北來，不類虜人。兼資隱蘆荻避之。俄有呼者曰：「蘆中爲誰？」旁對曰：「中國生人，與吾無涉。」兼資聞知爲鬼兵也。再拜詢之，中一人冠服如天神，曰：「有奉天符助汝，管取必勝。」資請列位神號，答曰：「吾唐張巡也，彼許遠也，彼雷萬春也。」資逡巡請曰：「某少讀唐史，言大王城守食三萬餘人，然否？」曰：「有之，而實不然也。所食乃已死之人耳。」資又曰：「史言大王殺愛妾，許大王殺愛奴以享士，然否？」曰：「非殺也，妾見孤城莫保，學虞姬、綠珠，效死吾前耳。許大王奴，亦以憂悸暴死，遂烹以享士，蓋用術以堅士卒之死耳。」資見雷萬春面上只有一疤，因曰：「史言將軍面着六箭，而一疤何也？」萬春曰：「當時六箭，五着甲冑，虜人相傳謂吾面着六箭不動，吾亦當之以揚聲威虜耳。」問答之間，報天漸曉，命人引兼資出至荻林，回顧已無睹矣。

未半月，有造角林之捷。未幾，虜主有龜山之禍，果如其必勝之言。冥助之得力如此。（昨非庵日纂）

☆　☆　☆

江忠烈公、既殉廬州之難，其弟達川方伯，率援兵千餘，爲賊所阻。距城數十里。越八日，遣一勇丁微服入城，出公尸於塘水，面如生，負以出城，歛之歸葬。官軍初次克復廬州於水西門內，建公專祠，數年廬州復陷。同治壬戌，將軍多隆阿忠勇公，率大軍圍廬州，俾其裨將石清吉，攻西門外之得勝卡，賊以全力守之，堅不可拔。忽見卡後有一枝人馬，皆執白旗，旗心江字，襲賊之背，賊乃大潰。官軍遂克廬州。是時賊與居民皆望見之。後知官軍並無白旗隊者，而破賊之所，實與江公祠相近，其旗白色，則公生平行軍所用也。至今廬人道公遺威，猶懍懍有生氣，每議大事，必在江公祠，祠中鑄胡元偉鐵像，跪階下云。（庸盦筆記）

☆ ☆ ☆

王晙氣充雄壯，有龍虎之狀，慕義激勵，有古人之風。馭下整肅，人吏畏而義之。晙卒後，信安王禕于幽州討奚告捷，奏稱：軍士咸見晙領兵爲前軍討賊。戶部郎中楊伯成上疏：請爲晙墳增封域，降使享祭，優其子孫。玄宗從之。（太平廣記）

☆ ☆ ☆

抗戰時，我軍曾一度克復安徽宣城。余甥林頌檉在青年工作團服務，隨同國軍入城。時城內民衆均已逃生，同團十餘人尋覓一大空屋，即在該屋客廳上打地舖，睡到半夜，忽聽門外馬路上步伐整齊，口喊日本口令之日本兵接連的整隊走過，但從門隙偷視，並無任何隊伍，然步履之聲依然如故，實令人費解，因此大家咸認爲此或日軍之鬼魂。以當時情況，日軍絕無可能在國軍克復之城池內高喊口令整隊通行之理。當大家認定絕無可能發生此種情況而將安心入睡時，又聽到窗戶下裂紙聲徹夜不絕。俟天明起視，而窗紙卻依然無恙，此類怪事實令人不解，姑爰記之。（勸懲見聞錄）

第五章 鬼鄉

咸豐年間，有謁選得廣西某土州州判者。是時，廣西甫罹鋒鏑，而此州被禍尤慘。州判既赴省，謁見上官，始知歷任州判，皆僦居省垣，不之官廳，十餘年矣。上官亦知而不問。或反予之差事，以示調劑。州判以爲無論此缺如何瘠苦，總當一涖其地。僚友咸尼其行。適有自州來者，告之曰：「此州城中居民，僅數十戶，荊榛瓦礫，滿目蕭條，鬼多于人，約數十百倍。惟日中時，不見鬼影，及日稍昃，則羣鬼已出沒牆隅，與人無異。其聲周啾，不甚可辨。終日入鬼羣處，肩摩踵接，不相畏避，亦不相聞問。雖居之，幸無他禍，然此所謂鬼鄉也。不如勿往。」州判不信。毅然前往。

將至州，行百餘里，不見人煙，田中樹木，皆大可合抱，野獸叫嘷相逐。州判始有戒心。既入城，忽見闤闠夾道，陳設百貨，熙攘往來者，幾與繁庶之區相似。私念邊城有此景象，傳聞之言，殆不可信矣。謁見知州，知州嚬蹙謂之曰：「我居此荒城，今已安之若素，乃勢有所不得已也。子可以不來而必來，亦太愨矣。」州判問：「向見城中繁庶之象，通都大邑，不過如是，何謂荒城？」知州笑曰：「日後當自知之。既已到此，此間不乏空宅。」呼吏導往署外一甲第居之。征裝甫卸，似聞宅內，尚有婦女笑語聲。私念當別有官眷賃居此耶？因連日勞頓，遂即酣寢。

明旦，甫啓房闥，見對面有一房，陳設精麗，揭起錦簾，一美婦人，方對鏡梳妝。梳畢，呼婢取水盥漱，旋入內室，婢復梳盥如前。忽聞外宅，有傳呼某太太拜會者，室內婦人冠帔補服出迎。一婦人年近四十，亦冠帔補服而入。兩婦互道寒暄，攜手就坐。州判又念，今日天氣清明，所見決非鬼物。且鬼多飄忽，而此形聲確鑿，鬼多陰慘，而此則容貌華美。土城中有此等官眷，正不得以荒僻概之。何知州之欺我也？

移步前進，將諦視之，兩婦一婢，忽皆以手自挈其頭。對州判而笑。州判魂不附體，盡氣狂奔，徑詣州署。復見知州，告以所見，即日啓行。知州復遣兩吏，以小車送出城。州判欲覓向所經之圜闠，但見頹垣破瓦，蔓草荒烟而已。始晤前日所

見，乃鬼市也。於是疾馳出境。返至省垣，即日引疾歸里，終身不仕。（蒲盦筆記）

第六章　走屍（三則）

常州西鄉有顧姓者、日暮郊行，借宿古廟。廟僧曰：「今晚爲某家送殮，生徒盡行，廟中無人，君爲我看廟。」顧允之，爲閉廟門，吹燈臥。至三鼓，有人撞門，聲甚厲。顧喝問何人？外應曰：「沈定蘭也。」沈定蘭者，顧之舊交，已死十年之人也。顧大怖，不肯開門。外大呼曰：「爾無怖，我有事託君，若遲遲不開，我既爲鬼，獨不能衝門而進乎？所以喚爾開門者，正以照常行事，存故人之情耳。」顧不得已，爲啓其鑰，忽然有聲，如人墜地。顧手忙眼顫，意欲舉燭，忽地上又大呼曰：「我非沈定蘭也，我乃東家新死者某，被奸婦毒死，故託名沈定蘭，求汝申冤。」

顧曰：「我非官府，寃何能申？」鬼曰：「屍傷可驗！」問屍在何處？曰：「燈至即見，但見燈，我便不能言矣。」正匆遽間，外扣門者，人聲甚衆。顧迎出，則羣僧歸廟，各有駭色。曰：「正誦經送屍，屍隱不見，故各自罷歸。」顧告以故，同舉火照屍，有七竅流血者，奄然在地。次日報有司爲理其寃。（子不語）

博陵崔咸，少習靜，家于相州，居常葺理園林，獨在齋中，夜雷雨後，忽有一女子年十六七，踰垣而入，擁之入室。問其所從來，而終無言，咸疑其遁者，乃深藏之。將旦，而斃。咸驚懼，未敢發。乃出於里內，占其失女家。須臾，有奴婢六七人，喪服行語，若有尋求者。相與語曰：「死尚逸，況生乎？」咸從而問之？對曰：「郎君何用問？」固問之？乃曰：「

吾舍小娘子，亡來三日，昨夜方殮，被雷震，尸起出，忽不知所向。」咸問其形容衣服，皆是胥遁者。乃具述昨夜之狀，引至家驗之，果是其尸。衣裳足履，皆泥污。其家大異之。歸將葬，其尸重不可致。咸乃奠酒祝語之，乃去。時天寶元年六月。（通幽記）

兗州王鑑、性剛愎，無所憚畏，常凌侮鬼神。開元中，乘醉往莊，去郭三十里，鑑不涉此路已五六年矣。行十里已來，會日暮。長林下見一婦人，問鑑所往？請寄一包，而忽不見。乃開包視之，皆紙錢枯骨之類。鑑笑曰：「愚鬼弄爾公！」策馬前去，忽遇十餘人聚向火。時天寒日已昏，下馬詣之話，適所見皆無應者。鑑視之，向火之人半無頭，有頭者皆有面衣，鑑驚懼上馬馳去。夜艾方至莊，莊門已閉，頻打無人出。遂大叫罵。俄有一奴開門，鑑問曰：「奴婢輩今並在何處？」令取燈，而火色青暗，鑑怒，欲撻奴。奴云：「十日來，一莊七人，疾病相次死盡。」鑑問：「汝且何如？」答曰：「亦已死矣，向者聞郎君呼叫，起尸來耳。」因忽顛仆，即無氣矣。鑑大懼，走投別村而宿。周歲，疾發而卒。（靈異錄）

第七章 凶宅（十八則）

余門生司馬驤，館溧水林姓家，其所住地名橫山鄉僻處也，天盛暑，以其西廳宏敞，乃與羣弟子洒掃，爲晚間承涼之處。挈書籍行李，移床就焉。秉燭而臥，至三鼓，門外啾啾有聲。戶樞拔矣，燭光漸小，陰風吹來，有矮鬼先入。臉似笑非笑，似哭非哭，繞地而趨。隨後一紗帽紅袍人，白鬚飄飄，搖擺而進。徐行數步，坐椅上。觀司馬所作詩文，屢點頭，若領解者。俄頃，起立，手攜短鬼，步至床前。司馬亦起坐，與彼對視。忽雞叫一聲，兩鬼縮短一尺，燈光爲之一亮。雞三四聲，鬼三四縮，愈縮愈短，漸漸紗帽兩翅擦地而沒。次日問之，土人云：「此屋是前明林御史父子同葬所也。」主人掘地，朱棺宛然，乃爲文祭之。起棺遷葬。（子不語）

☆　☆　☆

安陽縣楊某，開客店，有女，適湯陰縣鄧某，負販家貧。楊妻杜氏，常以錢物周給之。楊蓄白金數十兩，扃櫝中，婦思竊少許，與壻作資斧而未得。間一日，鄰人招楊飲，婦瞯夫出，因啓櫝，歷試數鑰，鎖如開，楊遽歸，婦倉卒納金懷中，閉櫝闔鎖而起。然金在手，無處藏匿，往埋後園土中。楊夜啓櫝，不見金，知爲婦竊，疑其贈與所私。詬駡百端。婦忿極，俟夫熟睡縊死。死後鬼常作祟，楊不能安其居，乃賣屋遠徙。

先是，婦未死時，鄧已攜妻往湖北依其叔。叔業醫坊，六旬餘無子，見姪大喜，認為己子。自是鄧夫婦身登樂土矣。數年後，楊女思其父母，倩夫往探。鄧帕被往，則故宅依然，而主人非矣。日已昏暮，鄧行倦，欲宿其家。主人辭曰：「客房已滿，無下榻處。惟後堂兩楹，相傳有鬼，能祟行旅，至今扃閉，無人歇宿。」鄧云：「此屋舊屬予岳家，余乃熟遊地，何曾有鬼？縱有鬼，暫歇一宿，諒亦無礙？」主人從之，移燈啓戶，設牀掃塵。鄧展衾解屨，和衣偃息。夜將半，聞堂西角，嚶嚶哭聲，急起視之，一女鬼披髮垢面，傾身來撲。鄧跣足急走，幸堂中設一方几，藉以障身。鬼東人西，鬼南人北，駭極欲號，而口不能出聲。見庭中月白如晝，奔立月光中，鬼追至不敢犯，惟兩目眈眈注視而已。月移一寸，鬼近一寸。月移一尺，人退立一尺，鬼逼近一尺。月上庭牆，鄧負牆立。須臾，月移至膝，鬼蹲身來曳其足。鄧嘆曰：不意鄧某乃死於此！鬼聞語遽釋手，曰：「汝為誰？」曰：「我湯陰鄧某！」鬼曰：「是吾壻也！胡不早言？幾誤殺汝。」因告以身死原由，及埋金處。曰：「趁天未曉，無人知，速取金去！我所以作祟者，守此財，以待汝耳。今日心事已了，予亦不復作祟矣。」仍趨堂西角，而滅。鄧往掘地，果得金攜歸，因益營運，家小豐焉。（續子不語）

☆　☆　☆

有葉老脫者、不知其由來，科頭跣足，冬夏一布袍，手挈竹席而行。常投維揚旅店，嫌房客嘈雜，欲擇潔地。店主指一室曰：「此最靜僻，但有鬼，不可宿。」葉曰：「無害！」徑自掃除，攤竹席於地。

夜臥至三更，門忽開，見有婦人，繫帛於頸，雙眸抉出懸兩頭下，伸舌長數尺。徐步而來。旁有無頭鬼，手提兩頭，繼至。尾其後者，一鬼遍體皆黑，耳目口鼻甚模糊。一鬼四肢黃腫，腹大於五石匏。相詫曰：「此間有生人氣，當共攫之。」羣作搜捕狀，卒不得近葉。一鬼曰：「明明在此，而搜之不得奈何？黃胖者曰：「凡吾輩之所以能攝人者，以心怖而魂先出也。此人蓋有道之士，心不怖，魂不離體，故倉猝不易得。」羣鬼方徬徨四顧，葉乃起坐席上，一手自表曰：「我在此！」羣鬼驚悸，齊跪地下，葉一一訊之。婦人指三鬼曰：「此死於水者，此死於火者，此盜殺人而被刑者，我則縊死於此室者也。」

葉曰：「若輩服我乎？」皆曰：「然！」曰：「然則各自投生，勿在此作祟！」各羅拜去。迨曉，爲主人道其事，自後此室宴然。（子不語）

☆ 究竟有沒有鬼？這個問題難以解答。我自己沒有碰到鬼，但在我的相信得過的朋友中有些人確實看見過鬼。例如現在香港的朋友中，黃天石兄和鄭水心兄都親眼看到鬼，另如董力行、李牧諸先生不但見過鬼而且打過鬼，不信可以問問他們親身的經歷。現在台灣的老朋友更多，誰碰過鬼？我還不知道，想來也一定會有的。我自十年前信基督教義後，當然更不信有鬼，但信不信由你，而鬼話連篇仍然是茶餘酒後的最好談話資料。每當人們談起鬼時，談得越恐怖也越起勁，而聽者也越津津有味。

在我讀大學的時期，一度對鬼的研究頗感興趣。我曾研究意大利名學者龍布盧梭的犯罪學，研究那些死鬼的形象。可見科學發達的西方國家，也有一些學者專家研究鬼。西方所謂「

心靈學」也就是「鬼學」。我對于那些「心靈學」的書籍，也曾博覽。北平幾處有名的鬼屋，我曾幾次實地查勘並大膽試驗。我又常常約些同學討論與鬼有關的若干問題。但是這種興趣漸漸減退，原因是我個人始終沒有見過眞鬼，尤其沒有遇着什麼艷鬼。我所見過的遇到的都是一些假鬼或醜鬼，那全是人扮成的，不值得研究。也許我是一個像前面說過的「蓋了印」的人，一輩子再不會遇着鬼，假如眞有鬼的話。

我雖與鬼無緣，但由可信的親友口中所說出的鬼的故事，却使我感着興趣。姑妄言之，姑妄聽之，興趣便在這裡。

我有一個堂侄年稍長于我，名易潤之，不幸與毛酋同字。我與他同讀長沙明德學校時，同住在一間寢室。一晚，只有我們兩叔侄留在寢室。那是一個深秋之夜，窗外寒風簌簌，有落葉的微響。我們正讀着書，燈光黯淡。我忽然發現侄兒面色慘白，目光呆定，以爲是急病，推他也不動，一會兒他好像驚醒，戰兢兢的說：「二叔！有……鬼！」我問：「你眞的看見了嗎？怎麼我沒有看見？」侄兒說：「一個披頭髮的可怕的幽影兀立在窗前向我獰笑。」當時我年青膽壯，笑着說：「你不要胡思亂想！」話還未說完，只見侄兒一下站起來，向屋外急奔，我去追他，他滿頭大汗，說：「那個鬼又來了！」我知我這個侄兒是一個最誠實的人，不會無中生有講假話來嚇我的，我安慰了他。不久，他大病了一場。如今，他死去多年了。當時我把這件事告訴明德諸同學，同學都說火燄高，所以不怕鬼，而且鬼怕我、

另外一個姓龔字秋霜的親戚見過一次很厲害的鬼。他投宿湘西一個村子裡，門前古木數株，入門見燈燭輝煌，賀客滿堂。主人見他衣冠整潔，一表人材，殷勤招待。主人並說：所娶

新婦，恐須明晨才能自他村趕到，自己要照料親友賓客，暫請龔君住新房一夜，別無餘室。龔秋霜堅謝未獲，又因長途困頓，只好答應，睡到深夜，忽然聽到房門微響，却見一個鳳冠霞帔的艷妝女子幽幽進來。而女子目無他顧，坐在妝台前，在黯淡燈光下，開始梳頭。秋霜既驚且異，心想這一定是新娘來了，為何不見主人同入？正待起身，又有些害怕，悄悄的再窺：那女子秀髮如雲，愈梳愈亂，索性就把頭拿下來，狂梳不已。這時秋霜嚇得全身抖擻，一古腦兒跳下牀，開門急奔，穿過前廳，見有兩棹客人正玩「跑胡子」（湖南紙牌），一齊起立攔住，問何故奔出？秋霜戰兢兢告以所見，那八個人齊聲大笑道：「這有什麼稀奇？真是大驚小怪。」說罷，八個人一齊取下頭來。秋霜抱頭奔竄，天明到另一村落，邀同村民結隊往視，但見古木四周，一片荒墳而已。（新子不語、暢流四五卷二期）

（美聯社倫敦二日電）一位修士使一個女僕懷孕後，即一直在她的屋子四周徘徊了四百年，直到有位高級教士命令他說：「你死了。」才把他打發走。

前倫敦紹斯華克大教堂副主監波斯海金認爲，大多數的幽靈都不快樂、迷路，而且搞錯了。他說，許多鬼必需被提醒說他們已經死了。

波斯海金在新近出版的「生死與心靈研究」一書中提到了那位修士的故事時說：「許多鬼魂曾透過一種媒介跟我囉哩囉唆地詳談一番。而我必須花好多功夫來勸導他們，讓他們明白他們早已死了的事實。」

他聲稱曾經從一百多棟屋子把那些「不受歡迎的客人」趕走，驅邪祓魔。

他說，他爲鬼魂所擧行的安魂彌撒儀式有立竿見影之效，且英國有許多地區也因而受益匪淺。

他說：「教士們曾向我報告說，大多數的鬧鬼事件，用安魂彌撒加以解決後收到了很大的效果，同時，鬧鬼現象也不再有了。」

上週英國國教任命了現年六十五歲的柯普爲祓魔人，負責調查數百宗鬧鬼案。

教區長柯普長久以來一直醉心於超自然和心靈治療的研究。

『生死與心靈研究』一書由萊德出版，售價每本四英磅（合九．六美元）。（中華民國六十二年十二月二日大華晚報）

☆　☆　☆

（合衆國際社美國科羅拉多州丹佛十四日電）派克太太說

，在她八個房間的屋子裏，有個幽靈一天到晚地從一個房間溜到另一房間，敲牆壁，並且還自言自語。

派克太太說：「這屋子有鬼。我可以感覺出，它總跟着我到每個房間。」

有人說，她屋內的水管裝置發生了毛病。

現年五十二歲的派克太太說，這個幽靈第一次出現的時候是在五年前，當時，她和她丈夫買下了這幢尖頂屋，其四周有遊廊。她說，從此後，這個幽靈曾兩次把她推下樓，而且幾乎摧毀她的婚姻。

她說：「我們買下這幢房子後，我迫不及待地遷入，我們這樣做以後，我立刻變得很沮喪。我想那大概是我第一次感覺到幽靈的存在。於是，我開始討厭這房子，憎惡我的丈夫。我告訴他說我討厭他，這個幽靈就是不願這兒的任何人快樂。」

派克太太說，她和她丈夫以討論屋內的鬧鬼事情而挽回了他們的婚姻。不過，那個鬼終於在兩年前迫使他們遷居。今年五月間，這對夫婦又回到這幢屋子。

她說，她已下決心跟鬼拚個死活。她說：「這房子是我的啊！」

她說：「有一晚，我被來自樓梯口的男人聲音吵醒。那聲音說『母親』或『老兄』，我聽不清究竟是那一個，當我朝樓梯口張望時，沒人在那裏。」

鬼把派克太太推下樓的最後一次，是發生在她換了新壁紙時。鬼魂不喜歡這種新壁紙。她的背部被扭傷了。她說，她被推下樓的兩次都是從第十二級樓階失足跌下。每次，她的手都落在樓梯的扶欄上。

她說：「第二次被推下樓正好發生在臥室塗成紅色之後不

久。這個幽靈不喜歡紅色。」

這幢房子於一九〇八年興建。工地原是古老的農舍。房子的第一位主人曾走到屋前的草坪，往頭部開了一槍。不過，自殺沒有成功。

派克太太說，她不知道這個幽靈是誰，不過，可能是住在古老農舍裏面的人。「那幢古老農舍被拆下來的原因可能是鬧鬼的緣故」。（見中華民國六十二年九月十五日大華晚報）

☆　☆　☆

先外舅公直文先生（文淵）在舊京退居後，（凌公爲梁啓超長財政時之次長後代部務）在宣武門外購置住宅，在綏河九號十號房屋兩棟，屋凡三進，第一進客廳客房，第二進畫室書房，第三進臥室，外附小花圃及厨房之屬，在第一進與第二進之間爲一坪，附墻有斗室，用作雜物堆棧，室中置一方桌，初購置時，尙無電燈，全屋用煤油燈，共十數盞，每早由女工收集擦淨玻璃燈罩後，全置此桌上。及夜取用，燈罩均一一離燈，排列桌上，女工不知其故，以為家中小主人與彼惡作劇也。詰之，無人知情，乃走入斗室中敬祝之曰：此房有寃魂耶？請憐我工作之多之苦，勿再移動玻璃燈罩，我為燒送冥楮，請受用之，自是每日燒冥鏹一錠，燈罩皆不移動，如一日不燒，則又起飛如故，但全屋亦此一事，別無他恙。（蕭瑜莫明其妙錄）

☆ ☆ ☆

民國十二年陰曆除夕，余在巴黎鄭毓秀博士家（寓址 6, Rue Erneste Creson, PARIS ）過年，同席吃過年飯且守歲者，除鄭博士監護之三數四川女生外，祇王亮疇先生（寵惠）、魏伯聰學長（道明）及余三人，飯後酒酣耳熱，余隨亮疇先生至客廳縱談今古，余因問之曰：「前在國內見小報等刊物，言先生寓北京一凶宅，夜間遇鬼事，然乎？」先生曰：「誠然！余生平遇神異之事，凡有三次。其一，早在余留學英倫時，其二其三，則在北京。在英倫時，余與同學數人（其一似為鄭天錫先生，但當時未詳記人名，事後在歐洲屢遇鄭先生，亦忘問及此事。）同租住（Persirv）（即帶管早餐之住室。）余住樓下一房，另兩同學住在樓上。一夜，記是冬寒之夜，余上床就寢，向例半坐半睡，先在床上看書，忽聽一同學一步一步下樓梯，至余臥室叩門。余答以英語（Conne in），同學未開門進入室內，祇聞其一步一步又上樓而去，余不以為異，以為惡作劇，欲勞余在寒冷中下床去開門也。少頃，又聞其一步一步自樓梯而下，又叩余門。余以中國話答之：「房門未鎖，你要來，請自開門進來。你想害我冒寒去開門，我不會上你的當！」言已，叩門者並未推門而入，祇聽其步履聲又上樓而去也。余仍以為同學之惡作劇而已，不疑有其他，余遂熄燈蒙被睡去，明日早起，與房東女主人及兩位同學同食早餐，余入席，語同學曰：「昨夜你們想害我受冷起床開門，我才不上你們的當呢。」余言罷大笑，同學聽之則大駭，詳詢以故，余詳告之，同學聞言，連聲稱怪。余等議論喧囂不已，房東太太問為何故，余詳告之，房東曰：「那有此事，請勿再說！」我們心知有異，乃離早餐桌，下樓與雜貨店主言及其事，店主曰：「此乃著名鬼宅，向無問租者，諸位外國人乃來上當也。」吾人聞此大驚且笑曰：「吾人真是碰了洋鬼子矣！」即各檢行李，立即搬家，此一事也，第二事即君適才所問在北京寓所之事。」余曰：「小報所載，似乎先生其時寄住他人家。」先生曰：「所居乃羅文幹君借用之宅。」——筆者按羅宅乃北平人所言四大凶宅之一——

先生隨又言曰：「一夕，已半夜，余登床就寢，向例寢前，先坐床上看書，忽聞隔室有啓門聲，此房門窗地板皆西式建築，似有人扭開門鎖而入室者。余初疑其爲工友之入內取物者，旋又聞其由室外出，扭鎖作閉戶聲。頃之又入，頃之又出。余喚工人名，無應而入余室者，余以爲小偷行竊也，余乃加戒備，披衣危坐，置手杖於床頭，以備萬一。俄而門戶排闥之聲又作，余乃按電鈴，喚工友。工友至，謂各房門皆鎖閉無有開啓者，遍查全屋皆然，全屋各處亦無有被盜情事，乃知爲妖爲異也，此第二事也。第三事則爲先室抱病甚嚴重，百醫罔效，余焦急不知所措，一夜，夢一白鬚老翁臨余床前告余曰：『夫人病無庸焦急也，一時無性命之險，須拖至某月某日方去世也。』後其逝世月日果驗。」亮疇先生言至此，已熱淚盈眶有戚戚焉。時天將破曉，而又正爲陰曆元旦。余不便多問，遂顧左右而

言他。（蕭瑜莫明其妙錄）

☆ ☆

交通部有「韋作老」，凡在抗戰時期與交通界有往還者，無不熟知之。韋名以獻，字作民，浙江吳興人，北大畢業，赴美入乃爾大學，習機械，與胡適之同學。返國後一生服務交通部，歷任技監次長郵政總辦等要職，及中國工程師學會會長，爲人和藹可親，忠厚謙謹，友朋中有所請求，無不多方設法惟力是視，故又有「韋陀」與「韋菩薩」之稱。民國廿八年重慶市大轟炸，市區幾成火窟，政府嚴令緊急疏散，韋亦全家搬住南溫泉，稅屋暫居。屋爲一小洋房，花木扶疏，清雅宜人，原爲一軍閥別墅，闔家移居之後，夜間時聞有女子步履聲，上下樓梯，或移動椅桌，擾擾之聲，達旦不休，家人爲之震駭不安，作老平日因公住部中，而渡其週末于南溫泉，聞之大異，叩詢右左鄰居，均秘不敢言，日久有告之曰：「此有名凶宅，中有凶死者，宅主懼不敢居，故以出租，主人原握軍符，富于貲而好色，妾侍衆多，有養婢長成美而艷，欲納之爲第幾妾，不從，强汚之，遂自縊，埋屍于後園牆下，「新塚猶存」。作老聞之，悲憫無已，即于次日，親備香燭帛紙，攜其女公子數人前往其葬身之處，焚香禱祝曰：「借此避炸，實非得已，同爲天涯難民，請勿相擾，如不以爲忤，願認爲「亡義女，視作一家人」，並題名焚贈之，列其女兒行，稱六小姐。是夜夜半，月色在窗，斜透碧紗，作老尚未入睡，忽見窗前陽台上有少女黑影，向室內作鞠躬狀，冉冉而逝，從此即不再聞異聲，此爲作老生前當抗戰勝利，復員南京，共事交部技術廳時與我親言者也。（見浮生散記宋教授並對余口述）

直隸安州參將張士貴，以公廨太仄，賃居於城東。俗傳其居有怪。張素倔强，必欲居之。既移家矣，其中堂每夜聞擊鼓聲。家人惶恐，張乃挾弓矢，秉燭坐。至夜靜時，梁上忽伸一頭，脫而相笑。張射之，全身墜地，短黑而肥，腹大如石匏。矢中其臍，入一尺許。鬼以手摩腹笑曰：「好箭！」復射之，摩笑如前。張大呼家人齊進，鬼升梁而走。罵曰：「滅汝家！」

次日，天明，參將之妻暴卒，天暮，參將之子又卒。張棺殮畢，悲悔不已。

居月餘，聞複壁中有呻吟聲，往視，即其所殯之妻子也。飲之薑汁，揚揚如平生。問之，皆曰：「吾未嘗死，但昏昏如夢，見兩大黑手，擲我於此。開棺視之，蕩然無所有。方知人

死有命，雖惡鬼相怨，亦僅能以幻術揶揄之，不能殺也。（子不語）

介侍郎族兄某，强悍，憎人言鬼神事。每所居，喜擇其素號不祥者而居之。過山東一旅店，人言西廂有怪，介大喜，開戶直入。坐至二鼓，瓦墜於梁。介罵曰：「若鬼耶？須擇吾屋上所無者而擲焉，吾方畏汝！」果墜一磨石。介又罵曰：「若厲鬼耶？須能碎吾之几，吾方畏汝！」則墜一巨石，碎几之半。介大怒罵曰：「鬼狗奴！敢碎吾之首？吾方服汝。」起立擲冠於地，昂首而待。自此寂然無聲，怪亦永斷矣。（子不語）

則天時，狄仁傑爲寧州刺史，其宅素凶。先時刺史死者十餘輩。傑初至，吏白：「官舍久凶，先後無敢居者。且榛荒棘毀，已不可居。請舍他所。」傑曰：「刺史不舍本宅，何別舍乎？」命去封鎖，葺治居之不疑。數夕，詭怪奇異，不可勝紀。傑怒，謂曰：「吾是刺史，此即吾宅，汝曲吾直，何爲不識分理？反乃以邪忤正。汝若是神，速聽明敎。若是鬼魅，何敢相干？吾無懼汝之心，徒爲千變萬化耳！心理要相見，何不以禮出耶？」斯須，有一人具衣冠而前曰：「某是某朝官，葬堂階西樹下，體魄爲樹根所穿，痛楚不堪忍。頃前數公，多欲自陳，其人輒死。幽途不達，以至於今。使君誠能改葬，何敢遷延於此？」言訖，不見。明日，傑令發之，果如其言，乃爲改葬。自此絕也。（太平廣記）

☆　☆　☆

周左司員外郎、鄭從簡所居廳事常不寧。令巫者視之，曰：「有伏尸姓宗，妻姓寇，在廳基之下。」使問之？曰：「君

坐我門上，我出入常値君，君自不嘉，非我之爲也。」掘地三尺，果得舊骸，銘如其言。移出改葬，於是遂絕。（朝野僉載）

☆

長安待賢坊，隋北領軍大將軍史萬歲宅。其宅初常有鬼怪，居者輒死。萬歲不信，因即居之。夜見人，衣冠甚偉，來就萬歲。萬歲問其由？鬼曰：「我漢將軍樊噲，墓近君居厠，常苦穢惡，幸移他所，必當厚報！」萬歲許諾。因責殺人所由，鬼曰：「各自怖而死，非我殺也。」及掘得骸柩，因爲改葬。後夜，又來謝曰：「君當爲將，吾必助君！」後萬歲爲隋將，每遇賊，便覺鬼兵助己，戰必大捷。（兩京記）

☆

高宗嘗大明宮宣政殿始成，每夜聞數十騎行殿左右，殿中宿衞者，皆見焉。衣馬甚潔，如此十餘日。高宗乃使術者劉門奴問其故？對曰：「我漢楚王戊之太子也。」門奴詰問之，按漢書楚王與七國謀反，漢兵誅之，夷宗覆族，安有遺嗣乎？」答曰：「王起兵時，留吾在長安，及王誅後，天子念我，置而不殺，養于宮中。後以病死，葬于此。天子憐我，殮以玉魚一雙，今在正殿東北角。史臣遺略，是以不見于書。」門奴曰：「今皇帝在此，汝何敢庭中擾擾乎？」對曰：「此是我故宅，今既在天子宮中，動出頗見拘限，甚不樂，乞改葬我于高敞美地，誠所望也。愼無奪我玉魚！」門奴奏之，帝令改葬。發其處，果得古墳，棺已朽腐，傍有玉魚一雙，製甚精巧。勅易棺櫬，以禮葬之于苑外井，并以玉魚隨之，于此遂絕。（廣異記）

☆　☆　☆

永徽初，張琮爲南陽令，寢閣中，聞階前竹有呻吟之聲。就視則無所見，如此數夜，怪之。乃祝曰：「有神靈者，當相語。」其夜，忽有一人，從竹中出，形甚弊陋。前自陳曰：「朱粲之亂，某在兵中，爲粲所殺，尸骸正在明府閣前。一目爲竹根所損，不堪楚痛。以明府仁明，故輒投告，幸見移葬，敢忘厚恩！」令謂曰：「如是，何不早相聞？」乃許之。

明日，爲具棺櫬，使掘之，果得一尸，竹根穿其左目。仍加時服，改葬城外。

其後，令笞殺一鄉老，其家將復仇，謀須令夜出，乃要殺之。俄而城中失火，延燒十餘家。令將出按，行之，乃見前鬼，遮令馬曰：「明府深夜何所之？將有異謀！」令問爲誰？曰：「前時得罪於明府者。」令乃復入。明日掩捕其家問之，皆驗。遂窮治之，夜更祭其墓，刻石銘於前曰：「身殉國難，死不忘忠。烈烈貞魂，實爲鬼雄。」（廣異記）

婺源汪啓明、遷居上河之進士第，其族汪進士波之故宅也。乾隆甲午四月一日夜，夢魘良久，寤見一鬼逼帷立，高與屋齊。汪素勇，突起搏之，鬼急奪門走，而誤觸牆，狀甚狼狽。汪追及之，抱其腰。忽陰風起，燈漸滅，不見鬼面目。但覺手甚冷，腰粗如甕。欲喊集家人，而聲噤不能出。久之，極力大叫，家人齊應。鬼形縮小如嬰兒，各持炬來照，則所握者，壞絲棉一團也。窗外瓦礫，亂擲如雨，家人咸怖，勸釋之。汪笑曰：「鬼黨虛嚇人耳。奚能爲？倘釋之，將助爲祟，不如殺一鬼，以懲百鬼。」因左手握鬼，右手取家人火炬燒之。膃膞有聲，鮮血迸射，臭氣不可聞。迨曉，四鄰驚集，聞其臭，無不掩鼻者。地上血厚寸許，腥膩如膠，竟不知何鬼也？王葑亭舍人爲作捉鬼行，紀其事。（子不語）

新安趙天如、授徒黃氏，酷暑畏熱，夜不成寐，而居停請易臥室。居停爲指數處，皆不當意。惟一樓院內多花樹，涼風徐來，趙喜之，黃似不可。趙疑切近內室？黃曰：「非也！上有鬼魅，故未敢令先生居。」趙云無妨！遂移榻焉。秉燭以待，夜半忽聞梁間有聲，觀之，則弓鞋雙垂而下，年二十許之美人也。凭欄望月，取粧奩作梳沐狀，復行至廂樓，揭起覆瓦數溝，取出白鏹六封，攤几上，展玩歎息，乃復包裹藏瓦溝中，覆蓋如故。轉身至趙榻前，將掀帷幕，趙下榻叱逐，直至樓下，入後園竹林中，而沒。窺之，內有新厝棺，心知非此祟。

明日，晤居停問曰：「後園之鬼，得無自縊者乎？爲君家誰？」黃不覺泣下曰：「死者爲吾愛妾，張氏。性最敏慧，掌出納銀錢，一日收某處租三百兩，甫交未幾，吾急需用，則烏有矣。予一時盛怒，以汚蔑之言罵之。詎知渠忿竟尋短見。

」趙曰：「是君暴急之過，然其事可得終明乎？」曰：「未也」問有子否？則現拜門牆者，是也。趙曰：請爲白其冤！拉黃登樓，揭瓦溝取出，果然原物也。

其夜，見鬼復下如前，作梳沐狀，取筆題詩於牆，向榻前再拜而去。詩曰：「小婢偷金去，私藏瓦上溝；今朝冤始雪，我恨亦全休。」自後，此樓安靜矣。（續子不語）

先叔懋昌公號季偉，前清秀才，光緒三十四年死，停柩家中。余夜間如厠必過其柩，甚恐怖，因令童僕林依三相隨以壯膽，有一夜依三提灯先行，余尾其後，依三面如死灰，渾身發抖，回顧對余曰：「頃瞥見季偉老爺，布衣布帽，手捧一張紙，一面看，一面走，走到柩前不見了」。余在後所見與依三同，布衣布帽喪服也，先祖母亦是年死，故季叔雖死爲鬼，仍着素服也。（勸懲見聞錄）

第八章 厲鬼（十一則）

有吳生者、江南人，嘗遊會稽，娶一劉氏女爲妾。後數年，吳生宰縣於雁門郡，與劉氏偕之官。劉氏初以柔婉聞，凡數年。其後忽曠烈自恃，不可禁。往往有逆意者，即發怒，毆其婢僕，或齧其肌血，且甚而怒不可解。吳生始知劉氏悍戾，心稍外之。

嘗一日，吳與雁門部將數輩，獵於野，獲狐兎甚多，致庖舍下。明日，吳生出，劉氏即潛入庖舍，取狐兎生啖之，且盡。吳生歸，因詰狐兎所在？而劉氏俛然不語。吳生怒，訊其婢，婢曰：「劉氏食之盡矣！」生始疑劉氏爲他怪。

旬餘，有縣吏，以一鹿獻，吳生命致於庭。已而吳生始言將遠適，既出門，即匿身潛伺之。見劉氏散髮袒肱，目眥盡裂，狀貌頓異。立庭中，左手執鹿，右手拔其脾而食之。吳生大懼仆地，不能起。久之，乃召吏卒十數輩，持兵仗而入，劉氏見吳生來，盡去衣衫，挺然立庭，乃一夜叉耳。目若電光，齒如戟刃，筋骨盤蹙，身盡青色。吏卒俱戰慄不敢近，而夜叉四顧，若有所懼，僅食頃，忽東向而走，其勢甚疾，竟不知所在。（宣室志）

☆　☆　☆

博士邱濡說：汝州傍縣五十年前，村人失其女，數歲忽自歸。言：初被物寐中牽去，倏至一處，及明，乃在古塔中。見美丈夫謂曰：「我天人，分合得汝爲妻，自有年限，勿生疑懼！」且誡其不窺外也。日兩返，下取食，有時炙餌猶熱。經年，女伺其去，竊窺之，見其騰空如飛，火髮，藍膚，磔耳如驢，至地方乃復人焉。女驚怖汗洽。其物返覺曰：「爾固窺我，我實夜叉，與爾有緣，終不害爾！」女素惠，謝曰：「我既爲君妻，豈有惡乎？君既靈異，何不居人間，使我時見父母乎？」其物言：「我罪業，或與人雜處，則疫作，今形跡已露，任爾縱觀。不久，當歸爾也。」

其塔去人居止甚近，女常下視，其物在空中不能化形，至地，方與人雜。或有白衣塵中者，其或斂手則避。或見枕其頭，唾其面者，行人悉若不見。及歸，女問之：「向者，君衢中，有敬之者，有戲狎之者，何也？」物笑曰：「世有吃牛肉者，余得而欺矣。遇忠直孝養、釋道守戒律法籙者，吾悞犯之，當爲天戮。」

又經年，忽悲泣語女：「緣已盡，候風雨，送爾歸。」因授一青石，大如雞卵，言：「至家，可磨此服之，能下毒氣。」後一夕，風雷，其物遽持女曰：「可去矣！」如釋氏言：屈

伸臂項，已至其家，墜在庭中。其母因磨石飲之，下物如青泥斗餘。（酉陽雜俎）

☆ ☆ ☆

仁和秀才陳鹿渠，性頗嚴正，生一女，幼而好道。日持齋誦經，聞人爲議婚，便涕泣不食，鹿渠厭苦之，父女不相見。年三十餘，忽重病，囈語口稱：「我江西布客張四，汝前世爲船戶，我雇汝船往四川，汝謀財殺我，幷抉我目，剝我皮，沈我江中，故我來索命。」陳心念謀財之盜，容或有之。剝皮之事，盜未必爲。問是何年事？曰：「雍正十一年。」陳大笑曰：「雍正十一年，我女已三歲矣，焉有尙爲船戶之事？」女忽自批其頰曰：「陳先生好利害，是我錯尋你女兒了。與我錢三千，我即去。」陳怒曰：「惡鬼妄詐人，我方取桃枝打汝，焉得與汝錢？」女又自批其頰曰：「陳先生好利害，汝旣說我是惡鬼，我將肆惡鬼手段，索汝女命去，無悔！」陳曰：「此女不孝，我甚厭之。汝同他去，我甚喜。但汝並非寃家，敢如此嚇詐？想吾女陽數已絕矣，汝能立索其命，方信汝手段。若三日後死，則是吾女之大數使然，非汝手段也。」言畢，女厥然起，不復作鬼語。後兩月餘，女纔死。（子不語）

按：人間類此惡行，亦不勝枚舉，焉得人人如陳先生者，使詐欺之徒，無所施其技也。

☆　☆　☆

太和堂者，福州最有名之茶葉店也，店主人楊川誨嗜鴉片，吞雲吐霧，賞玩烟霞，一灯熒熒，樂在其中。烟癮抽足即無所不談。筆者自幼喜聆鬼怪故事，小冠隅坐，聽先輩所談，至今記憶猶新，爰予追述於下；據說山中採下的茶，謂之生茶，，須經微火烘乾，始可應市，此謂之焙。其法將生茶放在釜中，爐灰木炭溫其下，用鐵鍬反復攪動以防其焦，生茶有毛，熟之則毛多處飛揚，毛着肌膚，癢不可耐，故茶工工畢必洗澡以去癢。夏令焙茶每在深夜，蓋白天熱不宜於焙茶也。一日夜工畢，某工照例往東門洗澡，閩中溫泉多設在東門外，即深夜往洗浴，店亦不拒絕，時夜闌人靜，踽踽獨行，至雙門前，見一女子，忽前忽後，因當時婦女夜間向不外出，甚感疑惑，惟茶工素稱膽量過人，在月光朦朧中躡足尾隨，探其所止。女停步回頭，散髮吐舌告之曰：「你跟我何爲？」茶工乃暫停止跟隨，仍然遙望此女行動，見女轉入巷道，至一人家門前佇足，頃間見女身薄如紙，從門隙而入，茶工急趨其門而窺之。此家有屋三間，左右爲房，中間作廳，屋內前方四周有迴廊，中爲天井，迴廊一角放鷄籠一只，中有鷄，蓋中常之家也。該女入內東張西望，愁眉苦臉，似有所思。頃之笑容滿面，到牆角拾一木棍以刺鷄，鷄聲 噪，左房中有老媼發厲聲，責其媳婦晚間未將鷄籠蓋好，以致鼬鼠竄入嚙鷄，促其媳起視。媳持燭出，鷄並無恙，且鷄籠仍如晚間所蓋，完好未動，因告其婆，息燭而就寢。女見婦出跪拜不已。媳甫入不久，女復刺鷄，由是老媼痛詈其媳，謂晚間鷄籠根本未予蓋好，不然何以鷄聲 噪乃爾。媳受委曲，涕淚縱橫，其吞聲忍氣之情，不言可知。該女睹情歡天喜地，叩頭如搗蒜，屋矮樑低，女從腰間出一長繩，一端結於樑，尾端結一環，扶其媳登椅上，以環套其頸，女復跪拜如初。正欲去椅，門外茶工怒氣冲天，搥門叫老媼起，而女頓失所在，救了其媳一命。經說明所見，始知兒子外出，婆媳不和，致引鬼入室，家庭不睦者誠可以此為殷鑒也。余以為現今時見報載跳樓、投水、服毒、車禍、姦殺者，其中或皆為鬼所操縱者亦未可知。（勸懲見聞錄）

蘇州石湖民姓楊，初以赤貧，爲穿窬，知一老嫗，薄有所
蓄，黑夜穿牆入房，見嫗燈下操紡，乃匿床後伺之。
忽見一青面鬼，數以圈套其項，嫗即停紡歎曰：「何苦爲
人？不如弔死！」遂起身，尋繩穿梁作圈，登櫈子上弔，鬼推
倒櫈子，以雙手掣墜其足。盜狂駭，忘己是盜，大聲高叫曰；
「速救人！」嫗有三子，齊排闥入，倉忙解救，母得不死。
叩首謝盜曰：「恩人！恩人！然如此黑夜，君何自來乎？
」盜聞言，猛醒曰：「阿呀！阿呀！我實是壞人也，因貧極，
爲小盜，希圖活命。適見青面鬼，害汝令堂，不覺絕叫。乞赦
我罪，放我去足矣！」三子曰：「汝救我母命，是大恩人！必
圖報德。」乃留宿欵待，天明，以十金贈之；勸做好人。
盜感悟，改行，以金作本，經理貿易，致家千金，石湖稱

小殷戶焉。此明末年事也。石湖僧俗，屢述甚悉。（現果隨錄）

☆ ☆ ☆

余外家顧氏，居無錫城內西溪上，數百年舊族也。相傳雍正初年，有一道士過其門，忽植立瞠視曰：「吁！縊鬼入矣。」頃之，連聲稱縊鬼者七。乃詣閽人告曰：「此宅有七縊鬼入門，自今以後，當有七人自縊者。及今驅之，尚可為也。何不請我作法？以拯此厄。」

閽人入報，是時宅主顧持國先生，先妣太夫人之高祖也。性方嚴，以道士為妖妄，斥去之。道士笑曰：「固知定數，不可挽也。」長歎而去。

越數年，持國先生將嫁其女，與壻家爭花轎不得，女忽自縊。其後，先生之從孫某，為母所責，與其妻同縊于樓上。孫婦高儒人，與其夫不相得，遂自縊。其夫旋亦自縊。先生之曾孫某，歸自書塾，忽自縊于桑下。七十年中，男女縊死者六人。外祖母陳太夫人，既歸顧氏，柔順靜默，終日垂簾刺繡，與姑娣姒無間言。每晨起梳妝，窗外桂樹一株，常有小鳥鳴其上，若曰：「蠟梅花上街，披裏去，披裏去。」陳太夫人以問左右，左右不聞也。有吳媼者、陳太夫人之乳母也，目能見鬼，嘗云：「見一縊婦，手持髮一綹，短繩一條，徘徊房戶外」。陳太夫人斥之曰：「咄！速去。毋妄言」。越數年，媼忽語家人：「宜謹爲備，昨見縊鬼歡舞雀躍，揚揚出入者，數日矣。而顧氏祖宗，皆切切聚謀，若甚有憂者，果何爲耶？」於是家人防護維謹。

先是，陳太夫人性喜佩蠟梅，以其格高而韻遠也。嘉慶八年十二月十七日，陳太夫人晨起盥漱，忽聞門外有賣蠟梅者，亟遣媼出呼之。逮持花入，則陳太夫人已就側室自縊矣。側室者、家人所呼為披裏者也。自是，鳴鳥不復至。閱年餘，家人或夢陳太夫人來告曰：「吾請于上帝，已驅除一方縊鬼矣。」故至今城西數里，無縊鬼云。（庸盦筆記）

☆　☆　☆

兩江總督衙署，在金陵城北，粵賊踞金陵時，嘗為偽天王府。內有花園，園內有池。甲子六月，官軍克金陵，洪逆偽宮人，赴池水死者百餘人。辛未十月，復營為督署。余時在曾文正公幕府。幕賓所居之地，與花園相距甚近。余夜觀書，常至三鼓。往往聞窗外剝啄聲。余知為鬼，置之不理。如是者，數夕。余厭其煩，乃右手秉燭，左手執棍，出驅之。羌無所見。既返室中，則拊窗聲，敲門聲，與板壁外彈指聲，終夜不息。余亦置不與校。然竟未敢入余室也。其後，余習與相忘，不以為意，而所聞亦轉少于前。及李雨亭制軍、總督兩江，甲戌之秋，幕客有遣其僕，赴茶鑪取水者，怪其久不至，復遣一僕往趣之。行過花園，微聞有呻吟聲。則見前僕顛仆池邊，兩手據地，作竭力支撐之狀。黑氣一團，旋繞其旁，駸駸將入水矣。後僕大呼，同事者聞聲奔集，黑氣跳入池中，汩然一聲。僕悶不省人事，以湯灌之，良久始醒。但云：「行到花園，忽見一鬼，出自池中，拉余入水。余驚懼仆地，然口雖不能言，而心尚有所覺，極力掙拄，已為所拖。若再無人呼救，則命休矣。」

是日，甫值下午，不過二三點，天陰微雨，水鬼儼然出池拉人。于是過此者，咸有戒心。未及兩旬，而制軍之猶子，忽死于池中矣。猶子年已四十餘，先數日接得家信，有喪明之痛，故水鬼得因其感而祟之。是年冬，制軍遂引疾去位。數月之前，衰氣已見，故水鬼敢白晝拉人。至其夜間，僅在窗外剝啄

，則猶歛戢之至者矣。（庸盦筆記）

潁川陳慶孫、家後有神樹，多就求福，遂起廟，名天神廟。慶孫有烏牛，神于空中言：「我是天神，樂卿此牛。若不與我，來月二十日當殺爾兒」。慶孫曰：「人生有命，命不由汝」。至日，兒果死。復言：「汝不與我，至五月殺汝婦」。又不與，至時婦果死。又來言：「汝不與我，秋當殺汝」。又不與，至秋，遂不死。

鬼乃來謝曰：「君爲人心正，方受大福。願莫道此事，天地聞之，我罪不細。實小鬼得作司命度事幹，見君婦兒終期，爲此欺君，索食耳。願深恕亮！君錄籍年八十三，家方如意，鬼神佑助，吾亦當奴僕相事」。遂聞稽首聲。（幽明錄）

陳公鵬年，未遇時，與鄉人李孚相善。秋夕乘月色過李閒話。李故寒士，謂陳曰：「與婦謀酒不得，子少坐，我外出沽酒，與子賞月。」陳持其詩卷坐觀待之。

門外有婦人，藍衣蓬首開戶入，見陳便却去，陳疑李氏戚也。避客故不入，乃側坐避婦人。婦人袖物來，藏門檻下，身走入內。陳心疑何物？就檻視之，一繩也。臭有血痕。陳悟此乃縊鬼，取其繩，置靴中，坐如故。

少頃，蓬首婦出，探藏處，失繩。怒，直奔陳前呼曰：「還我物！」陳曰：「何物！」婦不答，但聳立張口吹陳，冷氣一陣如冰。毛髮肅然，燈熒熒青色將滅。陳私念，鬼尚有氣，我獨無氣乎？乃亦鼓氣吹婦。婦當公吹處，成一空洞。始而腹穿，繼而胸穿，終乃頭滅。頃刻，如輕烟散盡，不復見矣。

少頃，李持酒入，大呼婦縊於牀。陳笑曰：「無傷也，鬼繩。尚。在。我。靴。。」告之故，乃共入解救，灌以薑湯蘇。問何故尋死？其妻曰：家。貧。，其。夫。君。好。客。不。已。，頭。止。一。釵。，拔。去。沽。酒。，心。悶。甚。。客又在外，未便聲張。旁忽有蓬首婦人，自稱左鄰，告我以夫非爲客拔釵也，將。赴。賭。錢。場。耳。。我愈鬱恨，且念夜深，夫不歸，客不去，無。面。目。辭。客。。蓬首婦手作圈曰：從此入，即佛國，歡喜無量。余從此圈入，而手套不緊。圈屢散。婦人曰：取吾佛帶來，則成佛矣。走出取帶，良久不來，余方冥然若夢，而君來救矣。訪之鄰，數月前，果縊死一村婦。（子不語）

☆　☆　☆

何容捕者殷乾，捕賊有名。每夜伺人於隱僻處。將往一村，有持繩索者貿貿然。急奔衝突其背，殷私憶，此必盜也。尾之至一家，則踰垣入矣。又私憶，捕之不如何之。捕之不過獻官，未必獲賞。何其出而刼之，必得重利。

俄聞隱隱然有婦女哭聲，殷疑之，亦踰垣入。見一婦疏妝對鏡，梁上有蓬頭者，以繩鉤之。因此知乃縊鬼求代耳。大呼，破窗入。鄰佑驚集，殷具道所以。果見婦懸於梁，乃救起之。婦之公姑，咸來致謝，具酒爲款。散後從原路歸，天猶未明。背簌簌有聲，回顧，則持繩鬼也。罵曰：「我自取婦，干汝何事？而破我法。」以雙手搏之。殷膽素壯，與之對搏。拳所著處，冷且腥。

天漸明，持繩者力漸憊。殷愈奮勇，抱持不釋。路有過者，見殷抱一朽木，口喃喃大罵。上前諦視，殷恍如夢醒。而朽木亦墜地矣。殷怒曰：「鬼附此木，我不赦木。」取釘釘之庭柱，每夜聞哀泣聲，不勝痛楚。過數夕，有來共語者，慰唁者，代乞恩者。啾啾然，聲如小兒。殷皆不理。

中有一鬼曰：「幸主人以釘釘汝，若以繩縛汝，則汝愈苦矣。」羣鬼噪曰：「勿言！勿言！恐洩漏機關，被殷學乖。」次日，殷以繩易釘，如其法。至夕，不聞鬼泣聲，明旦視朽木，竟遁矣。（子不語）

☆ ☆ ☆

青龍寺僧和衆韜光，相與友善。韜光富平人，將歸，謂和衆曰：「吾三數月不離家，師若行，必訪我！」和衆許之。逾兩月餘，和衆往中都，道出富平，因尋韜光。和衆日暮至，離居尚遠，而韜光來迎之曰：「勞師相尋，故來迎候。」與行里餘，將到家，謂和衆曰；「北去即是吾家，但入待我，我有少務要至村東，少還，當還。」言已東去。和衆怪之，竊言：「彼來迎候，何預知也？欲到家捨吾，何無情也？」至其家扣門，韜光父哭而出曰：「韜光師不幸，亡來十日，殯在村東北，常言師欲來，恨不奉見。」和衆弔唁畢，父引入于韜光常所居房舍之。和衆謂韜光父曰：「吾適至村，而韜光師自迎吾來，相與談話里餘，欲到，指示吾家而東去，云：「要至村東，少間當返。吾都不知是鬼，適見父方知之。」韜光父母驚謂和衆曰：「彼既許來，來當執之！吾欲見也。」於是夜久，韜光復來，入房謂和衆曰：「貧居客來，無以供給！」和衆請同坐，因執之，叫呼其父與家人並至，秉燭照之，形言皆韜光也。納之甕中，以盆覆之。甕中忽哀訴曰：「吾非韜光師，乃守墓人也。知師與韜光師善，故假爲之。如不相煩，可恕造次！放吾還也。」其家不開之，甕中密祈請轉苦。日出後，卻覆如驚鳥飛去，而和衆亦還，後不復見焉。（紀聞）

按：鬼者、歸也，「鬼有所歸，乃不爲厲。」無所歸宿，且含冤莫愬，所以爲厲也。鬼固如此，人亦有之，世之無業流氓，亦猶無所歸之厲鬼，近則害人，故爲政須先解決民生問題，否則，善良者難免轉乎溝壑；凶惡者，則流爲盜賊，爲害社會矣。

第九章　見鬼（四則）

揚州羅兩峯，目能視鬼，曰：凡有人處，皆有鬼。其橫亡厲鬼，多年沉滯者，率在幽房空宅中。是不可近，近則爲害。其憧憧往來之鬼，午前陽盛，多在牆陰。午後陰盛，則四散流行。可以穿壁而過，不由門戶。遇人則避路，陽氣盛也。是隨處有之，不爲害。

鬼所聚集，恒在人煙密簇處。僻地曠野，所見殊稀。圍繞

厨灶，似欲近食氣。又喜入溷廁，則莫明其故？或取人迹罕到耶？（閱微草堂筆記）

☆河南巡撫胡公賓，眼珠碧色，自幼能見鬼物。九歲猶不言，尙記前生事。能言後，不復記矣。自言人間街衢堂屋，在在有鬼，惟朝廷午門內無之。菜市口、刑人處，鬼尤叢集。遇人氣盛，避之而行。衰弱則摩肩而過。或有所揶揄者，其人必病。午前猶不甚出，午後道路紛紛。然其擧止，率皆卑瑣齷齪，無昂偉正大者。公一生不肯入廟，神佛見之，往往起立。嘗述所經歷者：尊莫尊於東嶽大帝，鹵簿繁盛。奇莫奇於金將軍，遍體金色，毛孔閃閃，生萬道金光。醜莫醜於狹面鬼，身長三尺，面長四尺，濶止五六寸，令人對之欲嘔。他如如來仙子、關公、蔣侯，皆未之見也。幼時過土地祠旁，塑牛頭鬼，公踐其角，鬼隨歸家，以角抵公臥床，震撼不已，隨患瘧，牛壓其胸。太夫人祭之方去。人問胡公官貴，何神佛見之尚起立，而牛頭賤鬼，乃敢揶揄之耶？余答之曰：惟是神是佛，正直聰明，故知其爲貴人正人而敬之。牛則無知也，何敬之有？（子不語）

按：鬼固如此，人亦有之。一般無法無天之小人，不知正直聰明爲何物也。

胡太虛撫軍，能視鬼，云嘗以葺屋，巡視諸僕家，諸室皆有鬼出入，惟一室闃然。問之？曰：「某所居也。」然此僕蠢蠢無寸長，其婦亦常奴耳。後此僕死，其婦竟守節終身。蓋烈婦或激於一時，節婦非素有定志，必不能飲冰茹蘗數十年。其胸中正氣，蓄積久矣，宜鬼之不敢近也。

又聞一視鬼者曰：「人家恒有鬼往來，凡閨房褻狎，必諸鬼聚視，指點嬉笑。但人不見不聞耳。鬼或望而引避者，非他年烈婦節婦，即孝婦賢婦也。」與胡公所言，若重規疊矩矣。

（閱微草堂筆記）

☆ ☆ ☆

夏侯弘自云：見鬼與其言語。鎮西謝尚所乘馬忽死，憂惱甚至。謝曰：「卿若能令此馬生者，卿真能見鬼也」。弘去良久，還曰：「廟神樂君馬，故取之，當活」。尚對死馬坐，須臾，馬忽自門外走還，至馬尸閒便滅，應時能動起行。

謝曰：「我無嗣，是我一身之罰？」弘經時，無所告，曰：「頃所見小鬼耳，必不能辨此源由」。後忽逢一鬼，乘新車，從十許人，着青絲布袍。弘前提牛鼻，車中人謂弘曰：「何以見阻」？弘曰：「欲有所問，鎮西將軍謝尚無兒，此君風流令望，不可使之絕祀」。車中人動容曰：「君所道，正是僕兒。年少時，與家中婢通，誓約不再婚而違約。今此婢死，在天訴之，是故無兒」。弘具以告。尚曰：「吾少時，誠有此事」。（志怪錄）

乾隆間，有楊御史某，在京時，與一道士善。道士能見鬼，言午後鬼出，或大而長，或小而短，或老或少，無處不有。或食煙，或吸氣，吸精。或啜人畜所食之餘。正法華經所云，隨其所作而受業報者此也。一日來楊館笑曰：「君厨下有偷食小鬼，今投生矣。特不知何家，償其債耳。」楊因言近日得一子，令媼抱出。道士審視，愕然無言。楊怪之，延入屋，密叩再三。道士歔欷曰：「君曾作何業？偷食鬼爲爾子矣！」楊曰：「吾自信無大過，但微時爲童子師，稍懈怠耳。」道士拍其背曰：「妄食東人粥飯，廢却子弟歲月，尚不爲大過乎？」道士

拂衣出。後此子長，日事酒色，田盡則掘屋磚換酒，竟不識丁而終。（北東園筆錄）

☆　☆　☆

唐法海寺沙門英禪師，具言每見鬼。寺主沙門慧蘭怪而問焉？英曰：「向秦莊襄王遣人傳語：飢虛甚，以師大慈，又自有所見。從者二百許人，勿辭勞費也。」吾已報云：「後日曉食盡來，專相候待。」慧蘭便備酒脯之類，至時，秦王果來，侍從甚衆，貴賤羅列，坐食甚急。謂英曰：弟子不食八十年矣！英問其故？答曰：「吾生時，未有佛法，地下見責功德，吾但以放生、矜恤惸孤應之。以福薄受罪未了，受此一餐，更四十年，方便得食。」因指坐上人云：「是陳軫爲多虛詐。」又指二人云：「是白起王翦，爲殺人多，受罪亦未了。」英曰：「王何不從人索食，而自受飢窘也？」答曰：「慈心少，且餘弟子有物在，當相送。城東門通化外尖冢，是弟子墓。時人不知，妄云：不韋冢耳。」英曰：「往赤眉賊發掘，何得更有物在？」鬼曰：「賊將粗物去，細者深，賊取不得，見在。」英曰：「貧道出家，無用物處，必莫將來！」言訖，謝去。（兩京記）

唐正諫大夫明崇儼，少時，父為縣令，縣之門卒有道術，儼求敎，敎以見鬼方，兼役使之法，遺書兩卷。儼閱之，書人名也。儼于野外獨處，按而呼之，皆應曰：唯！見數百人，於是每須役使，則呼其名，無不立至者。儼嘗行見名流將合祔二親者，輀車已出郊，儼隨而行。召其家人謂曰：「汝主君合葬二親乎？」曰：然！曰：「汝取靈柩得無誤發他人家乎？」曰：無！儼曰：「吾見紫車後，有夫人，年五十餘，長大，名家婦也。而後有一鬼，年甚壯，寡髮，弊衣，距躍大喜，而隨夫人。夫人泣而怒曰：「合葬何謂也？」汝試以吾言白汝主君云：「明正諫有言如此。」祔親者聞之，大驚泣，而謂儼曰：「吾幼失父，昨遷葬，決老豎取之，不知乃誤如此！」崇儼乃與至發墓所，命開近西境，按銘記，果得之，乃棄他人之骨，而祔其先人。儼在內言事及人間猒勝至多，備述人口，故不繁述。（紀聞）

☆　☆　☆

劉根傳：潁川太守史祈、以劉根為妖妄，謂之曰：「促召鬼，使太守目睹！」根於是左顧而嘯，有頃，見祈亡父祖近親數十人，皆反縛在前，向根叩頭，曰：「小兒無狀，分當萬坐。」顧而叱祈曰：「汝為人子孫，不能有益先人，而反累辱亡靈，可叩頭，為吾陳謝。」（後漢書）

華嗣論者，江蘇無錫人，福建鹽知事，與吾比鄰，據云、他少年時，好作方城之戲，終宵達旦，玩個不休。有一次夜半在友人家中雀戰，嘗見一女郎，油頭粉面，美若天仙，在窗內向其一笑，夜闌人靜，毛骨悚然，因而大病，頭髮脫落，日中見鬼。嗣論說：鬼見權貴及品行端正之人，立即避匿無蹤，大街小巷上，鬼與人混在一起，是鬼是人嗣論一望便知。鬼有時成群結隊，散處街衢，時常揶揄人家。譬如有人在前，鬼從其後推之，其人跌倒，頭破血流，在旁衆鬼，無不拍掌大笑；或二人爭論，鬼每向其中之一耳語挑撥是非，因而打架。

有一次，見四人雀戰，七鬼在其周圍環繞，牌之出入調換，均操諸七鬼之手，局中人則不知，而嗣論不敢言也。

帝制時代知府、知縣出門，轎前皆有一對大鑼開道，遇過橋及出入城門皆鳴鑼，鑼聲一響，諸鬼皆四處避匿，俟鑼聲停止，鬼始敢出，此亦奇事。後嗣淪髮長如常人，亦不再見鬼。先伯兆昌公與嗣淪相友善，二人皆壽在七十以上，此乃嗣淪與先伯親口所談者。以二人學問道德與當時之地位，絕非揑造。姑漫記之，以爲世之不信有鬼者之參考。（勸懲見聞錄）

☆ ☆ ☆

古春風樓主高拜石號嫩雲，爲余數十年文字之交，過從甚密。有一次夜談，彼此研究靈魂之有無，他認爲一定是有的，據說他的伯父蔭午先生任山東棲霞知縣時，他隨侍左右，在縣署讀書，常見花園中有紅衣少女往來，心甚異之，拜石年青，見色起了邪念，在所不免。未幾、少女入其室，坐其床沿，向其調笑，拜石乃大病一場。病愈、請相宅者相之，說屋內地下有女屍，掘地果然，後查知前該縣遭亂曾有女子死其地，不知

何時建屋以爲齋，拜石尙爲文祭之。（勸懲見聞錄）

☆　☆　☆

民國四十年六月二十六日星期六晚，臺灣佛教會敦請

朱鏡宙居士在臺北市南昌街十普寺宣講佛教，余亦驅車往聽，朱爲吾浙樂清人，章太炎先生之令坦，能詩文，歷任銀行董事長，財政廳長稅務局局長等職，爲我國財經界知名之士，近年來住郊外觀音山，茹素唸佛，潛心佛學，博覽羣經，頗有心得。當日曾告聽衆，彼原爲基督徒，以「見鬼」一段因緣，轉信佛教。蓋數十年前彼由鈕惕老之介紹，在上海慕爾堂受洗禮，嗣研究聖經，終覺上帝萬能，既能創造人類，自可驅除惡魔，求其盡善盡美，何必犧牲其獨生愛子耶和華，使其受盡痛苦，釘死十字架上爲大衆贖罪，似乎多此一擧，疑懷久久不能釋。民國廿六年奉調赴重慶繼關吉玉之後爲川康稅務局局長。局在

重慶領事巷附近，某夕，細雨濛濛，赴領事巷友人之宴，且作竹城之戲，席散已近午夜，雨仍未止，因路近遂徒步獨歸。時街燈昏暗不明，忽見前面當路有大幅白花布幔攔道，彼注目自問，豈即俗所謂「鬼打牆」耶？欲別尋歸途，覺繞道途遠不果，遂決意鼓起勇氣，壯膽前進，繼見路左電燈桿下，有一中年婦人，垂手肅立，莊重靜穆，朱爲之毛骨悚然，知非人類，急足趣過，汗流浹背，繼思如果爲鬼，應無足影，復回首注視，則僅見黑裙垂地而已。是夜輾轉不成寐，心中恐怖，顚倒夢想，遂得失眠之病。適太虛大法師在渝駐錫，乃馳書向其請經，意欲借此鎮邪，當承惠賜「金剛經」一部，展而讀之，頓有所悟，從此繼續研究，始覺佛教之偉大淵博，遠非他教可比，昔日謗佛，斥教爲迷信，身爲基督教徒之我，漸轉而爲佛教徒矣。此爲朱氏自述信佛之動機與經過，或謂當日領事巷口所見者

，恐為觀世音菩薩之現身，有所啓示，然乎否乎，不得而知矣。（宋希尙敎授筆記）

第十章 幽明問答（十九則）

吳人茹子顏、以明經爲雙流尉，頗有才識，善醫方，由是，朝賢多識之。子顏好京兆府博士，及選，請爲之，既拜，常在朝，貴家及歸學車馬不絕。子顏之姻張虛儀，選授梓州通泉尉，家貧，不能與其妻行，仍有債數萬，請子顏保。虛儀去後兩月餘，子顏夜坐，忽簷間語曰：「吾通泉尉張虛儀也。到縣數日亡，今吾柩還，已發縣矣。吾生平與君特善，赴任日，又債負累君。吾今亡，家又貧匱，進退相撓，深覺厚顏。」子顏問曰：「君何日當至京，吾使人迎候！」鬼乃具言發時日，且求食。子顏命食，於坐談笑如故。至朔，喪果至。子顏爲之召債家，而歸其負。鬼又旦夕來謝恩，其言甚懇。月餘而絕，子顏亦不以介意。數旬，子顏亦死。（紀聞）

晉左軍琅邪王凝之夫人謝氏，頓亡二男。痛惜過甚，銜淚六年。後忽見二兒俱還，並着械。慰其母曰：「可自割兒，並有罪，適，宜爲作福」。於是得止哀，而爲作福。（幽冥錄）

朱泰家在江陵，宋元徽中病亡，未殯，忽形見還坐尸側，慰勉其母，衆皆見之。指揮送終之具，務從儉約。謂母曰：「家比貧，泰又亡歿，永違侍養，殯殮何可廣費」？（述異記）

廣陵華逸、寓居江陵，亡後七年來還。初聞語聲，不見其形。家人苦請求，乃現形，答云：「我困瘁，未忍見汝」。問其所由？云：「我本命雖不長，猶應未盡。坐平生時罰撻失道，又殺卒反奴，以此減壽」。又云：「受使到長沙，還當復過」。如期果至，敎其二子云：「我既早亡，汝等當勤自勗勵！門戶淪沒，豈是人子？」又責其兄，不垂敎誨，色甚不平。（甄異錄）

宗岱爲青州刺史，禁淫祀，著無鬼論甚精，無能屈者。鄰州咸化之。後有一書生，葛巾修刺詣岱，與之談甚久。岱理未屈，辭或未暢，書生輒爲申之。次及無鬼論，便苦難岱，岱理欲屈。書生乃振衣而起曰：「君絕我輩血食，二十餘年。君有青牛髯奴，未得相困耳。今奴已叛，牛已死，今日得相制矣」

言絕，遂失書生，明日而伭亡。（雜語）

阮瞻、素秉無鬼論，有一鬼通姓名，作客詣之寒溫，聊諸名理。客甚有才情，末及鬼神事，反覆甚苦，客遂屈之。仍作色曰：「鬼神古今聖賢所共傳，君何獨言無」？即變爲異形。須臾便滅。阮嘿然，意色大惡，年餘病死。（幽明錄）

唐晅者、晉昌人也。其姑適張恭，即安定張軌之後。隱居滑州衛南，人多重之。有子三人進士擢第，女三人，長適辛氏，次適梁氏。小女姑鍾念，習以詩禮，頗有令德。開元中、父亡，哀毀過禮，晅常慕之。及終制，乃娶焉而留之衛南莊。開元十八年，晅以故入洛，累月不得歸。夜宿主人，夢其妻隔花泣，俄而窺井笑。及覺心惡之，明日就占者問之？曰：「隔花泣者、顏隨風謝，窺井笑者、喜于泉路也」。居數日，果有凶信。晅悲痛倍常。後數歲，方得歸衞南，追其陳迹，感而賦詩曰：「寢室悲長簟，粧樓泣鏡臺。獨悲桃李節，不共夜泉開。魂兮若有感，髣髴夢中來」。又曰：「常侍華堂靜，笑語度更籌。恍惚人事改，冥寞委荒邱。陽原歌薤露，陰壑悼藏舟。清夜莊臺月，空想畫眉愁」。是夕風露清虛，晅耿耿不寐，更深悲吟前悼亡詩，忽聞暗中若泣聲，初遠漸近。晅驚惻覺有異，乃祝之曰：「倘是十娘子之靈，何惜一相見敍也？勿以幽冥隔礙宿昔之愛」。須臾，聞言曰：「兒郎張氏也！聞君悲吟相念，雖處陰冥，實所惻愴。

媿君誠心，不以沉魂可棄，每所記念，是以比夕與君相聞」。晅驚歎流涕嗚咽曰：「在心之事，卒難申叙，然須得一見顏色，死不恨矣」！答曰：「隱顯道隔，相見殊難，亦慮君亦有疑心，妾非不欲盡也」。晅詞益懇，誓無疑貳。俄而聞喚羅敷先出前拜言：「娘子欲叙夙昔，正期與七郎相見」。晅問羅敷曰：「我開元八年、典汝與仙州康家，聞汝已于康家死矣。今何得在此」？答曰：「被娘子贖來，今看阿美」。阿美即晅之亡女也。晅又惻然。須臾，命燈燭，立于阼階之北。晅趨前而泣拜。妻答拜。晅乃執手叙以平生，妻亦流涕謂晅曰：「陰陽道隔，與君久別，雖冥寞無據，至于想思嘗不去心。今六合之日，冥官感君誠懇，放兒暫來。十年一遇，悲喜兼集。又美娘又小，囑付無人。今夕何夕，再遂申歟」。

晅乃命家人列拜起居，徙燈入室。施布帷帳。不肯先坐。乃曰：「陰陽尊卑，以生人爲貴。君可先坐」！晅即如言。笑謂晅曰：「君情既不易平生，然聞已再婚。君新人在淮南，吾亦知甚平善」。因語人生修短，固有定乎？答曰：「必定矣」！又問：「佛與道，孰是非」？答曰：「同原異派耳。別有太極仙品總靈之司，出入有無之化，其道大哉！其餘悉如人間所說，今不合具言，彼此爲累」。

晅懼，不敢復問。因問：「欲何膳」？答曰：「冥中珍羞，亦備，唯無漿水粥，不可致耳」。晅即令備之。既至，索別器攤之而食，向口如盡。及徹之，粥宛然。晅悉飯其從者。有老姥不肯同坐。妻曰：「倚是舊人，不同羣小」。謂晅曰：「此是紫菊，你豈不識耶」？晅方記念。別席飯其餘侍者，晅多不識。聞呼名字，乃是晅從京廻日多剪紙人奴婢所題之名。問妻？妻曰：「皆君所與者」。乃知錢財奴婢，無不得也。

妻曰：「往日常弄一金鏤合子，藏于堂屋西北斗拱中，無有人知處」。晅取，果得。又曰：「豈不欲見美娘乎？今已長成」。晅曰：「美娘亡時襁褓，地下豈受歲乎」？答曰：「無異也」。須臾，美娘至，可五六歲，晅撫之而泣。妻曰：「莫抱驚兒」！羅敷却抱，忽不見。

晅令下簾帷，申繾綣，宛如平生狀，惟手足呼吸冷耳。又問：「冥中居何處」？答曰：「在舅姑左右」。晅曰：「娘子神靈如此，何不還返生」？答曰：「人死之後，魂魄異處，皆有所錄，杳不關形骸也。君何不驗夢中，安能記其身也？兒亡之後，都不記死時，亦不知殯葬之處。錢財奴婢，君與則知，至如形骸，實總不管。

既而綢繆夜深。晅曰：「同穴不遠矣」！妻曰：「曾聞合葬之禮，蓋同形骸，至精神，實都不見，何煩此言也」？曰：「婦人沒地，不亦有再適乎」？答曰：「死生同流，貞邪各異。且兒亡，堂上欲奪兒志，嫁與北庭都護鄭乾觀姪明遠。兒誓志確然，上下矜閔，得免」。晅聞撫然感懷，而贈詩曰：「嶧陽桐半死，延津劍一沈。如何宿昔內，空負百年心」。妻曰：「方見君情，輒欲留答可乎」？晅曰：「曩日不屬文，何以爲詞」？妻曰：「文詞素慕，慮君嫌猜，而不爲言志之事。今夕何爽」？遂裂帶題詩曰：「不分殊幽顯，那堪異古今。陰陽途自隔，聚散兩難心」、又曰：「蘭階玉兎斜，銀燭半含花，自憐長夜客，泉路以爲家」。晅含涕言叙悲喜之間，不覺天明。

須臾，聞扣門聲，翁婆使丹參傳語，令催新婦，恐天明，冥司奪責。妻泣而起，與晅訣別。晅修啓狀以附之。整衣聞香郁然不與世同，此香何方得？答言：「韓壽餘香，兒來，堂上見賜」。晅執手曰：「何時再一見」？答曰：「四十年耳」。留一羅帛子與晅爲念。晅答一金鈿合子。即曰：「前途日限，不可久留，自非四十年內，若于墓祭祀，都無益。必有相饗，但于月盡日黃昏時，於野田中、或于河畔，呼名字，兒盡得也。忽忽不果久語，願自愛」。訖，登車而去，揚被久之，方滅。擧家皆見。事見唐晅手記。（通幽記）

無錫南鄉人，有過七者，以賣鍋席爲業．設肆賣應數代矣．因寓居焉．年近五十，忽喪其妻，過七鰥居一室，有婢曰小蠻，年十四五，嘗使展衾于牀下，以備不時役使．一夕三更後，過七睡醒，呼小蠻進茶．忽聞小蠻連呼七官，諦而視之，其妻音也．過七乃披衣起坐，與之對談．小蠻忽近握其手曰：「七官別來半年，我因思念不置，今日特來一會．」問以死後情景？對曰：「我生平爲人直道，尚無大惡，故死後並無拘束，大概情形，與在陽世無異．惟不見日光耳．」問以死後曾回無錫否？對曰：「我曾還鄉數次，往來迅速，自較陽世爲便易，惟族中窮人，見我回家，糾纏借錢者不少，是以我不敢久留．仍來賣應．」蓋過七之妻，向以儉嗇聞于鄉，故爲鬼，而其性不變也．問以今居何處？有人相伴否？對曰：「我即在此宅間壁，賃一室居之．僱一老媼相伴，媼即賣應鄉人，口音與我不對，又不善煮飯，諸多不便，亦勉強用之耳。」問以家有要緊契據某件，偏覓不見，今果何在？對曰：「在某匣某抽屜內隔層之下。因索契者，但搜尋抽屜，而不覷其下層，是以不見也。」問以店夥查姓？對曰：「領本錢百餘緡，回南置貨，乃一去不來，自在無錫開張席店。殊屬可恨！」我將赴無錫呈控嚴追，可乎？對曰：「我專為此事而來，斷斷不可涉訟！凡事讓人一分，在我受益三分。若一經官府，則受人氣惱，耗費錢財，經年累月，不得休息，殊非長策。且查某居心險詐，殆將自斃。若往追前帳，則禍及吾家，恐所費不止數百緡而已也。」

既而曰：「吾去矣，吾兩人，不久可仍相會，塵世之事，勸君看破，亦勸君千萬保重。小鸞年已及笄，可即配人，勿久留也。」

於是，小鸞如眠初覺，甚覺疲倦。問以前事，則曰：「我方將進茶之時，忽見一媼，手執紗燈，自壁角走出，主母隨後而行。近及吾身，主母忽以手擊吾後腦，遂不省人事，亦不自知作何語也。」

明日，檢查某匣抽屜之下層，契據宛然在焉。未及兩月，聞查姓爲他債主所迫，服毒而死。債主多受波累。過七始悟其妻言之不爽也。逾年，過七亦以疾卒。（庸盦筆記）

☆　☆　☆

目連至恒河邊，見五百餓鬼，羣來趣水，有守水鬼以鐵杖驅逐，不得近。於是諸鬼逕詣目連禮。目連各問其罪？一鬼曰：「我受此身，常患熱渴，先聞恒河水清且涼，歡喜趣之，沸熱壞身，試飲一口，五藏焦爛，臭不可當，何因緣故，受如此罪？」目連答曰：「汝先世時，曾作相師，相人吉凶，少實多虛，或毀或譽，自稱審諦，以動人心，詐惑欺誑，以來財源。

迷惑衆生，失如意事。」

復有一鬼言：「我常爲天祠，有狗利牙赤白來食我肉，唯有骨在。風來吹起，肉續復生，狗復來食。此苦何由？」目連答言：「汝前世作天祠主，常敎衆生，殺羊以血祠天，汝自食肉。是故今日以肉償之。」

復有一鬼言：「我常身上有糞，周徧塗漫，亦復食之。是罪何因？」目連答言：「汝前世時，作婆羅門惡邪，不信道人道人乞食，取鉢盛滿糞，以飯著其上，持與道人。道人持還，以手食飯，糞汙其手。是故今日受如此罪。」

復有一鬼言：「我腹極大如甕，咽喉手脚，其細如針，不得飲食。何因此苦？」目連答言：「汝前世時，作聚落主，自恃豪富，飲酒縱橫，輕欺餘人，奪其飲食，饑困衆生。」

復有一鬼言：「我常趣溷，欲飲食糞，有大羣鬼，捉杖驅我，不得近厠。口中爛臭，饑困無賴。何因如此？」目連答言：「汝前世時，作佛圖主，有諸白衣供養衆僧，供辦食具。汝以粗供設客僧，細者自食。」

復有一鬼言：「我身上徧滿生舌斧，來斫舌，斷復續生。如此不已，何因故爾？」目連答言：「汝前世時作道人，衆僧差作蜜漿，石蜜塊大難消，以斧斫之，盜心喫一口，以是因緣，故來斫舌也。」

復有一鬼言：「我常有七枚熱鐵丸，直入我口入腹，五藏焦爛，出復還入。何因故，受此罪？」目連答言：「汝前世時作沙彌，行果蓏子到自師所，敬其師，故偏心，多與實長七枚。」

復有一鬼言：「常有二熱鐵輪，在我兩腋下轉，身體焦爛。何因故爾？」目連答言：「汝前世時，與衆生作餅，盜心取二番，挾兩腋底，故受此苦。」

復有一鬼言：「我瘦丸極大如甕，行時擔著肩上，住則坐上，進止患苦，何因故爾？」目連答言：「汝前世時，作市，令常以輕稱小斗與他，重稱大斗自取，常自欲得大利於己，侵剋餘人。」

復有一鬼言：「我常兩肩有眼，胸有口鼻，常無有頭。何因故爾？」目連答言：「汝前世時，恒作魁膾，弟子若殺罪人時，汝常歡喜，必以繩著髻挽之。」

復有一鬼言：「我常有熱鐵針，出入我身，受苦無賴，何因故爾？」目連答言：「汝前世時，作調馬師，或作調象師，象馬難制，汝以鐵針刺脚。又時牛遲，亦以針刺。」

復有一鬼言：「我身常有火出，自然懊惱，因何故爾？」目連答言：「汝前世時，作國王夫人。更一夫人，王甚幸愛，常生妬心，何欲危害。值王臥起去時，所愛夫人，臥猶未起著衣，即生惡心。正值作餅，有熱麻油，即以灌其腹上，腹爛即死，故受此苦。」

復有一鬼言：「我常有旋風廻轉我身，不得自在隨意東西。心常惱悶，何因故爾？」目連答言：「汝前世時，常作卜師，或時實語，或時妄語，或誑人心不得隨意。」

復有一鬼言：「我身常如塊肉，無有脚手眼耳鼻等，恒爲蟲鳥所食，罪苦難堪。何因故爾？」目連答言：「汝前世時，常與他人，樂墮兒胎。」

復有一鬼言：「我常有熱鐵籠籠我身，焦熱懊惱，何因受此？」目連答言：「汝前世時，常以羅網，掩捕鳥魚。」

復有一鬼言：「我常以物自蒙籠頭，亦常畏人來殺我。心常怖懼，不可堪忍。何因故爾？」目連答言：「汝前世時，作

淫犯外色，常畏人見，或畏其夫捉縛打殺，或畏官法戮之都市。恐怖相續。」（法苑珠林）

☆　☆　☆

楊元英、則天時爲太常卿，開元中亡已二十載，其子因至冶成坊削家，識其父壙中劍，心異之。問削師，何得此劍？云：「有貴人令修理，明日午時來取，並說其形狀與衣服。」子意是父授，復疑父冢，爲人所開。至日，與弟同往削師家室中伺之。至時，取劍，乃其父也。騎白馬，衣服如生時，從者五六人。兄弟出拜道左，悲涕久之。元英取劍下馬，引諸子于僻處，分處家事。末問汝母在家否？云：「合葬已十五年。」元英言：「我初不知！」再三歎息。謂子曰：「我有公事，不獲久住，明日汝等可再至此，當取少資，助汝辛苦。」子如期至，元英亦至，得三百千，誡之云：「數日須用盡。」言訖，訣去。子等隨行涕泣。元英又謂子曰：「汝等不了此事，人鬼路殊，寧有百年父子耶？」言訖，訣去。子隨騁出上東門，遙望入鄒山中數十步，忽隱不見。數日，市具都盡，三日後，市人皆得紙錢。（廣異記）

☆

郭銓字仲衡，義熙初，以黨附桓玄被殺。及元嘉八年，忽乘輿導從顯形，謂女壻劉凝之曰：「僕有謫事，可四十僧會，得免脫也。」又女夢云：「吾有謫罰，汝夫作福，何以至今設會不能見矜耶？」女問：「當何處設齋」？答曰：「可歸吾舍」。倏然復沒。辦會畢，有人稱銓信與凝之言：「感君厚惠，事始獲宥」。（冥祥記）

☆

新城民范十五、常爲張楊叔提刑家僕。慶元二年二月，因事至縣境之石灘，與舊同列兩人遇，澗歷歲，問勞如平生。少焉，悟其已死，語之曰：「爾輩去世已久，何爲尚在此？我白晝見鬼，得毋不祥乎？」兩人同應曰：「烏有是事，我自浮泊外州，因循未還耳。奈何妄信人言？謗我已死。」遂從索酒，曰：「汝既有錢，合做小主人待我，可驗故人之情。」范探懷中錢，恰有二百。即就道邊歐茂材秀才店沽酒。歐與范相識，訝其獨來，而須三飲器，猶意必有所待。及杯行，范參酌三器，向空拱揖，歐始驚怪，正式叱之曰：「范十五豈非遭魑魅所惑耶？而乃狂蹶至此！」范瞿然猛省，恍如夢覺，兩客不知所在矣。歸舍臥病，彌月而愈。（夷堅志）

☆　☆　☆

嵇康燈下彈琴，忽有一人，長丈餘，著黑單衣，革帶。康熟視之，乃吹火滅之曰：「恥與魑魅爭光」。嘗行去路數十里，有亭名月華，投此亭由來殺人。中散心神蕭散，了無懼意。至一更，操琴，先作諸弄，雅聲逸奏，空中稱善。中散撫琴而呼之：「君是何人」？答云：「身是故人，幽沒于此，聞君彈琴，音曲清和，昔所好，故來聽耳。身不幸，非理就終，形體殘毀，不宜接見君子。然愛君之琴，要當相見，君勿怪惡之，君可更作數曲」。中散復爲撫琴擊節曰：「夜已久，何不來也？形骸之間，復何足計」？乃手挈其頭曰：「聞君奏琴，不覺心開神悟，恍若暫生」。遂與共論音聲之趣，辭甚清辯。謂中散曰：「君試以琴見與」！乃彈廣陵散，便從受之，果悉得，中散先所受引殊不及。與中散誓，不得教人。天明，語中散：「相與雖一遇於今夕，可以遠同千載。於此長絕，能不悵然」！（靈鬼志）

東萊王明旅居江西，死經一年，忽形見還家經日，命招親好敘平生，云：「天曹許以暫歸」。言及將離，語便流涕，問訊鄉里，備有情焉。勅兒曰：「吾去人間，便已一周。思覩桑梓。」命兒同觀鄉閭。行經鄧艾廟，令燒之。兒大驚曰：「艾生時為征東將軍，沒而有靈，百姓祠以求福，奈何焚之」？怒曰：「艾今在尚方摩鎧，十指垂掘，豈有其神」？因云：「王大將軍，亦在作牛，驅馳殆斃。桓溫為卒，同在地獄。此等並困劇理盡，安能為人損益？汝欲求多福者，正當恭慎盡忠孝順，無恚怒，便善流無極」。又令可錄指爪甲，死後可以贖罪。又使高作戶限，鬼來入人室內記人罪過，越限攝腳，則忘事矣。（幽明錄）

☆　☆　☆

陳作梅觀察，嘗為余言：少時居山西學院幕中，同人有患瘧疾者，往往作囈語，人俟其清醒時問之？云嘗見有一人，年四十餘，自稱與我同事，三年前曾居此屋。因日長無事，特來相訪，以破岑寂。衆詢諸署中老吏，前任學院，果有一幕友，年四十餘，病死室中，述其狀貌衣服，無一不合。

一日，鬼復憑病者，對衆言曰：我久客思歸，而苦無路憑，恒爲關津吏所阻留。諸君如能爲我辦一文書，感且不朽。諸幕客言于學使者，用鬼姓名，塡一路票，蓋印既畢，禱而焚之。須臾，病者拱手謝客曰：諸君惠我甚厚，雖然我欲啓行，而苦無旅費，若之何？衆復醵貲爲買紙錢紙錠焚之。病者復拱手曰：荷諸君之贈，行囊頗豐。吾今從此逝矣。言未旣，旋風忽起于地上，紙灰亂飛如蝴蝶，漸轉漸高。結成圓球，吹入雲霄倏忽不見。病者亦遂霍然而愈。（庸盦筆記）

☆　☆　☆

紹興李直頴，作幕山西太谷縣。夜眠書齋，有老人伸靴於坑下，曰：「我山陰人，亦幕客也。死不得歸，奴竊銀信衣服而逃。至今家中，猶未能知。求為我寄信到家。」李曰：「不必寄信，我即日要返舍，歸時即送君柩歸可也。」鬼大喜拜謝，且曰：「無以報恩，願代為辦案！」從此，李每宵熟寢，而几上之案辦定矣。一時有神明之稱。逾年送其柩歸，其妻子泣迎於門，曰：「昨夜夢老相公靈櫬還家，故在此相迎也。」（續子不語）

☆　☆　☆

閱微草堂筆記：戴東原言：「明季有宋某者，卜葬地至歙縣深山中。日薄暮，風雨欲來。見岩下有洞，投之暫避。聞洞內人語曰：『此中有鬼，君勿入。』問汝何以入？曰：『身即鬼也！』宋請一見，曰『與君相見，則陰陽氣戰，君必寒熱小不安。不如君爇火自衛，遙作隔坐談也。』

宋問：『君必有墓，何以居此？』曰：『吾神宗時為縣令，惡仕宦者貨利相攘，進取相軋，乃棄職歸田。歿而祈於閻羅，勿輪迴人世，遂以來生祿秩，改注陰官。不虞幽冥之中，相攘相軋，亦復如此。又棄職歸墓。墓居羣鬼之間，往來囂雜，不勝其煩，不得已避居於此。雖淒風苦雨，蕭索難堪，較諸宦海風波，世途機穽，則如生忉利天矣。寂歷空山，都忘甲子。與鬼相隔者，更不知幾年。自喜解脫萬緣，冥心造化，不意又通人迹。明朝當即移居，武陵漁郎、勿再訪桃源也。』語訖，不復酬對。問其姓名亦不答。宋攜有筆硯，因濡墨大書鬼隱二字於洞口而歸。

盪寇營水師參將戴兆熊字夢璜，湖南人。辛酉，余於富陽江上識之。兆熊爲人，質直勇壯，屢督砲船與賊戰，未嘗敗北。嗣杭城陷，軍潰散，走爲賊執，不屈被殺。

兆熊嘗爲余言，伊戚趙副將，因病入冥，見大廈一區，列坐者數十人，皆僚友之陣亡者也。詢其何以羣居於此？衆答言：「凡力戰死綏者，忠勇之報，大率爲神。我等雖得神道，而以平時侵用勇糧，故須聽勘校。羈滯之苦，所不勝言。」趙蘇後，每舉以戒統領等官，兆熊緣此，故與士卒同甘苦，不敢有所私。云先大夫嘗訓余輩謂：「農夫服田力穡，沾體塗足，終歲勤動，所積不過錙銖之贏。獨士大夫，居則高堂大廈，出則結駟連騎，衣錦繡，食粱肉。與若輩苦樂，奚啻天淵？即令盡心民事，不敢怠荒，已恐折福？況復縱奢淫佚，貪黷無厭，廣積金帛。謂可遺之子孫。昭昭在上，決無是理！觀光熊所談，戰死沙場者，冥司尚勘校其侵冒；則安富尊榮，而貪贓斷絡之人，恐未必能逃閻羅老子之一算耳。（庸閒齋筆記）

☆ ☆ ☆

洞庭席某，善心計，賈淮徐間，歷十餘年，業頗裕。共事者同里某也。斷金之誼，久而彌堅。席有女許與某之仲子為室，未婚而席以暴疾卒於旅邸。某為經理喪殮，扶櫬歸，陳歷年賬籍，記載極詳細，人咸推其誠。席舉家亦感之。

一日，席女神色忽異，謂其母曰：「某昧良，以偽冊示汝，匿銀若干。汝固不知也。」席母察其言，儼若故夫。乃泣而前曰：「夫其魂返乎？」曰：「然！」曰：「君究以何疾亡？」曰：「偶患暑，為庸醫所殺耳！我歸已久，欲與汝一言，而無可憑者。因恨某，以人死無據，欺汝孤寡，必欲與理論。故假女體，亦不得已也。」即令具紙筆，旋據案作書，邀某，果其字跡。

某得書駭甚，至某家，女正色曰：「余與君情同膠漆，我死，意必以孤寡累君。何骨肉未寒，而情同陌路耶？」遂按冊逐一指示，自某項至某項，計多出若干，少納若干。因問是何以故？時某愧甚，不能措一詞。女曰：「我念舊好，不訴冥曹，亦不以爲怨。倘此後再有私心，我能禍君，無貽後悔！今已證明，請君自便。」某去。女曰：「速取堂懸之符，覆身上。」如其言。頃又曰：「此符無驗，奈何？可往某家，急借天師符來，遲則恐傷女命。」當即借覆之。女遂寂然。纔如夢覺。此昔席心蓮爲余言者，初甚詳，今皆忘其名耳。（墨餘錄）

☆ ☆ ☆

王光本開元時，爲洛州別駕。春月刺史使光本行縣去數日，其妻李氏暴卒。及還，追以不親醫藥，意是枉死，居恒慟哭，哀感傍鄰。後十餘日，屬諸子盡哭，光本亦復慟哭百餘聲。忽見李氏自幃而出，靚粧炫服，有踰平素。光本輟哭，問其死事？李氏云：「妾尚未得去，猶在此堂，聞君哀哭慟之甚，某在泉途，倍益淒感。語云『生人過悲，使幽壤不安』。信斯言也。自茲以往，不欲主君如是，以累幽冥耳。」因付屬家人度女爲尼，放婢爲平人，事事有理，留一食許，謂光本曰：「人鬼道殊，不宜久住此益增深恨。」言訖，入堂中，遂滅，男女及他人，但聞李氏言，唯光本見耳。（廣異記）

第十一章　制鬼（四則）

甄異錄曰：「鬼畏東南桃枝，故人取桃針以塡宅。」博物志曰：「桃根爲印，可以召鬼。方士炒梟煉鬼，用桃枝制商陸，以梟血滴之。」文子曰：「羿死桃部，故鬼畏之。部即棓，禮載桃茢，其來久矣。金申之言，侯雍瞻家有與鬼交者，得病甚危，後服雄黃桃花而愈。」（物理小識）

☆ ☆ ☆

趙衣吉云：「鬼有氣息，水死之鬼羊臊氣，岸死之鬼紙灰氣。凡人間聞此二氣，皆須避之。」又云：「河水鬼最畏鬻字，如人在舟中聞羊臊氣，則急寫一鬻字，可以遠害。（子不語）

☆ ☆ ☆

杭州劉以賢善寫照，鄰人有一子一父、而居室者。其父死，子外出買棺，囑鄰人代請以賢、爲其父傳形。以賢往入其室，虛無人焉。意死者必居樓上，乃攝梯登樓，就死人之床，坐而抽筆。尸忽蹶然起，以賢知爲走尸，坐而不動，尸亦不動。

但閉目張口，翕翕然眉撐肉皺而已。

以賢念身走，則尸必追，不如竟畫。乃取筆申紙，依尸樣描摹。每臂動指運，尸亦如之。以賢大呼，無人答應。俄而其子上樓，見父尸起，驚而仆。又一鄰上樓，見尸起，亦驚滾落樓下。以賢窘甚，強忍待之。俄而擡棺者來，以賢徐記尸走畏帚，乃呼曰：「汝等持掃帚來！」擡棺者、心知有走尸之事，持帚上樓，拂之倒，乃取薑湯灑醒者，而納尸入棺。（子不語）

☆ ☆ ☆

河東裴徽，河南令迥之兄子也。天寶中，曾獨步行莊側，途中見一婦人，容色殊麗，瞻靚艷泆久之。徽問何以獨行？答云：「適婢等有少交易，遲遲不來，故出伺之。」徽有才思，以艷詞相調，婦人初不易色，亦獻酬數四。前至其家，邀徽相過。室宇宏麗，大門後聞老婢怒云：「女子何故令他人來？名教中寧有此事！」女辭門有賢客，家人問者甚衆。有頃，老婢出門，徽辭謝舉動，深有士風。須臾，張燈施幕，邀徽入坐。侍數人，各美色，香氣芬馥，進止甚閑。尋令小娘子出云：「裴郎何須相避？」婦人出，不復入。徽竊見室中甚囂，設綺帳錦茵，如欲嫁者。獨心喜欲留。會腹脹，起湊厠所，持古劍可以避惡。厠畢，取裹劍紙，忽見劍光粲然，執之欲廻，不復見室宇人物。顧視，在孤墓上叢棘中。因大號叫，家人識徽，持燭尋之，去莊百餘步，瞪視不能言。久之，方悟爾。（廣異記）

第五篇 神異

第一章 神佛靈異（十六則）

陳益修、字玉笥，山東濟寧州人，爲諸生，時見回回教門，楊生花等，欲毀關帝廟，擴大回回清眞寺。陳公力訟之官，得寢。

後癸未春，流寇破兗州，生花等集千百衆，乘變團練回回兵。途遇陳公，以前忿，呼衆捶擊，立斃之，且剜去其兩目，復塡以灰，擲屍於其舍。陳公自見身魂，止二尺許，守其屍。中夜，忽見關聖降其家，謂曰：「我分中亦不在此一廟，只難爲汝好心，致喪汝命！然汝陽祿還未盡，應有功名分，吾當使汝回生。」陳曰：「感大聖厚恩！但吾兩目已去，縱回陽世，已是盲人，豈能復讀書，作舉子業乎？」關聖亦沉吟，少許，乃曰：「無妨！吾當請觀音大士來，必能賜汝目。」言已，便騰空而去。須臾，復至曰：「大士來矣！」

尋見大士，披白衣，如仙姥狀，備極相好。關聖指陳公，代爲乞目。大士微笑曰：「此極不難！」乃向空中一喚，俄見一童子，手攜大筐籃，以荷葉蓮花覆上。大士揭開，乃皆羊眼珠也。即手拈二枚，取酒一巵吞之。陳公強飲，咯咯有聲，矍然而寤。而兩眶中，已得眼矣。

關聖送大士去，乃謂陳曰：「汝不必復思報仇，不久，淸兵一至，此輩無噍類矣！明後年，汝當聯捷。」果乙酉舉於鄉，忽一人遺之書，轉瞬其人已失所在。書中但見「陳益修、關公默佑聯科」九字。隱語果中丙戌進士，任戶部郎中，權關荆州。後生花作亂，宗族十三人，寸磔於市。

此事初聞之陳旻昭先生寓，余弟子顧伊人刻之武安王集者也。次黃梅令徐長午、亦曰：「此余姻親也。其事極確，無不目見者。但其眼珠微小，直視而光外溢，與平人稍異。」嘉善徐季方亦云：「陳任戶部主事時，余於都中見之，其目實羊睛也。」嗚呼！陳公以好善誠心護廟，感此奇緣，大士以千手眼，轉瞽復瞭，神道廣大，神佛報應，速於反掌，可不懼哉！（現果隨錄）

毘陵民某、生一男，歲纔周，民母年邁目昏，誤蹴兒死，咆哮取刃刺母。母逃入三義廟，民追及。忽見周將軍厲聲叱之，鬚眉畢張，舉刀砍其頸。急呼將軍赦我，遂仆地。一黃冠扶之起，自言所見，連呼頸痛，而死。（蓴鄉贅筆）

宋高宗、徽宗第九子也。宣和二年，封康王。靖康之變，康王嘗質于金。一日金太子與康王同出射，康王連發三矢，皆中其筈，纍纍懸于上。金太子驚，以爲神。默計之曰：「宋皇子生長深宮，狃于富貴，鞍馬非其所長。今善射如此，意選宗室中之長于武藝者，冒名爲質，留之無益，不如遣還，換眞太子來質。高宗由是得逸。遂易服間道奔竄。足力疲困，假寐于崔府君廟堦砌間。夢神人曰：「金人追且至」。康王徬徨四顧。神曰：「已備馬門首，王宜急行」。康王驚覺，踊躍南馳，一日行七百里。既渡河，而馬不前。下視之，則泥馬也。始悟爲神物之助。（稗史）

天后威靈顯赫，佑庇生民，其神力著於南北海面者，二三萬里，蓋近千矣。福建蒲田之湄州，爲天后故里，有天后宮，素稱閎麗，每歲三月二十三日，爲天后聖誕，先期數日，輒有大魚，暴於湄海之灘，聲如牛吼，聞十餘里。湄州之人皆曰：「大魚來獻燈油矣。」廟祝率數十人，擔桶挈缶而往。大魚長十餘丈，或數十丈，開口馴伏不動，若有待者，人皆携尋丈巨木，撐拄其上下齒，恐其一閉而殺人也。遂各負担秉燭而入。兩足皆穿草鞋，恐其被滑傾跌也。諸人皆歷魚喉，抵魚腹，觀其臟腑間積油甚多，無不任意挹取，滿器而出。或既出後入者數次，大約取油至數十石，可數神前數年點燈之用。即不復入，去其口中拄木，魚即揚鬐鼓鬣而逝，覘其意若甚自適者。若人捕而殺之，必有殃咎，故相戒，不敢有此意。即偶有此意，

而魚似亦知之，必飄然而去也。（庸盦筆記）

☆　☆　☆

同治七年，捻賊張總愚，竄入直隸山東交界。台肥李公，把守黃運兩河，設大圍以困之。當是時，各營兵勇，不滿十萬，而汎地緜廣數千里，人數不敷甚鉅。賊以全力併衝一處，一處失防，則全局皆廢，固非確有把握也。然竟以滅賊者，是時大雨時行，河水泛溢，平地積潦，往往盈尺。賊四面奔突，皆爲水所阻，軍官因得以合力痛剿，蓋若有神助焉。

李公調長江水師提督，黃軍門率舢板礮船北上，至張秋，阻淺不能進。衆人咸請軍門，詣大王廟行香，舟人忽報曰：「黨將軍至矣！」曰：「何在？」曰：「在河干！」先是北運河，涸如平地，至是，河水驟湧，船隨水進，所向無阻，隱隱于數十步外，見一紅旗在前，大書黨字。軍門祝曰：「此役若滅賊，必請于大帥，奏加封號。於是李公調軍門扼守泊頭鎭，至捷地壩，共河牆一百二十里。軍門既至，審視形勢，謂將吏曰：「吾水師力尙單薄，而汎地頗廣，且運河水旺，尙無可虞。賊若由減河北竄，則大局壞矣。吾欲決捷堤壩，引運河水入減河，則吾可高枕無虞。又恐居民不願，致啓爭論。正躊躇間，衆又請軍門拈香。曰：大王現矣！軍門登河牆拈香畢，憑牆下望，見若有一蛇，蜿蜒河側，長不過尺餘。或曰：黨將軍也，或曰楊四將軍也，或曰某某大王也。方欲遣人諦視，忽對岸堤上，有一蛇，長十餘丈，首如七石巨缸，鱗彩燦爛，三昂其首，轟聞天崩地塌之聲，則捷地壩陷矣。運河水，滔滔滾滾，灌入減河，賊果北竄，阻水不得度，望洋歎恨而去。

賊既滅，軍門以語李公，請爲黨將軍奏封加號，未及擧行，但爲奏請南書房，書一匾額而已。

及李公總督直隸，歲辛未，畿輔大水，一日天津吏民，歡言黨將軍見于河干，諸郡守縣令往迎之。縣令讓以坐轎，不肯入。郡守乃以坐轎讓之，送入大王廟中。既而大王將軍陸續踵至，津民連日焚香演劇以侑之。已逾兩月，李公謂屬吏曰：「今值饑饉之年，物力艱貴，與其耗之演劇，不如賑濟饑民，欲將大王將軍，送之河干。」正在商議，外間尚未知也。一優人忽自廟中戲台，跳至台下，大言曰：「我黨得住也。李少荃與我有舊，本是一會之人，戊辰之役，我為出力不少，滅賊成功，何得有今日。乃既不為我請封，今者演劇為樂，復欲驅我，何太無情誼也。」言畢，優人偃臥于地，良久乃醒。問以前事，茫然不知。於是屬吏力請李公，聽其演劇，凡三閱月，而大王將軍乃漸去。津民復相與醵錢，重修大王廟。煥然一新。（庸盦筆記）

先母太宜人，於康熙乙亥五月十四日長逝。先是太宜人、奉佛甚謹。繪念佛圖，一紙上繪一大佛像。旁累數千圈，以記念佛之數。圈數已畢，置黃布袋中，數年矣。

卒之日申刻，家人焚袋於磁盆，從釋氏言，將以附殮也。忽盆內有聲，衆疑盆碎。俄見五色光起，布成緇色。上現樓台殿閣，欄楯堦砌之形，蓮花上合掌趺坐之佛數十。雲中女菩薩一，皆如白粉所畫者。親友男婦童僕，以及治櫬成衣之人，無不驚歎競觀。

次日，將殮，掇灰啓其袋，皆佛像、樓台諸形，與袋面無異。又一老嫗、執拂子隨行。誠異事也。謹記以示徵信者傳之。（信徵錄）

滎陽人毛德祖，初投江南，偷道而過。道逢虜騎所追，伏在路側蓬蒿，半身猶露，分意受死。合家念觀世音，俄然雲起雨注，得免死也。（辯正論）

熙寧中，予察訪過咸平，是時劉定子先知縣事，同過一佛寺，子先謂予曰：「此有一佛牙甚異。」予乃齋潔取視之。其牙忽生舍利，如人身之汗，颯然湧出，莫知其數。或飛空中，或墜地。人以手承之，即透過，著牀榻滴然有聲，復透下。光明瑩徹，爛然滿目。予到京師，盛傳於公卿間。後有人迎至京師，執政官取入東府，以次流布士大夫之家。神異之跡，不可悉數。有詔留大相國寺，創造木浮圖以藏之。今相國寺西塔是也。（夢溪筆談）

菜品中蕪菁菘芥之類，遇旱其標多結成花，如蓮花，或作龍蛇之形。此常性，無足怪者。熙寧中，李賓客及之知潤州，園中菜花悉成荷花，仍各有一佛坐於花中，形如彫刻，莫知其數。暴乾之，其相依然。或云：李君之家奉佛甚篤，因有此異。（夢溪筆談）

☆

吾鄉櫻桃湖、東接海上，有古剎，曰：白衣菴，大士供養處也。地最僻，寺僧多不法。偶有商人，遇暴雨，托宿，見銅像剝落，捐白金數笏為助。僧窺其橐重，遂醉以酒，縛之榻，解佛廚瘞焉。

時已更餘，月光黯然，有捕盜舟至，遙見一縞衣女子，徘徊寺側。疑僧為姦，入寺窮索，寂無所覩。惟所瘞之人，宛轉垂絕。救之，獲蘇，具道其故。乃訝所見，即大士顯應也。

於是繫送有司，杖殺之。（蕁鄉贅筆）

溧陽馬孝廉豊、未第時，館於邑之西村李家，鄰有王某，性凶惡，素捶其妻，妻飢餓，無以自存。竊李家雞烹食之。李知之，告其夫，夫方被酒，大怒，牽妻至，審問得實，將殺之。妻大懼，誣雞爲孝廉所竊。孝廉與爭，無以自明，曰：「村有關神廟，請往擲環交卜之。卦陰者婦人竊，卦陽者男子竊。」如其言，三擲皆陽，王投刀放妻歸。而孝廉以竊雞故，爲村人所薄，失館數年。

他日有扶乩者，方登壇，自稱關神。孝廉記前事，大罵神之不靈。乩書灰盤曰：「馬孝廉！汝將來有臨民之職，亦知事有緩急重輕耶？汝竊雞，不過失館，某妻竊雞，立死刀下矣。我寧受不靈之名，以救生人之命。上帝念我能識政體，故超生三級。汝乃怨我耶？」孝廉曰：「關神既封帝矣，何級之昇？」張神曰：「今四海九州，皆有關神廟，焉得有許多關神，分享血食？凡村鄉所立關廟，皆奉上帝命，擇里中鬼，平生正直者，代司其事，眞關神在帝左右，何能降凡耶？」孝廉乃服。（子不語）

☆　☆　☆

麻城東宜州市上，有一福王神，甚靈。其廟向河，隔河市人，不知廻避，排數十尿桶，往來人溲溺，恰對廟門。忽一夜，福王運神力，拽轉其廟，背河向野，至今稱反壁廟焉。

不論僧俗，當修細行。凡大小便利，須擇隱處，或面牆壁，或傍竹樹，斷不可向三寶塔寺，及大小神廟。即虛空日月星宿等，皆宜廻避。若恣意溲溺，獲罪無量。戒律部中，極論此事，觀反壁廟事，可悟。（現果隨錄）

☆　☆　☆

崑山王澄州先生，諱永祚，官鄖陽制台。時買大楠木十餘棵，回崑。中有三株最巨，長十餘丈。夫人吳氏，篤好佛，謂兒子房曰：「視有造大佛殿處，必捐此爲棟梁。」乃浸在西關外漪園。

前大節鉞王公，欲造水車船，點兵丁取其木，初百人，增至二三百人拽之，屹然不動。王公不信，親巡至崑，點兵垂五百人拽之，復不動。王公歎曰：「此神木也！」

杭州昭慶寺、適建大殿及天湧戒壇，缺九架大棟梁。僧徒往子房告募，子房白：「此先母夙願也！然王公曾數百兵拽不動，師能拽之，吾即捨矣。」寺僧遣四十餘人，牽挽之，立行。今巍然架在兩殿，爲西湖巨觀。子房在江陵護國寺，爲余親述。（現果隨錄）

九華山、最著神異，相傳明季，海公剛峯，雨中皮靴登山，同伴告以皮靴乃牛皮所作，是葷非素，不可著也。乃易草履遂參神。指廟中鼓問神曰：「此亦皮也！寧非葷耶？」言畢，忽霹靂從廟起，將鼓擊碎。至今廟鼓無敢用皮，以布代焉。

有江南太平人顧翁，生一子一女，皆成立，而妻死，塊然老鰥，為子娶農家女姜氏，年十七，性仁孝，翁愛之。無何，翁疾作，而子未歸。姜聞呻吟聲，稟請延醫。翁曰：「我足疾也！但須溫暖便差。」姜曰：「果若是，又何難？」乃為翁抱足眠。蓋惟知盡孝，不解瓜李嫌者。

次春，子歸，道經妹家，妹以嫂孝告之，不能無疑，而難於發口。乃暮則抱棉被於別室，不與姜眠。姜心疑駭，問其夫？夫曰：「汝聞世上有翁媳同眠者乎？」姜始大悟，曰：「吾哀翁老病，實與同眠，此心惟天佛知之耳！」其子笑而不答。一日聞鄰嫗喁囉誦佛聲，出問何作？曰：將朝九華。姜即附伴同行，焚香跪拜畢，見對山香爐峯，懸崖絕壁，問彼何名？老衲曰：「此處名龍口香，心跡不能自明，可質證於鬼神者往焉。」姜聞大喜，執香前往，老衲阻之曰：「余作沙彌，至今老矣，未見有敢登者。況娘娘纖纖蓮步，豈可冒險哉？」姜不聽，直抵其處，看者心悸。果及半山而墮，衆惜其已成碎粉矣。鄰嫗歸，急告其翁。翁怪其謬曰：「吾媳昨已返舍！」引鄰嫗入，果見姜瞑目盤膝，坐蒲團上。嫗等驚曰：「此即活佛，何須更朝九華？」於是齊聲念佛，而朝拜之。姜始張目而起，共驗蒲團上，有「九華山道」四字在焉。共問翁：「汝媳何時還家？」翁曰：「昨聞院內有聲，心疑為賊，偕子往視，則飛下吾媳也。目瞑若死，氣息奄奄，故擡諸室。問之，則曰：媳欲表心跡，故含忿而往，並未慮及生死。不料山高千尋，足軟便墮，亦不知何由而歸家。」嫗乃爲翁父子述其事，於是夫妻相抱大哭，遠邇驚異。嗣後朝九華者，先來禮姜云。（續子不語）

☆　☆　☆

郢州漁人擲網于漢水，至一潭底，擧之覺重。得一石，長尺餘，圓直如斵椽。細視之，乃羣小蛤，鱗次相比，綢繆鞏固。以物試抉其一端，得一書卷，乃唐天寶年所造金剛經。題誌甚詳，字法奇古。其末云：「醫博士攝比陽縣令朱均施。比陽、乃唐州屬邑，不知何年墜水中，首尾略無沾漬。爲士豪李源所得。孝源素奉佛，寶藏其書，蛤筒後養之水中，客至欲見，則出視之。孝源因感經像之勝異，施家財萬餘緡，寫佛經一藏於郢州興陽寺，特爲嚴麗。（夢溪筆談）

☆　☆　☆

萬曆丙辰五月初二、贛州城外水發，高女牆數丈。沿江大廈巨蹤，胥付洪濤。城內至沒樓脊。有沽酒者，子母忽水湧去，至萬安縣百家村，尚據几無恙也。城東三十里有儲潭廟，水發之先，廟神見夢於廟祝，令移像至山絕頂，去原位高數丈，水果及所移地而止。又一泥塑鬼卒，乘流東下，顏面剝落，越數日遡流而上，仍立於原位。衆異之，重加裝飾，孰謂土木偶無靈哉？（堅瓠秘集）

☆

開元末，有人好食羊頭者，常晨出有怪在門焉。羊頭人身，衣冠甚偉。告其人曰：「吾未之神也，其屬在羊。吾以汝好食羊頭，故來求汝。輟食則已，若不爾，吾將殺之。」其人大懼，遂不復食。（紀聞）

☆

余于民國十二年，自美國畢業後，轉赴歐州大陸考察，足跡所至，遍歷荷蘭，德意志，比法等國。因在旅途中，日間忙于奔走參觀，夜間則執筆記錄，致無寸晷，遂疏家報，初不料老父倚閭之望，因之更切。吾父業商，參加上海慈善工作與虞洽老，翁寅老等相過從。時後馬路有「濟生善會」，從事于施醫施藥，小本借貸，義務學校，及其他慈善救濟事業。會內供濟祖佛像，朔望臨壇，頗著靈異。某次，父以懸念游子，默叩歸期，忽沙壇上呼名提示曰：「令子學成歸國，可喜可賀」！疾書十大字。衆爲之愕然！蓋吾父個人默禱，並未正式上疏，固無一人知其所問何事也。閱半月，余平安抵滬，曾隨父前往致敬，此身歷之事也。（宋希尚教授筆記）

第二章　城隍靈應（十則）

吾鄉朱先生某，中年喪偶無子，遺一女，年十六矣。意態幽閒，頗嫻閨訓，先生視如拱璧。一日倦繡欲睡，甫就枕，見一書生，裙屐翩然，搴帷而入。女驚起欲遁，生遽前擁之，手足如縛。女將號，而舌已入口，昏不知人。由此晝夜顛狂，忽歌忽笑。或自褫其衣，有令人不忍見者。先生百計驅遣，卒無一效。或言東嶽廟城隍神，頗著靈爽，可往愬也。先生喜，遂自繕疏，列狀以往，祝而焚之，乃還。視女甫入房，女忽起坐床沿，以手指窗外，笑問朱曰：「阿爺！亦見其枷鎖郎當，回首涕泣而去耶？」先生異之，就問其狀，則掩袂羞赧不能言。再問之，則盈盈欲涕。而其病，已如夢驟醒矣。（埋憂集）

☆ ☆ ☆

郡有富室某氏子，娶婦金氏，纔數月，為祟所憑。其婦貌僅中人，自遇祟後，放誕風流，殆無寧晷。惟夫入與共寢，帖然安枕，絕無狂態。出則如故矣。或問之，則曰：「以兩雄共一雌，不禁意索，故暫且避去。然彼豈能長守此鴻溝耶？」其母在旁唾曰：「淫鬼擾害如此，吾將訴之天師，遣法官來捉汝，塞瓶內烹卻，始雪吾恨。」婦笑對曰：「母勿嗔！某為歸安城隍三太子，愛汝婦肌瑩如玉，氣息吹蘭。今後尚應擇吉迎歸署中，永為白頭之好，必不忍中道乖離也。」時其父亦在，聞之，退。即具狀投城隍廟焚之。比返，則其女已沈沈睡去，安帖如常矣。惟醒後神氣怯弱，藥之數劑而起。（埋憂集）

☆　☆　☆

福建莆田王監生、素豪橫，見田鄰張嫗田五畝，欲取成方。造偽契，賄縣令某，斷為己有。張嫗無奈何，以田與之。然中心忿然，日罵其門。王不能堪，買囑鄰人毆殺嫗，而召其子視之，即縛之，誣為子殺其母，擒以鳴官。衆證確鑿，子不勝毒刑，遂誣伏。將請王命；登時凌遲矣。總督蘇昌聞而疑之，以為子縱不孝，毆母當在其家，不當在田野間，衆人屬目之地。且遍體鱗傷，子毆母，必不至此。乃激福泉二知府會鞫於省中城隍廟。兩知府各有成見，仍照前擬定罪。

其子受綁將出廟門，大呼曰：「城隍！城隍！我一家奇寃極枉，而神全無靈響，何以享人間血食哉？」語畢廟之西廂，突然傾倒。當事者，猶以廟柱素朽，不甚介意。甫牽出廟，則兩泥皂隸，忽移而前，以兩挺夾叉之，人不能過。

於是觀者大譟，兩府亦悚然重鞫，始白其子寃，而置王監生於法。從此城隍之香火，亦較盛焉。（子不語）

康熙二十二年，山西祁縣劉姓，平素無惡不作，適邑不齒。忽一日，自至縣治，兩手自然反接，口稱奉縣城隍命投到，求本縣起解，至府城隍問罪。

令以爲心疾逐出，復來。兩手俱無繩，而數人擘不可開，如此數日。令不得已，爲具文遣差牒送府城隍．至即焚牒，劉即伏階下，號呼痛楚，若受朴者。頃刻，受刑處，俱青黑破爛。刑畢，起自言：「府城隍乃發回本縣，遊各門示衆，仍反接而出，若有押者。」

至縣，循行各門，凡平日所作過惡，一一高聲臚列，且云：「無若劉某爲惡，現世受報也！」遊畢，七竅流血而死，觀者日數萬人。邑令爲遼陽進士楊振藻、武林諸寅吉言。（信徵錄）

☆　☆　☆

松郡城隍神最靈，有一營丁，素橫悍，率妻孥，寢處殿側，繫馬神座。有獻新製袍服神像者，脫取自衣。

一日，忽反接自擲於庭，向空叩首，歷數罪惡，號呼半日，而死。主將聞之，躬自禱謝，並施財修葺。數日之內，煥然一新。（蓴鄉贅筆）

☆　☆　☆

福建省城隍神，啼哭三日，忽於七月朔旦，鼓樓火起，延燒至運司及大小公署寺院民房。又焚雙門一帶約八千餘間。先是，鼓樓扁額，有「海天鰲柱」四字，土人有「雙門堪走馬，鰲柱變成灰。」之謠。至是果驗。（蓴鄉贅筆）

☆　☆　☆

杭州望仙橋周生業儒，婦凶悍，數忤其姑。每歲逢佳節，著麻衣拜姑于堂，詛其死也。周孝而懦，不能制妻。惟日具疏禱城隍神，願殛婦以安母。章凡九焚不應。乃更為忿語責神無靈。

是夕夢一卒來曰：「城隍召汝。」周隨往，入蛫廟中。城隍曰：「爾婦忤逆狀，吾豈不知！但查汝命，只有一妻，無繼妻。恰有子二人。爾孝子，胡可無後？故暫寬汝婦。汝何嘵嘵？」周曰：「婦惡如是，奈堂上何？且某與婦恩義既絕，又安得有嗣？」城隍曰：「爾昔何媒？」曰「范陳二姓。」乃命拘二人至。責曰：「某女不良，而汝爲媒，嫁於孝子，害皆由汝。」呼杖之。二人不服曰：「某無罪，女處閨中，其賢否某等無由知。」周亦代爲祈免，曰：「二人不過要好作媒，非賺媒錢，作誑語者。與伊何罪？據某愚見，婦人雖悍，未有不畏鬼神念經拜佛者。但求城隍神呼婦至，示之懲警，或得改逆爲孝，事未可定。」城隍曰：「甚是！但爾輩皆善類，故以好面目相向。婦凶悍，非吾變相，不足示威。爾輩無恐！」命藍面鬼、持大鎖，往擒其妻。而以袍袖拂面，頃刻變成青靛色，朱髮睜眼。召兩旁兵卒，執刀鋸者，皆猙獰凶猛。油鐺肉磨，置庭下。

須臾，鬼牽婦至，觳觫跪階前。城隍厲聲數其罪狀，取登註册示之。命夜叉拉下剝皮，放油鍋中。婦哀號伏罪，請後不敢。周及兩媒代為之請。城隍曰：「念汝夫孝，故宥汝！再犯者，有如此刑。」乃各放歸。

次日，夫婦證此夢皆同。婦自此善事其姑，後果生二子。

（子不語）

張稿公者、滇南總督衙門，掌稿吏也。誠樸無私，遂任制府，多信服之。一夕早起，開門見縊尸高懸，細認為某甲，緣訟事求稿公左袒，而未許者。因復閉門靜坐，以聽外信。及朝墩上，再啓門，則縊尸已不見矣。私心竊喜。旁午，忽聞縣令，出城相驗。訪死者爲誰？則門上縊尸某甲也。始而駭，繼而疑，終莫解其故。數月後，遇市上賣菜傭趙某，問曰：「某月之晨，君見縊者驚乎？」稿公聞之，招趙入室，款以酒食，問何以知？趙曰：「是予負去，安得不知？」稿公曰：「我爾不相識，何故負尸？且負尸甚早，城門柵欄未啓，奈何？」趙曰：「余亦不解其故？是日五更販菜，途遇友人，召余來此，曰：「汝負此尸到某處，必有厚利，勝於販菜。」予慮城柵未開，友曰：「無傷！但從我行。」從之，及柵，柵開。至城，城開。稿公問友人姓名爲誰？曰：「認其人，未問其姓，亦市上交好者也。借去烟揷，至今尚未見還。」稿公出百金謝之，囑勿揚言而別。

一日趙消步入城隍廟，見十殿中有泥鬼，挂烟揷，頗似己物，細認不謬，因摘去，且戲曰：「何久假不歸耶？」次早在市上賣菜，見前遇之友，責曰：「似爾爲人，極難相與！一烟揷之微，何即在大衆前笑我？」趙方欲道契濶，問姓字，適呼買菜者又至，一掉頭間，其友渺然不見。（續子不語）

☆　☆　☆

臨安府、張大興、李二、爲莫逆交，李家雖屢空，然賦性不苟，故張重之。一日向張道貧苦，張適有積金數百，因盡出以付李，相約除存本外，瓜分其利。不料數年間，李貲本盡喪而歸，閉門高臥，絕不見張。張靜待之，許久不至。値嫁女期迫，因登李門問之。李置若罔聞。張怒，互相爭罵，觀者如堵。問張，則言李無良、問李，則言張冒騙。兩無中據，難定曲直。李曉曉不屈，張愈怒曰：「汝明日，若敢赴城隍廟，盟誓摸錢，吾即休矣！」李謾應之。蓋鄰人信鬼神，相傳城隍神最靈，神前熬油鍋，置錢其中，理直者，手摸不爛。否則必爛，故脅之。明日，張果來追李，李亦不懼，同往至廟，撞鐘鼓，陳顚末，然後置鐵鍋，熬沸油，擲一錢於油中，伸入手摸。李竟取出，而手無恙。於是衆咸非張，張亦不能再辯。

後李別作生業，數年間，滿載而歸，於是計算張氏本利若干？盡爲歸楚，親登其門。張曰：「交已絕矣，義不受金。」李曰：「實借君物，何敢負德？待來世作牛馬償耶？」推讓再三，張終不受。於是鄉里爲區劃，廟前有板橋已朽，請將此金，易之以石。並問李曰：「前既昧良，何敢盟誓？」李笑曰：「彼時非敢昧良，實恐一經承認，即須原物，粉骨難償。故先至廟，禱神默佑，待發財時再報答張友。不意神靈如是？」衆聞之咸笑曰：「城隍神，乃受君私耶？」後橋成無名，因顏其橋曰：「受私橋」（續子不語）

　　秦景容先生諱裕，大名人，以忠孝見稱。居邑之東鄉長壽寺里，歿即葬於其地。太祖勅封為上海縣城隍神，不著靈爽。順治十年秋，海寇犯縣治，總兵官王燝，督戰辱師，民聚而詬之。王怒，訴之周巡撫，誣民通賊。周惑其說，將俟雞鳴屠之。是夕神降官廨，儼立堦下，周心動而止。至夜半，仍欲屠之。又見神直視搖首者數四。懼而輟其事。事載邑人曹給諫一士撰頌序。民感神再生之惠，二百年來，香火極盛。（清閒筆記）

第三章　土地呵護（四則）

　　黃大梁、號孟起，福州人，余姊丈黃默園之族姪也。精俄文，曾在哈爾濱中東鐵路局任秘書，豪飲健談。在哈時與其文字論交，過從甚密。僞滿成立，余與孟起同時入關，大地茫茫，蓬飄兩地。抵台聞孟起在東吳大學任教，舊歡重拾，亦人生難得快事也，孟起曾告余，抗戰時渠任浙江鎮海縣縣長，未幾、鎮海淪陷，孟起逃避山中，日軍入山搜索，山民不敢留，事急、孟起只得隱一大樹下以待斃，忽瞥見一老人鬚髮如雪，手執馬尾拂，所穿衣服與世間所見泥塑木雕之土地公一模一樣，以身翼蔽孟起。日軍行動，孟起看得淸淸楚楚，孟起與日軍近在咫尺，而日軍竟不得見，卒免於禍，奇哉！孰謂冥冥間無鬼神也。（勸懲見聞錄）

☆　☆　☆

桐城徐張二友，貿易江西。行至廣信，徐卒於店樓。張入市買棺爲殮，棺店主人索價二千文，交易成矣。櫃旁坐一老人，遮攔之，必須四千。張忿然歸。是夜張上樓，尸起相撲，張大駭，急避下樓。

次日清晨，又往買棺，需錢千文。棺主人並未出，而作梗之老人先在櫃上罵曰：「我雖不是主人，然此地我號坐山虎，非送我二千錢與主人一樣，棺不可得。」張素貧，力有不逮，無可奈何，旁皇於野。又一白鬚翁，着藍色袍，笑而迎曰：「汝買棺人耶？」曰：「然！」曰：「汝受坐山虎氣耶？」曰：「是也。」白鬚翁手一鞭曰：「此伍子胥鞭楚平王尸鞭也。今晚尸起相撲，汝持此鞭之，則棺得而大難解矣」言畢不見

張歸上樓，尸又躍起，如其言，應鞭而倒。次日，赴店買棺，店主人曰：「昨夜坐山虎死矣，我一方之害除矣。汝仍以二千文原價，抬棺可也。」問其故？主人曰：「此老姓洪，有妖法，能役使鬼魅，慣遣尸撲人。人死買棺，彼又在我店居奇

，强分半價。如是多年，受累者衆。昨夜暴死，未知何病。」張乃告以白鬚翁贈鞭之事。二人急往視之，老人尸上果有鞭痕。或曰：白鬚而着藍袍者，此方土地神也。（子不語）

☆ ☆ ☆

豫章諸縣盡出良材，求利者採之將至廣陵，利則數倍。天寶五載，有楊溥者，與數人入林求木。冬夕，雪飛山深，寄宿無處。有大木橫臥，其中空焉，可容數人。乃入中同宿。而導者未眠，時向山林再拜祝曰：「土田公，今夜寄眠，願見護助！」如是三請而後寢。夜深雪甚，近南樹下，忽有人呼曰：「張禮！」樹頭有人應曰：「諾！」「今夜北村嫁女，大有酒食，相與去來！」樹頭人曰：「有客在此，須守至明。若去，黑狗子無知，恐傷不宥。」樹下又曰：「雪寒若是，且求飲食，理須同去。」樹上又曰：「雪寒雖甚，已受其請，理不可行，

須防黑狗子。」呼者乃去。及明，裝畢撤所臥氈，有黑虺在下，其大若瓶，長三尺，而蟄不動。方驚駭焉。（紀聞）

☆ ☆ ☆

杭州馬觀瀾家，每四時必祭其門。予問：「古禮、門爲五祀之一，今此禮久不行，君家獨行之何也？」馬曰：「余家奴陳公祚，好酒，每晚必醉，敲門歸。一日聞戶外喧呶聲，往視之，奴撲地，曰：『奴歸，見門外一男一婦，俱無頭，頭持在手。婦呼曰：我汝嫂也，吾淫屬實，吾夫殺我可也。汝爲小叔，不當殺我。夫殺我時，心軟手噤斷不下，汝奪刀代殺，此事豈汝所宜與耶？吾每來相尋，爲汝主人家門神呵禁，今故俟汝於門外。因大罵唾奴面。其男鬼擲頭撞奴，奴倒地。聞人聲，二鬼纔散。』」馬氏衆家人扶至床，自言少年時，曾有此事。當時看小說，慕武松之爲人，不意遭此冤孽。

或告之曰：「小說都無實事，何得妄學？且武松殺嫂，為嫂殺兄故也。若尋常犯姦，王法只杖決耳。汝何得代兄殺嫂？」言未終，奴張目作女聲曰：「公道自在人心，何如？何如？」向言者三叩頭而死。馬氏以鬼言，故祭門神甚敬，世其家。（子不語）

第四章　竈神驅虎

南城楊氏、頗富，長子不肖，父逐之。天寒無所向，入所儲牛藁屋中，藉草而寢。月明孤寒，不寐。忽一虎躍而來，翼從數鬼，皆倀也。直趨屋所，取草鼓舞為戲。子不敢喘。俄黑雲勁風，咫尺翳瞑，虎若被逐，愴惶走，衆倀亦散。既神人傳呼而至，命喚土地神。老叟出拜，神責之曰：「汝受楊氏祭祀有年矣！乃縱虎為暴，郎君幾為所食，致煩吾出神兵驅之。汝可謂不職矣！吾乃其家竈君司命也，汝識乎？」土地謝罪而退。明日起視，外有虎跡，草皆散擲地。後其父怒解，子得歸，具言之。由是，事竈益謹。（異聞總錄）

第六篇 遊地府

枉死城帶信

鎮江人張大，寓居揚州，康熙七年五月病死，見閻王。王曰：「悞攝矣！汝既到此，可寄一信於陽間。」命鬼卒，引遊一城，扁曰「枉死」。見有衆鬼，拖舌尺餘，云：自縊死者也。日日到此時辰，必受上吊之苦。見有衆鬼，身腫衣濕，云：投水死者也。見有衆鬼，或無頭、或斷喉，或七孔流血，云：自刎死、服毒死者也。每至本日某時，各照生前死法，苦楚萬狀。

諸鬼相謂曰：「吾輩在生時，謂一死了事，不意受苦如此！悔恨無及。」張大曰：「此輩何時重得爲人？」鬼卒曰：「不能矣！大凡閻羅殿前託生爲人者，十分難得，好個人身，却爲詐人之具，在陰司，負冥王一番注生之恩。在陽世，負父母三年乳養之德。一人自盡，結訟連年，帶累四鄰。凶身苦主，俱各破家。閻王最怒此輩。判入畜生道，不容易得人身也。」復看來復冥王，王曰：「汝回陽世，可述此勸人！」大聲拍案，忽蘇。（果報聞見錄）

陳叔文

海昌陳叔文云：康熙丙寅閏四月十六日，忽患背毒日甚，至念五日，遍體疼痛，時醫僧隱然，偶談三昧，永懺因果。余曰：「若論前世，因何不速了結？若論今世，因細思無是刼。」是夜昏暈，魂從頂出，欲往冥府，明此果報。忽見本境土地，引余而囑曰：「此去有三路，汝須從中路往，餘二路，非汝所宜行也！途中湯，切勿飲！關內橋，切勿過！犯此三者，必不能回生矣！」余曰：唯！

未幾，前途果有一婆施湯，湯甚香，飲者甚衆。余至時，果招飲。余即潑地，鬼欲來擊。婆喝曰：「此是三世僧，不可！」乃得脫。

不數武，至鬼門關。關門緊閉，有青面鬼十餘，毛身赤足，問予有批乎？余曰：無！鬼曰：「無批，關不開。」余必欲進！鬼曰：「無批，非三呼不開。」余究其故？鬼曰：「有道法者，呼太上老君；有佛法者，呼三世如來；有善行者，呼救苦觀音。余因念婆喚我爲三世僧，即呼我佛如來！關果斷鎖自開。

進關，見有大水，廣數十里，水上有橋一塊，分爲三道：左名登仙，右名積善，中名奈何。余憶土地之言，不敢上橋。問水中鬼云：「此水何名？」答曰：「苦海！」余令鬼渡之，鬼來背曰：「爾身重不能！」余曰：「何重？」鬼曰：「爾是前世念經人，是經重耳。」正躊躇間，忽見兩頭陀來，挾我而過。問之？云：「四年前，我二人到宅，蒙君留我一粥，又惠我稻草兩束，在廟中一宿，皆君德也。今俱坐化在此，是以感恩渡君耳。」一回顧苦海，見一人從中橋而墮，猛獸毒蛇圍咀，其人厲聲呼母。便生蓮花托起。余問其故？頭陀曰：「彼姓朱，屠夫也。性頗孝，故有蓮花之現。」嗟乎！一孝眞可敵衆惡矣。

由是，別頭陀，過苦海，游冥衙，見市肆四五家，過此，乃是第一殿衙門。門上扁一座，大書「秦廣大王」。柱聯「萬惡淫爲首；百行孝爲先。」進殿，見兩廊陳列碓臼，上有條示「凡陽間唆訟者，受此罪。」又見僧人數十，進殿俱北面而立。王起，至西南隅，北向誦云：「彌勒佛，速賜報應風！」須臾有大風至，見有衣帽不動者，有吹去帽者，有裸體而立者。于是王乃禮送衣帽者出，遂南面勘問。余竊問？冥判云：「有德者，不動；罪小者，去其帽；罪大者，裸其體。」

余出，過其二殿，門閉不進。至第三殿，見兩廊鋸解者，見兩上有條示：「凡陽間活拆夫婦者，受此罪。」至第四殿，見兩廊油鍋，上有條示：「凡陽間姦淫處子者，受此罪。」至第五殿，扁書「閻羅天子」，忽人叢中，有呼余號者，視之，乃業師徐瑤光也。

師引余至大樹下，驚問曰：「汝已死耶？」余答：「不知！因病毒至此耳。」師云：「吾爲汝查！」即往問一冥判姓徐者，曰：「彼壽未絕」。師曰：「此地不可久遊，況可見閻君乎？」與余劇談世事，秘不敢泄。大約陽惡受罪猶輕，而陰惡受罪最重耳。

余別師，竟進殿前，閻君叱曰：「汝何人？敢前來！」余曰：「我非僧，亦非道，惟此良心未喪耳。」閻君曰：「汝在世誦經念佛乎？」曰：「未也。」閻君曰：「汝既如是，可知有此患乎？」余曰：「正欲明背毒果報，故來此。」閻君遂令冥判查覆。移時捧卷至，余窺之，見簿籍分明，昭昭不爽。凡行事動念，無不錄者。大善書黃字，小善書紅字。大惡書綠字，小惡書黑字。不覺毛骨悚然。

閻君看畢云：「此係毛寡婦一案，未結耳。」余叩問其故？閻君曰：「汝欲知，須至白鶴山問汝師。」余問路幾何？曰：「七日，但此去，不能回陽矣！」余願捨身一往，徐冥判代余求案前迅速香執之，可以即到。閻君首肯，命徐冥吏，引出，至一高台，將余推倒，白鶴山，已在望矣。但見層巒聳翠，七寶莊嚴，恍然極樂世界也。松下茅蓋蓬庵，有師兀然獨坐，見余呼曰：「汝果來耶？吾已知之矣！汝是三世僧，前世名木清，乃江南報恩寺僧也。余號明修，是汝第三世師。汝在江南，見毛寡婦、有孫俊雄，欲化為徒。毛婦不允，汝潛行誘其出家。犬隨吠，汝將犬擊死，携其孫歸寺。養至十六歲，與孫披剃，但毛寡婦因哭孫喪明，死訟於冥。而犬又以無辜索命。汝託生時，犬咬其背，故發此毒。醫汝隱然僧，即前世埋犬之人。」

余求師曰：「何以得解此結？」師曰：「或誦金剛經一藏，或拜藥師經一部，庶可解此。」余曰：「弟子雖是三世僧，願師開示佛法！」師即指壁上偈曰：「佛法僧三寶，看來是常套。若還參得透，道岸容易跳。」汝能解此否？余曰：「不能！」師即舉手中如意，打下一喝，余心似覺有省。師曰：「汝孽緣未斷，善果未到，宜回陽世。」余問曰：「何時斷？何時到？」師曰：「若要孽緣斷，善果到，直待玉兔金鷄叫。」余即拜為來世師。語畢，忽然驚醒。因口傳倩書，以警世云。（一

信徵錄）

酆都知縣

四川酆都縣、俗傳人鬼交界處。縣中有井，每歲焚紙錢帛鏹投之。約費三千金，名納陰司錢粮。人或吝惜，必生瘟疫。清初知縣劉綱到任，聞而禁之，衆論譁然。令持之頗堅。衆曰：「公能與鬼神言明乃可！」令曰：「鬼神何在？」曰：「井底即鬼神所居，無人敢往。」令毅然曰：「爲民請命，死何惜！吾當自行。」命左右取長繩，縛而墜焉。衆持留之，令不可。其幕客李銑豪士也。請令曰：「吾欲知鬼神之情狀，請與子俱！」令沮之，客不可，亦縛而墜焉。

入井五丈許，地黑復明，燦然有天光，所見城郭宮室悉如陽世。其人民藐小，映日無影，蹈空而行。自言在此者，不知有地也。見縣令，皆羅拜曰：「公陽官，來何爲？」令曰：「

吾爲陽間百姓請免陰司錢粮；」衆鬼嘖嘖稱賢，加手額曰：「此事須與包閻羅商之！」令曰：「包公何在？」曰：「在殿上。」引至一處，宮室巍峨，上有冕旒而坐者，年七十餘。容貌方嚴。羣鬼傳呼曰：「某縣令至！」公下堦迎，揖以上座。曰：「陰陽道隔，公來何爲？」令起立拱手曰：「酆都水旱頻年，民力竭矣！朝廷國課，尙若不輸，豈能爲陰司納帛鏹，再作祖戶哉？知縣冒死而來，爲民請命。」

包公笑曰：「世有妖僧惡道，借鬼神爲口實，誘人修齋打醮，傾家者，不下千萬。鬼神幽明道隔，不能家喻戶曉，破其誣妄。明公爲民除弊，雖不來此，誰敢相違！今更寵臨，具徵仁勇。」語未竟，紅光自天而下，包公起曰：「伏魔大帝至矣！公少避。」劉退至後堂。

少頃，關神綠袍長髯，冉冉而下，與包公行賓主禮。語多不可辨。闢神曰：「公處有生人氣，何也？」包公具道所以。闢曰：「若然，則賢令也！我願見之。」令與幕客李惶恐出拜。闢賜坐。顏色甚溫，問世事甚悉。惟不及幽明之事。李素戇遽，問曰：「玄德公何在？」闢不答，色不懌，帽髮盡指，即辭去。

包公大驚，謂李曰：「汝必為雷擊死，吾不能救汝矣。此事何可問也？況於臣子之前，呼其君之字乎！」令代為乞哀。包公曰：「但令速死，免致焚屍。」取匣中玉印方尺許，解李袍背印之。令與李拜謝畢，乃繩而出。甫至酆都南門，李竟中風而亡。未幾暴雷震電，繞其棺槨，衣服焚燒殆盡，惟背間有印處不壞。（子不語）

地窮宮

保定督標守備李昌明，暴卒，三日尸不寒，家人未敢棺殮。忽屍腹脹大如鼓，一溺而蘇。握送殮者手曰：「我將死時，苦楚異甚。自脚趾至於肩頜，氣散出不可收。既死覺身體輕倩，頗佳於生時。所到處，天色深黃無日色。飛沙茫茫，足不履地，一切屋舍人物，都無所見。我神魂飄忽，隨風東南行許久，天色漸明，沙少止。俯視東南角有長河一條，河內牧羊者三人。羊白色，肥大如馬。我問家安在？牧羊人不答。

又走約數十里，見遠處隱隱宮殿，瓦皆黃琉璃，如帝王居。近前有二人，靴帽袍帶立殿下，如世上所演高力士童貫形狀。殿前有黃金扁額，書「地窮宮」三字。我玩視良久，袍帶者怒來逐我曰：「此何地？容爾立耶！」我素剛，不肯去，與之爭。殿內傳呼曰：「外何喧嚷？」袍帶者入，良久出曰：「汝毋去，聽候諭旨！」二人環而守之。

天漸暮，陰風四起，霜片如瓦。我凍久戰慄，兩守者亦瑟縮流涕，指我怨曰：「微汝來作鬧，我輩豈受此冷夜之苦哉？」天稍明，殿內鍾動，風霜亦霽。又一人出曰：「昨所留人，著送歸本處！」袍帶者拉以行，仍過原處，見牧羊人尚在。袍帶者以我授之曰：「奉旨交此人與汝，送他還家，我去矣。」牧羊人毆我一拳，懼而墜河，飲水腹脹，一溺遂蘇。言畢後，盥手沐面，飲食如常。後十餘日仍卒。

先是，李之鄰張姓者，睡至三更，牀側聞人呼聲，驚起，見黑衣四人，各長丈餘，曰：「為我引路，至李守備家。」張不肯，黑衣人欲毆之。懼而同行。至李門，先有二人蹲於門上，貌獰惡，四人不敢仰視。偕張穿籬笆側路以入。俄而哭聲內作，此事傳卓園提督所言，李其友也。（子不語）

閻王殿對

嘉靖末、宜興大疫，死者相枕藉，有二青衿俱死，同上閻王殿。一從東廊，一從西廊，各相眄以目。王査其籍，以無罪復生。從東者曰：柱上對為、「天道地道人道鬼道，道道無窮」。恨不見西柱對。從西者曰：「胎生卵生濕生化生，生生不已。」餘所見皆同。（堅瓠秘集）

釋寧師

釋寧師者、暴終三日而蘇，云冥中遊歷，入一門，見數殿，各有榜：一殿署云：李克用，於牖間窺見一黑龍，眇一目，中立鐵柱，連鎖繫維之。次一殿署云：朱全忠，乃青皮白額虎，鎖繫如初。而前有食噉人血狼籍之狀。次署曰：王建、黃金床上，臥一白兎焉。次署曰：李茂貞、具冠冕如王者，左右數侍女焉。次署曰：楊行密，窗牖卑暗，不能細瞻，問侍者曰：此怪狀者，何也？曰：將來王者也。記之，蘇後事聞於官，皆以為妄，其後一一皆符合。（昨非庵日纂）

沈自玉

杭州貢生、沈自玉、名鼎新，寓淳佑橋、相國寺。壬辰夏五月，因病後，答拜一友，登吳山過勞，踉蹌歸臥，即時若氣絕者。自玉此時，覺身輕舉，如在半空，魂隨上下，歷境冥渺，四顧茫茫。行百里，而遙至一大野，更轉道左，見紅牆粉界，碧瓦朱門，有一童子前導。再進百步，則殿宇隆崇，延袤數十里，重門洞開。兩廊廡俱署十三省，各省各有府，府各有縣。其往來奔走者，皆青衣絳袍，手各執簿，雜遝排擁，幾不能前。每到一門，則有數十力士，執戈揚盾，攔阻猙獰。細詰之，童子曰：「此武林善士、沈鼎新也。」遂從交戟下，俯躬而入第一門，榜曰：「乾坤一照」。見金碧輝煌，異香從空中來。

又進一門，其聯曰：「輪廻生死地，人鬼去來關。」入內陰森閃赫，不敢仰視。逡巡間，見左首有杭州府門署，複道委迤，到一大室，見伊舊友王昭平先生，宛如平生，敘寒溫畢。自玉曰：「今余病勢至此，恐再無生理矣！」王笑曰：「否！否！近奉玉帝之命，每年五月十二月內，兩次對簿考覈天下善惡諸人。今閻君查君善行，正要加祿添年，與海內百餘人，同時旌異，祿壽正長，何必過慮？」自玉曰：「得免罪足矣！安望其他？」

少間，聞鳴鞭震耳，衆肅然曰：「此閻君將升殿時也！」各署中官役，悉趨而出，自玉隨之出。見閻君垂簾高坐，執牘諸人，各趨殿下，高聲念云：「某省、某府、某某，於某月某日某處，行善事幾件。某某於某月某日某處，行惡事幾件。」對簿稍差，閻君即加改抹，約有數時而退。

次日，考覈詳明，亦復如是。階下油鐺、火柱、劍樹、刀山，每置人於中，糜爛殆盡，忽現原身，又受一刑，悽慘悲號，不忍聞見。又見旗幟鼓吹，迎送不絕。賞罰甚嚴，歷歷可畏。

時見陳侍御玄倩、及家大行鯤庭諸君，聚坐一堂。自玉過而見之曰：「諸台翁如此風節，世所罕儔！」諸翁曰：「如翁慈仁端介，獲重閻君，亦世人所少有也！」時王昭平先生從內出曰：「弟輩彼時，幸爾矢志，少得無恙，今俱作殿前之副矣！君棄名謝世，亦可謂無忝所生。」皆冠帶袍服，威儀甚都。其自玉長君逢垣、亦在彼作記室。逢垣沒時，原有上帝命，集八人，少一人，召我補數之語。

自玉又聞，每日考覈兩省，男子查蠱，始查女人。今二十五日，則浙江省矣。自玉亦冠帶袍服，逐隊而前。無何，唱自玉名，自玉從衆中趨出，見陳王兩先生，及家鯤庭，皆旁坐弟六殿閻君之側。諸閻君向昭平先生輩曰：「此非善士沈鼎新乎？」眾曰：「然！」閻君下，行賓禮坐，賜茶，皆紅磁鉢，味香烈。閻君曰：「查君一身，孝友貞潔，不淫一男，不破一女，不交一妓，事不斷心，錢不妄取。屢行陰騭，不求人知。所以君之文與字，俱有福於人間！」

自玉曰：「鼎新日恐過戾多端，方自砥悔，有何德能？」

閻君笑曰：「正在此議加君壽，永為眾式。」自玉益惶悚不敢當。閻君因以簿示自玉，皆自玉自少至老行事，無不登記。有一二方便事，未向人道，自玉亦忘之久矣，極蒙閻君贊賞。閻君因曰：「君亦知人有一身作惡，反得功名者乎？正以名位不高，則殺身不烈。又有一生作善，反得貧賤者乎？正此功名不牽，則身名自泰。此正賞罰轉移的微權。如君勤學一生，區區鄉榜，屢得屢失，止以明經終者，正泰君之身名耳！總之：富貴電光，功名泡影，真中有假，色處皆空，癡人不悟，殊可痛惜！但今賞不勝罰，善不勝惡，奈何？」

自玉曰：「方今殺運不止，皆因人心不同；人心不同，皆由淫奢無度。想上帝亦無如之何了！」閻君曰：「誠然！誠然！君囘陽，可向諸人，委曲開導，要學做好人！總不出『諸惡莫作，衆善奉行』八字。須要念頭上做起，詩惡果報，昭然不爽。此間絲毫不漏，世人百般裝飾，都無用處！君為生人，痛加鞭策，勿謂鬼神之可欺也！」

自玉曰：「敢不承命！」遂辭出，昭平諸先生，送自玉就道。時衆人聞自玉從榻上忽連啓口曰：「我要到相國寺去！」頃刻，果已蘇醒。此蓋五月十九日，至二十五日事也。自玉隨拈一偈曰：「去時如彼淨，來時如此明。何生亦何滅？撒手可閑行。」一漸卽霍然而起。今自玉年七十餘，猶行步如飛，精神若少壯云。（冥報錄）

楊彩昭

宛平、崔夢麟筆記云：「有楊姓名彩昭者，直隸棗強縣人，因歲歉進京謀食，從事慶中堂宅。其為人性直嗜酒。嘉慶十四年春間，在帽兒衚衕提督門東眞武廟前，拾得錢票一張，計京錢八千餘文。行至黑芝麻衚衕，見一人揪住一少年人捶楚。問其故？乃因失錢票者，錢數日月悉相符，即慨然還之。

余聞此事，深為嘆美，然未晤識其人也。至九月間，彩昭親到舍間，欲證明因果一事。余細詢之？蓋彼於三月中旬，因患寒疾，昏眩中，見其亡父，將彼帶至一處，宮殿巍峨，額題東嶽府三字，旁有對聯曰：『陽世奸雄，違天害理皆由己；陰司報應，古往今來放過誰？』其字金色輝煌，大幾盈尺。入內見一吏，是彼已亡外父章某，原係河間庫生。自述生前註定陽壽五十九歲，因納一有夫之婦為妾，減壽十年。又主張族嬸再醮，又減壽十年。三十九歲死後，以無別項罪業，得掌陰曹文案。命鬼役帶彩昭觀看陰曹刑法。至一處，廊柱上，反縛一婦人，開腔取心，哀號之聲震耳。認是慶宅某管事之父，而不肯言其氏族。又至一處，廊柱上，伏縛一人，有一鬼卒在背後，用火燒其脊背，認是慶宅更夫韓二。又見一人，用兩根繩索拴脊筋，繫於房梁，頂揷一旗，書私漏國課王一龍。往來推拽，叫痛之聲，慘不忍聞。亦係彩昭所素識，河間販賣私鹽者，名王牛子，不知其有號王一龍也。又見林姓者，乃彩昭之親戚，頭頸上帶雙鐵釘。又至一處，見一架大鐘，形甚鉅，鐘亭纔立，樑柱尚未覆瓦。彩昭欲兩手合抱，量鐘之大小。乃見鐘上人名甚多，有自已楊彩昭助銀五錢字樣，旁書引善崔夢麟。又至一處，見一人騎牛背，鞭牛，人即喊痛。自道生前酷嗜牛肉之報。又至一處，幢幡寶蓋，上供金剛經、心經各一本，無數善男女，持珠誦經。又至後邊，見高山嵯峨，登山，又見黑水滔天，驚懼之極，心中火熱不可忍。見一水缸，注滿水半缸，水上有木瓢，因飲數口，不覺涼浸心脾，恍然而悟。開目視之，乃在床榻上，已越十七晝夜矣。因問某管事之婦今如何？云已心痛死矣。問韓二如何？云發背惡瘡，現在垂危，過數日竟死。又七月見本鄉人，詢王牛子近況？云已死矣。然其症甚怪，每日夜叫痛難忍，須用繩將腰拴住，繫於房樑，方覺稍安。其所見項縮雙釘之林姓，現在湖廣跟官，至月來信，於春間，因患雙對口瘰疾故。以上數件，俱有證驗，獨不明鐘上姓名之事，病愈之後，思鐘上旁書有余名，料余必知，因特來訪余，問余是何因果？余初茫然也！既而憶及三年前，靈鷲菴實有鑄鐘一事，余領募帖百張，轉化京錢二十千文。然此事余並未捐助分文，以此微善，陰曹即已注名，是亦可畏之至。（玉歷寶鈔）

南纘

廣漢守南纘，常爲人言：至德中有調選得同州督郵者，姓崔，忘其名字。輕騎赴任，出春明門，見一青袍人乘馬出，亦不知其姓名。因相揖偕行。徐問何官？青袍云：「新受同州督郵。」崔云：「某新授此官，君豈不誤乎？」青袍笑而不答。又相與行，悉云赴任。去同州數十里，至斜路中，有官吏拜迎，青袍謂崔生曰：「君爲陽道錄事，我爲陰道錄事，路從此別。豈不相送耶？」崔生異之，即與連轡入斜路，遂至一城郭，衙衞局署，亦甚壯麗。青袍至廳，與崔生同坐。伍伯通胥徒僧道等訖，次通詞訟獄囚。崔生大驚，請青袍曰：「不知吾妻何得至此？」青袍即避案後，令崔生目與妻言。妻云：「被追至此，已是數日，君宜哀請錄事耳。」崔生即祈求青袍。青袍因令吏促放崔生妻廻。崔妻問犯何罪至此？青袍曰：「寄家同州，應同州亡人皆在此聽勘過。蓋君管陽道，某管陰道。」崔生淹流半日，請囘。青衣命胥吏拜送曰：「雖陰陽有殊，然俱是同州也。可不拜送督郵哉！」青袍亦餞送再三，勤欵揮袂。又令斜路口而去。崔生至同州。問妻云：病七八日冥然無所知，神識生人，纔得一日。崔生計之，恰放囘日也。妻都不記陰道，見崔生言之，妻始悟如夢，亦不審記憶也。（太平廣記）

山東某生

山東某生者，老儒也。以授徒為業，博通今古。性鯁直，好任俠，見世間有不平事，則皆裂髮指。少時讀左氏春秋及史記，至楚穆王事，輒拍案呼曰：「嗟乎！商臣罪惡如此，而獲保首領，子孫有楚國者數百年，尙得為有天道乎？」至為廢食泣下。其後讀史至不平之事，輒鬱鬱不樂，搔首問天。或飲酒至醉，頹然就枕，鼾聲如雷。

一日方寢，忽見一吏役，持柬來邀，不覺隨之至一處，宮殿巍峨，門卒若已預知，謂吏役曰：「王已坐殿相俟矣。」吏役引某生入殿，見一古衣冠者，南面坐，白鬚赤顏，左右侍立者，數十人。儀仗如王者。吏引某生行參謁禮，王者以手招之，使隅坐於旁。謂某生曰：「汝好善惡惡之心，誠屬可嘉！然汝每讀書，輒呼天道無知，使汝徒見之，灰其為善之心，而長其為惡之膽。殊不知，造物之理，因人善惡，或本身受其報，或子孫受其報，變化萬殊，不可執一。若夫汝所不平之事，固有罪大惡極，而身享榮華，慶流子孫者。非特汝為之不平，即千古人心，皆為之不平。今非借汝之口，不足以播告世人，故特召汝，一遊地獄。

某生懼曰：「某生平，無大罪孽，應不至入地獄。惟遇憤激不平之事，每呼天道無知，則有之。請從此力改！」

王者笑曰：「非欲汝常在地獄，今遣判官，導汝一觀，即送還陽矣。」

判官請曰：「地獄寒氣慘烈，銷鑠元神，非授以辟冷丹，恐遂不能還陽。王者付以二紅丸，判官以一粒銜之於口，一粒授某生銜之。導至後園，地面有大石板，判官命鬼卒，舁去之。俯視洞穴黝黑如漆。穴有石磴，判官與某生拾級而下，高呼開門。則見兩石門豁然洞開，陰風撲面如刀割。門內亦有光，與風雪陰晦之天相似。鬼卒倚門而立，皆突目獠牙，形狀可怖。內有牢獄十餘所，鎖錮嚴密。某生入觀之，判官曰：「此爲第一層地獄，凡罪孽較輕者，與下層地獄，罪孽將滿，而減等者，居之。數百年後，便可出獄。不必觀也。」

導至空曠處，復有一石板，鬼卒仍舁去之。石磴石門及監牢十餘所，皆與前無異。如此，旋繞而下，凡經十八層。

愈下，愈冷，漸不可耐。幸口銜紅丸，勉强支持。某生瑟縮不前，謂判官曰：「吾不能復下矣！」判官曰：「此爲最下一層地獄，無復有冷于此者，汝可放心。」

因導觀各獄，鬼卒以鑰開獄門，其一曰：「暴賊之獄」，入其中，則裸身反接者，數百人。鬼卒或鋸其項，或剝其皮，或斷其足。一鬼卒提五首，梟之長竿。判官曰：「此乃朱粲、黃巢、秦宗權、李自成、張獻忠也。凡殺一人者，必使飲刃一次；殺十人者，使飲刃十次。其餘，皆各如所施于人者，以報之。五賊殺人最多，今在此，每日必斬首一次，明日合其尸首，灌以續命湯，則復活，乃復斬之。每年斬首三百六十次。然巢賊殺人八百萬，獻賊殺人千餘萬，以一人一日抵之，其罪限正無窮也。」

某生曰：「自起自長平坑卒四十萬外，節次殺人，復不下四十餘萬，今其魂何在？」判官曰：「彼居此，二千餘年，罪孽甫滿，今出獄，不久耳」。

復導觀「逆子之獄」。則見鐵架排列，數百人，皆裸身反接，倒懸架上。鬼卒以驢糞雜穢水澆之，自踵至頂，淋漓腥臭，令人難耐。及水將滴盡，則復澆之。架上皆有牌標姓名。某生多不省識。惟見楚商臣、匈奴冒頓單于、吳孫皓、宋元凶邵，及其弟濬皆在焉。

判官曰：「凡人富貴，皆前定，商臣即不弑父，亦可得楚國。陰律，凡獲罪而及身未受其報者，罰加倍焉。子孫未受其報者，罰又加倍焉。商臣爲楚君時，尚無過惡，又在此年代久遠，本可赦至第十七層地獄。然彼得保首領，而子孫又昌熾數百年，茲所以罰愈久也。

問：「孫皓豈嘗弒父母乎？」判官曰：「以弒其叔母朱太后也。」

又遙見一小室，有鐵柵，四面氷雪瑩然，一人單衣，躑躅於其中，口噤項縮，呼曰：甚寒！判官曰：「此隋煬帝也。凡曾爲一統天子者，未便施之以刑，但使千百萬年，在此寒冷之中，其苦不減于受刑也。

又導觀「逆臣之獄」，多有三代以前姓名，某生不暇諦視。但就其可記憶者，則寒促、陳乞、陳恒、華督、王莽、董卓、司馬懿、司馬昭、石虎、蕭道成、蕭鸞、高澄、高洋、侯景、武三思、安祿山、李希烈、朱溫、石敬瑭、吳丼、吳儔范瓊、胡少虎、崔立、皆在焉。每數十人，共荷一長枷。復桎其手，梏其足，鉗其口。稍一轉動，則互相牽掣。判官曰：「此輩生前，皆喜專擅權勢，故死後束縛拘困，使不得自由。」

某生曰：「曹操之惡，不減司馬懿，胡不在此？」判官曰：「曹操罪惡甚多，然芟刈羣雄，使生民不罹兵革，其功亦稍足相抵，且享國未久，其子孫爲司馬懿所魚肉，受報已慘，故在第七層地獄。若司馬懿、陰險過于曹操，專以狐媚得天下，東西晉享國至一百六十年。雖其時，變亂頻生，仍覺便宜太甚，故受罰于死後倍酷也。」又聞：夷羿、趙鞅、田和、王鳳、梁冀、孫琳、王敦、桓溫、王世充、史思明、在此上一層，即第十七層獄也。

又望見氷室兩處，如隋煬帝所居。判官指之曰：「此爲隋文帝，此明永樂皇帝也。夫隋文帝、毫無功德，欺外孫，以簒其國，而殺機深險，至盡滅宇文氏之族。明之燕王，不過吳王濞、趙王倫之徒，僥倖簒奪，而屠戮忠良，用心慘刻，絕無人理。此二人，自隋明既亡之後，拘到此間。隋文帝陰毒尤甚，故使坐針棘之上。每一動，則痛徹心骨。燕王罪孽尤重，故其氷室四旁，獨置糞缸百餘，俾萬古薰蒸于惡臭之中，罪亦酷矣。」言未已，陡遇腥風一陣，濁臭難忍。某生幾至嘔吐。亟掩鼻，疾趨而過。

忽聞冰室中呼曰：「某生救我！我往時一趁雄心，罪惡滔天，後悔無及。所尤難受者，此百餘缸，皆係驢糞，臭氣沁我心脾。子其爲我徧告世人，世上多一人知，我亦得早一日離此也。」判官笑謂某生曰：「燕王至此方悔，已晚矣。」

生未及答，忽聞左邊呼痛聲甚慘，則隋文帝也。遙視其室，則四周皆以赤棘爲藩，針長數寸，令人心悸。

又導觀「讒佞姦臣之獄」，人數不下數千。某生所記憶者：則潘崇、費無極、豎牛、伯嚭、郭開、江充、主父偃、息夫躬、賈充、蕭遙光、元詔、王偉、虞慶則、楊素、李義府、許敬宗、周興、來俊臣、李林甫、高尙、盧杞、柳璨、呂惠卿、章惇、蔡確、蔡卞、邢恕、蔡京、王時雍、徐秉哲、黃潛善、汪伯彥、張俊、万俟卨、韓侂胄、賈似道、胡惟庸、陳瑛、石亨、焦芳、江彬、嚴嵩、嚴世蕃、趙文華、魏廣微、顧秉謙、溫體仁、崔呈秀、許顯純、楊嗣昌、馬士英、阮大鋮、皆在焉。大抵割舌、斷腕之罰，爲最多。以其好用筆舌陷人也。亦每日一次。鬼卒各執一氣筒，以生氣煦之，則復連續。

某生問：「秦檜何在？」判官曰：「此人跪在岳墓前

，使萬目昭彰，衆口唾罵，且日飲過客之溺，數十百次，厥味無奇不有，使彼嘔逆眩暈，奇苦萬狀，亦姦臣受罰之變格也。

又導觀「淫妬悍逆婦人之獄」，則園圃一大區，其中多毒蛇、猛獸、惡鳥、而人數不下萬餘。鬼卒皆褫其衣，以陳醋灌其背，諸鳥獸聞臭味即來，或呑或啄，明日隨鳥獸糞溺而出。鬼卒復以氣筒吹之，須臾，復變爲人形，則復爲鳥獸所食，循環不窮。聞妺喜、妲己、褒姒、趙合德等，皆在其中，而未及覩。有兩婦，匍匐階下，忽有豹來，齕破其腹，先食其腸胃臟腑，再食其身體。判官曰：「此晉之賈后、及明天啓乳母客氏也。復指一大釀甕，有一人浸在酒中，掩面啜泣，腥臭難近。判官曰：「此唐之武后也。此甕，即彼浸死王皇后之甕，陰司收其甕與酒之餘魄，積年愈久，酒愈臭敗，今已隔千餘年，故腥穢若此。武后常浸此中，每閱三日，有一蟒、一虺、一梟、輪流食之，食而復生，終不離此甕。」某生曰：「王皇后、何在？」判官曰：「上帝憐其質直柔婉，慘遭殘虐，已列名仙籍矣。」

導過獄門，歷過「酷吏之獄」、「逃將之獄」、「貪夫之獄」、「悍僕之獄」、「猾隸之獄」、「陋醫之獄」、「奸商之獄」。判官謂某生曰：「汝來此已久，恐不耐冷，無庸一一細觀矣。」

又過「淫賊之獄」，「兇僧之獄」。某生曰：「此中最著名者何人？」判官曰：「淫賊以北齊主高湛、金主完顏亮，受罰爲最重。兇僧以楊璉、眞伽、姚廣孝，受罰爲最重。」最後過「奸商之獄」，聞內有號聲甚厲。判官曰：「此魏忠賢、方受炮烙之刑也。」問：「此中尚有何人？」則云：「趙高、曹節、李輔國、仇士良、王振、劉瑾、皆在焉。」

于是，周覽既畢，判官導由原路，旋繞而上，至第三層，適過一「逆子之獄」。判官曰：「此中亦有一冰室。」某生問：「何人？」判官曰：「唐宣宗皇帝也。」某生曰：「宣宗乃唐賢主，何以在此？」判官曰：「以其弒嫡母郭太后也。

且宣宗以瑣屑治天下，不達大體，始兆衰亂，何賢之有？」

頃之，已至殿上。王者笑曰：「汝來此，頗曾識見否？」某生曰：「某今始知，天道之果不爽也。」王者命吏役，送還其家。爲吏所推，一跌而醒。則去已半日矣。覺寒冷特甚，亟煮薑湯飲之。數日始復常度。某生常語門人：「妬婦之獄，未見呂后。或者在十七層以上，惜未一問判官也。」

（庸盦筆記）

脂粉地獄

河南楊世綸、博通今古，以授徒爲業。自幼議婚舅氏，會舅氏擢江南郡守，楊奉母命，前往就婚，中途醉於客邸，正擬就枕，忽見一吏役，持柬來邀，不覺隨之至一處，遇亡友殷仲琦，訝其何以來此？楊具告。殷曰：「予近在楚江王殿下作錄事，今幸稍暇，汝既來之，當導行一遊也。」楊大喜。旧將具去。行經第一殿衙門，門上扁一座，大書：「秦廣大王」柱聯「萬惡淫為首；百行孝為先」。進殿，見兩廊陳列碓臼，上有條示「凡陽間唆訟者，受此罪。」又見僧人數十，進殿俱北面而立。王起，至西南隅，北向誦云：「彌勒佛，速賜報應風！」須臾有大風至，見有衣帽不動者，有吹去帽者，有裸體而立者。于是王乃禮送衣帽者出，遂南面勘問。楊竊問，亡友云：「有德者，不動；罪小者，去其帽；罪大者，裸其體。」

過第二殿，門閉不進，至第三殿，見兩廊鋸解者，上有條示「凡陽間活拆夫婦者，受此罪。」至第四殿，見兩廊油鍋，上有條示「凡陽間姦淫處子者，受此罪。」出第四殿，行約數里，又見一處，文窗繡閣，鱗次而居，門外抹粉障袖者，三三五五，見客不甚畏避，楊異之。殷曰：「此香粉地獄也。」楊問若輩何人？殷曰：「陽世官宰，犯貪酷二字敗露者，遭國法稍或漏網，冥府錄其幼媳愛女，入青樓以償孽債。今之倚門賣笑者，皆閨閣中千金姝也。」楊嗟歎間，左扉一老嫗出，與殷似熟識者，笑曰：「貴人久勿涉賤地，今乘好風吹送得來。乃復過門不入耶？」一強拉殷袖，不得已，與楊偕入。即有兩粉頭，憨笑而出，爭首寒暄。楊詰其小字，殷曰：「此名翠娟，此名賽奴，皆北里中翹楚也。亡何，老嫗捧酒肴至，青衫紅袖，團圞錯坐。酒三行，殷令翠歌以侑酒，翠娟轉委賽奴，賽奴面有慍色。翠娟屢促之，賽奴曰：「汝倚而翁作縣尉，欺壓我典史女耶？陽世雖有統屬，陰世止敘姊妹禮，無得指揮如意，使人難堪！」翠娟面發赤，強以手按拍，歌陽台夢一曲。賽奴曰：「音節乖舛，殊不耐聽。」翠娟作色曰：「我生長名門，本不習慣，豈似汝父山東販棗漢，買得兩根尖角翅，自將桂枝兒曲，向退衙時嗚嗚口授耶？」賽奴語塞，拂袖欲起，殷與楊排解再四，始各安坐。

忽門外大譁，鬼役奉閻君命，押一女子新入青樓，披髮嬌啼，玉容無主。楊急起睨之，即舅氏女，己之聘妻也。大駭，詢其端來，女曰：「嚴君受盜金八百，誣人名節，罰奴至此，以塡贓款。今君爲座上客，寧不一援手？」楊商諸殷，殷曰：「陰司與陽世異，非賄賂所能通也。僕何能爲力？」楊焦思無計，憂悶欲死。

外傳言：九幽殿三舍人來，老嫗肅迎而入。殷與，楊皆避席。舍人笑曰：「聞汝家新降下一棵錢樹子，特備纏頭錦數端、金步搖一事，與新人定情。」老嫗再三稱謝。命女子入室理裝。女子窘極無語，倒地痛哭。楊見此景象，憤欲中燒，進退失措，哀殷暫爲緩頰。殷招嫗入內廂，告以意，大有難色。繼與以多金，老嫗始色解，出與舍人耳語，不知作何詞。舍人悻悻而去。殷亦催楊就道。楊曰：室人不幸，遭此大辱，我何顏再生人世，女亦泣下。殷曰：「不及黃泉，何能相見？此中殆有天緣，請先以青樓，作洞房可也。」命掃東軒，使女子與楊同宿，自偕翠娟賽奴、就楊西軒，流連宵旦，幾忘鬼域。

一日，有黑衣吏，持牒而來，謂郡守某，捐金八百，設立六門義學，閻君准城隍申報，仍命其女還陽。載以薄笨車，忽忽而去。殷向楊舉手賀曰：「夫人已去，君亦從此逝矣。」遂別媼家，送三四十里，將及旅舍而反。楊亦恍如夢醒。調養旬日，束裝赴舅氏公署，具問義學之事。舅氏曰：「予初有是念，尚未舉行，汝何由知？」楊備陳始末，舅氏愕然。越日，擇吉成禮。花燭之夕，楊述前事為戲，女堅不肯承，曰：「君妖夢是踐，妾那得有此？」楊悵然久之。（諧譯）

覺世長老云：「地獄實果有之！蓋人性念於善，則屬陽明，故入於輕清，可登天堂。念於惡，則屬陰濁，故入於昏暗，使歸地獄。每見世人病危，眼光落地，多畏鬼魅，或聞鋼釵鎖鍊聲，因囑家人焚楮帛，許願禮斗。是時，命如風燭，勾使忽到，藏身無所。帶至冥府鞫勘，遍受破肚抽腸焰爐湯沸之苦。輪迴異道，此皆人心之不善耳。若不及早猛省，事至而懼，所謂及時抱佛腿，無益也。」（玉歷寶鈔）

第七篇　生人為地府官吏

第一章　判官錄事（十二則）

見聞錄：順治庚寅春，武進諸生龔廷楫，因病夢判幽冥事，後無病，而夢亦然。每月初一日，赴昭昭堂聽斷。善簿用朱書，率多忠孝節義。惡簿用墨書，多不忠不孝事。總三百餘案，歷歷不忘，隨筆錄之。同郡潘靜菴刊活閻羅斷案，鄒之麟為序行世。（堅瓠秘集）

白醉與言：休寧儒士程學聖，師事洪某。立心正直，中年游神冥府，職雷部判官。言人死期不爽。不肯與他人言，惟與師言之。一日謂師曰：「冥府重先生，將以先生為閻君。」洪大笑曰：「果爾，吾便爲之。」是夕，洪忽病，僕者見庭下如官吏立者數員，良久卻去，洪乃安。達旦，學聖至，謂洪曰：「冥府聞先生便爲之言，遂遣使迎先生。予謂先生笑言耳，期尙遠也。」乃召還。洪問潘雪松（士藻）祝石林（世祿）二孝廉中否？學聖云：「此非吾職，然可查也。但天榜未定，春榜定於先年之十月。秋榜定於當年之正月。」後告洪曰：「潘公中癸未榜矣，祝尙未也。」雪公果第。乙酉十月，洪又命查石林，學聖曰：「丙戌榜無祝名，己丑榜有之。然兩榜正在挪移。蓋平生爲善，忽有一念之惡，神即惡其穢。平生爲惡，能猛省痛改，神即鑒其馨。故有已上榜而忽除名者，新念不吉也。有本無分而忽登第者，新念遷善也。天家伺察，曾無一刻之停。吾能知祝公之必第，而不能知戊丑之所定也。」石林至己丑，乃成進士。（堅瓠秘集）

太倉徐成民庠友季生之子，幼持齋，好善，與友結社念佛，忽奉帝命，充冥官。從崇禎庚午年始，晝為書生，夜則判斷冥事。每日至夜分，中堂暗坐，體氣俱冷，兩眼上撐，呼鬼兩造，判決如流，音響洪厲，陰風颯然。左右耳房，置燈火、紙筆，記錄尸成大册。題曰：「婁東冥判九州管內處、處流迴判善惡報應，如照膽台。」覽者不寒而慄。（現果隨錄）

蜀大理少卿李泳，嘗歸鄲城別墅，過橋見一嬰兒，以蕉葉薦之。泳憐其形相貌異，收歸哺養為子。六七年能書善談笑。父母鍾愛之，過於親子。至十二歲，經史未見者，皆覽之如夙習。人皆謂之神智。嘗獨居一室中閱書，父母偶潛窺之，見一人持簿書，復有二童子接引。呈過。其子便大書數行，即授之去。父母異之。來日因侍立泳欸曲，請之曰：「吾夜來竊有所覩，汝得非判陰府事乎？」曰：然！重問則唯拜不對。泳曰：「陰府人間，事意不同，吾不欲苦問汝，宜善保！」子又拜却。後六年，一旦白父母：「兒只合與少卿夫人爲兒一十八年，今則事畢，來日申時却歸冥司。」因泣下久之，父母亦爲之出涕。泳問曰：「吾官至何？」答曰：「只在大理少卿。」果來日申時，其子卒。故泳有退閒之志。未久坐事，遂罷。（野人閒話）

王湛判冥事，初叔玄式任荊州富陽令，取部內人吳實錢一百貫，後誣以他事，決殺之以滅口。式帶別優，幷有上下考五選，不再得官，以問？湛曰：「爲叔檢之」。經宿曰：「叔前任富陽令日，合有負心事，其案現在。冥司判云：『殺人之罪，身後科罰；取錢一百貫，當折四年祿。』叔曰：「誠有此事

，吾之罪也。」（朝野僉載）

謝鵬飛以仁和廩生，為陰間判官。晝如平人，夜則赴冥司勾當公事。朋友多託查壽數不肯，人疑其懼洩天機？曰：「非也！陽間有司衙門，惟犯罪涉訟者，纔有文簿可查。否則百姓林林總總，誰有工夫為造保甲册？官府聽其自來自去耳。陰間亦然，君輩不涉訟，不犯冥拘，氣數來則生，氣數盡則死。我實無册可查。」

問瘟疫死者，可查乎？曰：「此陽九百六，陰陽小刼，應死者，如府縣考試，有點名簿，恰可以查。然皆庸庸小民，方入此册。若有來歷之人，便不在小刼數中來去，猶之陽間有官蔭者，不考童生也。」

問疫外尚有大刼數乎？曰：「水火刀兵，是大刼數。此則貴顯者難逃矣。」

問冥司神孰尊？曰：「既曰冥司，何尊之有？尊者上界仙官耳。若城隍土地之職，如人間府縣屬吏，風塵奔走甚勞苦，賢者不屑為。昔白石仙人終朝煮白石，不肯上天，人問故，曰：「玉宇清嚴，符籙麻起，仙官司事者甚勞苦，故願逍遙於山巔水涯，永為散仙，亦此意也。（子不語）

隋大業元年，兗州佐史董慎，性公直，明法埋，自都督已下，用法有不直，必犯顏而諫之。雖加譴責，亦不知懼，必俟刑正而後退。常因授衣歸家出州門，逢一黃衣使者曰：「泰山君呼君為錄事。」因出懷中牒示慎。牒曰：「董慎名稱茂實，案牘精練，將平疑獄，須俟良能。權差知右曹錄事。」印甚分明，後署曰倨。慎謂事者曰：「府君呼我，豈有不行？然不識府君名謂何？」使者曰：「錄事勿言，到任即知矣。」自持大布囊，納愼其中，負之出兗州郭，因致囊於路左，汲水調泥，封愼兩目。愼都不知經過遠近。忽聞大唱曰：「范愼追董愼到。」使者曰：諾！趨入。府君曰：「所追錄事，今復何在？」使者曰：「冥司幽秘，恐或漏洩，向請左曹匿形布囊盛之。」府君大笑曰：「已死范愼，追董愼，取左曹囊，盛右曹錄事，可謂能防愼也。」便令解出，抉去目泥，賜青縑衫，魚須笏，豹皮靴，文甚斑駁，邀登副階。命左右取榻令坐曰：「籍君公正，故有是請，今有閩州司馬令狐實等六人，寘無間獄，承天曹符以實是太元夫人三等親，准令遞三等，昨罪人程翥一百二十人，引例喧訟，不可止遏，已具名申天曹。天曹以爲罰宜維輕，亦令量減二等，餘恐後人引例多矣，君謂宜如何？」愼曰：「夫水照妍蚩，而人不怨者，以至淸無情。況於天地刑法，豈宜恩貸奸慝？然愼一胥吏耳，素無文字，雖知不可，終語無條貫。當州府秀才張審通，辭彩雋拔，足得備君管記。」府君令帖召之，俄頃至，審通曰：「此易耳！君當判以狀申。」府君曰：「君善爲我辭。」即補左曹錄，仍賜衣服如董愼。各給一玄狐，每出即乘之。審通判曰：「天本無私，法宜畫一。苟從恩貸，是資奸行。令狐實前命減刑，已同私請。程鬵後甲簿訴，且異罪疑，倘開遞減之科，實失公家之論。請依前符無問錄獄，仍錄狀申天曹。」即有黃衫人持狀而往。少頃，復持天符曰：「所申文狀，多起異端奉主之宜，但合遵守周禮八議：一曰議親。又元化匱中釋冲符亦曰：無不親。是則典章昭然，有何不可？豈可使太元功德，不能庇三等之親？仍敢愆違，須有懲罰。府君可罰不衣紫六十甲子，餘依前處分。」府君大怒。審通曰：「君爲判辭，使我受譴。」即命左右取方寸肉，塞其一耳，遂無所聞。審遁訴曰：「乞更爲判申，不允即甘當再罰。」府君曰：「君爲我去罪，即更與君一耳。」審遁又判曰：「天大地大，本乃無親。若使有親，何由得一？苟欲因情變法，實將生僞喪眞。太古以前，人猶至樸。中古之降，方聞各親。豈可使太古育物之心，生仲尼觀蠟之歎？無不親，是非公也。何必引之？請寬逆耳之辜，敢爲沃心之藥。庶其閱實，用得平均。令狐實等，也請依正法，仍錄狀申天曹。」黃衣人又持往。須臾，又有天符來曰：「再審所申，甚爲允當！府君可加六天副正使，令狐實程翥等，並正法置處。」府君即謂審遁曰：「非君不可正此獄。」因命左右割下耳中肉，令一小兒擘之爲耳，安於審遁額上曰：「塞君一耳，與君三耳，何如？」又謂愼曰：「甚賴君薦賢，以成我美。然不可久留，君當壽一周年，相報耳。君兼本壽，得二十一年矣。」即送歸家。使者復以泥封二人布囊，各送至宅。欻如寫出，而顧問妻子，妻子云：「君亡精魂，已十餘日矣！」愼自此果二十一年而卒。審通數日，額覺痒，遂踴出一耳，通前三耳。而踴出者尤聰。時人笑曰：「天有九頭鳥，地有三耳秀才。」亦呼為雞冠秀才者。愼初思府君稱鄰後，方知倨，乃鄰字也。（玄怪錄）

唐河東柳智感，以貞觀初為長舉縣令。一夜暴死，明旦而蘇，說云：「始忽為冥官所追，欲以官任，吾辭以親老，且自陳福業，未應便死。」王使勘籍信然。因謂曰：「君未當死，可權判錄事。」智感許諾，謝吏引退。至曹有五判官，感為第六。其廳事是長官，人坐三間，各有牀，案務甚繁。擁西頭一坐處無判官，吏引智感就空坐。羣吏將文書簿帳來取智感署於案上，退立階下。智感問之，對曰：「氣惡逼公。」但遙以案中事答。智感省讀如人間者，於是爲判句文。有頃，食來。諸判官同食，智感亦欲就之。諸判官曰：「君既權判，不宜食此。」從之。日暮，吏送智感歸家，蘇而方曉。自歸家中，日暝，吏復來迎至彼，且故知幽顯晝夜相反矣。於是夜判冥事，晝臨縣職。歲餘，智感在冥曹，因起至廁，於堂西見一婦女，年三十許，姿容端正，衣服鮮明，立而掩涕。智感問何人？答曰：「興州司倉參軍之婦也。攝來此，方別夫子，是以悲傷。」智感以問吏，吏曰：「官攝來，有所案問，且以證其夫事。」智感因謂婦人曰：「感長舉縣令也，夫人若被勘問，幸自分說，無爲牽引司倉俱死，無益！」婦人曰：「誠不顧引之，恐官相逼耳。」感曰：「夫人幸勿相牽，可無逼迫之慮。」婦人許之。既而還州先問司倉，婦有疾？司倉曰：「吾婦年少無疾。」智感以所見告之，說其衣服形貌，且勸令作福。司倉走歸家，見婦在機中織，無患也。不甚信之。後十餘日，司倉婦暴死，司倉始懼而作福禳之。又與州官二人考滿，當赴京選。謂智感曰：「君判冥道事，爲問吾選得何官？」智感至冥，以某姓名問小錄事曰：「名簿並封左右函中，檢之二日方可得。」後日乃具告二人。二人至京選吏部擬官，皆與報不同。州官問之，以語智感。後問小錄事覆檢簿云：「定如所檢，不錯也。」既而選人過門下，門下審退之。吏部重送名，果是名簿檢報者；於是衆咸信服。智感每於冥簿，見其親識名狀，及死時日月報之，使修福，多得免。智感權判三年，其吏部來告曰：「已得隆州李司戶授正官，以代公，不復判矣。」智感至州，因告刺史李德鳳，遣人往隆州審，爲其司戶已卒。問其死日，即吏來告之時也。從此遂絕。州司遣智感領送至鳳州界，因四人皆逃。智感憂懼，捕捉不獲。夜宿傳舍，忽見其故部吏來告曰：「因盡得矣，一人死，三人在南山西谷中，並已擒縛，願公勿憂！」言畢辭去。智感即請共入南山西谷，果得四囚，知走不免，因來拒抗。智感格之，殺一囚，三囚受縛。果如所告。智感今存。任慈州司法光祿卿柳亨說之，亨為邛州刺史，見智感親問之然。御史裴同節亦云：見數人說如此。（冥報錄）

☆ ☆ ☆

周長安年初，前遂州長江縣丞夏文榮，時人以為判冥事。張族時御史出為處州司倉，替歸，往問焉。榮以杖畫地，作柳字曰：「君當為此州。」至後，果除柳州司戶，後改德州平昌令。榮尅時日晷漏無差。又蘇州嘉興令楊廷玉，則天之表姪也。貪猥無厭，著詞曰：廻波爾。時廷玉打獠取錢未足，阿姑見作天子，傍人不得抵觸差攝，御史康時推奏斷死。時母在都，見夏文榮。榮索一千張白紙，一千張黃紙，為廷玉禱，後十日來。母如其言。榮曰：「且免死矣，後十日內有進止。」果六日有敕，楊廷玉奉養老母殘年。又天官令史柳無忌造榮，榮書衞漢郴字曰：「衞多不成，漢郴二州，交加不定。」後果唱衞州錄事　鬳重即唱漢州錄事。時鸞臺鳳閣令史進狀訴天官注擬不平，則天責侍郎崔玄暐，崔奏臣注官極平。則天曰：「若爾，吏部令史官共鸞臺鳳閣交換。」遂以無忌為郴州平陽主簿，鸞臺令史為漢州錄事焉。（朝野僉載）

☆　☆　☆

武進諸生、吳斗文，為人誠謹。康熙乙亥正月初一，偶假寐，夢一人若差官者，闖然而入，置一箋書云：「是聘啓，乃東嶽玉者聘，請即行。」斗文驚寤，適其僕亦夢，所見正同，方以為怪，尚在疑信。

三日後，前差復來，斗文即昏然而去。夢至大衙門，有青衣引入，旁廨爲屋三間，四壁滿架俱册籍。斗文問此何處？是何册籍？青衣云：「少頃，自知矣。」斗文試拈一册觀之，上註「北直大名府」，細視皆姓名也。

俄有一人出，方巾深衣，相與揖遜而坐曰：「卽日刼運將臨，皆由東嶽所定。本司册籍浩繁，因君業師楊某薦君盛德，故來相請。」楊時已歿五六年矣。斗文云：「生乃無知腐儒，蒙業師謬舉，恐不能辨事？且業師違背日久，不識可一見乎？」此公卽招手，而楊已當面矣。師弟相見泫然。

楊曰：「汝今年三十六，祿命已盡。吾愛汝品行，故相引至此，暫爲効勞，或以微功少延，亦不可知。卽不然，此間職事清要，殊爲不惡。」斗文問此何地？曰：「東嶽府也。頃公乃司生死籍者，因刼運數多，須藉手助，故請汝至！今日且歸，自此常來，切須謹愼！」囑畢而去。斗文亦醒。

嗣後，每夜必去，至則有吏捧册，置大案前，列大算盤，與前方巾者，列坐檢册。其視吏從旁下算子甚疾。方巾者曰：「此皆應死之册，其有忠孝節義、陰德重者去之，不列於列册。」算畢至天明，亦醒矣。但其地天色慘白，無日光。

斗文偶渴，索茶，青衣搖手曰：「此間茶，不可飲也！」

或有密友問斗文曰：「君所算何等册籍？」斗文曰：「各省俱有，山西平陽最甚。」又問：「冥中所閒論何事？」曰：「冥中最重者：忠臣孝子節婦。最惡者：不忠不孝。而尤恨者，陽爲忠孝之言，而陰爲不忠不孝之行。即如北直、止孝子一人係滿洲，節婦一人係永平邮嫗耳。」曰：「若里巷市井間，罵父母者甚多，何不皆誅之？」曰：「此輩愚頑無知，父母失教，或係前生寃對，或係畜類轉生，不足深較。惟讀書知義理者，倘犯忤逆，必削其前程，減其壽算，無所禱也。」而楊君之及門甚多，有疑斗文爲妄者，因共作書一封致楊，焚於東嶽廟爐內。數日，共探斗文曰：「近日至嶽府，見楊師，有何語乎？」斗文曰：「楊師正命我，致意同門友曰：『極誠相念，致書道候，幽明之隔，不便回書。但諸兄所問，我亦不知；即知，亦不便明言也。我在彼，因平日無過，逍遙自在，諄諄以道義行止，相誡諸兄切勿妄爲！自墮惡業也。』」衆友遂駭然！三月間，斗文竟死，而山右有地震之災。（信徵錄）

以上十二人，是爲冥府判官、錄事者。

第二章　伴鬼勾魂（四則）

東京安宜坊有書生，夜中閉門理書，門隙中忽見一人，出頭呵問何輩？答云：「我是鬼，暫欲相就。」因邀書生出門。書生隨至門外，畫地作十字，因而前行出坊，至寺門鋪。書生云：「寺觀見必不可度。」鬼言：「但隨我行，無苦也。」俄至定鼎門內，鬼負書生，從門隙中出，前至五橋道傍一家，天窗中有火光。鬼復負書生上天窗側，俯見一婦人，對病小兒啼哭，其夫在傍假寐。鬼遂透下，以手掩燈。婦人懼，呵其夫云：「兒今垂死，何忍貪臥？適有惡物掩火，可強起明燈。」夫起添燭，鬼廻避婦人。忽取布袋盛兒，兒猶能動於布袋中。鬼遂負出至天窗上，兼負書生下地，送入定鼎門，至書生宅。謝曰：「吾奉地下處分，取小兒，爭須生人作伴，所以有此煩，君當可恕之。」言訖，乃去。其人初隨鬼行，所止之處，輒書十字，翌日引其兒弟覆之，十字皆驗，因至失兒家問之，亦同也。（廣異記）

董士元云：「義興尉裴盛，晝寢，忽爲鬼引，形神隨去，云隨鬼至一兒家，父母夾兒臥，鬼手一揮，父母皆寐，鬼令盛抱兒出牀，兒喉有聲，父母驚起，鬼乃引盛出。盛苦，邀其至舍，推入形中乃悟。（廣異記）

☆ ☆ ☆

海寧縣西鄉石墩村，有李華宇者，其人務農，樸實，偶患瘧症，見有二冥差，從枕旁出。一爲蔡有成，一爲沈亮，以牒票示華宇云：「汝有名，當死！但汝平生謹厚，俟同牌數十人攝到，最後來取汝耳。」

有成等去二日，忽有一總角鬼，亦從旁出，華宇方昂首諦視枕，而繩已繫頸間，即被牽捽而去。縛土地石王廟門前大樹上。

頃之，見有成等繩引數十人，袒胸而來，詰責總角者：「汝何物白捕，亦來拏人！」即劈面一掌，總角辟易而去。因謂華宇曰：「冥司法雖嚴，然名稍後者，猶得逡巡規脫。吾二人本憐汝，未即行拘。不謂比鬼先攝汝來！我輩欲送諸魂詣土地所唱名，俟事畢，恐汝魂冷，不得返，奈何？」因移人家所寄棺木板當風處曰：「汝幸避此間，足相遮蔽。」比唱名完，有成輩即引華宇出曰：「露行還家，恐魂又冷，奈何？」因搓其魂，如一粉團狀，以紙包裹，納之袖中。途遇華宇家買棺者，雜其間同歸。至戶外，遙擲之，華宇方醒云：「急備紙錢羹飯！」有成輩飽啖後，向華宇曰：「吾二人終憐汝，不欲拏汝去。但我輩陰魂，每至勾攝生人時，苦不得前，必須陽魂爲導。汝能爲吾導，吾當全救汝矣！」華宇許諾。

此後，每攝人，二人必來，華宇必暈絕。嘗至人家臨命終時，多有親戚圍守，陽火焰光高尺許，殊難迫近，而時又有限。因故作貓捕鼠聲，親戚分散審視，乘間縛取。

一日，有鈕姓孝子三人，皆壯丁，恐其父死，痛飲劇醉，共坐屯守，火光高數尺，尤不敢前。不得已，於空屋中，推到大酒罈，劃然作聲。羣起驚看，而亡者甫得就擒。其艱難如此！

又有人應死者，或初生另有地方，嗣後移居不一。冥司牌票，必下初生處土地，行平關至抱病處土地，然後行拘。死後，魂亦先至病處，後至初生處，不相紊越。

又嘗見地獄中，應託生魂靈，率如湯團大，青綠色，每小鬼大盤捧出。陰司祖宗搶子孫者，或至狼藉滿地。

今其人猶在，時時瞑去，爲言禍福，亦一異云。（冥報錄）

以上四則，均係伴鬼勾魂者。

第三章 活無常（三則）

康熙二十八年，仁和北路村，有王姓者，爲活無常。潮鳴僧忍生，與鄰房僧越凡，皆北路人也。二僧同歸探俗。次日，忍生遇王姓者謂曰：「汝寺中有僧越凡否？不出十日死矣。」忍生問故？王曰：「此僧係我勾取，牌票現在。但不知何故，有滿洲官兵，隨後趕打，輒云：還我經來！還我經來！」忍生念昨日越凡同歸無病，試往探之，則越凡果發熱，頭腦遍身疼痛，忍生遂勸其還寺，調埋數日愈，重作旂人言，索經詬罵，自擊其身首，且需酒食，燒割必席地祭之，狂言不已，未幾竟死。衆僧始悟，鼎革之初，八旗官兵，駐杭延僧追薦，僧利其厚襯，每日數演道場，務爲飾襯，而禮拜念誦，虛應故事，故經典缺如。不意冥冥中，不可欺也。

彼同時主壇僧共三人，一爲本寺濟可，一爲義烏寺僧南玥。聞之皆悚懼。不久，南明死，死時溺兵為祟，亦如越凡。濟可遂請僧為死者誦經懺七七，後三年死。蓋衆僧誦經禮懺，皆以主喈者為標的，缺文脫簡，隨其引唱，故罪獨歸之也。（信徵錄）

酆都走無常事，二編已書之。後以問邑博熊君，君即酆都人也，言之甚悉。蓋彼中以此為常。或人行道路間，或負担任物，忽擲跳數四，便仆於地，冥然如死。途人家屬但聚觀以伺之。或六時，或竟日，甚或越宿，必自甦，不復驚異救治也。比其甦，扣之，則多以勾攝。蓋冥府追逮繁冗時，鬼吏不足，則取諸人間令攝，鬼卒承牒行事。事訖，即還。或有搬運負戴之役，亦然。皆名走無常，無時無之。

宣德、永樂間，有江西尤和、以進士來為酆都令，下車，左右請謁酆都觀。觀在酆都山，居邑外，且山勢穹巍岑遠，草木蔚密，觀殿其陽，殊極雄偉。觀之後山陰，復有山殿之。其境益幽詭，叢灌藪翳，人跡罕到。中亦有官宇，則所謂北陰也。其下，即大獄，凡鄉之禱祀者必之前觀。香火極盛，而凡仕於彼者，初蒞政，亦必虔謁與社稷城隍等耳。尤和初至，聞衆請，岸然曰：「烏有是哉！吾久聞此語，今來當官，政欲除之，以息從前愚惑；尙有於謁禱耶？然固當一往視之，然後毀除。」即命駕以往。

初見山門崇煥，已怒。比入，危級甚遙。入中門，廣庭修廡，堂殿宏麗。尤略無瞻揖之儀，傲視四顧。及後室，從宇皆視之遍。返驚言：伺當命工悉去之。及至縣，亦無他。

明晨，方治事，忽身畔一門子，跌仆於公座下，倚其靴而僵。尤蹴開，顧左右，應是卒死，舁之去。左右告：非卒死，此走無常也。尤大怒！何復爲此誑語也？吾固曰：「當弭此風妄云云者，應加以重罰，而復敢爾耶？」左右言：「明公姑從衆任之，當自起，問之可驗。苟爲不然，一移動，則即死矣，奈何？」

尤令喚其父母來，語之故，父母皆懇曰：「望公姑任之，伺渠必自歸。倘移之，必死矣。」尤因任之。

越二日夜，尤方坐，童忽欠伸，長吁如夢覺者，徐徐而起，神觀爽然。尤問之？童言向從公歸，方執事，忽走無常始回耳。尤曰：「其詳奈何？」曰：「初爲冥官召去，言爾可往江西某邑里，攝尤睦文。牒已具，即持之行。至彼，覓尤家，得之。守門外二日，始得入。」尤聞之大驚，蓋睦即其弟也。因扣其室廬何似？童述之，即其家也。尤曰：「何以二日方入耶？」曰：「其家有犬甚惡，不能前，屢入屢爲犬噬輒退。後乘間得入耳。「尤思之，果有惡犬。」曰：「所攝者何如人？」曰：「即尤睦秀才也。」其貌爾爾。」語至是，尤不覺慘沮，知爲其弟審矣。因曰：「今則何如？」曰：「隨已攝逮，同趨徑歸於酆都矣。」曰：「然則奈何？」曰：「既至後，不與我事，即使我返。然頗聞睦當得重辟，不可生矣。」尤聞之，大慟，急令人訊於家，得報，睦果以是日暴亡。

尤乃入觀，醮謝，且欲加整飾宮觀，以致皈依之誠。視其居，事事完備，已窮壯麗，特其外無坊表之建，棹楔表於門外大道，而稍飾諸墻弊處，復自製文紀其事，刻之石，立觀中，以示永信，今猶存焉。（語怪）

近人黎澍先生自言爲冥官多年。林黝裏先生與黎先生善，所叩冥間情形綦詳，方覺慧先生，錄成幽冥問答錄一卷，有裨人心世道，並足印證本篇所引述者，特附錄如后：

問：先生昔年曾作冥判，然否？答：然！世人聞之，皆以爲逕。然自余視之，事屬平常，無足怪者。

問：此係何時之事？答：係光緒庚子年間事，時余年十九。

問：所任係何種職務，屬何部下，職員若干？答：屬東岳部下，然余始終未見東嶽，僅於執行後，將公事呈報而已。余時任分庭庭長，另有陪審四人。奉事鬼卒，不計其數。

問：任冥判幾年，每日皆往否，轄何疆界？答：前後四五年，所轄爲華北五省。

問：冥司何故以先生爲判官？答：余亦曾託同事調查其故，據云：余數世前曾爲冥判，夙因所牽，故復爲耳。

問：冥司有規定法律否？先生未習其律，何能判斷無差？答：似未見有規定法律，但提案判決，自中肯綮，初不費思考也。

問：先生所司，屬何類事件？答：余所司，爲人死後十個月以內之善惡事件，逾期則另有主者。

問：曾見閻羅否？答：始終未見。

問：人之善惡，鬼神何以能悉知悉見，記錄無遺？答：鬼神能視於無形，聽於無聲，人世間種種思想行爲，鬼神自能悉知悉見，記錄無遺。又鬼神能視人頭上紅黃白黑等光，而知其行爲思想之善惡。

問：罪鬼亦有狡辯者否？答：極多！罪鬼對其罪惡，亦必極力狡辯。及示以確實證據，始俯首無詞。曾審一鬼，作惡多端，蓋其人生前，外修僞善，造陰惡，對其所犯，極力否認。余視其罪積如山，證據確鑿，亟欲加刑，不意其鬼忽誦金剛經，左右陪審者，見其頂現紅光，急請停審。余疑其受賄徇情，仍欲加刑，乃鬼誦經不已。左右即請余肅立，余曰：余爲庭長，何以向罪犯肅立？左右曰：非也！此鬼頂上佛光已現，審之則有褻瀆，不如停審。余時見彼等垂手立，狀極莊敬。因問曰：此案如何辦理？曰：莫如判其投入胎數次，使其不能憶念金剛經時，再治以罪可也。余曰：使投人胎，豈非便宜於彼？且投胎數次，則受報當在數百年後，豈不遲誤？左右曰：使其投暫生即死胎，數歲即已數世矣。蓋彼造業有造業之果報，誦經有誦經之功德，二者皆不可沒。他日分別受報，兩無差忒也。余遂允之。

問：人死以後，其神志是否惝恍如夢中，抑清醒如平時？答：清醒如生時。

問：入冥在每日何時，審案時間多少？答：最初在每日晚間，其後日間亦能往，但須在下午，來去皆乘肩輿，行走甚疾。審案時間，每次數小時，然遇複雜案件，亦有延長至數日者，但此類案件極少耳。

問：入冥時，身體是否睡眠狀態？答：入冥時，身臥床上，狀似熟眠，不飲不食，亦不饑渴。或時當入冥，而親朋忽至，又不便以此事告之，則瞑目對答，尤以失眠。客如有問，亦可隨答，但不能出語發問，亦不記憶與客作何語耳。

問：由冥回陽，精神亦覺疲倦否 答：精神微倦狀似失眠

問：冥間亦有飲食否？答：有！但不許飲食。

問：冥官服裝如何？其公文程式又如何？答：余為冥判時，尚在遜清年間，故其服裝及公文程式，均與滿清無異。但至民國以後，恐又已改從新制矣。

問：冥官亦有俸祿否？答：有，但對人毫無用處，故未領取耳。

問：冥刑分多少種類？答：冥刑種類甚多，較之陽世慘酷百倍，若自今人視之，必以為慘酷之刑矣。然就余經歷，人類寧在人世受刑，切不可在冥世受刑也。陽世受刑，刑畢即止，陰世則刑後又須再刑；譬在陽世殺害十命，罪止一死。陰世則必用刑十次。刑畢再判其轉生十世，皆被人殺斃。至於鋸解、碓磨、刀山、油鍋等刑，皆係實有，孽報可畏，有如此者。

問：冥司所最重者，為何種之德行，所最惡者，為何種之罪業？答：冥司所重者，男為忠孝，女為節孝，此二種人雖有罪業，亦必為之減輕。所最惡者為淫殺二業，殺業又較淫業尤重。至若因淫而殺害人命者，則二罪發，罪加一等。

古人云：萬惡淫為首，百善孝為先，誠非虛語也。

問：冥司既無成文法律，則罪輕罪重，如何衡量？答：

此視其犯罪之動機與所生之結果，衡情酌理，以定輕重。今姑以竊盜為喻，如竊者本迫於生計，非有妄用，或被竊者係一富人，數又不大，於富人生計，並無影響，富人視之，亦不甚惜。又或所竊者係將往嫖賭烟酒不正當用途之錢，則其罪尚輕。萬一富人被竊，使婢僕受責，以致氣憤自殺者。或貧人買米買藥之錢，因失竊而致餓斃，或病死者，或被迫挺身囘鬥以致殺人命者，則案情甚重，又不可以尋常竊案視之矣問：冥司判罪，亦問有錯誤否？答：否！冥司對於犯人罪狀，皆早有精密調查及確實證據，故審判極為公允，從無錯誤之事。

問：吾人一日之間，一生之內，念起念滅，不知多少，為善為惡，即自己亦不能盡記，冥司記人功過，瑣細必錄，又何其不憚煩如此？答：人之思想，如念起念滅，旋作旋忘，如空中鳥跡，水面浮漚，所關係者至微，則冥司亦不予記載。如一心專注，念念不離，則雖未見之行為，亦有功罪可錄，若由想成行，則功罪愈顯矣。

問：大修行人，死後亦須到冥司聽判否？答：冥司所管者皆業中人，或庸碌無大善惡者。若大修行人，死後立登天界，不由冥府經過。若是者，冥册無名，無可審判也。其或昇天稍緩，尙須由冥府經過者，冥官或避位迎之，其魄漸行漸高，如步雲梯，及近庭案，則高齊屋脊矣。若是者，點名一到，隨登天界，亦無可拘繫也。

問：冥司亦有洋人否？若有洋人，則彼此言語如何會通？若無洋人，則洋人死後，歸何處審判？答：余爲冥判時，適值庚子歲八國聯軍攻北京之後，中外軍民，死者甚多。冥中曾見少數洋人到案，然冥中亦有自能通其語言，又嘗受理一死難提督名×××者，亦有忠誠衞國慷慨捐軀者，余親見彼等均直昇天界，未嘗提審。且中國冥府已非一處，則歐美各國亦應另有冥府，方合情理也。

問：冥府何以常用陽人為冥差？答：因富貴中人，其第宅常有衆神守護，其左右給使之人，又多年輕力壯，陽氣旺盛，故鬼役不能近其病榻，譬之武將病歿營中，其四週警衛森嚴，槍砲林立。營內士兵，又皆少年，陽氣蒸灼，鬼役無法近前，故必用生魂攝之，方可到案也。

問：刀殺及其他慘死之鬼，身首不全，其靈魂與平常病歿之鬼，有分別否？答：其靈魂具全，無異常鬼，惟面目稍覺模糊。又傷處帶有血痕，且容貌慘戚，若有痛苦耳。

問：鬼亦有消滅之期否？答：有。余所見故鬼，遠至宋元而止，至唐代以上之鬼，絕對未見，殆因年代過久，早歸消滅矣。除非成仙成佛，不能萬古長存也。

問：人由少至老，容貌漸變，鬼之容貌，是否亦有逐年衰老？答：鬼之容貌與其病歿之時相同，似不因歲久而變衰老。

問：陰間亦有晝夜及日月星辰否？答：陰間亦有晝夜，與陽世同，惟絕未見日月星辰，其情形有似四川大霧及華北黃沙天氣相似，不及陽世之明朗也。又每日八時後至十一時止，鬼畏陽氣之薰灼，皆避匿陰暗之處，午後漸多外出矣。

問：陰間亦有寒暑四時否？答：有。惟夏日不及陽世之熱，冬則較陽世尤寒。

問：陰間亦有飲食否？陽人所化紙錢，陰間能受用否？答：亦有飲食，其菜蔬亦有多種。陽人所化紙錢，彼等亦可用以購物。

問：亦係每日三餐否？答：每食一次，可飽多日，並非日必三餐也。

問：亦有睡眠否？答：亦有牀榻被褥等，但未見睡眠，僅隨處徙倚，瞑目稍息，即同睡眠，非如陽人每睡必七八小時也。

問：亦有街市商店否？答：有。惟規模甚小，與人世小店無異，所售多飲食日用之品，惟無偉麗堂皇如人間之大公司及洋行者。

問：陽世所供飲食，鬼神亦受用否？答：然。惟聞其氣而已，非真食也。如在夏日，有食品二碗。一供鬼神，一則未供，已供者必較未供者先敗。蓋已被鬼神攝其氣也。

問：陰世飲食，較陽世孰美？答：恐不及陽世耳。

問：亦有家庭眷屬否？答：有。但不必為陽世原來之家庭，蓋冥間亦有婚娶及生育也。

問：鬼亦就其墳墓為棲息處否？答：然。

問：人初死時，靈魂離體，亦有痛苦否？答：人類死時，皆有疾病，靈魂離體，如啓戶外出，初無困難，回視以前疾苦，反若脫然。其或顧念妻子，或留戀財產，心力所持，氣息未斷，則靈魂不易脫體，是時最苦。若是人天性淡泊，對于妻子財產，並無貪戀之心，則靈魂離體，直如脫衣而出，毫不費力矣。

問：僧道誦經，超度幽靈，於亡人究有利益否？答：僧道誦經，於亡人有無利益，殊不可一概而論。譬如其人生前大善，死後立升天界，彼固無須此功德也。若其人生前大惡，死後立墜地獄，彼亦不易享受此功德也。至庸常之人，生前無大善惡，得誦經超度，則幽冥增光，罪業減輕，利益殊巨。惟誦經之人，道行高低，亦有莫大關係。若誦經之人，係高僧或孝子賢孫，則誦經一卷，抵庸僧所誦十倍，或雖係庸常僧道，至誠恪誦，亦有相當利益。若無行僧道，心不專誠，則利益殊微，或且毫無利益。但亦決不至有過耳。惟誦經最好在亡人七七四十九日以內，過此以往。恐亡人業已轉生他界，其功德輾轉存記，死者不能接受耳。

問：鬼與人數孰多孰少，人畏鬼，鬼亦畏人否？答：陰間鬼數較人數為多，來來往往，挨籬傍壁者，到處皆是。人行中道，鬼多行道路兩旁。人行明處，鬼多行暗處。然人畏鬼，鬼亦畏人。鬼見人來，亦必趨避之，正人君子，鬼必敬之。其所侮弄者，皆心術不正，時運衰微之人耳。吾人自午後至晚間，行路勿走兩旁及陰影處。晚間出門，宜緩步，或稍作咳聲，令其趨避。不然，出其不意，鬼被衝到，人身亦作寒噤。蓋陰陽相搏，彼此均覺不平也。

問：鬼之行走，與生人有分別否？答：鬼足部模糊，若行烟霧中，行走甚捷，不似人之遲緩。

問：鬼畏雞鳴何故？答：光將至，靈魂不安，故不得不趨避耳。此與吾人畏機器火鍋爐間之熱氣相似。然有操行之鬼，則亦不畏雞鳴也。

問：冥中官吏亦有投生轉世者否？答：有。譬如現在公務人員，另謀高就，自較常人爲易。

問：鬼之投胎，係受胎時即往，抑係出胎時方往？答：二者均有。

問：衆鬼芸芸，久淪幽趣，何不早求出離？答：人少鬼多。如其人生前交際廣濶，相識者衆，則投胎自易。如貧窮之人，老死不出鄉里，平素與人甚少交往，則沉淪鬼趣，機緣難湊，故必須久候，遇有緣者，乃往投生。

問：學佛者死後生極樂世界，學道者生洞天福地，儒教死後往生何處？答：亦生天界，決不消滅。

問：先生後來何以不爲冥判？答：余因不原久爲，屢次乞休，皆不獲允，後同事者教以多誦金剛經，依法行之，積滿二千以上，遂不復往。

問：先生平日亦能見鬼否？答：余爲冥判時，不論出神與否，均能見鬼。民初以後，所見漸少，民十以後，完全不見。

問：首次入冥，如何通知？答：一夕于夢中見古衣冠人入室造訪，謂有事奉懇，幸祈幇忙。余曰：何事相委？但恐無力耳。其人曰：君第惠允，無弗能者。余不知來意何屬，惟其禮貌恭敬，態度誠懇，情似難卻，遂含糊允之。其人意似甚喜，相約數日後，即來迎迓，遂別。醒後自以為夢，殊不留意。遂四五日，夢中其人又至，謂余曰：前承惠允，特備車騎，專誠奉迎。余時見一馬車，停于戶外，遂偕其登車，未幾至一公廨，下車入內。其人導余至一廂房，坐少頃，即請余升堂審案。提一犯罪至，左右陪審，陳述原委，請余判決。余曰：素不知情，何敢妄判？左右曰：君誠心揣擬；意思如何，即全照辦。余稍細思，即曰：如此而已。左右：諾。即請余簽署判詞，提罪犯去。仍以馬車送余歸。

問：先生父母亦知情否？答：余最初保持秘密，不敢聲揚。後來父母見余獨處空齋，而聞有與人晤談之聲，漸知其情。蓋余自爲冥判後，常有冥中友人往來，惟余能睹聞，衆皆不能，惟聞余語耳。

問：鬼友來時，亦需招待飲食否？答：清茶一杯，已足盡情。

問：冥間亦有年節假期否？答：與陽世無異，遇陰曆新年及清明、寒食、中元、中秋、冬至等節，亦必放假數日，但尚無星期耳。

問：鬼何以能幻形？答：凡鬼皆能變幻，但須得冥司許可。

問：曾審何重要案件否？答：一切案件皆甚平常，絕無在情理之外者．且罪狀昭然，證據確實，從無複雜難明之情形。

問：牛頭馬面是否眞有？答：皆假面具，以怖凶魂，若善良之魂，不現此惡相也。

問：鳥獸之魂，仍作鳥獸形狀否？答：此另一部份所轄，余殊不知．

問：鬼說話之聲音與人何別？答：其聲尖銳而短促。

問：自鬼視之，人鬼雜居，自人視之，幽明兩隔，畢竟疆界如何分野？答：似有分界，又似無分界，此種情況，實難明言。

問：鬼亦有何感想？答：亦覺甚苦，故其言多慘戚。

問：鬼投胎時，冥司有無敎誡？答：惟投禽獸胎時，鬼令，不知情，必幻作男女或樓閣等景象，使其樂于入轂。

問：青天無雲，日月普照，何以不能燭及幽界，是否有物障礙？如謂陰陽異域，何以又人鬼同行？答：常有雲霧遮斷，故不覩青天日月。但鬼能到陽間陰暗之地，尤其在夜間，故可人鬼同行。

問：冥司奉何正朔，一切公文，亦書年月日否？答：在滿清時，則奉滿清之正朔，公文所書月日，與陽世同。

問：鬼亦有應酬及慶弔禮節否？答：與陽世無異。

問：香燭有何用處？答：燭取其光明，香則招之使來耳。

問：爆竹何用？答：鬼畏爆竹，似不宜用。

問：冥司俸祿何自而來，是否亦有錢糧捐稅等項收入？

答：曾以此向同事詢問，彼等囑余勿問，故不知。

問：鬼亦憶及其陽世妻室兒女否？答：亦甚憶念，然日久自淡。（幽冥問答錄，黎澍口述，黝裏手錄）

第八篇　死而為神

第一章　死為閻羅（七則）

韓擒虎之將逝也，人有疾走至某家者，稱欲謁王。因問何王？曰：「閻羅王」。擒虎曰：「生為上柱國，死作閻羅王足矣」。又蔡襄病革，遵化守李遘；夢神人紫綬金章，自云欲迓代者。遘詢之，神曰：「余閻羅王，蔡襄當代我。」明日蔡襄薨。遘挽之曰：「不向人間作冢宰；卻歸地下作閻王。」本擒虎語。（堅瓠秘集）

☆

宋韓魏公琦、為閻羅。（秦林雜俎）

☆

☆

江陰蔣國華花塘里人，性質樸。先是天啓丙寅，年二十六。夢青衣童子，引謁城隍神，及岳柏東平王，隨詣東嶽廟。地皆青碧。至今庚寅，三月十八日，經蔣家橋，見大父呼之，赴冥攝事。急歸浴而臥，土地足侄，鬼卒掖上馬，馬躍而醒。亡可仍往，經大城坊，曰幽冥，沁橋入東門，曰善慶關、福德門，至東嶽都東平王府，曰都察司。入揖，至岳廟，即丙寅所見者。殿七十二司，造册所曰監祿司。册有六：曰善惡、曰生死、曰殺僇、曰無端、曰荒蕪、曰瘟疫。册各四帙，每司造册吏十二人，總管十二人。因朝帝，令覆册，分詣各司。國華領左箱弟十三憲察司。天下郡縣城隍神，俱金帕頭候門。冥官仍進賢冠青錦袍册書：順治七年。國華派册訖，因謁閻羅天子，命判官檢國華壽，尚有二十一年。閻羅則宋韓魏公琦也。辭出，童子送之登舟，及岸而醒。二十日早，又見大父促册期，二十七日入冥如期。二十八日，則荒蕪無端瘟疫二册竣。江陰城隍神蔡某奏縣重困不堪疫，帝不許。又限生死善惡殺僇三册，五月十一日竣。至二十九日復蘇。五月朔，又入冥，印授單在東平王處，名氏下詳疫狀。印訖下城隍神，三日復蘇。（棗林雜俎）

☆

都官員外郎龔公捐館，至五七日，其夫人前一夕夢其還家，急取新裝而去。因問何匆促如此？答曰：「來日當見范文正公，衣冠不可不早正也」。又問范公何為尚在冥間？曰：「公本天人也，現司生死之權」。既覺，因思釋氏書，謂人死五七，則見閻羅王。豈文正公聰明正直，故為此官耶？（稗史）

☆

清初林鎬為工科給事，太祖降旨開陝岱以通運載。鎬具罷行役以蘇民生一疏，辭理懇至。上聞乃止。後在江西暴卒，瞑目間，見二鬼使捽至一殿。紫袍者厲聲云：「着林鎬善惡評報鬼引鎬至一所，榻曰「善惡公鏡」，案前一天平架，侍吏持善惡二札置兩傍，善則甚輕。俄一叟空中擲一黃卷於善傍而去。善倏重墮地。吏跪云：「太上老君以杯鎬嘗罷行役蘇萬民，此諫草也。遂聞殿上傳呼云：「着林鎬還魂。」鬼使亟引出。鎬問紫袍爲誰？曰：此宋參知政范仲淹也。一捶而寤，流汗如雨。（昨非庵日纂）

☆　☆　☆

廣聞錄：萬曆四年，山陰諸生某暴死。其胸與手猶熱，家人不忍斂。奄至月餘始蘇，身畔有大鏹五十金，爲所攜來。人問之，曰：「我死適冥司，値親識某，駭曰：『汝何以至此？然某閻王正爲其子延師，當爲君緩頰進之。』」果延主西席，諸子皆羅拜，北面受業。起居經史，皆與世同，而亦爲師別具殽饌，如世間食。王則袞冕甚尊嚴，因謂生曰：『汝欲見五閻王乎？乃貴鄉王陽明先生也。』及見先生，亦爲主客禮，歡然道故曰：『此冥司不宜久居！』命掌判官覈生祿命，判官報生尙有十年陽壽。先生即命語其主王，送生還陽，主王從之。贈冥錢楮幣甚渥。先生曰：不可！宜用世間錢，即所攜五十金也。乃知正直爲神，韓擒虎、蔡襄之爲閻王，非誣也。（堅瓠秘集

吳少村中丞壽昌，少負奇氣，卓厲風發，魁碩類武夫。與余居，相距不里許，晨夕過從，相與角藝論文有年。道光甲辰，余銓金華教官，少村亦成進士，以知縣分發廣東，自是不相見矣。

有人自粵中來者，傳其政聲卓然，有吳青天之號。比擢撫河南時，百姓號哭罷市，製萬民傘相送，至千有餘柄。即乞丐

亦爲製傘，好官之名滿天下。然余懶於作書，二十餘年，不甚通音問。同治丁卯，余以州牧，提調松滬釐局，適少村奉廣西巡撫之命，來上海，附輪舟赴粵。是日余在寓中，少村來訪，縱談良久。余問其在廣東何以得民如此？曰：無他伎倆，惟實心任事，不要錢耳。別去之際，相訂年逾六十即歸里，同作洛社之會，乃抵粵未半載，遽爾騎箕。國家失此賢臣，朝野惜之。

相傳少村沒後，其幕友紹興俞君，方家居，正欲午餐，忽捨箸起立，若爲接物者。繼又作拆信之狀，戚然曰：「吳中丞書也，中丞以任所公事殷煩，仍邀我前往襄理。然昔在南方，帆檣甚便，今北路，非車馬不可。此非我所習，奈何？」其家人曰：「聞吳中丞歿矣，安得來請？」曰：「中丞今已爲冥官。」家人曰：「何不辭之？」曰：「不能也。」曰：「盍禱於城隍神，請其代辭乎？」曰：「渠官甚尊，非城隍所能企及。然我往，須得某廚侍我耳。」是夕，愈君卒，次日，某廚亦無疾卒。

嗚呼！如少村之爲人，倘所謂生爲上柱國，死作閻羅王者非耶？（庸閒齋筆記）

☆　☆　☆

予纘取海虞趙中允公女。其宗族俱言，祖文毅公歿爲冥主，初未之信。後閱錢氏檜園，乃得其說，節取大略而錄之：

萬曆丙午三月十六日，陳中丞用賢，開府黔中。時因夫人病劇，醫禱罔效。設壇召乩仙。仙至，自稱金碧山神。問疾可救乎？答言：「本欲爲夫人請命，奈冥主新即位，法甚嚴峻，無路可救矣。」問新主爲誰？曰：「江南常熟人，即春官侍郎趙公用賢也。今爲第五殿閻羅，十五日蒞任，按察人間善惡，公尚未之聞耶？」余往矣，書畢，寂然。

中丞驚愕，心念侍郎係同年，請告歸里，聞尚強壯，焉得有此事？俄而夫人卒，越三月閱邸報，知侍郎委以三月十五日捐館，始信山神之言，非妄矣。萬里之遙，一日而神已知之，豈不怪哉？謝事雜俎，亦載此事。侍郎立朝，矯矯風節，死為地下主者，固宜爾也。公為余妻曾祖，彼族雖共傳說，而實未詳顛末，因漫識於此。

我聞地下主者，曰閻羅，與陽世等。然陽世勸懲，或不盡法。而陰府善惡，略無遁情。似差勝人間耳。但不知其所管領者，止中國乎？抑薄海內外，無所不轄乎？如其無所不轄，則十王猶患其少也。

相傳：韓擒虎、范仲淹、蔡襄諸公，俱為閻羅，則其位，亦若有更番升降者。（尊鄉贅筆）

以上七八，均死而爲閻羅者。

第二章　死爲城隍（十四則）

南京城隍神、孫策，北京城隍神、于謙，杭州城隍神、周新。（棗林雜俎）

嘉靖時，江西南昌府，熊兆鼎公，幼習內外醫，不計財利，不避寒暑，不先富後貧，遇有危症，須用參而貧不能備者，密將參末投入劑中。以富家所酬金，諒情周急。如遇荒年，步行不轎。其內助亦賢，靡不順從夫意。冬服葛裙，無怨言。年八十誕辰，忽見廳堂高懸紅綾報單一幅，金字云：「奉天帝命，熊兆鼎赴福建省城隍司任。」三日後，異香繞室，沐浴更衣，端坐而逝。其子孫迄今寢昌寢熾，科甲連綿，炫耀一都云

。」（玉歷寶鈔求己堂記）

☆　☆　☆

陳按察鼎疾，忽起坐榻上，舉手望空拱揖，若迎迓狀。家人問其故？曰：「楊憲長請我交代為城隍也。」言訖，而卒。（海上紀聞）

☆　☆　☆

吳縣郁進士裝、字肇名，少為諸生，家貧授徒，讀書作文外，弗問戶外事。順治丁酉、舉於鄉，時南闈賄緣事發，詔覆試，明年集京師，試以詩賦頌解。郁少不習詩，是日詩賦成，有古意，試春官不弟，歸仍授徒。

未幾，江南撫臣，以誤課綑，紳士悉褫革，郁以註誤，名隸籍中。憤甚，走京師，控於部。然不携一錢，部勿與直也。歸益貧，仍授徒讀書作文，無少閒。

康熙十六年，軍與廣例得賜復會試，成進士，年已六十五矣。

性質直，無城府，遇人無貴賤，輒率意與語，無飭詞。有所拂，亦無慍容。然澁於口，欲言則曰赤赤，或戲之曰：先生赤赤也。郁怡然嘻，呼之輒應。館選，名稍殿，憤而歸，仍館於門生家。

辛酉春，忽病，未幾死。死之前三日，謂子若壻曰：「夜為嶽神賜宴，命我掌書記，若等宜往廟謝！」又曰：「日昨上帝有使至，勅下矣。」又日曰：「須見携冠帶至者，曰某縣尹，趣行輿從已備，我當去。」遂索筆書一紙付家人，投筆而逝。

先是，吳郡胥門有范翳者，曾捨身為邑城隍隸，病疫死。死三日，心微溫，後始蘇曰：「憊矣！為郁進士起身，累我足三日不得停。」家人叩之，曰：「郁為泰安州城隍，迎官者，

皆山東人，本縣城隍餞行，我攝是差三日，今始發舟去，而郁適於是日卒。（噴園雜誌）

☆　☆　☆

羅之芳湖北荊州府監利縣舉人。辛未曾試，有福建浦城李姓者來拜曰：「足下今科必中，但恐未能館選。」羅詢其故？李不肯說。云：俟驗後再說。榜發果中進士，竟未館選。乃往問之。據云：「前得一夢，夢足下將爲浦城縣老父台，故來相訪。」羅還家，選期尚早，乃就館某氏。自道將來選官，必得浦城縣矣。不料處館三年，一病而歿。家中亦不知李所說夢中事也。

又一年後，八月十五日，家中請仙，乩盤大書：「我係羅之芳，今回來了！」合家不信。乩上書：「爾等若不信，有螺絲灣田契一紙，我當年因歿於館中，未得清付家中。尚記得夾在禮記某篇內。爾等現在與田鄰構訟，可查出呈驗，則四至分明，訟事可息。」家人當即查檢，果得此契。

於是合家痛哭，乩上亦寫數十哭字。問現在何處？乩寫做浦城縣城隍，且云：「陰間比陽間公事更忙，一刻不暇。惟中秋一日，例不辦事。然必月朗風清，英魂方能行遠。今適逢此夕，故得閒回家一走。若平常日子，便不得回家來了。」又吩付家人：「廷外草木，不得搖動。我帶來鬼吏鬼卒，有十餘人。皆依草附木而棲。鬼性畏風，若無所憑藉，被風一吹，便不知飄泊何處？豈不是我做城隍的反害了他們麼？」一乩盤書畢，又做長賦一篇，乃去。（子不語）

☆　☆　☆

常州趙恭毅公，為康熙名臣，人所共知。薨後有蘇州過姓者，嘗識於生前，後泛舟洞庭，薄暮見大舸，順風而來，旗燈皆書「湖廣城隍司」。心竊異之。及追視，則公危坐舟中，方據案視事。又陸先生子靜，善勅勅之術，嘗伏壇至二天門外，見公亦在二天門奏事。其子侍讀公，以大臣子弟，効力肅州軍前，恭毅公薨，恩許奔喪。侍讀哀毀，遘疾病中，每自詑曰：「嘔吐滿地，使人難堪，吾何為居此職耶？」衆問何職？曰：「痰火司也。」家人不知痰火司為何神？越日，禱於東嶽行宮，則兩廡果有痰火司神。病革，人見痰火司燈籠入門，遂瞑。其子副使公歿後，逾年，洪氏姑病昏，不省人事，恍惚至一衙署，見公自內出，訝曰：「妹！何為來此？」延入，談家事甚悉。姑問：「兄現作何官？」曰：「巡海道也。事繁，刻欲他出，不能留汝。」且曰：「汝嫂亦不久入間，家中多事，可囑兩侄慎之！」遣二役，持香送歸。乃甦，室中尚有餘香。未幾，族人以立嗣興訟，彌年不寧。又未幾，其嫂黃恭人下世（同上）

長洲顧某、以父久病，禱於神，願以身代。一日夢城隍神遣吏攝至署前，不得即入。見有肩輿遠來，顧側身以待，乃其師也。自輿中出，執手慰勞。且曰：「余已為某方土地，生何事至此？」顧具以告。曰：「此大孝，吾當為汝白之！」良久出曰：「今日神有事，當改期。」遂甦。越日，隸攝如前，至則神召入，問其父病狀？對曰：「骨瘦如柴。」神大怒，越隸杖之。顧不解，呼冤。未幾，內送一紙條出，神見之，色始霽，曰：「汝父設藥肆，某年大疫，不索藥值，功德甚大。且憐汝孝，可以延壽一紀。」顧謝而出，問旁人，神何以怒？曰：「獸中惟豺最瘦，世人多訛作柴，神始聞之，以為比父於獸，故怒。賴幕客辯明，乃免。」署前所見諸人，皆其鄉先輩，以刑辟死者；一人被縲絏，一人將遞解遠行。顧不識問之？曰：「

此原任知府某，爲其部民所訴，張公爲桂林府城隍神，移牒取之耳。問張公何人？曰：「余亦忘其名，嘗在雲南儲糧道，今河南巡撫畢公舅氏也。」張名鳳孫，字少儀，長洲人，與余同舉鴻詞科，少時有張三子之目。三子者、孝子君子才子也。生平多厚德，宜其爲神。然冥中不知其名，但以戚黨官位相炫燿，毋怪人之好談顯者矣。（續子不語）

☆　☆　☆

華亭陳之方、爲泉司屬官，未赴任間，故人有任維揚倅者，陳往謁之。留館廳事之側。一夕就寢，似夢非夢，見一婦人來言曰：「我城隍夫人也，今城隍當代去，次及公，故來相報。」陳還家而卒。（睽車志）

☆　☆　☆

李惇者福建人，乾隆庚午貢生，赴京鄉試，路過儀徵，有並舟行者。自稱姓王名經，河南洛陽縣人。赴試京師，資費不足，求李挈帶。李許之。同舟言笑甚歡，出所作制藝，亦頗清雅。惟篇幅稍短耳。與共食，必撤飯於地。每舉碗，但嗅其氣，無一粒納喉者。李疑而憎之。王似解意，謝曰：「某染癆症，致有此累，幸無相惡。」

既至京師，將賃寓所，王長跪請曰：「公無畏，我非人也。乃河南洛陽生員，有才學，當拔貢，為督學某受贓黜落，憤激而亡。今將報仇於京師，非公不能帶往。入京城時，恐城門神阻我，需公低聲三呼我名，方能入。」其所稱督學某，即李之座師。李大駭拒之。鬼曰：「公黨師拒我，我行且祟公。」李無奈何，如其言。

舍館定，即往謁座主。其家方環泣，聲達戶外。座主出曰：「老夫有愛子，生十九年矣。聰明美貌，為吾宗之秀。前夜忽得瘋疾，疾尤奇，持刀不殺他人，專殺老父。醫者莫名其病，奈何？」李心知其故，請曰：「待門生入視郎君。」言未畢，其子在內笑曰：「吾恩人至矣！吾當謝之。然亦不能解我事也。」李入室，握郎君手，語移時，旁人不解。更駭愕，都來問李。李告之故，於是舉家跪李前，求為關說。李謂其子曰：「君過矣！君以被黜之故，氣忿身死，畢竟非吾師殺君也。今若殺其郎君，絕其血食，殊非以直報怨之道。況吾與君有香火情，獨不為我地乎？」其子語塞，瞋目曰：「公語誠是！然汝師當日得贓三千，豈能安享？吾敗之而去足矣。」手指曰：「某室有玉瓶，價值若干，為我取來。」至則擲而碎之。又手指曰：「某箱內有貂裘數領，價值若干，為我取來。」至則舉火焚之。事畢，大笑曰：「吾無恨矣，為汝赦老奴。」拱手作去狀。其子霍然病已。

李是年登第。行至德州，見王君復至，則前驅巍峨，冠帶尊嚴。曰：「上帝以我報仇甚直，命我為德州城隍。尚有求於吾子者，德州城隍為妖所憑，篡位血食，垂二十年。我到任時，彼必抗拒。我已選神兵三千，與妖決戰。公今夜聞刀劍聲，切勿諦視！恐有所傷。邪不勝正，彼自敗去。但非公作一碑記，曉諭居民，恐四方未必崇奉我也。公將來爵祿，亦自非凡，與公決矣。」言畢拜謝，垂淚而去。

是夜、闔城內外，兵馬喧然，至五鼓始寂。李詰朝往城隍廟，焚香作記，其道士已磨墨相待。云：「昨夜大王到任，託夢貧道，教相迎也。」李為鐫石立碑，今猶存德州大東門外。（子不語）

☆ ☆ ☆

陸公龍其、平湖人，康熙庚戌進士，為人方剛有守，筮仕練川令，有惠政，鋤強剔弊，大得民心。朝廷知其廉正，擢為台官，直言敢諫，克盡厥職。不久即乞歸，講學於洞庭之東山，從游者日衆。

是冬，臘月廿七日，忽夢嘉定舊役，紛然來，迎為城隍神。公早起，謂家人曰：「我往矣！」於是沐浴更衣，處分後事畢，怡然而逝。所居在茆口，是夕泊舟者，俱聞舟楫喧闐，鼓樂聲不絕。云迎新城隍赴任。公家老蒼頭，王姓者，亦夢送至嘉定城隍廟，見公繡衣帕頭，侍從皆鬼判，駭汗而醒。彼處士民聞之，即於廟中為公治喪七日，弔者雲集，享祀無虛日。

夫聰明正直之士，生而為人，歿而為神，此一定之理。獨生前未能盡其蘊為可惜耳。（蓴鄉贅筆）

☆　☆　☆

侍御沈立人、名孫蓮，京邸臥病十餘日，謂所親曰：「有朱衣人，從空下中庭，謂直隸保定城隍神缺，當命予攝。予以老父在南，妻子無託，孑然單身，客死可憫，乞朱衣人善為我辭，而另選焉。朱衣人去而復來，云謂爾父以庶民受侍從封誥，已榮甚。有弟在，不至失養。子已游庠，復何慮？苟召人而皆辭，將無可召之人矣！朱衣人語如此，予殆不望生。若為我治後事？」所親多勸慰，謂是病譫語耳。然沈自是不復作聲，藥飲皆屏，凡三日更定後，車夫宿門下，聞叩門聲，甚喧。問之，則曰：請老爺上任。車夫嫌其打錯門也。令別尋門戶去。叩門者云：「的是汝家。」車夫云：「我老爺是京官，十年不出城，現在臥病，那得上任？」叩門者曰：「非外官也；吾曹是直隸省城隍衙役，明日新官上任，長接在此。你家無人管事，並不打點一些行裝犒賞，所以告與汝知。」車夫大恐，縮頸被底，睡不成夢。四更後，但聞沈從內呼從而出，肩輿扛稍，

觸門有聲，謦欬宛如也。聲漸遠，始聞侍沈疾者哭聲。明日，車夫以告沈所親，始知前日語非譫。（續子不語）

☆　☆　☆

乾隆己丑，兩淮鹽院圖公思阿到任，清操卓然。每日用三百文，過商人和平坦易，慈愛諄諄。人以為百餘年來，無此好鹽政也。年七十三歿，前三日遍召幕客戚友曰：吾將歸去，君等助我摒擋鹽務，以便交待後人。眾咸疑之，以為讕語。公笑曰：我豈欺人者哉！臨期自草遺本畢，沐浴冠帶，趺坐而逝。三七之期，羣商往哭，其妾某夫人問曰：諸位老爺，可知道天下有思州府否？曰：有此州，在廣西省，未知夫人何故問之？曰：「妾昨夜夢老爺託夢云：『我將往思州府作城隍，上帝所命。』」於是眾商譁然，知圖公果為神。又不知何緣宦此遠方也。（子不語）

以上十四人，均死而為城隍者。

第三章　死為冥吏（十二則）

貞元中，庶子沈聿致仕歸農。並於莊之北平原十餘古墓以建牛坊。

一日晝寢堂之東軒，忽驚寤，見二黃衣吏謂聿曰：「府司召郎！」聿自謂官罷，無事詣府，拒之未行。二吏堅呼，聿不覺隨出。經歷親愛及家人揮霍告語，曾無應者。二吏呵驅甚迫，遂北行二十里。至一城署，人民稀少，道路蕪會。正衙之東街，南北三巨門對啓，吏導入北門，止聿屛外。入云：「追沈聿到。」良久，聽上讀狀，付司責問。聿惶懼而逃，莫知所往。遂突入南門。門內有廳，重施簾幕。聿危急徑入簾下，則見紫衣貴人，寢書案後。聿欣有所投，又懼二吏之至，因聲氣感動，紫衣遂寤。熟視聿曰：「子爲何者？」聿即稱官及姓名。紫衣曰：「吾與子親且故，子其知乎？」聿驚惑未對。又曰：「子非張氏之彌甥乎？吾爾祖舅也。子在人間，亦知張侍郎乎？」聿曰：「幼稚時則聞之，家有文集，尚能記念。」紫衣喜曰：「試爲我言！」聿念：「櫻桃解結垂簷子，楊柳能低入戶枝。」紫衣大悅。二吏走至前庭曰：「秋局召沈聿。」因遙拜呼紫衣曰：「生曹禮謁甚恭。紫衣謂曰：「沈聿吾之外孫也。爾可致吾意於秋局，希緩其期。」二吏承命出。俄返曰：「敬依教！」紫衣曰：「爾死矣，宜速歸！」聿謝辭而出。吏伺聿於門，笑謂聿曰：「生曹之德，豈可忘哉？」因引聿於南。聿大以酒食錢帛許之。忽若覺，日已夕矣。亦不以告人，即令致奠二吏於野外。聿亦無恙。

又五日，聿晚於莊門復見二吏曰：「冤訴不已，須得郎爲證。聿即詢其事犯？二吏曰：「郎建牛坊，平夷十古冢，大被論理，候郎對辯。」聿謂曰：「此主役之家人銀鑰擅意也。」二吏相顧曰：「置郎召奴或可矣。」因忽不見。其夜，銀鑰氣蹶而卒。

數日，忽復遇二吏謂聿曰：「銀鑰稱郎指教，屈辭甚切。郎宜自往。」聿又勤求，特希一為告於生曹。二吏許諾。有頃，復至曰：「生曹遣郎，今夕潛遯，慎不得洩，藏伏三日，事則濟矣。」言訖不見。

聿乃密擇捷馬，乘夜獨遊。聿曾與同州法輪寺寓居，習業，因往詣之。及出，遇所友之僧出，因投其房，留宿累日。懼貽嚴君之憂，則徑歸京，不敢以實啓。莊夫至云：「前後火發，北原之牛坊，已為煨燼矣」。聿終免焉。（集異記）

蔚州魏司寇象樞、父諱卿、號文台，中年尙未立嗣，不事生產。夜半夢一人排門而入，手持符云：「上帝知公廉勤，命監嶽祠。」數人趣上馬，墮至嶽祠，理工役簿書事。見架上卷帙堆積，公索觀，諸吏笑曰：「此人間壽祿秘籍，若久任，始得觀耳！」魏曰：「若我壽祿，能與聞乎？」吏曰：「六十後，百年前，相去僅二十齡，子二孫三，封贈有加。」

魏寤，語人曰：「生無違理，死得爲神，夫復何求？但後嗣未立，如先人何？」友人施範環曰：「便冥數可移，吾願代之！」魏曰：「勿妄言，甚我責也！」須臾，異風捲施頭巾入雲端，數日施死。魏自此不復夢矣。後一如夢中言（嘯園雜誌）

☆　☆　☆

蘇州楊大瓢、諱賓者，工書法，年六十時，病死而蘇曰：「天上書府、喚我赴試耳。近日玉帝製紫清烟語一部，繕寫者少，故召試諸善書人。我未知中式否？如中式，則不能復生矣。後三日，空中有鸞鶴之聲，楊愀然曰：「吾不能學王僧虔以禿筆，自累致損其身。」瞑目而逝。或問天府書家姓名，曰：「索靖一等第一人，右軍一等第十人。（子不語）

☆　☆　☆

濟南吳太守南岱、父尙官山左，衰年未有嗣，禱於東嶽。逾歲而太守生，因以岱名。太守再官此地，一日，坐署中，若有所睹，向空肅拜，且唯唯！曰：「駕望先發，臣隨至矣。」如是者再。

家人驚叩之，曰：「我本嶽帝從臣，偶降塵世，今嚴旨見召，殆不可留？」遂囑其子曰：「必奉我主山中，我將棲神於此。」家人如命。及卒，導主入山，乃歸櫬焉。時癸卯十月也。（蓴鄉贅筆）

山陰縣尉李佐時者，以大曆二年遇勞病，數十日中愈。自會稽至龍邱，會宗人述爲令，佐時止令廳數日。夕復與客李擧明燈而坐。忽見衣緋紫等二十人，悉秉戎器，趨謁庭下。佐時問何人？答曰：「鬼兵也。大王用君爲判官，特奉命迎候，以充驅使。」佐時曰：「己在哀制，如是非禮。且王何以得知有我？」答云：「是武義縣令竇堪擧君。」佐時云：「堪不相知，何故見擧？」答云：「恩命已行，難以辭絕。」須臾，堪至禮謁，藴藉如平人。坐謂佐時曰：「王求一子壻兼令取甲族，所以奉擧，亦由緣業使然。」佐時固辭，不果。須臾，王女亦至，芬香芳馥，車騎雲合。佐時下階迎拜，見女容姿服御，心頗悅之。堪謂佐時曰：「人誰不死？如君蓋稀。無宜數辭，以致王怒。」佐時知終不免。久之，王女與堪去，留將從二百餘人，祇承判官。翌日，逝并弟造，同詣佐時。佐時且說始末，云的以不活爲求一頓食。逝爲致盛饌。佐時食雉湯，忽云：不見碗呵？左右何以收羹？仆于食案，便卒。其妻鄭氏在會稽，喪船至之夕，婢忽作佐時靈語云：「王女已別嫁，但遣我送妻還。」言甚悽愴也。（廣異記）

晉王文度鎮廣陵，忽見二騶持鵠頭板來召之。王大驚問騶：我作何官？騶云：「尊作平北將軍、徐兗二州刺史。」王曰：「吾已作此官，何故復召耶？」鬼云：「此人間耳，今所作，是天上官也。」王大懼之。尋見迎官玄衣人及鵠衣小吏甚多。王尋病薨。（法苑珠林）

王籍者，太常璠之族子也。乾元中，客居會稽，其奴病死，數日復活云：「地下見吏，吏曰：汝誰家奴？奴具言之。吏云：今見召汝郎作五道將軍，因爲着力，得免回。路中多見旌旗隊仗，奴問爲何所？答曰：迎王將軍爾。」既還數日，籍遂死。死之日，見車騎繽紛，隊仗無數。問其故？皆是迎籍之人也。（廣異記）

☆

餘姚戚文湍（瀾），景泰辛未進士。與丘文莊（濬）友善。以編修服闋上京，渡錢塘江。忽風濤大作，有絳紗燈數百對，大夫九人，帶劍乘馬，飛馳水面，舟人大恐。戚曰：「我知之矣。」推窗，九人下馬跪拜。戚曰：「若非桑石將軍九兄弟耶？」曰：「然！」戚曰：「去，我喻矣。」九人等皆散。戚命返棹，抵家，謂家人曰：「某日吾將逝矣。」及期，沐浴朝服坐。向九人率甲士來迎。行踐屋瓦，瓦皆碎。戈矛旗幟，晃耀塡擁。有頃，公卒。車騎前後呼衛，隱隱入空而沒。

後文莊夫人、自南海浮江而上，過鄱陽湖，夜夢達官呵擁入舟，請見夫人曰：「吾編修戚瀾也，昔與丘先生同官友善，義不容坐視，特來報知；三日後，有風濤之險，雙帆片檣無存，可亟遷於岸。」夫人驚覺，如言移至寺中。未幾，江中果有風濤，衆舟皆溺。夫人至京，白其事於文莊，以聞於朝，遣官諭祭。文莊爲文祭之。楊用修載其事於丹鉛錄。（堅瓠餘集）

熙寧間、有人授泗州盱眙令，自陳乞改名雍觀。時王荊公當國，怪其名無義理，因問改名之故。對曰：「夢中神告如此，固亦自不曉其義。」後其人之官，一日自城還邑，從吏卒行渡浮橋。忽大風驟起，鼓其衣裾盡沒淮水。已從者拯救，皆免，獨不得令。事聞朝廷，荊公曰：「向見此人，無故改名，且疑雍觀二字，或有出處，因閱山海經，乃知其為水官之名，固慮其有水厄。今果然。」其後縣僚或夢雍觀騶從甚盛，往來淮岸，疑其死為水官也。（睽車志）

☆　☆　☆

隋文帝開皇初，安定李文府住鄴都石橋坊，曾夜置酒瓶于林下。半夜忽聞瓶倒漏酒聲，使婢看之，酒瓶不倒，蓋塞如舊。須臾，復有物嗒水聲，索火照看，屋內靜無所見。滅燭下關未睡，似有以手指斲其膝至三。文府起摸之，又無所得。乃拔刀四面揮之，即聞有聲如飛蟬，良響衝而出。文府後仕兗州許昌縣丞，至開皇八年，見州故錄事孔鑽，即許昌人，先亡，忽自至文府廳前再拜。文府驚問何為？云太山府君選好人，鑽以公明幹，輒相薦舉。文府憂惶叩頭。鑽良久曰：「今更為方便，慎勿漏言！」說訖，便覺不快。須臾而死。（五行記）

馬進士嘉植、當湖人，清介有守。宏光時，督餉江右，曾以公事，誤殺二人易代。後薙髮杜門，不入城市。歲朝謁祖墓，見青衣二人，從墓間出，自通姓名，曰：「某無罪，居枉死城，已十八年。但乞公批照云：前誤斷呈之冥官某，可托生矣。」公曰：「我自信爲官，未嘗枉一事・昔既誤斷，今便相償，批照何爲？」曰：「公正人也，陰司甚重之。況此事，初非有意。今公將歿，且當爲神。不然，某亦未敢請也。」遂取筆判數字，二人忽不見。

歸語家人曰：「予將逝矣！」於是沐浴焚香，至晚，偃臥而卒。（蓴鄉贅筆）

都昌人陳彥忠、伉質好義，疏財倜儻，嘗有黨大夫者，自河北來，同寓居西陳里。將赴調，無貲財可行。彥忠餉以百千。且館其老稚，待之如骨肉。其周人之急，類如此。乾道三年十月，以疾卒。前一夕，夢告其父曰：「彥忠不得終養，茲受命爲簡寂觀土地矣。」父未以爲信。已而其子亦夢如所言。逾歲後，再見夢曰：「自爲簡寂土地，今一年久，而室宇摧敝，每天雨，則面目淋漓，不可寧居。四體無全膚，殆宜爲我繕理。」明日乃父乃子相與語，即往彼處視之，而信。乃爲一新之。（夷堅志）

以上十二人，均死而爲冥府官吏者。

第九篇 自知前世

第一章 生便能言（七則）

宣府都指揮、胡縉，有妻死後，八十里外民家，產一女，生便言：「我胡指揮二室也！可喚我家人來。」其家來告，胡不信，令二僕往。女見僕，遽呼名，言汝輩來何用？請主翁來！僕返命，胡猶不信，更命二婢事妾者往。婢至，女又呼之，言生前事，令必請主翁來。

婢歸言之，胡乃自往。女見胡，喜言：「官人！汝來甚好。」因道前生事，胡即抱女於懷。女附耳切切密言舊事，胡不覺淚下，頓足悲傷，與敘委曲。

女又言：家有某物，埋某地。胡遂取女歸。女益呼諸子婦家人，一一慰諭。從而發地，悉得其貨，因呼之為前世娘。

女言幽冥間事，與世所傳無異。又言死者，須飲迷魂湯。我方飲時，爲一犬過踏而失湯，遂不飲而過，是以記憶了了。既長，胡將以嫁人，女不肯，言當從佛法，終身不嫁。胡不能強。既至十六七，胡以事死，既而子死，家人皆死，惟一二婦女在，不能活，乃強嫁之。今安然纔二十餘歲耳。（語怪）

☆ ☆ ☆

麻城西坂劉某，隨族叔劉坤至眞定府固城縣，爲主文，曾密救三人命。後闖賊至，城潰，縣令出走避難。劉君偕其家屬回鄉，途遇賊兵被殺。其神魂返麻城，謁東嶽帝。帝曰：「汝救三命，應得善生。」帝令侍吏訪城中善門無子者，吏以醫生趙鳳儀號時雍報。帝令取善惡簿察之，見趙君曾淹死五女，法當絕嗣。又檢善簿，見某年於大雪中，曾施錢一文與寒乞生。僧乃菩薩假裝寒相，試人者也。帝曰：「此一錢，功德甚大，應與其嗣。」遂遣劉君託生。臨行，帝語曰：「汝去，九歲當有孝廉贈汝妻，某歲入泮，某年補廪，一生享厚福。」

後趙氏生一子，隨出母胎，即叫云：「我西坂劉某也！東嶽帝遣我爲趙氏爲後，已不必言！但吾生前，尚有產業借貸，彼此未明，速喚我妻子來！」

趙時雍即請其妻孥至，小兒歷數舊逋，令妻子依券索之，分毫不爽。九歲，果爲鄧孝廉婿，後功名出處，一如帝命焉。

此事，余友梅惠連有紀事流布，戊戌冬，余在黃州安國寺，患脾疾甚苦，適張龍字鎭台、請趙君時雍在署，令治余疾，應手而愈。余問：「令嗣生下地，即能言，眞否？」趙君曰：「千眞萬眞！」余詢其名與字？趙曰：「特爲此，故名曰默、字訒言。而東嶽冥中種種公案，則皆豚兒口

述也。（現果隨錄）

☆ ☆ ☆

桐鄉進士陸大勝、名費錫，言其族人家僕婦，產一女，甫脫胞，即能言。自云：「前生乃娼婦，因不善媚客，為鴇母痛笞，遂自縊，魂無所依。常在蘆葦荒草中，當風雨晦冥，心神悽絕。有同鬼謂：『汝無拘束，可以投胎！』問其如何往投？同鬼云：『汝見婦人大腹者，即入其褌，可以出世矣。』偶見孕婦淅米，遂如其言投之，果得生，今又為女，命也。」因長齋終身。康熙年間，尚在。（信徵錄）

☆ ☆ ☆

鼎革初，京師有一孩，出胎，即自詫曰：「我手如何頓小耶？」父母驚問：「汝是何怪？」孩曰：「我是江西商客，在湖廣販貨三載，適當兵馬絡繹之際，舟至安慶，過一將弁，盡奪三舟；我再三哀告，還我一舟。我聞其名，爲白韃子也。自此歸家不出。忽一日有肩輿至庭中迎我，忽忽乘之，而往至一院子，一交跌出，竟在此間。然自覺手足，俱極小矣！」其父笑曰：「我即白韃子也。」俱費雲驤言。（信徵錄）

☆　☆　☆

順治年間，浙糧道熊高，少年由詞臣外轉。時嘉興縣令高登雲，語同僚及胥役曰：「世間因果，莫謂渺茫！如熊道台、乃吾高氏之從叔也。熊家與吾家同里閭，世爲婚姻。從叔績學不第，年八十而志不衰。一日獨坐堂中，隱几而臥，忽見青衣小帽二人，長尺許，盤旋庭際，漸長如人。上堂不言所以，掖之出門。從叔驚詰之，不答。然亦不能脫。

隨之至一家，認是熊家，乃其戚也。時熊姓無子，適其戚將產，堂中親友會飲，以待弄璋。從叔入其門，遽呼曰：「吾何事爲二役持至此？君輩豈不爲吾解之乎？」飲者亦不答。竟掖入內室。見一婦人臨盆狀。二人將從叔一推，不覺已在盆中矣。周視，作嘆詫之聲。熊一家皆驚，以爲怪，惡之。從叔遂閉口不復言。

至七歲，尚不能語，父欲延師訓之，無奈其瘖。一日偶隨衆遊，步至前生高家之宅，適從叔之壻，偶在門，見即拽裾責之曰：「相別六七年，獨不來看我乎？且見婦翁，而不爲揖禮耶？」衆皆大驚，始知前生即高氏之老儒也。

自此能言，讀書，過目成誦，十八薦鄉書，十九聯捷，館選，出爲監司，故名曰高。今熊公自亦不諱言之也。（信徵錄）

☆　☆　☆

無錫功加左都督、吳子元妻妹，初生即能言，言前生乃一老僧，因果有錯，再生爲女，幼即茹胎素，及長，誓不適人，

剃髮居無錫女庵中爲尼。至今尚在。（信徵錄）

☆　☆　☆

山東前進士王晉、登州人，觀察越中，家甚裕，棟宇巍煥，服用侈麗。年老被病卒，其魂投萊州濰縣生員劉日瑚家爲子。纔下地，四顧久之，撫膺大哭。日瑚擧家驚怪。止一子，不忍殺，因叩其故？曰：「我本王某，托生汝家，今貧窶若此，奈何？」隨話前生事，甚悉。令召其二子一壻。日瑚如其言。濰去登二百餘里，不三日俱到，語及家事，纖悉不遺。其子伏地大慟。又命召妾李氏至，問牀下埋金五百，得毋爲人所竊乎？妾言：公亡後，即取助喪事矣。語畢，悲不自勝。於是二子分產之半授日瑚，兩家往來如至戚。宋萊陽琬親見其事爲余說。（蓴鄉贅筆）

第二章 知前生（十五則）

臨平老儒鍾俊友言：其友趙姓者，家頗豐裕，年四十許，與親友數人，同在園中聚飲，酒酣，趙登假山，失足跌下，頃刻而斃。是夕鄰村相距二十餘里、錢姓者，產一子，生而不啼，稍長，教其讀書，頗能默記。逮九歲，其父乃庠友，試畢歸家，錄試藝，置案上，出探友。歸見其文，已經批點，如老生宿儒之筆。駭問家人，並無人至。因戲謂其子曰：「豈汝爲之耶？」子忽笑曰：「此我筆也。」父因大喜！詰其何以不言？

錢子曰：「我臨平趙某也！因酒後跌死，不意是日，即生於此。初出胞時，自見身體手足微小柔弱，心雖了了，口不能言。逮長，因自悔失足，且念妻子，言恐見怪。故爾默然。」

父喜其夙慧，因自督課，十六歲遊庠，而其前生妻子，尚無恙也。錢子欲證前因，拏舟往訪，其子出迎，竟成賓主。適見其匆遽，詢其故？曰：「先父有舊欠一宗，欲往取討，而年來覓文契不得，故心緒少寧耳。」錢子嘆曰：「試往書架，某書第幾本內覓之。」趙子如其言，果得前契，因大驚異。錢亦不告其故，而別。

後俊友偶過其村，路遇錢子，錢子如舊相識，拉俊友至家，告其二世因果，且詫其死生俄頃。世俗所謂見冥司、受輪廻者，似又不足據矣。潮鳴寺僧梅雪，蓋俊友之親舊，故鑿鑿可據也。（信徵錄）

☆ ☆ ☆

大名府、小灘鎮、鄭監生家於正月初二日，舉一子，閱三日，忽瞪目而語曰：「余手足，何忽小耶？余懷慶府、濟源縣人，姓趙，伯父與兄，皆監生，外舅係孝廉。以上年臘月廿七日，無疾而終。年止五十六。有兩人引至一衙門內過堂。同行者十二人。復至處，憲體森嚴，十一人挨次進去，我立於門外。俄頃，十一人出，其隨行之二人曰：汝可不過堂矣。同至小灘，見一大門樓，二人曰：惟此可安汝身。因盡力一推，不覺墮此地。回念家中有二女一妻一妾，妾受身已九月，大約正月間，必坐草，不知生兒，可得延嗣否？長女已十八歲，擇於正月初九遣嫁。吾死後，不知家中若何？鄭有族嬸往覷之，既去，兒復咎其母曰：何物老嫗，竟入吾室，以後可辭衆人，不必以吾爲奇貨，恐招尤也。邑屠戶邵某，與鄭交最厚，強見之，具述宿世事。（述異記）

☆　☆　☆

新安吳瑤、號象星，老而能詩，貧無子，依侍御程梓園先生以居。自言前世爲女，即其族叔祖母也。叔祖號元朝奉，母號元孺人，居上山，年七十餘。一夕，孺人忽謂元朝奉曰：「

吾明日已時當死，即託生於浯溪姪君正爲第二子，汝無悲，幸來視我可也。」

翌日，果無疾而卒，元朝奉殮畢，即往浯溪探之，君正擧第二子矣。自是，時致遺問。及長，就學，時以果餌貽之，羣塾兒見元朝奉來，共笑之云：「汝夫至矣。」象星亦恍惚如舊相識。一日象星因市茉莉花至上山元朝奉家，入門歷歷如故居，登堂入室，牀榻井灶，花木器具，皆素物也。見其二子，不覺戚然而悲，歸家，惘惘者數月。後元朝奉死，象星哭而送之，如夫婦焉。今老矣，言之猶鑿鑿也。上山、浯溪兩村族姓，無不知此事。（述異記）

☆ ☆ ☆

封邱李公嵩陽起家乙榜，視學江南，翕然有公明之目。自知宿世事，纔能言，便道其前生姓劉，居邑之東關，苦志誦讀，年逾壯，始為諸生。一日偶病，行藥城隅，遇舊交李某，邀之同行，隨至其家。忽將劉推倒，以紅紗罩之。初覺悶極，須臾而出，已不能語矣。及長，尚能記憶。與明季彭城萬年少壽祺事，頗相類。（蓴鄉贅筆）

☆　☆　☆

李通判者，山西汾州人，其前世為鄉學究，年踰五旬，閒居，晝臥，夢二卒持帖到門云：「吾府延君教授，請速往！」挾之上馬。

不移時，至一府第，如達官家。青衣者引之入，重闥煥麗，曲檻紆廻，最後書室三楹。坐頃，兩公子出拜，錦衣玉貌，皆執弟子禮，日夕講課不輟。書室外院，地逼廳事。時聞傳呼、鞭笞之聲，特不見主人為怪。且不曉是何官秩。請於二子。二子曰：「家君即出見先生矣。」

未幾，主人果出，冠帶殊偉。晤語間，禮意欸洽。學究言：「晚輩承乏幕下，久且閱歲，不無故園之思。」主人微哂曰：「君至此，已不可歸。然自後，當有佳處。幸勿復多言！」學究凄然不樂。竟忘其身在冥府也。

一日，主人開讌，邀學究共席，辭以寒素，不宜與先輩抗禮。強之，乃行。廳事設有四筵，掃徑良久，一僧肩輿而至，極騶從之盛。曰：「大和尚。」又一僧至如前，曰：「二和尚。」直據南面兩筵，學究主人，依次而坐。主人與二僧語，學究皆不解。肴果亦並非人間物。酒半，忽見一梯懸於堂簷，二僧出，躡之冉冉而去。主人速學究，從而上，攀援甚苦，倏然墮地，則已托生本州李氏矣。

襁褓中，能語如成人，但冥府有勿言之約，不敢道前世事。生四歲，握筆爲制義，評騭其父文可否，悉當。後登崇禎一榜。順治通判揚州，清兵南下，出迎裕王。王手掖之，如舊相識，曰：「當時事，猶能記憶耶？」一笑馳去，潛窺裕王狀貌，即所見二和尚也。而大和尚尚未知出世為何如人？（觚賸）

☆　☆　☆

邵士梅、濟寧人，自記前生為棲霞處士。生四子，年六旬餘乃卒。值四子皆出，獨孫女垂涕送訣。一青衣卒引見冥王，語之曰：「汝後生當復為男，登乙榜，官至邑宰。」遂生邵家，歷歷皆能憶之。

既領鄉薦，秉鐸青州，適棲霞廣文缺，往攝篆，乃尋其故居。巷陌門庭，無不認識。四子並已物故，惟孫女孀居，髮且白矣。邵俱道其故，敘前生及沒後時景狀，悉符。女甚貧悴，因解俸金賙之。令吳江，不三月即解組歸。自知冥數如此，不可久於官也。（觚賸）

☆丹霞長老義方，字志道，尉氏人，前身柳小二，亦縣人。大定初，羣小聚議，燒相國寺三門，乘亂刼軍資庫。凡五十人，分部探姓名，柳小二與一人當放火。先就門下行，視可以謀度舉火。柳私自念言：「此門國力所成，大如木山，一火之後，再不可得。如此功緣，我乃壞之，可惜！可惜！」感歎之際，被擒州橋上，訊掠而死。死後託生縣中陳家。六七歲能言前世事，訪父母妻子，及墊財所在，信爲柳小二無疑。小二家供給之，出家法雲寺。後嗣法鑄和尚住丹霞，親爲余言。（續夷堅志）

☆鞏州仇家巷解庫趙九老父趙三，大安二年，病殆，尋生臨洮西小字街銀孫家。年十六，託人訪趙九，說前後身事，且呼趙九來看。趙九遣人往迎，將出鞏州，家人奔走來迓。趙九在衆中，疑信尚未決。孫童遙見趙九，呼小字大罵，怒其不即來認。見妻亦罵之，指妻臂上燒瘢，及樹下窖粟處，從是往來兩家。州將宗室榮祿倅李好復、節度副使史舜元，異其事，親問之，說初爲人所召，至一大官府，卒令候於門，良久而出，曰：「不須見長，但從我行。」乘一驢，至數里外，入河濱，一婦先在，此卒指婦云：「此汝母也。」錯愕之際，爲卒推水中，遂不記。至三歲，始悟前身云。（續夷堅志）

☆　☆　☆

德宣朝元觀、賈道士，魚兒泊賈大夫之子，知其前身，本爲潞州人義鎭王秀才，貞祐之兵，爲北騎所俘，乘騎他出逃去，騎追及，槍中其額而死。死後，性不昧，顧盼中，有二人來扶之，使歷觀諸獄，不忍恐怖，復扶之出。過一石橋，見蓮花盆中，貯惡血汁，令飲之，覺腥口，不可近，不肯飲，二人不之强，但推墮水中。既而開目，知受生此家。三日洗兒，及滿月，鄉鄰來賀，皆見，但語不出。六七歲說前事，即求出家，父母不得已許之。送朝元觀作道童。一日俘主來觀中，人說前事，俘主亦了了能記，都不差，視其額角，瘡瘢猶存。（續夷堅志）

☆嘉善庠生董介休，爲人善良，康熙癸酉年病故。甲戌夏，其女病中忽作介休言曰：「我去年，命未當死，爲庸醫用熱藥，腐臟腑，故絕耳。冥王查我尚有一歲之壽，惜軀殼已壞，甚爲憐憫，我以時日無幾，求早託生。今生於平湖縣南門外陸家，此時祇能啼笑，尚可與汝輩識認。家人來視，我當以一笑爲信。他日能言，則不復記憶矣。」言畢，其女病亦良已。家人

往視之，果然。嘉善唐石公言。（信徵錄）

☆　☆　☆

揚州陳山農，世業騾馬。行年五十餘，病臥，見少年騎馬自外入。掌其頸，遂昏迷。被少年提置馬上，疾馳出門。陳號呼，莫有救者。至郊外，少年擲之於地曰：「速來，吾先行候汝。」復以掌擊其股，乃馳去。陳心遲疑，而兩足不覺前進。其行如飛，亦不甚倦。惟所穿履覺易敗，敗則道旁有織履者為易之，易畢即行，了不通問，問亦不答。腹餒甚，見市中殺饌，試取食之，亦無禁。約行三晝夜，見道旁去思碑題名，知已入陝西咸陽矣。

及郭門，少年在焉。叱曰：「來何遲！累人三日痛楚。」即導入城，止一家門外。少年入復出，曳其裾至戶內，見婦人輾轉牀上，若甚痛迫者。少年挈其頸足，投婦人身。陳昏昏若入深巖中，腥穢滿鼻，目不見天光，心窘甚。逾時見小隙微明，併力踴躍，豁然而墮。聞耳邊多作賀聲曰：「得一佳兒。」陳更駭異。亟欲言，而口已噤。因大呼，男婦滿前，都無所聞。徐自審其聲，若甚小者。更摩視其耳目四肢，無不小矣。悟曰：「吾其投胎復生乎？」乃張目四顧，有老嫗曰：「是兒目光焰焰，豈妖耶？再視當殺之。」陳懼即瞑其目，自是沈沈若愚，胸中一切哀愁憤惋之心，叫呼啼笑，旁人便抱乳之。全不解其意。漸久習慣，亦不復作前世想矣。

至六歲，稍稍能言。其父行賈江南，以絹給其母曰：「此物不易得，在江南值數十金。」母珍之，置枕函間。陳取玩視，母以父言禁之。陳笑曰：「父妄耳！此濮院紬，不數金可得。」父大驚，固問之？陳垂涕，具道所以。且曰：「吾來時生兒，方十數歲，今當成人。名某，家住某里。父至江南可訪也。父領之，明年至揚州，果得其子，語以故。子亦以貿易故，欣然偕來。相見之下，略不相識。子已有鬚，而父猶孩也。道家事如平生，且言某某欠債未還，某處有積金三百，存爲汝婚，宜歸取之。」言訖欷歔，子不勝悲。

歸訪之，其言皆驗。後十餘年，陳年壯，繼父業來江南，訪其故居，前生子已死，家事凋落，皤然老妻，撫孤孫獨存。陳不勝感慨，留三百金，爲前生妻治後事，具杯酒澆其前世墓而去。（新齊諧）

☆　☆　☆

士耳其亞那達地方有一個現年十一歲，名叫伊士邁的男孩子，他是一個被人殺害的中年男子阿比的再世。因爲，小男孩伊士邁居然記得阿比生前一切的事物，而且說得並沒一點差池。當伊士邁一歲半時，有一天和父親梅菲墨特同睡於一張床上。

突然間，伊士邁竟以大人口吻說道：「我不願再在這裡住下去了，我要回去和我的子女團聚在一塊兒。」

伊士邁的父親聽了，大吃一驚，心想這小鬼莫非神經錯亂不成？一個乳臭未乾的毛頭小子那有自己的子女呢？於是，伊士邁的父親說：「伊士邁！這是你的家呀！」誰知伊士邁竟說：「我不叫伊士邁，這也不是我的家，我是被殺害的阿比、史茲爾姆斯。我是五十歲時被人擊破腦袋而斃命的。」

伊士邁透露出這番駭人聽聞的話，把梅菲默特弄糊塗了，梅菲立刻把話轉告妻子，他的妻子婭嬁哈巴也嚇了一跳，因為梅菲夫婦是回教徒，他們根本就不相信「轉世」這回事，可是看見伊士邁頭上黑色的疤記，他們又有點相信那是頭被擊破後的傷痕。

伊士邁所說的阿比是伊士邁出生數月前，一九五六年，在馬廐裡被幾個果園工人擊斃的，當阿比的妻兒們聽見阿比一聲凄厲的慘叫，立刻跑去現場，兇手順手也把他們殺害。兇手於一星期後被捕。

現在阿比的家裡住著不生育而被離婚的原配妻子夏蒂絲和名叫希克瑪特‧葛露莎琳的女兒以及名叫撒基的兒子。

「我必須回到孩子們身邊去。」伊士邁一再對他父母說。「這個小子眞的瘋了。」他父母爲這孩子發愁着。

從此以後，每當父母叫他「伊士邁伊士邁」怎麼也不肯答應，可是祇要叫他「阿比！」他却馬上回應，害得父母拿他一點辦法也沒有。

有時，在睡夢中，伊士邁會突然在夢中說道：「葛露莎琳啦！不要哭吧！」那口氣完全一派父親安撫子女的口吻。

一年後，有一天，伊士邁的父親買西瓜回來大家分吃，伊士邁揀出其中最大一塊說：「這塊西瓜誰也不准吃，留給葛露莎琳。」伊士邁的九個兄弟都一起叫嚷起來，他父親忙加制止，伊士邁很悲傷的哭起來。

阿比生前是個嗜好杯中物的酒鬼，平時最喜歡喝「辣忌酒」，伊士邁也經常背着父母偷偷的喝酒。有一次，他正在偷喝酒時，被叔父馬哈默特撞見，而被訓斥了一頓。伊士邁不但不服氣，反而不甘示弱反駁道：「小子！少管閒事，哼！你敢罵我偷喝酒，你記得你在果園中偷喝我的『辣忌酒』被我發覺嗎？當時我默不作聲，沒想到如今你竟忘恩負義，還敢罵我，眞是連畜生也不如。」馬哈默特被侄兒揭穿這件醜事，一時窘得啞口無言。

伊士邁不祇能道出阿比本人生前所知道的事，而且能記得不曾見過面的阿比的遺族。又有一次，當肉販的梅菲正在切肉，伊士邁在旁邊要求他父親說「把這塊肉烤好後，送到我家去給孩子們吃。」

「你這混小子，又在說瘋話了，我跟你說過多少遍了，你是肉販梅菲默特的兒子伊士邁，並不是什麽鬼『阿比』啊。你下次再胡說八道，我就打死你。」

還有一次，一個賣冰淇淋的小販來了，伊士邁從沒見過這個人。可是伊士邁竟走過去向他打招呼：「喂！你還認識我嗎？」

賣冰淇淋的小販見到這個乳臭未乾的小鬼竟大模大樣的與自己打招呼，搖着頭答道：「我並不認識你這小鬼啊！」伊士邁用手指着自己的鼻尖道：「你怎麼那樣健忘？難道你眞的不認識我嗎？」冰淇淋小販，以詫異的眼光注視伊士邁良久，最後，搖搖頭。

「我是阿比，你從前不是賣蔬菜水果嗎？什麽時候改行的？記得你小時候我還替你割過禮呢（割生殖器的包皮）！」伊士邁所說的全都是千眞萬確的事實。

自從這件事發生後，「阿比再世」的消息立刻轟動了各地

伊士邁爲了證明這件事，特地到距離他們家約一公里的阿比家去拜訪，伊士邁從未去過那個地方。但是，一路上却領着路走在前頭，同行的人有時故意指錯道路，伊士邁並不理會，逕自往阿比的家走去。

阿比家有一個中年婦人，伊士邁一見到她，立刻跑過去擁抱住她：「噢！夏蒂絲！」，說完，又一一和阿比的子女們親親、問好，然後引導同行的人到馬廐，指着馬廐的一個角落，以痛恨的口吻說：「我就是在這裡被拉洛桑（兇手之名）所殺

害的。」同行的人聽了莫不目瞪口呆。

伊士邁又朝墓地走去，邊說：「我有兩頭牛，一頭名叫『司强』。」阿比的墳墓並沒什麽特殊的標幟，但伊士邁却一眼就認出來，伊士邁走到墓前，指着說：「這裡是我前生最後的歸宿處。」

走到果園，許多園工們正在工作中，伊士邁不但一一道出他們的名字，而且連他們的故鄉也說得一點都不錯。

「伊士邁眞的是阿比轉世的。」大家都同聲感嘆稱奇。

但伊士邁的雙親却很擔心，唯恐他們的兒子會背離他們回到阿比的家去。

沒多久，阿比的兒子撒基親自去拜訪伊士邁。

「撒基！你的兩個弟弟伊士馬特和祖莫當，他們倆都一同與我及你的母親遭到殺害。」伊士邁用充滿慈祥的聲音對撒基說。

這件轉世的消息立刻轟動了全世界，一九六二年，當伊士邁六歲時，印度拉查斯坦大學教授H・N・巴奈爾吉博士（超心理學家），專程赴亞達那訪晤這位再世的阿比——少年的伊士邁，實地調查這樁轟動遐邇的奇聞的實情。

巴奈爾吉博士的好友，日本宗教心理研究所所長本山博博士，將巴奈爾吉博士所調查研究結果解釋道：「巴奈爾吉博士身為科學家，用科學眼光謹慎探討這件事的真偽：是否有詐騙錢財之嫌等等，把所假設疑問一一求證，結果證實伊士邁確確實實是再世的阿比。」（人間奇譚摘自中華日報）

☆ ☆ ☆

翁居士逝世約十五年了，以前我在台北市的時候，凡各寺廟有法會，只要是例假日，我都要隨喜參加，十次中到有七次看見翁居士的道影。

記得有一次聽南亭上人講經，講到六道輪迴時，舉出某居士由人投胎爲豬，由豬轉胎爲人，且有豬蹄爲記的事例作證，上人對諸聽衆賣關子說：「這位居士曾皈依於我，是他親口對我說的，爲了怕他難爲情起見，不便告訴你們此人是誰，但我保證有這囘事就是，你們如果有緣的話，總有一天會碰到他的」。於是大家心裏都起了一個問號，這個奇案的主角，究竟是誰呢？爲了這，也是我一趕三的另一原因，筆者足足悶了二年，才掀開這個悶胡盧的秘密。

六十歲左右的翁居士，浙江人，他的左手經常用布包紮着，吃飯時把碗放在桌上，低着頭用右手扒着吃，我以爲他的手生了甚麽的瘡，而不方便，起初並未細心介意，有一次在十普寺參加拜大悲懺，筆者與翁居士同桌並座吃飯，爲了敬老特別替他添飯，他不肯，推扯之間，無意中扯落他包紮左手的布袋，不料看見他的左手變成了豬蹄，使我嚇了一跳，幾乎驚叫起來，他一面很熟練地包套恢復原狀，一面連忙示意我不要作聲，我會意祇好悶着不響，等到把飯吃完，筆者請他到偏僻處，誠懇地向他問其所以，翁居士才坦白說道：「我怕人多難爲情，所以示意請你不要作聲，現在我不妨老實告訴你，我的左手，並不是人手，而是一隻豬蹄，請你不要見笑」。「那裡那裡，不過你的豬蹄手怎樣來的呢？是不是開刀開成這個樣子？能告訴我嗎？」筆者緊追着問他，他苦笑着道：「好吧！醜媳婦終於見婆婆了，既承關懷，就說明算了」！他嘆了一聲氣接着又道：「實不相瞞，我這隻手關係一件因果輪迴故事，讓你知道也是好的」。筆者一聽是因果輪迴故事，興趣特別增高，趕緊拉着他的左手，請他拆開來，再讓我看一個夠，原來眞是一隻完整的豬前左蹄蹄邊還有稀疏的幾根豬毛，二寸後才是眞正的人臂，於是好奇地哀求他，請其速道詳細始末，翁居士慈悲點頭答道：「因爲我前生是條豬，本來死後還要投胎爲豬的，幸好最後一念警覺過來，懸崖勒馬，勉強回復人身，但左手還是做了一個『豬蹄』的記號，說來慚愧得很，我祇記得做豬的前身，是個窮困潦倒牢騷滿腹的老學究，無家室之累，當我年老病得快要死的時候，忽然輕飄飄的離開了病榻，經過一個不知名的村莊，身體突然感覺冷得要命，顫抖不已，忽然看見一戶人家，門是開着的，走進去一看，裏面空無一人，廳堂壁上掛着幾件黑呢大衣，我那時冷得實在支持不住，頃刻起了盜心，趁無人之際，隨手取了一件，披穿禦寒，頓覺溫暖，舒服萬分，就身不由己地靠牆坐下，暫避外面的寒冷，竟沉沉地睡了好久，醒來時竟躺在豬欄裡，一條大母豬正生產完畢，躺在我的身旁，與我並排睡着的還有七八條小豬，再看看自己，也變成了小豬，才知道我已投胎轉世了，心裏非常恐怖懊悔，自己責備自己，爲甚麼要偷取人家的黑大衣穿？致得豬身果報，於是決心絕食，不吃豬奶，其他的食物也點滴不吃，寧肯餓死，恥爲豬身，七天之後，果然如願以償，又恢復輕飄飄之身體，離開豬欄，飄忽地飄到另外一個村莊，這時又冷得要命，寒風逼迫我走入一戶人家，想暫避一刻，那戶人家又是空無一人，屋內也掛了幾件大衣，正想伸手去取一件來穿，當左手剛剛摸到大衣的邊緣，忽然，記起上次偷衣誤落豬胎的教訓，心生警惕，趕快把左手縮回來，決心讓其凍死也不願再淪爲盜，因而即被嚴寒凍昏過去，又不知過了多少時間，醒來時，我已躺在人家產房中，且又變爲小小的嬰兒身了，想說話又說不出來，可是不幸得很，我的左手卻留下一隻二寸長的『豬蹄』記號—

遺憾終身，可惜以前寃枉過了幾十年，都是爲窮苦生活而奔忙，對此終身警告的痛苦，幾乎忘得乾乾淨淨，到台灣後，於偶然機會中，聽到無上微妙的佛法，引發了我的善根，始拜南亭上人爲皈依師父，蒙他老人家慈悲開示，方知人身爲貴，佛法難聞，要我善體人身難得之經驗教訓，努力修行念佛，求生淨土，以免再受輪迴之苦。現在回想過去，當時假若我不縮回手的話，那一定又要轉胎爲猪了，想來眞正可怕，這一件慚愧無顏的秘密，除我師父外，祇有你知道，以後還要請你顧全我的面子，多多包含」。筆者聽後，毛骨悚然，自然連連點頭答應，這個新鮮的輪迴故事，出之於翁居士之口，等於菩薩現身說法，令人頓生警惕，增高道心，非常感激，由於這，才證實那次南亭上人所說由猪轉生爲人，有猪蹄爲記的輪迴主角，就是眼前的翁居士，眞是幸會得很。

筆者發現翁居士的秘密那年（民國四五年），他已吃齋念佛多年了，他是一個可憐的孤單老人，自退休後獨自為炊，生活頗為潦倒，因為左手不靈活，故洗衣洗碗也受到不方便的影響，每次吃完飯以後的碗筷，及換下來的內衣內褲，總是放置幾天不洗，幸有善心的蓮友，每隔一週或十天，前往義務幫洗一次，所以他雖僅一人吃飯，而其克難廚房中的碗筷，卻比十家之口的還多，不幸他於二年後，因病逝於市立醫院，算至今年，約死去十五年了，筆者做早晚課唱誦讚偈時，曾多次想起了他，久有意將豬蹄手的秘密公諸於世，總因事務繁忙，無暇提筆，現得退伍稍暇，而且已在新店妙法寺出了家，認為這個秘密，尚有報導的價值，特不管文字淺陋，追記於上，藉資宣揚。不過筆者甚為懊悔，太過疏忽，不該拘泥於友信而保密太久，假若當時不顧翁居士的顏面，向其要求「攝影留證」，藉以宣揚輪迴事例多好，必更有助於普遍的信仰，而翁居士亦可藉此現身說法的功德，也可減少他的罪業，增高往生品位，壞就壞在當時都沒有想到這一點，太可惜了。（揚善轉載自覺世）

☆　☆　☆

顧況有子，數歲而卒，況悲傷不已，爲詩哭之云：「老人哭愛子，日暮千行血。心逐斷猿驚，迹隨飛鳥滅。老人年七十，不作多時別。」其子雖卒，魂神常在其家，每聞父哭聲，聽之感動。因自誓，設若作人，當再爲顧家子。

一日，如被人執至一處，若縣吏者，斷令託生顧家。復都無所知。忽覺心醒開目，認其屋宇，兄弟親愛滿側，唯語不得。當其生也已後，又不記。至年七歲，其兄戲批之，忽曰：「我是爾兄，何故批我？」一家驚異，方叙前生事，歷歷不誤。弟妹小名，悉徧呼之，即顧非熊也。（酉陽雜俎）

相州滏陽縣、智力寺僧、玄高，俗姓趙氏。其兒子先身於同村馬家爲兒，至貞觀末死。臨死之際，顧謂母曰：「兒於趙宗家，有宿因緣，死後當與宗爲孫。」宗即與其同村也。其母弗信，乃以黑點兒右肘。趙家妻，又夢此兒來云：「當與娘爲息！」因而有娠。夢中所見，宛然馬家之子。產訖，驗其黑子，還在舊處。及兒年三歲，無人導引，乃自向馬家云：「此是爾舊宿也！」（法苑珠林）

第三章 知兩生

汪閣學曉園言：有一老僧過屠市，泫然流涕。或訝之？曰：「其說長矣！吾能記兩世事，吾初世爲屠人，年三十餘死。魂爲數人執縛去。冥官責以殺業至重，押赴轉輪受惡報。覺恍惚迷離，如醉如夢，惟腦熱不可忍，忽似清涼則已在豕欄矣。斷乳後，見人不潔，心知其穢，然飢火燔燒，五腸皆如焦裂，不得已食之。後漸通豬語，時與同類相問訊，能記前身者頗多，特不能與人言耳。大抵皆自知當屠割。其時作呻吟聲者愁也。目睫往往有濕痕者，自悲也。軀幹凝重，夏極苦熱，惟汨沒泥水中少可，然不常得。毛疎而勁，冬極苦寒，視犬羊軟毳厚氄，有如仙獸。遇捕執時，自知不免，姑跳踉奔避，冀緩須臾。追得後，蹴踏頭項，拗捩蹄肘，繩勒四足，深至骨，痛苦刀割。或載以舟車，則重疊相壓，肋如欲折，百脈湧塞，腹如欲裂。或貫以竿而扛之，更痛甚三木矣。至屠市提擲于地，心脾皆震動欲碎。或即日死，或縛至數日，彌難忍受時，見刀俎在左，湯鑊在右，不知著我身時，作何痛楚？輒啼吼戰慄不止。又時自顧己身，念將來不知磔裂分散，作誰家杯中羹？悽慘欲絕。比受戮時，屠人一牽拽，即惶怖昏瞢，四體皆軟。覺心如左右震蕩，魂如自頂飛出，又復落下。見刀光晃耀，不敢正視，惟瞑目以待刲剔。屠人先刺刃于喉，搖撼擺撥，瀉血盆盎中，其苦非口所能道。求死不得，惟有長號。血盡始刺心，大痛，遂不能作聲。漸恍惚迷離，如醉如夢，如初轉生時，良久稍醒，自視已爲人形矣。冥官以夙生，尚有善業，仍許爲人，是爲今生。頃見此猪，哀其荼毒，因念昔受此荼毒時。又惜此持刀人，將來亦必受此荼毒。三念交縈，故不知涕淚之何從也。」屠人聞之，遽擲刀於地，竟改業爲賣菜傭。（閱微草堂筆記）

第四章　知三生（二則）

有士，曾爲百夫長，自知三生事。適維揚興敎寺，語寺僧曰：「某一生爲馬，一生爲蛇，一生爲猪。馬畏跌，蛇畏六月蒸暑，猪畏身首分離，在屠兒肉案，栖魂案下，伺買者過，或云三斤，或云五斤，或云十斤，魂從其多者。而悵望四顧。吾魂或浮游刀砧上，或浮游湯火中，或浮游盤器側，或浮游口鼻旁，凡我肉處無不到，戀戀不已。只待肉盡，我魂方釋。又歸來附案下，待屠兒肉，一毫都盡，吾魂欲四逃，茫然無向。」言畢，士猶淚下如雨。許蒼文放生文，述其事。（信徵錄）

☆　☆　☆

金文通公爲通薊道時，有一旂牌官自言：「三世爲猪，最苦。宰殺之後，每經庖人臠割，輒痛楚如生時。後乞冥司，變身爲騾，嘗馱一客，負囊數百金，遇響馬追之，自念客若被刼，吾罪更重，因奮力過河得脫，而騾竟溺死」。見冥官云：「由汝一念，不但得人身，且有小前程也。」金公綠野堂時爲人道之。（信徵錄）

第十篇 死而復活

朱綱

嘉定一老儒、名朱綱，平生方正不苟，頗信佛老。忽一日，見二冥使來請，便相隨前行。至一大宮殿，知爲冥府。少頃，閻君打鼓陞殿，司門者報云：「東昌府知府進。」朱君聽是知府，心遂不驚。上至堦，閻君下座相揖，賓主座定。

閻君曰：「公在任時，判許昌弒母一案，得無過當？」朱君一聞此言，前世境事，忽然現前，對曰：「許昌實不曾弒母，毒殺其母者，惡妻也。許昌外歸，一知消耗，即當黜妻，首官正罪，方是孝子。乃以情愛難割，含糊隱忍，猶同枕席。是雖不親弒母，而以春秋許世子不嘗藥、趙盾不越境例斷之，是與於弒母之甚者也。斷曰弒母，誰曰不宜。」閻君首肯曰：「

公言甚當！」乃揖令下階，勅引遍視地府，方送回陽。朱君由此，長齋修行，杜絕世事。其子爲父刊實錄，請余作序，故知其詳。（現果隨錄）

張麗壚父

中州有張麗壚者，才華高古，著作甚富，崖岸極竣，不妄交與，言論皆有根據。於明季，棄故園，家於楚之荆門山中。嘗爲余言其父，舉天啓甲子孝廉，未發榜，歸至家、有鬼來攝，無疾而逝，一日夜復蘇。魂遊山中，見虎狼成羣，演習武藝，製造器械。問此何爲者？鬼曰：「此將來寇盜，亂天下者也。」又渡海登山，見宮闕巍峨，書聲盈耳。復問此復何爲？鬼曰：「此將來從龍之彥也。」又引入一山，林木蓊蔚，居民安堵。鬼曰：「此處可避兵燹。」

及投見冥主，曰：「汝壽本當終，世有隱德，故指汝將來

久遠之墓，仍延汝算，益勉為善！福不可量。」及流賊猖獗，避亂至荊門山中，儼如所指避寇處，遂家焉。（見聞錄）

顧秀才

崇禎丙子科，無錫顧秀才，因鄉試，寓長干報恩寺僧舍。偶晝寢，忽夢作白鶴，飛翔空中，心甚快樂。飛至雨花台畔，見一人家，堂房嚴麗，扁對精雅，一一悉記。飛入內庭，見數女人，擁一婦分娩，鶴忽眼花，遂墮盆中，合家稱慶。

鶴驚念曰：「吾本來鄉試，若為人後，吾必死矣！」乃絕叫，而醒，則僮僕圍哭久矣。

次日，秀才錄扁對，命僕尋訪，一一儼在，乃中年無子，一富翁也。翁聞，悲愴，到寺識認，厚饋秀才曰：「因老身薄福，招不起相公耳！」痛哭而去。余亦在南中預試，見聞歎詫。（現果隨錄）

滆志高

滆志高、錢塘縣、太平坊人，年四十歲，縫皮爲業。謹厚謙抑，聰頴識字。乃杭俗古塘東嶽廟神靈，最稱顯赫。每歲三月廿八日生辰，士民傾城，焚香祝拜。

丁酉三月，志高先於廿六日虔誠進香歸，廿七日卯刻，忽夢有人叩門，呼志高甚急。高應聲啓門，見一方巾、靑布袍、白鬚者，儼然土地。謂高曰：「少貢，有人約汝講話，訂汝在家，愼勿他往。」即吐氣一口於高面，寒冷刺骨，陡然而覺。此身亦無所苦，惟舌不能言矣。

高疑爲喉燥，索茗澆之，但以手拍牀，八歲女進茗一甌不解，家人驚怖，延醫視之。醫云：「鎖喉風也。」高心知其非。索筆書云：「喉閣快利無病。偶倦於言詞，行即瘥矣。」書畢，乃夢前土地叩門甚急，高復啓門，見土地率一差官，隨四健卒。差官頭帶金盔，身衣緋袍，雲肩繡龍，跨一大馬，馬後二卒，青衣五人，體形皆粗壯，倍陽世。豪惡萬狀。即擒高，鐵鍊鎖馬脚上械，手仍從後鞭捶之。其行如飛。須臾下馬，鎖置一小樓上，且持硃票向高云：「奉本司命，逮緊急重犯十三名，差官捉拏，非比泛常。汝乃第十也。」

高見票上書滿志高，湖州德清人，心竊疑之。云：「我平昔守分，何故有此奇禍？且姓氏鄉貫不同，得微有錯誤耶？」頃之，鼓聲三通畢，差官云：官坐堂矣！即縛高去。高見朱門碧瓦，大抵如官府大第，最為雄敞。西廊下披枷杻者，不計其數。亦如人間解審狀。比縛高至丹墀，下跪入十二犯隊中。差官稟稱：「重犯滿志高、已拏到」。

高見層台高峻，殿宇朱紅，比陽世，尤加巍煥。南面尊官紫面，三叉鬚，年可四五十許，鳳翅金盔，蟒袍玉帶，形體亦壯大，倍陽世。有官二十員，皆紗帽，紅圓領，庭參，尊官答禮，各官分坐兩旁，想皆嶽廟分司也。

又見西階上有善人十三人，上堂參謁，男子十八，女子三人。男子中有一帶念珠者，尊官亦與答禮，和顏問曰：「汝等皆善人，深可嘉尚！」時高跪階下，心甚憂怖，以資用無一錢，鄰里無一人知者。萬一尊官或出拜客，或下客廳酬應，即令掙脫，今夜亦無宿處。腹中飢餒，可若何？吾計惟冒死早掙，痛哭喊屈。

尊官問誰？差官跪稟，即重犯漏志高也。尊官云：「拏志高上來！汝既係重犯，何故喊屈？」高曰：「高本錢塘皮工，守分營生，不知何故得譴？及見鈎票，拏者乃是德清滿志高，與某無干，伏求釋放。」尊官遂取錢塘簿籍簡視，果有皮工漏志高。云：「汝作人頗有好處，且陽壽未絕。安得誤拏？」高聞陽壽之說，始悟身到冥司。前此皆疑爲院部諸衙門也。因思尊官、或即東嶽神，乃云：「前者志高、虔誠進香，神明想亦鑒察？」嶽神微笑曰：「我知之！」遂再簡德清籍，果別有滿志高，乃眞犯也。其硃票，原寫滿字，特以嶽神硃筆點濃，點却草頭，遂誤漏字。而拴德清，而拏錢塘人，則冥差之誤也。即將四卒各責二十棍，別令一卒，送高還陽。誠云：「汝歸當作好事！」高叩頭，謝恩而出。

須臾，始覺清醒，其妻子方環聚啼哭。蓋自廿七日巳刻死去，廿八日辰刻方蘇也。高蘇後，乃索筆書東嶽拏德清滿志高，公差誤拏我，今送還魂。速備羹飯紙錢，以犒送者。家人治酒饍，並以錫箔紙，燒送冥司。率重整潔銀錠一錠，亦准得陽世紋銀五分。若胡亂錫紙，則如低假銀，不可用也。

送者既去，高口尚不能言，鄰里以冥差、始則誤拘平民，繼則勒魂不放，羣議動一公呈，焚之嶽廟。正商議間，高忽見前四卒，乘輿而至，云：「爲汝事，使我輩受責，兩腿腐爛難行，今皆乘轎，可速沽酒食，謝我！並每人十兩調理，斷不可少！」又云：「我輩俱不茹葷，只須素酒耳。」高家即與羹飯，忘設坐具。卒責之，爲設椅橙，焚鑿潔冥資數千。一卒，持布包收銀，約共碎銀三四十金也。

出門後，又來言：「聞汝鄰里，有一公呈，若燒去，我輩必又受責，可取來，焚之榻前。」高如其言，焚竟，即見彼卒取此一呈，並收包內而去。土地指高曰：汝愈矣！高遂應聲能言。長齋絕葷，至今無恙。（冥報錄）

某部郎

同治元年，京師大疫，有某部郎病後，出汗不止，身熱頭昏，忽覺離其寢室，出其大門，外有駕車以待者，乘之而行。

街道皆素所未經，至一巷口，遇同年某孝廉、亦乘車而行。頃之，至一衙署，則一素識之某主事、已先在。三人並不交言語。閽者延入花廳，有一官人，方面而白鬚眉者，非本朝衣冠也。分賓主坐，官人取桌上册檢查，忽謂其下曰：「某老爺，何以至此？速即送回！」即有兩人擁某部郎出門登車。見其亡父立于道左，呼曰：「汝何以至此？汝壽命未盡，昨日誤服某醫生之藥，麻黃三錢，足以殺人。吾為汝減去三分之二。速即回家，尚可活也。」言訖而去。車倏忽已至大門，兩人者從車上推之，一跌而醒，則偃臥床上，妻子環而哭泣，死已半日矣。忽呼口渴，索粥湯飲之。命取藥渣稱之，僅得麻黃一錢。視藥方，則固三錢也。問之藥舖，舖中人答云：麻黃三錢，係某夥所稱，掌櫃疑其太少，復重稱之，確係三錢。雖免去而心終懷疑也。又遣人問某主事、某孝廉，皆已死半日。其時刻正同。

其藥方皆係某醫生所定，俱用麻黃三錢云。（庸盦筆記）

陸遠

陸遠、字清寰，郡人也。善繪事，工著色花鳥，嘗得危疾，絕。三日始蘇。言爲人執去，儼然公庭。一人若監差狀，恒左右之。猝遇同郡張宏宙、邢二石，驚曰：「子何爲至此？」言未既，內宣言曰：「汝未應來，宜亟去。」二石囑曰：「潘氏償我八兩，藉中失記，子告我家母索也。」遠曰：諾！及行次，乃三達之衢，遲疑久之。慨然曰：「中道而行」，既蘇，問張邢等，皆遠病中物故。因如二石所戒，語其家。伊子蹙額曰：「正理此事，願君勿言。僕當潛置之。」遠竟平復以壽終。（簪雲樓雜記）

湯聘

進士湯聘、爲諸生時，家貧甚，奉母以居，忽病且死，鬼卒數人，拘之到東嶽。聘哀籲曰：「老母在堂，無人侍養，聘死，則母不得獨生，且讀書未獲顯親揚名，烏可即死？望帝憐而假之年！」

東嶽帝曰：「汝命至秀才，壽亦終此。冥法森嚴，不能徇汝意，益功名壽算也。」聘扳案哀號，聲徹堂陛。帝曰：「既是儒家子弟，送孔聖人裁奪。」命鬼卒押至宣聖處。

宣聖曰：「生死隸東嶽，功名隸文昌，我不與焉。」回遇普門大士，哀訴求生。大士曰：「孝思也，盍允之以警世？」鬼卒曰：「彼死數日，屍腐奈何？」大士命善才、往西天取牟尼泥，完其屍。善才往，越三日，取牟尼泥來。泥若栴檀香不散。因與善才同至家，而屍果腐爛，蠅蚋嘬於外，虫蛆攻其中。見一燈熒然，老母垂涕。是時，死既七日，尚無以為殮也。噫！貧士慘狀，可勝道哉？

善才以泥，圍屍三匝，須臾，臭穢息，蠅蚋散，虫蛆安，腐爛者完固。色遂有生氣。善才令聘魂歸其中，曰：「我返報大士命去矣！」屍即蠕動，聘張目見母在傍涕泣，亦嗚咽不禁。

母驚而狂叫，鄰人咸集，聘已起坐。曰：「母勿怖，男再生矣。」因備言遇大士，得再生之故。曰：「男本無功名，命限已盡，力求報父母恩。大士命持貪淫葷酒諸戒、與我功名壽算。男惟不能斷酒，餘俱如所戒。大士許男成進士，但命無祿位，戒勿仕而已。」

復顧母曰：「勿怖恐，男實再生。」後聘舉戊戌進士，不茹葷，其於聲色貨利，泊如也。惟長齋繡佛，以事母而已。逮母死，就眞定某縣令，卒於官，豈違勿仕之戒歟？（見聞錄）

簡宗杰

同治八年，簡主政宗杰病篤，服藥得汗而亡。見二卒持票傳質，遂衣冠坐車而往。聞車後一婦，詬聲不絕。頃至衙署，見一問官坐堂上，儀仗甚威嚴。二卒跪報，問官點名，傳至案前。訊其籍貫履歷？簡某揖立，對以某科進士，雲南昆明人，現任刑部某司司官。問官曰：「誤矣！係湖南籍，刑部司官某也。」令鬼卒速送回。簡曰：「送吾還陽，以何為憑？」問官曰：「閣下病時，醫方所開麻黃三分，鬼卒隨至藥舖，混為三錢，此其證也。」簡出署，問卒：「堂上何人？」卒曰：「前刑部司員曹某，因生前廉正，帝命簡授此官。」須臾回至本宅，見親友數人，相與識身後事。覺身體漸暖，漸能言，呼家人曰：「生矣，速以熱湯進！」愈後，令其夫人檢所煎藥中麻黃，稱之果三錢，校以醫方乃三分。其夫人曰：「藥檢來，不暇細查，遂一誤至此？」簡曰：「非也！」遂言其事。後數日，街鄰之湖南人、某主事果卒。又查前刑部司員，果有廣東人曹某者。簡其因刊書，特著此書勸世。好善不倦，官至郎中，其子允中，後登進士。（玉歷寶鈔）

王懷智

唐坊州人王懷智，顯慶初卒，其母孫氏及弟懷善懷表並存。至四年六月，雍州高陵有一人，失其姓名，死經七日，背上已爛，而蘇。云：在地下見懷智，現任太山錄事，遣此人執筆口授爲書，謂之曰：「汝雖合死，今方便放汝歸家，宜爲我持此書至坊州，訪我家，白我母曰：懷智今爲太山錄事，幸蒙安太。但家中曾貸寺家木作門，此既功德物，早償之！懷善將死，不合久住，速作經像救助。不然，恐無濟理。」此人既蘇，即賫書特至其舍。所謂家事，無不暗合。至三日懷善暴死。合州道俗聞者，莫不增修功德。鹿州人勳衛侯智純說之。（法苑珠

林）

劉子貢

京光人劉子貢，五月二十二日，因病熱卒，明日乃蘇。自言被錄至冥司，同過者十九人。官召二人出，木括其頭，加釘鐶焉。命繫之曰：「此二人罪重留，餘者且釋去。」又引子貢，問曰：「此爲何處？」人曰：「此皆地獄也。緣同光王生故，休罪人七日。此中受罪者暫停。若遇其故作，罪人受苦，可驚駭耳目。」

子貢娶于雒江縣令蘇元宗，見元宗于途，問之曰：「丈人在生好善，何得在此？」元宗曰：「吾前生有過，故留。然事已辦，今將升天不久矣。」又問：「二子先死者何在？」「長者愿而信，死便生天。少兒賊而殺，見在地獄。」

又遇隣人季偉，偉曰：「君爲傳語吾兒，吾生前坐罪大，被拘留。爲吾造觀世音菩薩像一，寫鈔法蓮華經一部，則生天矣。

又遇其父愼，愼曰：「吾以同光王生故，得假在外，不然，每日受罪，苦不可言。坐吾彈殺鳥獸故，每日被牛頭獄卒燒鐵彈數千，其色如火，破吾身皮數百道，納熱彈其中，痛苦不可忍。

又見身存者多爲鬼。子貢以二十三日生，生七日，至二十九日，又殂，遂不活矣。（紀聞）

顧子容

康熙辛巳十二月二十二日，平湖監生顧子容、侍御楊葵齋之婿也。於早間病故，是晚，有顧子賓者、乃沈扶九之僕，收取房租，正在賃房家數錢，忽然仆地。舁歸命絕，而子容蹶然而起。家人驚問之，子容曰：「我爲鬼役拘至城隍廟，見廟前有數百小兒，內中有識認者，皆親戚痘亡之兒也。後遇其久故姨夫曰：「所拘者、非汝，乃顧子賓也。可速歸！引我至家，不覺復活。但身體疲乏，語言纔屬耳。」

是年秋冬、郡邑鄉村，痘疹盛行，故所見死兒之多也。（述異記）

趙二妻顧氏

夏秋之交，三吳大疫，莘庄鎮、春申橋、有趙二妻顧氏死五日，浮厝岸側。適鄰人葉乙過其傍，聞呼喚聲，奔告其家，不信。同往偵之，呼救不已。乃啓土出棺，則此婦已再生矣。自言：「初死時，二青衣人，拘至土地廟，乃翁為隸，立堂上見之，驚曰：「汝未合來，何為至此？」懇於神，言婦平昔有孝行，願乞其命！遂放歸。」且言：「買棺時，某人匿銀一兩，過橋遇雨，復跌損一角。我時在旁，特不能言耳。」詢之，

果然。此婦今尚無恙。（蕁鄉贅筆）

張果女

開元中，易州司馬張果女，年十五病死，不忍遠棄，權葬于東院閣下。後轉鄭州長史，以路遠，須復送喪，遂留。俄有劉乙代之。其子常止閣中，日暮仍行門外。見一女子，容色豐麗，自外而來。劉疑有相奔者，即前詣之。欣然欵洽，同留共宿，情態纏綿，舉止閒婉。劉愛惜甚至。後暮輒來，達曙方去。經數月，忽謂劉曰：「我前張司馬女，不幸夭沒，近殯此閣。命當重活，與好合。後三日，君可見發，徐候氣息。君慎無橫見驚傷也。」指其所埋處而去。劉至期甚喜，獨與左右一奴夜發，深四五尺，見一漆棺，徐開視之，女顏色鮮發，肢體溫軟。衣服粧梳，無汙壞者。舉置牀上，細細有鼻氣。少頃，口中有氣，灌以薄糜，少少能咽。至明復活。漸能言語坐起。數日，始恐父母之知也，因辭以習書，不便出閣。常使賫飲食詣閣中。乙疑子有異，因其在外送客，窺視其房，見女存焉。問其所由？悉具白，棺木尚在牀下。乙與妻歔欷曰：「此既冥期至感，何不早相聞？遂匿于堂中，兒不見女，甚驚，父乃謂曰：「此既申契殊會，千載所無，白我何傷乎？而過為隱蔽。」因遣使詣鄭州，具以報，果因請結婚姻，父母哀感驚喜，則尅日赴婚，遂成嘉偶，後產數子。（太平廣記）

絢娘

有士人寓跡三衢佛寺，忽有女子夜入其室。詢其所從來，輒云所居在近。詰其姓氏，即不答，且云相慕而來，何乃見疑？士人惑之。自此比夜而至，第詰之，終不言。居月餘，士人復詰之，女子乃曰：「方將自陳，君宜勿訝！我實非人，然亦非鬼也。乃數政前郡倅馬公之第幾女，小字絢娘，死於公廨，叢塗於此，即君所居之鄰空室是也，然將還生。得接燕寢之久，今體已蘇矣。君可具斤鍤，夜密發棺，我自於中相助。然棺既開，則不復能施力矣。當瞢然如熟寐。但君逼耳連呼我小字及行第，當微開目。即擁至臥榻，飲之醇酒，放令安寢。既悟，即復生矣。君能相從，再生之日，君之賜也。誓終身奉箕帚。」

士人如其言，果再生，且曰：「此不可居矣，脫金握臂，俾士人辦裝，與俱遁去，轉徙湖湘間。數年，生二子。其後馬倅來衢，遷葬此女，視殯有損，棺空無物，大驚。聞官，盡逮寺僧鞫之，莫知所以。馬亦疑，若爲盜發取金帛，則不應失其尸。

有一僧，默念數歲前，士人鄰居，久之不告而去，物色訪之，得之湖湘間。士人先孑然，復疑其有妻子。問其所娶，則云馬氏女也。因逮士人，問得妻之由。女曰：「可併以我書寄父，業以委身從人，惟父母勿念。」父得書，眞其亡女筆札。遣老僕往視，女出與語，問家人良苦。無一遺誤。士人略述本末，而隱其發棺一事。馬亦惡其涉怪，不復終詰。亦忌見其女，第遣人問勞之而已。（睽車志）

彭六

鳳州民彭六、周三、李二十一、三人者，同年同月同日，皆以紹興甲戌歲生，惟時不同。其居甚密邇，結義相歡爲兄弟。慶元庚辰，九月八日，周李俱己正晝死，彭未知也。黃昏後，如夢寐中，爲兩吏喚去，到一官府，見罪囚無數，一王者居上，判押。須臾，駃卒領周三至前，王者云：「渠合八十七歲，何來之速？」語未了，一綠衣從內出白：言此人緣在生，性急傷物，折除半壽，只得四十三歲。王曰：「如此，則難赦。

」。命押送獄。俄喚李二十一，王又曰：「渠合七十一歲，命未盡，而追何也？」綠衣者復白：言綠在生，妬賢嫉能，欺孤凌寡，造罪百種，故亦受罰。王曰：「既心懷惡毒，令赴都案。」彭細視兩人，方悟身在泉路，驚戰不已。俄聞朱衣人在上呼云：「押出彭六。」既立庭下，王曰：「此人壽數已盡，可隨業受生。」綠衣者云：「某壽雖不永，緣平生好提攜失所，陰功甚多，自可推延。」王曰：「審如汝言，與增二紀。」朱衣唱令還。彭跪謝。出行數里，過一衙庭，一派啓六門，彭欲就觀，鬼使遮弟一第二弟三門不容入。正遲疑，次殿上綠衣人忽至曰：「汝識我乎？乃汝伯伯彭子明，今作都案判官，恰來朱衣，是汝家司命，所以相護，幸獲反生。更宜廣養陰德，切記可從此弟四門入。」又行數里，得一山，其下有枯井，失脚墮而蘇。則已死一宿。明日走訪周李二人，皆卒矣。（夷堅志）

郭二

慶元二年九月，池州人郭二，在中庭困坐假寐。夢到曠野中，兩人引行，深入荒草，漸抵大官局，金鋪朱戶，赫然高明。正殿階下，拱立一王者，戴燕尾冠，盛服正坐，命押過別所。即從原路出，到一處，見貧悴，著白布衫小輩可萬人，爭前索命。郭云：「我平生與你不相識，且非屠兒，何由負命？如此之衆！」旁有牛頭王曰：「汝知之乎？此皆蛤蜊化身也。緣平。昔好喫他，今在陰府等候。」郭無以答。牛王領至決油鍋側，鍋從濶丈餘，煎油滾沸。牛王拏扠攪撥，仍擊鍋唇，其聲如磬。郭隨念阿彌陀佛一千聲，白衫者悉化黃雀飛去。牛王問郭：「亦認得我乎？」對以不識。曰：「我本是汝家猫兒，在生之時，見汝逐日敲磬，稱誦佛名，所以擊鍋者，將啓發汝素志，今脫此厄，甚善！甚善！」遂還至先殿下。王相與對揖，招之升階，辭不敢，再招始上。命坐啜茶。王曰：「汝應不復記我，我只是西門王十六郎，冥司錄我忠孝正直，理平無詔曲，不好他人財物，不尊富人，不忽貧人，不害生物。前年生役，得作初江王一紀。汝茲者之來，專以蛤蜊故，由一念之善，可得反生。」喚二童子導出，中途見小屋宇，欲暫窺看，童不從，守門兩人曰：「放入不妨。」遂入其中，鐵杻械弁、係者數百計，各叫痛苦。既出外，見門外鐵枷一具，無穿孔，一小榜貼云：「候采石胡承務到自磨。」郭步至缺牆邊，童子推過之，遂覺。就歛七日矣。因大省悟，棄妻室，作道人雲遊，他日屆采石，詢胡生者，正發背疽，涉旬而死。（同上）

慧尊居士往生與復活

台灣大學宋希尚教授，在其所著浮生散記中云：台北工專校現任教授李詠湘先生，南通人，是一位敦樸誠厚的老師。我任該校校長時，始相認識。因南通是我的第二故鄉，所以和他時相過從。茶餘話中，述及其尊人慧尊居士往生的經過，並出示其記述一文，爲李先生親所經歷者，言之鑿鑿，當可深信。錄其原文如次：

『先父慧尊居士，生平愛好書畫金石，繪畫尤有聲於時。五十歲以後，便屏絕了塵俗瑣雜，潛心研究佛學。在他六十三歲的那年秋天，忽然患病甚劇，諸醫束手；終於在一個靜寂的夜晚，他撒手西歸了。

可是事有出人意想者：在先父西歸以後十二小時，他竟又突然復生了；而且原有的病痛竟突然不藥而癒。並且自這一復生以後，他原已如霜的頭髮，竟全部轉了黑色，精神異常的健旺。在此後的十二年中，就沒有再生過一次疾病。

直到民國三十九年九月，他七十五歲的時候，才無疾而終。雖然我已於先一年來台，未能親侍在側，引爲終身遺憾；但回想先父往生的那段情事，覺得仍有值得一述的意義。（我在二十七年冬，曾爲文詳述其經過，印成專册分贈朋好；先父也曾把它親自呈送印光大法師。可惜時異世變，原書已無法覓得了。）只是事隔二十餘年，我復飽經憂患，記憶已不甚詳盡，所述只是此概略而已。

善惡因果之說，或不爲今日一般所謂新學時流所重，然而此一事實，則是我親目所覩，親耳所聞；追記一二，或者可供世人修省參研之資料。

(1)因過勞而患病：先父生平酷愛金石書畫，不僅收藏很多，自己平日也常以作畫自娛。因爲生活澹泊，所以體氣極健，年逾七十，仍舊步履輕捷，十餘里的途程，不賴舟車。

他一生大部份的歲月，都是從事於教育和地方自治工作；

到五十歲以後，他深慨於各地禍亂不已，生靈塗炭，尤其人心墮陷，喪德敗行之事層出不窮；認為要改善世風，必自扶正人心做起；而佛教正勸人為善捨己濟世的最好途徑。因此，他便潛心佛學，冀能竭其心所及，喚醒羣衆，去邪存誠，共躋於善。

在這十幾年中，除了繼續致力於地方公益的事業以外，由他手創的念佛社共有六所，偏佈於市鄉各地，他經常的往來於這些念佛社，從事於佛學經典的宣導，與勸善懲惡的闡釋，每次由他宣講時，總是座無虛席。他凡有約定時日地點，也必無分寒暑晴雨，不避艱辛勞乏，親往主持。有時我看到他從遠道行歸來，精神不無疲憊，勸他節勞稍息，他總是說：「眼看着很多人準時而來，歡喜而去，自已是不覺得辛苦的。」

然而年逾花甲的人，過度的辛勞，究竟無法不使身體蒙受影響，終於在他六十三歲的那年秋天，因感冒呃逆不止而病倒了。因爲日夜的呃逆不止，飲食與睡眠都一日不如一日，醫藥不能收效，他就在許多居士朋舊環繞念佛聲中，安祥的停止了呼吸，除了胸前還有一些微溫外，經過醫師的檢查，脈膊也完全停止了。

(2)死後復生的經過：先父既已安祥的西歸了，家中長幼於悲傷之中，自然只好爲他料理後事。第二天的早晨，衣衾棺柩都備辦好了，親友們來弔唁絡繹不絕。但是我們仍遵受着先父的遺命，在廿四小時內不要移動他的身體。此時室中仍有不少的人在替他念佛。

就在離他停止了呼吸的十小時左右，突然有人看見他的眼睛微微的張開了，而且口脣也在微動了；大家看這個情形，有的驚懼的往外走避，其餘的人也停止念佛，一齊跑近了榻前看他的動靜。這時我和家人也趕來探視。一時室內十分靜寂，却漸漸聽到父親的口中竟發出微弱的念佛聲，聲調雖低而很清晰！這時大家無不大感驚異，也就和着他的聲音一齊繼續念佛了。

這樣約半小時，我聽到他在喚我的名字，我走近去，看到他膚色和目光都輸有了自然的神彩，高興得眼淚都滴下來！只見他伸出一隻手來撫摸我，—原來十多天日夜不能停止的呃逆竟完全消失了。他說，腹中很覺飢餓，要喫點東西。一會兒，我母親拿來了小半碗很稀的粥，那知他竟一口氣就完全喝下了；而且還不夠，又添了一碗，他仍舊都喫完了。他說，現在週身已不覺有任何的病痛，只是感到很疲倦；並說有很多話要和大家說，請親友們不要走開。他這時執意要坐起來談話，我們竟無法勸阻，因爲看他的神情如此興奮愉快，除了面龐十分瘦削以外，幾乎使人不信他是剛剛生了半個月的病，而且已經多日未進飲食的人。陸續攜着祭品來弔奠的親友，看此意外的情事，都弄得進退兩難。啼笑皆非。

(3)口述往生的歷程：父親這時的神智十分明晰，他含笑合十，首先向圍在榻前的許多親友道謝，然後就向大家說：

『我這次往西方，遍遊了各處，竟又回來了。佛力眞是不可思議！我在恍惚之中，本來仍感着呃逆的痛苦，却有一位長者，拿來一杯熱湯給我喝，——他說，喝了這杯「柿蒂羹」，呃逆就曾痊癒的。果然，喝下了不久，呃逆就眞的停止了。

接着，這位長老就帶我走進一處非常幽美的境域，只見四野花木茂密，五色繽紛；樓台亭閣，隱現在繁花茂林之間，處處香氣馥郁，霧氤氳。走過一座白石雁欄的曲橋，橋下正開着繁密的蓮花；過橋走一段異常潔淨的路，就跨進一座廣大的殿字。殿宇中間，端坐着一位尊者，正在向圍坐着的許多善人宣示佛道。我就隨着也坐去諦聽了很久，就有另一位長老走來向我說：「你還應該回去，等做完畢了你所應做的事再來。」當時我很希望繼續留在那裏，可是在恍惚之中，我卻醒來了。…

』

他說話時，聲音雖然很低，但因榻前的親友們都睜目屏息以聽，所以大家都能聽的很清楚。他所述說的經過很多，因事隔了二十餘，我已不能詳細的記憶了。當時這一段奇異的情事，很快地就傳偏了遐邇。

(4)剛剛延壽一紀：我父是　印光大法師的弟子，與他同時去蘇州靈巖山拜謁　大法師而榮獲列為弟子的，還有慧茂居士（費範九先生）。費先生後來在上海商務印書館整編佛經典，經常與先父以書札往來，研討佛學；先父自獲復生以後，以體力倍見健康，所以對佛學的闡揚，與地方公益事務的倡導贊襄，更是不餘遺力。他時刻牢記着在往生之際一位長老對他所說的話，認爲此番到塵世，一定要盡量「做完畢他所應做的事。」

他很奇怪另一位老人給他的「柿蒂羹」，怎麼竟會一喝下去就治癒了那麼頑固的呃逆，後來據一位有名的中醫師說，柿蒂確是有理肺順氣之功效，只是一般醫師都不敢輕用；先父並不解醫藥，所以他更感着佛力的不可思議！

到了民國三十年以後，家鄉在日寇和共匪的雙方交迫下，地方益亂，民生益困！我雖曾不自量力，集合了地方上千餘有志青年，編選訓練，從事以武裝抗敵衛鄉之任，但居宅田園，都先後爲匪敵侵毀殆盡，家中長幼，也就時時在驚惶播遷之中；其後我復遭仇者暗算，身受重創；一至今尚有一彈深陷腹際一父母以古稀之年，遭此災厄，雖從不以我的不自量力之舉措爲怪，然而身心朝夕在顛頓不寧之中，健康所蒙受的影響，自不在小。

到了三十八年春，大局更趨逆轉，我乃不得不拋開了一家長幼，輾轉來台。到翌年秋月，父親於重行離開了這偏處擅腥的塵世！

計自他往生之年至此，剛剛是延壽一紀。

第十一篇 借屍還魂

人死而神識不滅，既死之後，皆由這一不滅的神識，挾持着生平的善惡的業因，而上生天堂，或下墮地獄，或者轉生人間，去接受或苦或樂的果報，這就是六道輪回簡單的原理。

科學家，尤智表，曾經說過：神識往來於六道，受生受死，這是必然的道理，但並不算希奇。還有此身雖死，神識馬上附在另一具死屍中而還魂的，你看奇也不奇？因而、引述民國初年山東省有姓崔的男人，爲朝鮮人，姓張的借屍還魂，並舉出種種證據，證明無誤。然而、科學家重現證，所謂無徵不信。所以、尤居士又說：可惜彼時、彼處，有借屍還魂之事實，而此時此地，並沒有借屍還魂的事例，以資證實。因此、欲使科學家，相信人死爲羊，羊死爲人（楞嚴經語），善惡因果，六道輪迴，那就很難了。

筆者五十五年秋冬之間，應中和鄉，圓通路，四號之一趙姓信徒之邀，前往午飯，同席客人中，有東北人黃大定老先生夫婦在座。黃老先生曾擔任過高級軍官，現在雖然退休，但身體健壯而健談。他的話匣子一打開，大有滔滔若江河之東瀉而不可遏止的氣勢。同時、也許因爲我是出家佛教徒，所以、他的談話，多側重因果和感應。其中爲我所最愛聽的是：他所親自聽到「借屍還魂」的一個故事。我因他的故事而想起尤智表居士的話，所以臨分別的時候，要求他盡可能記得的，把它記下來，既可以補充尤智表居士所認爲缺憾的缺憾，又可以啓愚癡者死了罷了的惡毒思想。下面都是黃老先生的話：

民國三十六年的春天，我在錦州師管區任內，曾經去新民團管區視察，視察完畢，將要離開時，承地方官紳們設席公宴，我即席就向他們辭行，表示明天即回返錦州，不及一一走辭而舉杯以示歉意。

當時在座的有新民縣長某，他們一致的要求我多留一天。他們的理由是：有一件新奇的事，要我見識！見識！

現在是什麼時候，倘因看新奇而遺誤了要公，彼此多有關係，你二位何不敍述一遍，讓我以耳代目，不也是一樣嗎！

新民縣長說：司令以國事爲重，我們深感欽佩！就尊重司令的意旨讓我來說一遍罷：事情的主題是「借屍還魂」。

這件事、就出在新民縣城。新民城中，有一家戲院，管茶爐的老頭兒某甲（日久、忘其姓名），有子、已經四十多歲，跛一足，平日以賣卦爲人算命爲生。民國三十四年的夏天，因病死亡，當地的親戚朋友，對於他簡單的喪葬典禮，都曾參加，這足以證明這位算命先生，已經確確實實的死去，該沒有疑意。

誰想到在當年的冬天，他母親忽然接到一封由哈爾濱以北，一個小蕎子車站來的信，她請人一看，竟是她兒子來的信。信裏面說；兒子離家日久，很想念老父、老母和妻子，信裏面還附了五百元的滙票一張。這個老婦人，知道了信的內容以後，始而疑慮，繼而驚駭，終至欣喜若狂。一個人，明明白白的已經死去，忽然在遠方復活而來信，安得不疑慮駭怪，但五百塊錢滙票是眞的，兒子復活了，又滙來一向不曾見到過的大量金錢，安得不發瘋發狂呢！老婦人趕忙持着信件，跑到戲院，找到老頭兒說：你兒子來信了，你看！老頭兒認爲是老太婆和他開玩笑，氣極了，信一接到手，就把它撕碎，放到火爐內燒了。老婦人說：！你也不看看信，兒子復活，是眞是假不知道，裏面有五百元一張滙票是眞的，你這老鬼，眞糊塗，連滙票都燒了。老頭兒把眼睛睜得像龍眼那末大，恨恨的說道：眞有五百塊錢嗎？你何不早說。老頭兒因白白損失了五百元，這一氣非同小可，竟氣死了。

三十五年的舊曆新正、老婦人家裏，忽然來了一對青年夫婦，衣服華麗，舉止嫻雅。男的一進門，見到老婦人，趕忙下跪叩頭，口稱媽！老婦人見到這突如其來，而又素不相識的青年叫她媽，驚駭得手足無措。那青年說：媽不要駭怪，兒子是死了，但實在沒有死。老婦人說：這是怎麼一回事呀？你倒說說清楚！

那青年立起身來，老婦人陪同他坐下。青年人說：媽！去年、當我病到僅有最後一口氣的時候，忽然覺得有兩個人，將我帶到空中，我聽到你老人家，和我的妻；在嚎啕大哭的聲音，我覺得痛苦萬狀，心、幾乎都碎了。要求那兩個人放我回來，始而他們不理我，經我一再的要求，終於允許了。然而當時的我，忽然覺得從空中墜到了萬丈深淵，可是、腳一着地，居然恢復病臥在床上的感覺。但是、我一睜眼睛，却又驚的目瞪口呆，因爲床前雖然坐了兩位老人，但不是我的父母，兩位少婦，更不是我的妻。我心裏想，我竟因病而糊塗，人都不識了。就在這時，那老人站起身來，對那老婦人說：我倆看了他一夜，已疲倦不堪，他既甦醒過來，大概不再有什麼了，留他老婆子兩人看他好了，我們去休息一會兒罷！於是二老一同走了。留下兩個少婦，我既不認識，我也不敢開口，我拿手摩摩面孔，更覺奇怪，原來的山羊鬍子沒有了。我實在忍耐不下去了。因而向那兩位少婦說，我病的太糊塗，我簡直什麼都不知道了，請你拿面鏡子來，讓我照照看，我究竟變成什麼樣的一個人！鏡子拿來了，我一照自己的面孔，大爲驚駭，我竟是二十七八歲的一個青少年。我說：我眞糊塗極了，不但不認識你們，連我自己也不認識了。那少婦說：剛才兩位老人，是你爹、媽，我是你的妻，說着、拿手指着另一個少婦說：這是你的姨太太。我沒說什麼，我心內明白了，當我從空中墜下來的時候，錯投了肉軀的宅舍。我要證實我的說法，我試着下地走幾步，唉！原來跛脚不見了。我於是一如常人，而和他她們共同生活，但我時時留心，不要使他、她們知道。過了些時，我知道，我是中東路小蒿子車站的站長，我曾留學過日本。在滿州國的制度，每一車站，都有本人任副站長。這時日籍副站長尙沒有遣送回國，他來看我，但是日本話原來會講，現在一句也聽不懂了。原來的我，對父母不孝，現在的我，對父母孝順了。這是我還魂後的轉變。日子久了，妻覺着我的言語行動，和已往大不相同，疑慮之餘，更往往對我加以考驗，我無法再隱瞞下去了，於是、坦白的，將我過去的身世，一一告訴了她。彼此既都弄明白了，我就告訴她，我很想我的家。妻猶以爲我神經錯亂，時時防範我，怕我逃走。並且、教我寄信和錢給你們兩位老人，以求證明我的話是否實在，這是去年冬天的事。但是、信寄出後，如石沉大海，久無消息，我急得什麼似的，這才由我妻，陪同我一同坐火車，到了新民，由車站僱馬車，對於路徑，我非常熟習，因此、很快的就到了，我的妻也很驚奇。可惜爸不在人間了，幸而媽仍然健在，這是兒子死而復活的經過。並且、指着和他同來的妻說：這是我的妻，妳來拜見我的媽媽。

見過了禮以後，他媽媽還是聚精會神的注視着她還魂的兒子，將信將疑的說：你除了這些，還能提出其他的證據嗎？還魂的兒子，乃舉目四顧，看到牆壁上有一張照片，他把它拿下來，平放在枱子上，指着照片中的人說：媽！這人姓什麽，住在什麽地方，他的家庭狀況如何？像這樣的一位一位的指說過不休。他的媽媽聽得獃了，不由她不信。於是抱着兒子大哭一場。然後、再忙這忙那，招待新兒子，新媳婦，而盡歡而散。

這一位還魂的兒子，將他前身十七歲的兒子帶到哈爾濱找個小事，以便賺錢養家。

他最近來信說：明天回新民，要和前身的老友，多多聚敘，所以我們要司令耽擱一天，見識見識這新奇的事！

我以軍務在身，不敢停留，於是向他們道了歉意而回防地了。傳說：新民縣長和局長，也來到台灣，但因想識不久，他們的姓名，我都忘了。（勸懲見聞錄、黃大定說、南亭記）

☆　☆　☆

某甲素富，放債私貿，頗事刻剝。年六十餘，妻妾既喪，僅一幼子，病亟瀕死。漏三下，有人持錢贖物，恐其負夜剝啄。人曰：「待天明，吾物不得返。斷折數緡錢，吾故羅雀掘鼠，以副限期。」

某甲憮然，念兒死，焉用多金？悔剝算籍沒之病民也。明日，悉擧各家所質田產衣物，召而給之。債券亦焚去。兒既死，夜半猶撫屍飲泣。突見一人，排闥而入，識素負欠者。謂某曰：「勿悲！此討債者，債償自死。念爾無後，吾蒙焚券高義，請爲爾子以奉餘年。」忽不見。兒竟漸蘇，病旋愈。訪之某家，某乃是夜死，知借軀託生也。

此福建南平諸生姚格亭所言。吁！結怨施恩，皆人自作。一念之悔，遂使已絕之嗣復續。討債兒去，還債兒來，即在一身，借因結果。善惡之報，捷於影響如此。（北東園筆錄）

正德丁卯，陝西靖寧州朱進馬之父，爲成都屬邑庠分教。進馬隨任。秩滿至徽州，病卒。輿還葬靖寧逾二載，同里蘇氏，有子亦卒。越二日，治棺未就，忽蘇而起。熟視左右曰：「此非吾家也！」問其姓名？曰：「吾乃朱進馬。吾死已久，壽數未盡，還當復生。吾妻欲嫁，亟爲我阻之。」遂趨朱宅。其妻不肯認，視其形則非，而聲音笑語，與追論往事，毫釐不差。二氏爭執，訟於官，州斷令朱氏給銀還蘇，爲買屍之資。（宦遊紀聞）

☆　☆　☆

桐城縣東門、西門，各有女中痘死，年皆十餘歲。東門女謁冥司，祿未盡，應遣還，而屍已焚。因令借西門女屍還魂。西門女家喜過望，而女羞阻，不知爲誰。惟憶其父母於東門家。父母聞之迎歸，宛然故情。特非其女貌耳。訟之官，令判曰

：「西門女身，東門女魂，二家共女之，情理其安矣。」及于歸，爭治奩具，而壻腹兩坦焉。（耳談）

☆ ☆ ☆

葉宗可、元末避地淮陽時，寇至，積屍滿野，宗可晝伏夜行，度前途不能行，則臥地上，雜衆屍中。至夜分明月下，巡見一人，燭籠前導。近而視之，一道士也。一童子執燭，偕至屍旁。道士以燭燭羣屍，凡老幼羸尫者，俱提而擲之，輕如一葉。俄得一壯男子，體貌魁碩，道士細視之，有喜色，乃即解衣與之，合體相抱持，對口呵氣良久，道士氣漸微，屍冉冉動，俄而欠伸，又開眼，遂推道士於地，蹶然而起。仍令童子執燭，飄然而去。（志怪錄）

☆ ☆ ☆

王硯庭知靈璧縣事，村中有農婦李氏，年三十許，貌醜而瞽。病膨脹十餘年，腹大如冢。一夕卒，夫入城買棺，棺到將殮，訝已生矣。雙目盡明，腹亦平復。夫喜近之，妻堅拒泣曰：「吾某村中王姑娘也。尚未婚嫁，何為至此？吾父母姊妹，俱在何處？」其夫大駭，急告某村，則舉家哭其幼女，屍已埋矣。其父母狂奔而至，婦一見泣抱，歷敘生平事皆符合。其未婚之家，亦來盼視，婦猶羞澀，赤見於面。兩家爭此婦，鳴於官，硯庭為之作合，斷歸村農。乾隆二十一年事。（子不語）

☆　☆　☆

杭州袁觀瀾，年四十未婚。鄰人女有色，袁慕之，兩情屬矣。女之父嫌袁貧拒之。女思慕成瘵卒。袁愈悲悼。月夜無以自解，持酒尊獨酌，見牆角有蓬首人，手持繩，若有所牽。睨而微笑。袁疑為鄰之差役，招曰：「公欲飲乎？」其人點頭，斟一杯與之，嗅而不飲。曰：「嫌寒乎？」其人再點頭。爇一杯奉之，亦嗅而不飲。然屢嗅，則面漸赤。口大張，不能復合。袁以酒澆其口，每酒一滴，則面一縮，盡一壺而身面俱小，若嬰兒然，凝迷不動。牽其繩，所縛者、鄰氏女也。袁大喜，具酒罌，取蓬頭人投而封之。畫八卦鎮壓之。解女子縛，與入室爲夫婦。夜有形交接，晝則聞聲而已。

逾年，女子喜告曰：「吾可以生矣，且爲君作美妻矣！明日某村女氣數已盡，吾借其尸可活。君以爲功，兼可得資財作奩費。」袁翌日往訪某村，果有女氣絕方殮。父母號哭。袁呼曰：「許爲吾妻，吾有藥，能使還魂。」其家大喜，許之。言附女耳，低語片時，女即躍起，合村驚以爲神。遂爲合巹。女所記憶，皆非本家之事，逾年漸能曉悉，貌較美於前女。（子不語）

洪武二十四年八月，河南、龍門婦司牡丹，死三年，借袁馬頭之屍，復生。（明史）

☆　☆　☆

靳瑤者、丹陽牙校，嘗得譴避地維揚，與其妻偕謁后土祠，甫瞻禮間，妻遽得心疾，不省人事，與歸即死。郡人素傳有五通神，依后土祠爲祟。瑤不勝哀憤。既殮，火化畢事，即具羊酒詣城隍祠禱且訟。翌日暮歸，還經后土祠東空曠處，見婦人獨行，漸近，乃其妻也。相持悲慟。妻曰：「我感君掛念之恩，且有憾焉。君既訟於神，神俾我還，既被焚，乃無所依。君若不忘平生伉儷之情，當爲至懇，萬一再生。」瑤請其故，妻曰：「城南十五里外，有茅君者，有道術，君往求焉。」言訖而隱。……

瑤如所言，後果又得見其妻，謂曰：「感君之力，今冥官許借體還生，城東有朱氏，年十八九，某日當死，我之精魂，徑投其體，則再生矣。然彼身則朱氏女也，君當往求婚。冥數如此，必可再合也。」……

至其日，訪城東朱氏，聞其女病甚，瑤固已疑。徊翔鄰近，至午後，聞其家哭聲甚哀。移頃，哭聲遽止，詢之，云女復蘇矣。瑤怪其事頗驗，乃復訪茅君，則室已虛矣。自是暇日，時一至城東，密訪其鄰，皆云朱氏女自還魂，神識不復如舊，至不識其父母兄弟。但口時問靳瑤何在？瑤因託媒氏通意，父母聞瑤姓名，已駭愕，遽入謂女曰：「靳瑤今來議汝婚矣。」女曰：「此我夫也。」自此口不言靳瑤，其家竟以歸之。他日，瑤從容訪以朱女及其故妻前事，皆懵然不省云。（睽車志）

離魂（三則）

鉅鹿有龐阿者，美容儀，同郡石氏有女，曾內覩阿，心悅之。未幾，阿見此女來詣阿妻，妻極妬，聞之，使婢縛之，送還石家。中路，遂化爲煙氣而滅。婢乃直詣石家，說此事。石氏之父大驚曰：「我女都不出門，豈可毁謗如此？」阿父自是常加意伺察之。居一夜，方值女在齋中，乃自拘執，以詣石氏。石氏父見之愕然曰：「我適從內來，見女與母共作，何得在此？」即令婢僕，於內喚女出。向所縛者，奄然滅焉。父疑有異，故遣其母詰之？女曰：「昔年龐阿來廳中，曾竊視之，自爾彷彿即夢詣阿。及入戶，即爲妻所縛。」石曰：「天下遂有如此奇事？」夫精情所感，靈神爲之冥著滅者，蓋其魂神也。

既而女誓心不嫁，經年，阿妻忽得邪病，醫藥無徵，阿乃授幣石氏女爲妻。（幽明記）

天授三年，清河張鎰，因官，家於衡州。性簡靜，寡知友，無子，有女二人。其長早亡，幼女倩娘，端妍絕倫。鎰外甥太原王宙，幼聰悟，美容範，鎰常器重，每曰：「他時，當以倩娘妻之。」

後各長成，宙與倩娘，常私感想於寤寐。家人莫知其狀。後有賓寮之選者，求之，鎰許焉。女聞而鬱抑，宙亦深恚恨。託以當調請赴京，止之不可，遂厚遣之。宙陰恨悲痛，決別上船。日暮至山郭數里，夜方半，宙不寐，忽聞岸上有一人行，聲甚速，須臾至船。問之，乃倩娘，徒行跣足而至。宙驚喜發狂，執手問其從來。泣曰：「君厚意如此，寢相感！今將奪我此志，又知君深情不易，思將殺身奉報，是以亡命來奔。」宙非意所望，欣躍特甚。遂匿倩娘於船，連夜遁去，倍道兼行。數月至蜀，凡五年，生兩子，與鎰絕信。其妻常思父母，涕泣言曰：「吾曩日不能相負，棄大義而來奔君，今已五年，恩慈間阻，覆載之下，胡顏獨存也！」宙哀之曰：「將歸，無苦！」遂俱歸衡州。既至，宙獨身先至鎰家，首謝其事。鎰謂倩娘病在閨中數年，何其詭說也？宙曰：「現在舟中！」鎰大驚，促使人驗之，果見倩娘在船中，顏色怡暢，訊使者曰：「大人安否？」一家人異之，疾走報鎰室中。

女聞喜而起，飾粧更衣，笑而不語，出與相迎，翕然而合爲一體，其衣裳皆重。其家以事不正，祕之。惟親戚間，有潛知之者。

後四十年間，夫妻皆喪，二男並孝廉擢第，至丞尉。事出陳玄祐離魂記云。玄祐少常聞此說，而多異同，或謂其虛。大歷末，遇萊蕪縣令張仲見，因備述其本末。鎰則仲見堂叔，而說極備悉，故記之。（離魂記）

通州有王居士者，有道術，會昌中，刺史鄭君，有幼女甚念之，而自幼多疾，若神魂不足者。鄭君因請居士。居士曰：「此女非疾，乃生魂未歸其身。」鄭君詢其事？居士曰：「某縣令某者，即此女前身也。當死數歲矣，以平生爲善，以幽冥祐之，得過期。今年九十餘矣，令歿之日，此女當愈。」鄭君急發人馳訪之，其令果九十餘矣。後月，其女忽若醉寤，疾愈。鄭君又使往驗，令果以女疾愈之日，無疾卒。（宣室志）

第十二篇 前定

第一章 奉行初次盤古成案

北史稱毘騫國王，頭長三尺，至今不死。予嘗疑其誕。康熙間，浙人方文木泛海，被風吹至一處，宮殿巍峨，上書「毘騫殿」三字。方大驚俯伏，殿外兩霞帔者、引之入。有長頭王上坐，冕如巨桶，珍珠四垂。鬚拂拂然相觸有聲。問文木曰：「汝浙人乎？」曰：然！王曰：「離此五十萬里矣。」賜文木飲，米大如棗。文木知王神靈，跪拜求歸。王顧謂侍臣曰：「取第一次盤古皇帝成案，替他一查。」文木大駭，叩頭曰：「盤古皇帝有幾個乎？」王曰：「天地無始終，有十二萬年，便有一盤古。今來朝天者，已有盤古萬萬餘人。我安能記明數目？但元會運世之說，已被宋朝人邵堯夫說破。可惜！歷來開闢總奉行第一次開闢之成案，尚無人說破。故風吹汝來，亦要說破此故，以曉世人耳。」

文木不解所謂，王曰：「我且問汝，世間福善禍淫，何以有報有不報耶？天地鬼神，何以有靈有不靈耶？修仙學佛，何以有成有不成耶？紅顏薄命，而何以不薄者亦有耶？才子命窮，而何以不窮者亦多耶？一飲一啄，何以有前定耶？日食山崩，何以有刼耶？彼善推算者，何以能知，而不能免耶？彼怨天尤人者，天胡不降之罰耶？」

文木不能答，王曰：「嗚呼！今世上所行，皆成案也。當第一次世界開闢十二萬年之中，所有人物事宜，亦非造物者之有心造作，偶然隨氣化之推遷，半明半暗，忽是忽非，如傾水落地，偶成方圓。如孩僮着棋，隨手下子。既定之後，竟成一本板板帳簿，生鐵鑄成矣。乾坤將毀時，天帝將此册交代與第二次開闢之天帝，命其依樣奉行，絲毫不許變動。以故人意與天心、往往參差不齊。世上人終日忙忙急急，正如木偶傀儡，暗中有爲之牽絲者。成敗巧拙，久已前定，人自不知耳。」

文木恍然曰：「然則今之所謂三皇五帝，即前此之三皇五帝乎？今之二十一史中事，即前此二十一史中之事乎？」王曰：「然！」言未畢，侍臣捧一册至，上書：「康熙三年，浙江方文木泛海至毘騫國，應將前定天機洩漏，俾世人共曉，仍送歸浙江云云。」

文木拜謝，臨別泣下。王搖手曰：「子胡然？十二萬年之後，我與汝又會於此矣，何必泣爲？」既而笑曰：「我錯！我錯！此一泣，亦是十二萬年，中原有此兩條眼淚，故照樣謄錄。我不必勸止也。」

文木問王年壽，左右曰：「王與第一次盤古同生，不與第千萬次盤古同死矣。」木曰：「王不死，則乾坤毀時，王將安歸？」王曰：「我沙身也，歷刼不壞。萬物毀壞變爲沙泥而極矣。我先居於極壞之處，刼火不能燒，洪水不能淹。惟爲惡風所吹蕩，上至九天，下至九淵，殊覺勞頓。每每枯坐數萬年，等盤古出世。覺日子太多，殊可厭耳！」

言畢，口噓氣吹文木，文木乘空起，仍至海船上，月餘歸浙。以此語毛西河先生，先生曰：「人但知萬事前定，而不知所以前定之故。今得是說，方始豁然。」（子不語）

第二章　生死（十則）

吳人鄭夷甫少年登科，有美才。嘉祐中，監高郵軍稅務，嘗遇一術士，能推人死期，無不驗者。令推其命，不過三十五歲。憂傷感歎，殆不可堪。有人勸其讀老、莊以自廣。久之，潤州金山有一僧，端坐與人談笑間，遂化去。夷甫聞之，喟然歎息曰：「既不得壽，得如此僧，否何憾哉？」乃從佛者授首楞嚴經，往還吳中。歲餘，忽有所見，曰：「生死之理，我知之矣。」遂釋然放懷，無復帶芥。後調封州判官，預知死日，先期旬日，作書與交遊親戚敘訣。及次敘家事備盡。至期沐浴，更衣。公舍外有小園，面溪一亭潔飾，夷甫至其間，親督人灑掃及焚香，揮手指畫之間，屹然立化。家人奔出呼之，已立僵矣。亭亭如植木，一手猶作指畫之狀。郡守而下，少時皆至，士民觀者如墻。明日，乃就斂。高郵崔伯陽易為墓誌，略敘其事。予與夷甫遠親，知之甚詳，士人中蓋未曾有此事。（夢溪筆談）

己丑進士成君亮，予座主青壇相國之冢嗣、文穆公之文孫也。弱冠時，夢文穆語之曰：「汝命應遁籍，而享齡不永，年三十某月某日某時當卒，可謹識之！」後果中甲科。期將迫，先遣二妾，並令夫人別嫁，不可，强之始去。於是教散家財，力於善事。

一夕，又夢文穆謂曰：「汝善行日積，上帝憐汝，賜一子，更延十年。至四十某月某日某時當卒。今幸無事矣。」屆期，果無恙。

相國乃召還夫人曰：「前者恐拂汝意，築別館處之。彼貞婦也，安肯醮乎？」奈未有嗣，復謀納寵。夫人爲買二妾，擇日輿至家。定情之夕，秉燭細視，即前所遣之妾也。二妾不忍去，夫人携之同居一家。相對宛如再生。都人詫爲異事，競爲詩歌以記之。

後舉一子，至四十，果以某月某日某時，猝患心痛而卒。

（蓴鄉贅筆）

蜀人崔福子，寓居福建，三世仕宦。父仕至守，福子以蔭至承務郎。某處幹官，而游蕩不檢，尤喜賭博。嘉喜年間，父怒逐之，宿里廟中。中夜不寐，聞報曰：梓童帝君至！廟神出，肅帝君中坐。言語應對，皆不可曉。久之，或曰：「何有生氣？」廟神曰：「里人崔某！」帝君曰：「啞！福子欲知前程事？」至前下拜曰：「帝君掌人間功名事，某三世仕宦，皆監司郡守，未知某前程所到如何？」帝君曰：「爾家富貴，皆爾高祖一人所積耳！曾祖以下三世，當秉鈞軸；而既以富貴，率皆驕淫貪暴，故不復顯！今爾亦止可一任己。」

福子曰：「某二子如何？」帝君曰：「長子可作州，次者可作漕，皆在四十年後。」福子喜。

廟神曰：「君何事至此？」福子告以故！神曰：「君父雖

相逐；君母正相念，君幸急歸！無貽母憂。」福子出廟，回顧，則寂然無覩矣。遂歸。其母正號泣，秉燭徧索。越三年，福子死，悟神言止一任者，三年也。至元江南歸附，長子遇兵，三刀而死、蓋三刀爲州字也。次子溺曹水，乃成漕字也。（異聞總錄）

☆　☆　☆

張忠定少時，謁華山陳圖南，欲遂隱居華山。圖南曰：「他人即不可知，如公者，吾當分半以相奉。然公方有官職，未可議此。其勢如火家待君救火，豈可不赴也？」乃贈以一詩曰：「自吳入蜀是尋常，歌舞筵中救火忙。乞得金陵養閑散，亦須多謝鬢邊瘡。」始皆不諭其言，後忠定更鎮杭益，晚年有瘡發於項後，治不愈，遂自請得金陵，皆如此詩言。定忠在蜀日，與一僧善。及歸，謂僧曰：「君當送我至鹿頭，有事奉託。

依其言，至鹿頭關，忠定出一書，封角付僧曰：謹收此，候至乙卯年七月二十六日，當請于官司，對衆發之。愼不可私發！若不待其日及私發者，必有大禍。」僧得其書，至大中祥符七年歲乙卯，時凌侍郎策蜀帥，僧乃持其書詣府，具陳忠定之言。其僧亦有道者，凌信其言，集從官共開之，乃忠定眞容也。其上有手題曰：「詠當血食於此。」後數日，得京師報，忠定以其年七月二十六日捐館。凌乃爲之築廟成都。蜀人自唐以來，嚴祀韋南康。自此乃改祠忠定至今。（夢溪筆談）

☆ ☆ ☆

道光年間，浙江臬署，花廳屋倒。是時，某廉訪方宴客，忽聞小兒在園中大哭。廉訪怪而出視之。諸貴客相隨趨出，而屋塌然倒矣。

後問小兒，何哭？小兒云：「適見青面、獠牙者，數十人，皆以肩背負牆，若甚用力之狀。余心怖焉。」蓋廉訪與諸客，不當壓死，故羣鬼爲之負牆。復借小兒一哭，使之驚出，而後頹塌也。

趙桐生太守，從軍山東，夜已就寢，風雨暴至，臥室傾崩，聲震數里。同人驚起奔救，皆謂桐生必死。有號哭而呼桐生者，微聞有答應聲。乃使勇丁撥瓦礫，出之。則固毫無損傷。衆詢其故？知桐生方睡熟時，夜半忽醒，披衣起坐，欲取便壺溲溺。未及俯取，而耳中聞排山倒海之聲。牆宇四面壓下，桐生所坐之旁，適有一柱支拄，廓然中空，僅容一人。向使桐生、首尚在枕，則其腦必被巨磚破裂，而其足亦必爲壞梁壓斷。又使桐生、未取便壺，俯身牀外，亦必不免於壓死。乃寢而忽坐，坐而未俯，不先不後，間不容髮，非若有使之者乎？然後知人之死于非命者，莫非前定。雖知命者，不立于巖牆之下；

而人之所以受巖牆之禍者，蓋亦其命使然也。（庸盦筆記）

☆ ☆ ☆

南昌徐巨源、字世溥，崇禎進士，以善書名。以戚鄒某，延之入館，途遇怪風，攝入雲中。見袍笏官吏迎曰：「冥府造宮殿，請君題榜書聯。」徐隨至一所，如王者居。其扁對皆有成句，但未書耳。扁云：「一切惟心造」。對曰：「作事未經成死案；入門猶可望生還。」徐書畢，冥王籌所以謝者。世溥請為母延壽一紀，王許之。

徐見判官執簿，因求查己算。判官曰：「此正命簿也，汝非正命死者，不在此簿。」乃別檢一火字簿。上書曰：「某月某日、徐巨源被燒死。」徐大懼，白冥王祈改。冥王曰：「此天定也，姑徇子請。但須記明時日，毋近火耳。」徐辭謝而還。急至鄒家，主人驚曰：「先生期年何往？輿丁以失脫先生故，被控於官。久以疑案，繫縣獄矣。世溥具言其故，并爲白於官，事得釋。

時同郡熊文基號雪堂，以少宰居家，招徐飲酒。未闌，熊忽辭入，曰：「某以瘩發，故不獲陪侍。」徐戲曰：「古有太宰瘩，今又有少宰瘩耶？」熊不懌。徐臨去書唐人絕句，千山鳥飛絕一首於壁，將四句逆書之，乃「雪翁滅絕」四字也。熊懷恨於心。

徐憶冥府言懼火，故不近木器，作石室於西山，裹粮避災。時刼盜橫行，熊遣人流言：「徐進士窟重金於西山。」羣盜往刼，竟不得金。乃烙鐵徧燒其體而死。（子不語）

☆　☆　☆

淳化四年十二月，蜀寇王小波死，李順繼之。明年正月己巳，即位王蜀。五月丁巳、兩川招安使王繼恩克成都，順就擒。開禧二年正月，大將吳曦叛蜀歸欵於虜，甲午即蜀王位，丁酉受虜册，二月乙亥，隨軍轉運安丙。奉密詔梟曦於興州。說者：析順字、謂居川之傍，一百八日。析曦字謂三十八日，我乃被戈。較其即位受册之日，不差毫髮。又俱終始於蜀。嘻！亦異矣。（識餘）

☆ ☆ ☆

李忠武公、三河之敗，全軍五千人，皆滅于賊。有勇丁某甲，匿積尸中以免。夜半，忽聞傳呼聲，自北而來。以為大股賊復至，戰慄不敢出聲。竊視其燈，知為本地城隍神，騶從甚盛。既至，神據案南面坐，展閱一簿，土地神閱尸唱姓名。見死者皆能自起應之。唱至某甲，城隍詫曰：「是人當死于江西萍鄉縣，胡為在此？」土地神跪曰：「實尚未死。」乃復按簿閱尸，天將明，而甫畢。

神既去，某甲徐起，四顧無賊，乃負傷匍匐乞食，輾轉山谷。逾一月始歸衡陽本籍，誓不再出從戎，家居數年，貧乏日甚，因念勇丁某乙，有素負若干，索之可以供饘粥，其軍時在醴陵，尚非江西境，不妨一往。至則某乙一營，甫拔向萍鄉，又念萍鄉去賊尚遠，往留一二日，當無恙也。因先致書某乙，俾豫措所負之數，然後往取之。某乙如所囑，召某甲往。甫留一餐，某甲亟取資斧，束裝將行。忽端坐不起，視之氣已絕矣。（庸盦筆記）

崑山王燾、字延符，戊午孝廉。選楚中隨州知州。因流寇大至，度勢不支，乃死節州堂。隨身一僕，踰城逃難。大兵過，夜匿城下亂尸中。夜間忽見緋衣判官、偕數鬼吏張燈至點尸一一唱名登簿。鬼吏報王僕名，判官曰：「此人前世曾積善，陽壽未盡，尚得還鄉，何得亦死於此乎？」竟不登簿。鬼使去，僕復走，因貧病，不能便抵崑。其妻在家，初誓堅守，後因絕耗，親屬勸之改嫁。人衆臨門，已登轎矣。僕忽到，相與咤散迎衆，復得完聚焉。（現果隨錄）

☆　☆　☆

海陽曹孝廉銓得廣西某縣，親友來賀，公欲引疾不赴。曰：「幼年曾作異夢，幾時入泮，幾時娶婚，幾時生子，中舉選粵西某縣，爲穿白甲二將軍所害。細記所歷一一皆驗，不爽毫髮。今所選缺，又恰符合，地多苗蠻，野性莫測。先幾之兆，可不趨吉而避凶哉？」於是有言夢不足徵者，有以期年半載，相機進退勸者。公不得已，就道。及抵某縣，民淳吏樸，公甚安之。數年後，忽有呈開銀廠者，公爲轉詳，奉上檄，委公採辦。公親詣廠所，視其開挖及礦，則見白氣二道，宛如長虹，

直沖公前。公驚而仆，返館舍，至夜半竟卒。家人方悟白甲之徵。（續子不語）

第三章 前程（八則）

左侯相未遇時，夢應省試領解額，甚覺得意。既而連舉進士不第。忽遇干戈擾攘，參佐戎幕，大帥言听計從，勳望隆然。中外大臣，交章推薦，遂出而典兵，屢摧悍寇，進膺方面之任，爵列五等。其始旌麾所蒞，皆山水靈淑，人物秀美，驅除數省，忽調赴西北，所歷皆巖關險塞，雄鎮名都，漸移漸遠，但見黃沙莽莽，一望無際。復笞兵萬里，長驅而進。掃蕩邊氛，功名益盛。果爲超遷，封拜之寵，收地愈廣，設官置防，布置粗定。然後振旅入塞，返其故鎮。遽然而覺，乃知是夢。是歲秋試舉於鄉，自知無翰林之望。會試一兩次後，遂不復上公車。旋入駱文忠公幕府，名聲籍甚。曾余胡文忠公，交章論薦。起家四品京堂，襄辦軍務，旋受浙江巡撫。及克杭州，至西湖之上，恍然如素履其地者。。夫人翠羽明璫，儼然高坐。一人古衣冠，狀如判官者，前稟曰：「今日泊舟之人，將貽誤大局，害數千百萬生靈之命，不如就此溺之，以救無辜之民。」夫人笑曰：「汝之意，則善矣！然此等大刼，雖上帝亦祇聽其自然，豈我輩所能挽回耶？」遽揮之出。舟人驚醒，太守竟無恙，抵任視事。會金田會匪，洪秀全、楊秀清、韋正、馮雲山等，歛錢惑衆，流毒鄉里。是時，李武愍公、知桂平縣事，訪縣中公正紳者，親造其廬，詢以捕治方略。紳謝不敏。既而曰：「家有善本藏書，請入視之。」李公會意，屏其從者于外，與入密室。紳白曰：「縣中自僕從書吏，以至皂役，無不爲賊耳目者，，蓋其景皆夢中所見也。其後以所歷之境，印証前夢，一一脗合。及關隴肅清，議者皆謂新疆地勢遼遠，轉運艱難，頗以進取爲疑。而左公慷慨出師，無少顧慮。蓋自知大功之必成也。（庸盦筆記）

東元霍易書先生、雍正甲辰、舉于鄉，留滯京師，未有所就，祈夢呂仙祠中。夢神示以詩曰：「六瓣梅花插滿頭，誰人肯向死前休？君看矯矯雲中鶴，飛上三台閱九秋」。至雍正五年，初定帽頂之制，其銅盤六瓣如梅花。始悟首句之意。竊謂仙鶴爲一品服，三台爲宰相位，此句既驗，末二句亦必驗矣。後由中書舍人、官至奉天府尹，坐譴謫軍臺，其地曰蔡蘇圖，寔第三臺也。官牒省筆，皆書臺爲台。適符詩語，果九載乃歸。在塞外日，自署別號曰雲中鶴，用詩中語也。後爲姚安公述之，姚安公曰：「霍字上爲雲字頭，下爲鶴字之一半，正應君姓，亦非泛語」。先生喟然曰：「豈但是哉！早年氣盛，銳于進取，自謂卿相可立至。卒至顛蹶，職是之由。第二句、神戒我矣。昔是時未思也。（閱微草堂筆記）

京兆尹龐嚴，除衢州刺史，到郡數月，忽夢二僧入寢門。嚴不信釋氏，夢中呵之。僧曰：「使君莫怒，予有先知，故來相告耳」。嚴喜問曰：「予爲相乎」？曰：「無爲」。「節制乎」？曰：「無」。曰：「然則當爲何官」？曰：「類廉察，而無兵權。有土地，而不出畿內。過此已往，非吾所知也」。曰：「壽幾何」？曰：「惜哉！所乏者，壽也。向使有壽，則無求不可」。曰：「當何日去」？曰：「來年五月二十三日」。及明年春，先以狀請於廉使元稹，元稹素與嚴厚，必謂得請，行有日矣。其晦日宴客，得元公復書云：「請侯交割」。嚴發書曰：「吾固知未可去」。具言夢中之事於座中，竟以五月二十三日發。後爲京兆尹卒。（稗史）

☆ ☆ ☆

李固言、在未第時，嘗夢着宋環衣。元和十年已後，景時望籍盛，有拜大憲之耗。及景自司刑郎中、出爲澤州刺史，尋又物故。固言心疑其夢。長慶初，穆宗有事于圓丘，時固言居左拾遺。舊例，諫官從駕行禮者，太常各頒禮衣一襲。固言因裹衣，乃見書云「左補闕宋環衣」。固言自說於班行。（續定命錄）

☆ ☆ ☆

曾文正公之生也，以嘉慶辛未年十月十一日亥時。曾祖竟希封翁，年已七十，方寢，忽夢有神虬，蜿蜒自空而下，憩於中庭，首屬於梁，尾蟠於柱，鱗甲森然，黃色燦爛，不敢偪視。驚怖而寤，則家人來報添曾孫矣。封翁喜，召公父竹亭封翁，告以所夢。且曰：「是子必大吾門，當善視之！」是月，有蒼藤生於宅內，其形夭嬌屈蟠，絕似竟希封翁夢中所見。厥後家人每觀藤之枯榮，卜公之境遇。其歲枝葉繁茂，登科第，轉官階，勦賊叠獲大勝。如在丁憂期內，或追寇致敗，屢瀕於危，則藤亦兀兀然，作欲槁之狀，如是者歷年不爽。公之鄉人，類能言之。（庸盦筆記）

☆ ☆ ☆

兵部郎官莫卞，居場屋日，因赴浙漕，夢人就旅邸報姓莫人作狀元。卞出迎之，乃云「名儔、非卞也」。時卞已投卷，是舉登科，明年得子，因名曰儔。後二十四，儔作大魁。（稗史）

臨淮公荀序、字休玄，母華夫人，憐愛過常。年十歲，從南臨歸，經青草湖，時正帆風駛，序出塞郭，忽落水，比得下帆，已行數十里。洪波淼漫，母撫膺遠望。少頃，見一掘頭船，漁父以楫，棹船如飛，載序還之。云送「府君」還。荀後位至常伯長沙相，故云府君也。（搜神後記）

閩人、陳韻篁在北平，夢到一個地方，有似衙署，前有牌坊，上書「齊魯總制」四字，醒來記得淸淸楚楚，後來由李石芝代其推荐與張宗昌，時張任山東督辦，督辦公署前有牌坊，上所書者即此四字。張派陳在祝祥本衛隊旅旅長處任秘書，辦公地點就在此牌坊下，可謂奇極。（勸懲錄）

第四章 科第（五則）

鄭啓謨、有聲于時，祈夢于九鯉湖。夢神語曰：「待雙門變成海，汝當登科」。啓謨以雙門在藩司前衝要之地，豈容成海？神戲吾耳。後無錫石沙王公按閩，善隸書，偶於雙門之上，書「海邦都會」四字。啓謨竊喜，果于庚子科發解。（稗史）

☆　☆　☆

天順末，蘇郡學生陳燧，夢宴鹿鳴，同坐者，皆素服，不簪花。爲諸朋輩言之，咸以爲非吉徵。後陳登成化戊子鄉薦，揭曉前二日，適太皇后崩，詔至，明日鹿鳴宴，果皆素服不簪花。其奇驗有如此。（稗史）

☆　☆　☆

中州人士周冕、知名士也。屢擧不第，一夕有神見夢曰

：「汝若中時，須待魏尚倫同中」。周覺而求諸庠校中，竟不得其人。後十餘年，乃有一魏尚倫入學。問其業？懵然，自謂無復望矣。其年，周君失科擧，挈魏同告考。周爲魏代草，兩人同得入試，仍加斡旋，得同舍。三場俱周代。其年，周中本房第一，而魏生亦登科。周至膴仕，魏亦至縣令云云。（稗史）

☆國初、豫章士人，兄弟由貢入太學。夜夢人語云：「七竅比干心」。如是者數次。翌早言夢，兄弟不殊，未詳其義。時五月兢渡，生儒俱出上河遊覽，惟兄弟篤志不出。偶太祖微行，至號舍，見生儒俱出，獨聞一號書聲。入舍，二生驚懼。上喜見書案上，有藕一截，上出一對曰：「一彎西子臂」。兄弟齊應聲答曰：「七竅比干心」。上大喜曰：「必

忠貞士也」。命銓部選兩御使。（稗史）

☆　☆　☆

狀元馬鐸、少時夢中有語之者曰：「雨打無聲鼓子花」。不省所謂。後與同邑林誌同舉進士，誌高才，鄉會皆第一。殿試時，忽夢踏其首。以是怏怏，爭於上前。上曰：「朕有一對，對佳者，狀元也」。曰：「風吹不響鈴兒草」。馬即對以夢語。而誌思竭不能。于是得賜狀元。（稗史）

第五章 官階（三則）

永樂初，有士人赴舉，祈夢。神有告之「禮樂征伐自天子出」。士人擬為「義為論」以待，及舉於鄉登進士，竟無驗。後宦膳部郎，文廟與群臣宴，出語曰：「流連荒亡，為諸侯憂」。屬群臣對，無有應者。士人進曰：「禮樂征伐，自天子出」。上大悅，即擢禮部侍郎。夫一對之間，而官階

超擢，已預定如此，人勞心營營以求獲者，何益哉？（稗史）

何致雍者、賈人之子也。幼而爽俊好學，嘗從其叔父泊舟皖口，其叔夜夢一人，若官吏，乘馬從數僕，來往岸側，徧閱舟船人物之數。復一人自後呼曰：「何僕射在此，勿驚之」！對曰：「諾！不敢驚」。既寤，徧訪鄰舟之人，皆無姓何者。乃移舟入深浦中。翌日大風濤，所泊之舟皆沒，唯何氏存。叔父乃謂致雍曰：「我家世貧賤，吾復老矣，何僕射、必汝也。善自愛」。致雍後從知於湖南爲節度判官，會楚王殷、自稱尊號，以致雍爲戶部侍郎翰林學士。致雍自謂當作相，而居師長之任。後楚王希範嗣立，復去帝號，以致雍爲節度判官、檢校僕射，竟卒於任。（稽神錄）

何純齋、何恭惠公之孫也。言恭惠公官浙江海防同知時，嘗於肩輿中，見有道士跪獻一物，似夢非夢，澳然而醒，道士不知所在？物則宛然在手中，乃一墨晶印章也。辨驗其文，鐫「青宮太保」四字，殊不解其故。後官河南總督，卒於任，特贈太子太保。始悟印章爲神預告也。

按：仕路升沉，改移不一。惟身後飾終之典，乃爲一生之結局。定命錄載：李廻秀自知當爲侍中，而終於兵部尚書，身後仍贈侍中。又載：張守珪自知當爲涼州都督，而終於括州刺史，身後乃贈涼州都督。知神註祿籍，追贈與實授等也。恭惠公官至總督，而神以贈官告，其亦此意矣。（閱微草堂筆記）

第六章 衣祿（四則）

唐相國李德裕、爲太子少保，分司東都。嘗召一僧，問己之休咎。僧曰：「非立可知，願結壇設佛像」。僧居其中，凡三日，謂公曰：「公災戾未已，當萬里南去耳」。公大怒，叱之。明日又召其僧而問焉，慮所見，未子細，請更觀之。即又結壇三日，告公曰：「南行之期，不旬月矣。不可逃」。公益不樂，且曰：「然則吾師何以明其不妄耶」？僧曰：「願陳目前事爲驗，庶表某之不誣也」。公曰：「果有說也」？即指其地曰：「此下有石函，請發之」。即命窮其下，數尺，果得石函，啓之亦無覩焉。公異而稍信之。因問南去誠不免矣，然乃遂不還乎？僧曰：「當還耳」。公訊其事？對曰：「相國平生，當食萬羊，今食九千五百矣，所以當還者，未盡五百羊耳」。公慘然而歎曰：「吾師果至人！且我元和十三年，爲丞相張公從事于北都，嘗夢行于晉山，見山上盡目皆羊。有牧者十數，迎拜我。我因問牧者，牧者曰：「此侍御平生所食羊」。吾嘗記此夢，不洩于人。今者果如師之說耶？乃知陰騭固不誣也。後旬日，振武節度使米暨，遣使致書於公，且饋五百羊。公大驚，即召告其事。僧歎曰：「萬羊將滿，公其不還乎」？公曰：「吾不食之，亦可免耶」？曰：「羊至此，已爲相國所有」。公戚然，旬日貶潮州司馬，連貶崖州司戶。竟沒于荒裔也。（宣室志）

☆　☆　☆

南城劉夢林，一夕夢至一所兩石榴樹下，獲錢千緡。自念何以至此？未幾，戴某延教子姪，歲奉百緡。入齋見庭前兩榴樹，宛如夢中。館凡十年，其俸却及千緡。後登戊戌第而去。（稗史）

☆　☆　☆

聞昔有嗜鴨者，每飯必殺生。忽夢一處，有數大池鴨，守者告以：「皆君口中物也。」醒益自喜，恣殺勿止。後復夢至故處，則一池數鴨而已，遽命勿殺。適有疾，親故饋食，皆鴨也。數之，適符夢中所見，遂驚悸而死。嗟乎！人烏知己鴨之將盡？又烏知鴨盡而己尚不與之俱盡耶？（庸盦筆記）

嘉靖時，杭人張姓者，自幼爲小商，老而積金四錠，各束以紅線，藏于枕。忽夜夢四人，白衣紅束，前致辭曰：「吾等隨子久，今別子去江頭韓餅家」。覺之，疑索于枕，金亡矣。躊躇太息，之江頭，詢韓，果得之。張告韓曰：「君曾獲金四錠乎」？韓驚曰：「君何以知」？張具道故。韓欣然出金示張，命分其半。張固辭謝，遂出門。韓留觴之，舉一錠，分爲四，各裹餅中，臨行饋之。張受而行。中途值乞者四，求之哀，各濟以餅一。四乞者計曰：「此餅巨而冷，不可食，何不至韓易小而熱者乎」？遂之韓。韓主笑而易之。嗚呼！四金張故物也。三失矣，而復一，猶不當有，盡歸韓。韓張之窮通，何傾異？豈非分定故耶？是乞人也，天使之也。張業商所獲，自艱辛來，且不能錮留，世有不義之獲，其可享耶？（稗史）

第七章 婚配（二則）

崔元綜、任益州參軍日，欲娶婦，吉日已定。忽假寐，見人云：「此家女，非君之婦。君婦今日始生」。乃夢中相隨，向東京履信坊十字街西道北，有一家，入宅內東行屋下，正見一婦人生一女子。云：「此是君婦」。崔公驚寤，殊不信之。俄而所平章女，忽然暴亡。自此後，官至四品，年五十八，乃婚侍郎韋陟堂妹，年始十九。雖嫌崔公之年，竟嫁之。乃於履信坊、韋家宅上成親，果在東行屋下居住。尋

勘歲月，正是所夢之日，其妻適生。崔公至三品，年九十，韋夫人與之偕老，四十年食其貴祿也。（定命錄）

黃左之、福州人，爲太學生，預淳熙七年薦書。是歲冬，池陽士人王生、亦赴省試，其家甚富。以錢百千與黃，招之結課神祠中。其神極靈驗，黃致禱。夢神告曰：「君春必及第。」指一女子示之曰：「此君之婦也。」黃視女狀貌不甚長，簪羅帛花於髻，恍惚間，以爪掐黃手。既覺，手猶微痕。自念，若榜下取妻，豈無珠翠之飾？顧簪羅帛花乎？王與黃游處頗久，相得益歡。遂約曰：「君若登科，當以息女奉箕帚。」明年，果中選，遂爲王婿，得奩具五百萬。成禮之夕，儼是夢中所見者。簪花亦然。黃初調南城尉，爲人道此。（稗史）

第八章 刼數

同治九年七月二十七日，馬端敏公被刺。先是，有丹陽某生者，夢見吏役持名單一紙，所錄殆數十人，第一名為張汶祥，第三名為馬新貽，而己則在數十名以外。寤而告人，決計不與秋試。未半月，而端敏被刺，某生以是冬十月卒。惟張汶祥名列第一，而死在明二月，咸莫測其故也。端敏騎箕之夕，張子青漕帥，在清江浦，忽夢端敏，以年愚弟名帖來拜。端敏故與漕帥丁未同年也。神色慘澹，久之默然。徐曰，吾事專託同年，拱手而去。未幾，得旨前赴金陵，熬審凶犯。漕帥至金陵，時以語人，謂凡事莫不有定數云。

是年又有湖州人費以耕，字餘伯者，以鬻畫遊上海，病臥客舍。馬公被刺之日，費忽語人曰：制府馬公，今日已死，一百二十餘年前之案發矣，此案共數十人，吾名亦在其中

，不能久居人世矣。越三日而費卒。（庸盦筆記）

按命運之說，由來尚矣。孔子所以罕言「慮君子不敬德修業，小人惰於農耳」。惟聚訟紛紜，莫衷一是。而以紀文達公引某道士論命之言，較為客觀而合乎情理，特引之如下：

制府李公衛未達時，嘗同一道士渡江，適有與舟子爭詬者，道士歎息曰：「命在須臾，尚計較數文錢耶？」俄其人為帆脚所掃，墮江死。李公心異之。

中流風作，舟欲覆，道士禹步誦咒，風止得濟。李公再拜謝更生。道士曰：「適墮江者命也，吾不能救。公貴人也，遇阨得濟，亦命也，吾不能不救，何謝焉？」

李公又拜曰：「領師此訓，吾終身安命矣！」道士曰：

「是不盡然！一身之窮達，當安命；不安命，則奔競排軋，無所不至。不知李林甫秦檜，即不傾陷善類，亦作宰相，徒自增罪案耳。至國計民生之利害，則不可言命！天地之生才，朝廷之設官，所以補救氣數也。身握事權，束手而委命，天地何必生此才，朝廷何必設此官乎？晨門曰：『是知其不可而爲之。』諸葛武侯曰：『鞠躬盡瘁死而後已，成敗利鈍，非所逆覩。』此聖賢立命之學，公其識之」。李公謹受教，拜問姓名？道士曰：「言之恐公駭，下舟行數十步，翳然滅迹。昔在會城，李公曾談是事。（閱微草堂筆記）

☆ ☆

林壽椿之父爾祥老先生，在李鴻章處做幕友，後來官至直隸遵化州知州，當他幼年讀書時代，夢見坐四人抬的轎子中衙署出，有一人跪在地上，手捧一呈。做了夢也就忘記了，到任約二年，有一天坐轎出衙，一人手拿一呈跪地不起，請求伸寃，憶起數十年前夢境相合，自知不妙，是年死於任所。

佛教徒林壽椿現年八十九歲，日夜誦經。他中年時候曾夢見他身穿海軍白色軍裝，登船服務，後十年竟任中山船軍醫。到船之日，所住房子與夢境不差分毫，誰敢說事非前定。

王仁堪，福州人，字可莊，光緒二年狀元，授修撰，出爲鎭江府知府，移蘇州，卒於官。在鎭江任內，有一日午睡，夢到天府，判官拿一本生死簿給他看，首頁就是王的名字，前世爲尼，某年某月某日投胎王家爲子，以及科第等等，與以後出任鎭江知府無不相符。惟調蘇州不前知也。簿中至此就沒有了王的下文。判官不准再看，王強翻數頁，每頁只書一亂字，驚醒。林貽書在側，可莊先生詳告之。民國二十年舍姪肅麓在中央公園來今雨軒宴客，貽書在座，席次爲筆者談之。可莊調蘇，自知不免，卒死於官，吾國自光緒二十年甲午至今差不多無年不亂，謂非奇夢而何。

民國八年筆者在北平謀事，多方奔走無一成者，非常苦惱。忽然五四風潮起，我猶捨不得離平，年近歲迫，勢不得不行，到了上海住惠南旅館候船。正月初一雨後春寒，擁被午睡，夢見吾家搭有竹蓬，母親死在邊廂，我兄弟三人披麻戴孝跪於屍側。元旦是吉日，做此惡夢，認為不祥，就去城隍廟燒香叩頭減壽十年以益吾母，然於我心常戚戚不安。是年五月二十九日母親生日，為拜延壽斗，以為既減壽又拜斗　可　災解厄。次年五月中旬又去北平，到了八月二十一日忽得母親死亡噩耗，就同合奇大哥奔喪南返，住上海東亞旅館，夜夢次子則勳夭折，哭告大哥，　哥慰曰：此心境不佳所致。及至家在母親棺前痛哭，二哥合詩告余曰：勳姪病重，勿太悲傷。不數日勳兒以肺炎不治死。竹蓬易引火，故吾家向用布代竹以防火災，是年布貴，吾北行後，二哥以竹代布取其賤也。母親數十年都居在正房，不知何故易居邊屋，證之前夢，如合符節，讖兆之說可不信乎。（勸懲見聞錄）

第十三篇　神仙

無鹽女

新序：齊有婦人，極醜無雙，號曰「無鹽女」。其爲人也，臼頭、深目、長壯、大節、昂鼻、結喉、肥項、少髮、折腰、出胸、皮膚若漆。年行三十，無所容入。欲嫁不售，流棄莫執。

於是，乃拂拭短褐，自詣宣王，願一見。謂謁者曰：「妾、齊之不售女也，聞君王之聖德，願備後宮之埽除。頓首司馬門外，唯王幸許之！」

謁者、以聞。宣王方置酒于漸台，左右聞之，莫不掩口而大笑。曰：「此天下強顏女子也。」

於是，宣王乃召而見之。謂曰：「昔先王為寡人取妃匹，皆已備有列位矣。寡人今日聽鄭衛之聲，嘔吟感傷，揚激楚之遺風。今夫人不容鄉里布衣，而欲干萬乘之主，亦有奇能乎？」

無塩女對曰：「無有，直竊慕大王之美義耳。」王曰：「雖然，何喜？」良久曰：「竊嘗喜隱。」王曰：「隱固寡人之所願也，試一行之！」言未卒，忽然不見矣。

宣王大驚，立發隱書而讀之，退而推之，又不能得。明日，後更召而問之，又不以隱對。但揚目、銜齒、擧手拊肘曰：「殆哉！殆哉！」如此者四。

宣王曰：「願遂聞命！」無塩女對曰：「今大王之君國也，西有衡秦之患，南有強楚之讎。外有三國之難，內聚姦臣，衆人不附。春秋四十，壯男不立，不務衆子，而務衆婦。尊所好，而忽所恃。一旦山陵崩弛，社稷不定，此一殆也。漸台五重，黃金白玉，琅玕龍疏，翡翠珠璣，莫落連飾，萬民罷極。此二殆也。賢者伏匿于山林，詔諛强于左右，邪僞立于本朝。諫者不得通入。此三殆也。酒漿流湎，以夜續朝，女樂俳優，從橫大笑。外不修諸侯之禮，內不秉國家之治。此四殆也。故曰殆哉！殆哉！」

於是，宣王、掩然無聲，意入黃泉，忽然而昂，喟而嘆曰：「痛乎！無鹽君之言。吾今乃一聞寡人之殆，寡人之殆，幾不可全。」於是，立停漸台，罷女樂，退詔諛，去彫琢，選兵馬、實府庫，四闢公門，招進直言，延及側陋，擇吉日，立太子，進慈母，顯隱女，拜無鹽君、為王后。而國大安者，醜女之力也。

徐庶成真

廣東某縣某村，忽到一道士，衣衫襤褸，向村人乞食，莫之應者。一老嫗以盂餉之。道士曰：「我欲救此一方人，孰知天數難回，不可强也。」村人異其言，稍稍聚視之。道士喫一盂飯至盡，已而復吐之石上，指謂人曰：「今歲天降大疫，死者無算，此飯每吞一粒，可救一人。汝等欲生乎？」村人乃爭食之。問道士姓名？對曰：「徐庶。」遂翩然而去。既而縣中大疫，而啜是飯者，皆不死。

又聞康熙中，三藩之變，有某將勦賊而敗，賊追之甚急。自分必死。忽有一古衣冠者，立於道旁，鬚眉皓白，道貌偉然。謂之曰：「汝勿怖，此賊甚劇，非助汝一臂之力，不能滅此賊。」因解佩劍授之，曰：「賊至此，汝但拔劍，劍即飛去，自能取賊之頭矣。」問劍何以歸還？曰：「自能取之。」因指某山，曰「與汝相會于此。」問其姓名？曰：「吾徐庶也，汝前生與我有舊，吾故特來救汝。勉之！」俄而衆賊奄至，某將倉卒拔劍，劍即飛去。須臾，賊衆紛紛棄甲倒戈而北。詢知賊酋已擊死矣。追至某山，果見古衣冠者已先在。捧劍，拱手作別，曰：「吾去矣！」遂不知所往。

又有訓蒙師顧洪山先生者，余之外曾叔祖也。余六七歲時，從之受業，時先生已八十餘矣。嘗自言少時，寓無錫城內藥王廟讀書，廟有道士數人。一日忽外來道士求暫寓，古心古貌，神氣灑然。博談古今，無所不通。尤喜談三國時事，感慨淋漓，令人歌泣。所述事跡，每有出諸史之外者。叩其姓名，笑而不答。越數月，一小道士病且死，其人命取桑葉十餘石，置大鍋中，熬其汁以灌之，霍然而愈。遂辭去。老道士覺爲異人，固留之不可，遂行。老道士奮力挽之。其人曰：「實告汝，我徐庶也。小道士二十一世前，爲劉豫州部小校；我念其焚城之役；頗有戰功，故來救之。與汝何緣？而欲强留我也。」徐步而去。老道士疾走追之，終不能及，數十步外，遂失所在。

（庸盦筆記）

尻解

李節、得道之士，通三禮，學甚精，少工歐陽率更書，自稱東山道士。杖策孤遊，居止無定所。每歷諸子之家，才止廳事，少時遂去。兒妻泣留，蔑之顧也。

率多遊于市井之間，縱飲酒肆，稍稍于肋脅後，取碎黃白物，齎換酒價。資鏹將竭，即不知所在。人皆竊伺蹤跡，莫之得也。或浹旬又見，鄰里中少年之徒，多從而學書，必愜意者，乃許之敎。常于衢路間，忽見士人，節謂之曰：「速將二千錢來，二十日內，敎你歐書取成。」人敬從之，果無謬矣。得錢隨手與人。又善射法，兖州節度使王庶人聞之，迎而就試焉。節日富于隙，所置一物，但略言節可中也。王公乃以常所使小僕于毬場內，以箬籠覆之。謂節曰：「西望射之可中矣。」節曰：「不識此奴可射乎？」王公笑而許之。未深信，既發一箭，使往覘之。奴已貫心而斃矣。王公大驚惋無及，欲從之學。節曰：「不可！公今日得，明日即反矣。」王內惡之，而不敢言。既而命同出獵，即遂亡歸山東。忽一旦，遍詣知聞告別，翌日而卒，葬于城南平地，壘石為塚。累年有獵者見鷹隨走入于墓穴中，獵者窺之，見其衣冠儼然而寢。即戲之曰：「三禮健否？」以草杖撥之，乃空衣焉，方驗其尸解矣。（金華子）

沂密僧

沂密間有一僧，舉止無定，如狂如風，邸店之家，或有愛惜寶貨，若來就覓，即與之。雖是貴物，亦不敢拒。且若舍之，暮必獲十倍之利，由是多愛敬，無不迎之。往往直入人家云

：「貧道愛吃脂葱，羅麵飯飪，速便煮來！」人家見之，莫不延接。及方就食將半，忽搭起而四顧，忽見糞土，或乾爐糞，即手捧投于碗內。自摑其口言曰：「更敢食者美食否？」則食盡而去。然所歷之處，必尋有異事。其後河水暴溢，州城沉者數版。州人恐懼，皆登陴危坐，立于城上。水益漲，頃刻去女牆頭數寸，城人號哭，數十萬眾，命在須臾。此僧忽大呼而來，曰：「可惜了一城人命！」須臾救取，於是自城上投身洪波中，軀質以沉，巨浪隨陷五尺。及日晚，城壁皆露。明旦，大水並涸。州人感僧之力，共追痛。相率出城，沿流涕泣。忽於城西河水中小洲之上，見其端然而坐，方袍儼然。大眾歡呼云：和尚在！就問，則已溺死矣。乃以輦輿舁起赴近岸，數百之眾，莫可舉動。又其洲上游泥，不可起塔廟。相顧計議未決。經宿，其塗泥，湧高數尺。地變黃土，堅若山阜，就建巨塔，

至今在焉。（金華子）

吉留馨秀才

楊琢云：膠東屬郡，有隱士，莫詳其姓氏鄉里，布袍單衣，行乞于酒市中，日希一大醉而已。既酒酣，即以手握衫袖，虔舉掉臂而行曰：「吉留馨！吉留馨！」市中童兒，隨繞譟擁，咸謂之「吉留馨秀才」。城西有古傳舍，郡非衝要，使命稀到，常寄宿于驛廊土塌之上。葦簟一重，每醉而歸，先以冷水連洗，令濕透，然後就枕。寒暑有變，茲固無改也。雖風霜如割，單麻之衣服覆身，人往候之，熱氣傍蒸于人。驛之門者，皆識其非常人。每沽酒數升，置于牀前，及常爲水。伏簟以候其入，見酒即飲，罄而後寢。如是經歷累年。忽一旦往道齋大會中，白日上昇矣。（諧譯）

顏真卿

顏眞卿、遇道人陶八，八授以碧霞丹餌之曰：「七十上有厄（災厄），如有即吉。後為盧杞所陷縊死。希烈敗，返葬，狀貌如生，徧身金色，爪甲出手背，鬚髮皆長數尺。人咸異之。後有商人遇之於羅浮山，寄書至偃師。顏氏守塋者曰：「此先太師親翰書法，蠶頭馬尾，眞得仙也。」（續博物志）

上帝後宮女

舊俗，正月望夜迎廁神，謂之紫姑，亦不必正月，常時皆可召。予少時見小兒輩等閑則召之以為嬉笑。親戚亦有召之而不肯去者，兩見有此，自後遂不敢召。景祐中，太常博士王綸家，因迎紫姑，有神降，是閨女，自稱上帝後宮諸女，能文章，頗清麗，今謂之仙女集，行于世。其書有數體，甚有筆力，然皆非世間篆隸。其名有藻牋篆茁金篆十餘名。綸與先君有舊，予與其子弟遊，親見其筆跡。其家時見其形，但自腰以上見之，乃好女子。其下常為雲氣所擁。善鼓箏，音調淒婉，聽者忘倦。嘗謂其女曰：「能乘雲與我遊乎？」女子許之。乃自其庭中涌白雲如蒸。女子踐之，雲不能載。神曰：「汝履下有穢土，可去履而登。」女子乃襪而登，如履綿絮。冉冉至屋復下，曰：「汝未可往，更期異日。」後女子嫁，其神乃不至。其家了無禍福。為之傳記者甚詳。此予目見者，粗志於此。近歲迎紫姑仙者極多，大率多能文章歌詩，有極工者，予屢見之，多自稱蓬萊謫仙，醫卜無所不能。棋予國手為敵。然其靈異顯著，無如王綸家者。（夢溪筆談）

白水素女

晉安帝時，侯官人謝端，少喪父母，無有親屬，為鄰人所養。至年十七八，恭謹自守，不履非法。始出居未有妻。鄰人共愍念之。規為娶婦未得。端夜臥早起，躬耕力作，不舍晝夜。後于邑下得一大螺，如三升壺，以為異物。取以歸，貯甕中。畜之十數日。端每早至野，還見其戶中有炊飲湯火，如有人為者。端謂鄰人為之惠也。數日如此，便往謝鄰人。鄰人曰：「吾初不為是，何見謝也？」端又以鄰人不喻其意，然數爾如此，後更實問。鄰人笑曰：「卿已自娶婦，密著室中炊飯，而言吾為之炊耶？」

端默然心疑，不知其故。後以雞鳴出去，平早潛歸，於籬外竊窺其家中，見一少女從甕中出，自竈下燃火。端便入門，徑至甕所視螺，但見女。乃到竈下問之曰：「新婦從何處來？而為相炊。」女大惶惑，欲還甕中，不能得去。答曰：「我天漢中白水素女也。天帝哀卿少孤，恭慎自守，故使我權為守舍炊烹。十年之中，使卿居富得婦，自當還去。而卿無故竊相窺掩，吾形已見，不宜復留，當相委去。雖然，爾後自當少差勤于田作，漁採治生。留此穀去，以貯米穀，常可不乏。」端請留，終不肯。時天忽風雨，翕然而去。

端為立神座，時節祭祀。居常饒足，不致大富耳。於是鄉人以女妻之。後仕至令長云。今道中素女祠是也。（白水素女）

旱疫平

太延元年，自三月不雨至六月，使有司遍請羣神，數日大雨。是日，有婦人，持一玉印，至潞縣、侯孫家賣之。孫家得印，奇之，求訪婦人，莫知所在。其文曰：「旱疫平」（魏書）

龍壽丹

熙寧七年，嘉興僧道親號通照大師，為秀州副僧正，因遊溫州雁蕩山，自大龍湫回，欲至瑞鹿院，見一人，布衣疾行澗邊，身輕若飛，履木葉而過，葉皆不動。心疑其異人，乃下澗中揖之，遂相與坐在石上。問其氏族閭里年齒，皆不答。鬚髮皓白，面色如少年。謂道親曰：「今宋朝第六帝也，更後九年當有疾，汝可持吾藥獻天子。此藥人臣不可服，服之有大害，宜善保守。」乃探囊出一丸，指端大，紫色，重如金錫，以授道親曰：「龍壽丹也。」欲去，又謂道親曰：「明年歲當大疫，吳越尤甚，汝名已在死籍，今食吾藥，勉修善業，當免此患。探囊中取一柏葉與之。道親即時食之。老人曰：「定免矣，慎守吾藥，至癸亥歲，自詣闕獻之。」言訖遂去。南方大疫，兩浙無貧富皆病，死者十有五六。道親殊無恙。至元豐六年夏，夢老人趣之曰：「時至矣，何不速詣闕獻藥。」夢中爲雷電驅逐，恐懼而起。經詣秀州，具述本末，謁假入京，詣尚書省獻之。執政親問，以爲狂人，不受其獻。明日，因對奏知，上急使人追尋，付內侍省問狀，以所遇對。未數日，先帝果不豫，乃使勾當御藥院梁從政持御香，錫裝錢百千，同道親乘驛詣雁蕩山求訪老人，不復見，乃於初遇處焚香而還。先帝尋康復，謂輔臣曰：「此但預示服藥兆耳。」聞其藥今在彰善閣，當時不曾進御。（夢溪筆談）

神藥奇丹

神仙之說，傳聞固多，予之目睹者二事：供奉官陳允任衢州監酒務日，允已老，髮禿齒脫，有客候之，稱孫希齡，衣服甚襤縷，贈允藥一刀圭，令揩齒，允不甚信之。暇日因取揩上齒，數揩而良久歸家，家人見之，皆笑曰：何為以墨染鬚？允驚，以鑑照之，上鬚黑如漆矣。急去巾，視童首之髮，已長數寸，脫齒亦隱然有生者。余見允時年七十餘，上髯及髮盡黑，而下髯如雪。

又正郎蕭渤罷白波輦運至京師，有黥卒姓石，能以瓦石沙土手摩之悉成銀。渤厚禮之，問其法。石曰：「此真氣所化，未可遽傳。若服丹藥，可呵而變也。」遂授渤丹數粒。渤餌之，取瓦石呵之，亦皆成銀。渤乃丞相荊公姻家，是時丞相當國，予為宰士，目覩此事。都下士人求見石者如市。遂逃去，不知所在。石遂去，渤之術遂無驗。石、齊人也，時曾子固守齊，聞之，亦使人訪其家，了不知石所在。渤既服其丹，亦宜有補年壽，然不數年間，乃病卒。疑其所化特幻耳。

（夢溪筆談）

刑求之過

劉擬山家，失金釧，掠問小女奴，具承賣與打鼓者。又掠問打鼓者，衣服形狀，求之不獲。仍復掠問，忽承塵上微嗽曰：「我居君家四十年，不肯一露形聲，故不知我。今則實不能忍矣。此釧非夫人檢點雜物，誤置漆奩中耶？」如言求之，果不謬。然小女奴已無完膚矣。擬山終身愧悔。恒自道之曰：「時時不免有此事，安能處處有此狐？」故仕宦二十餘載，鞫獄

未嘗以刑求。（閱微草堂筆記）

沛國士人

沛國有一士人，姓周，同生三子，年將弱冠，皆有聲無言。忽有一客從門過，因乞飲。聞其兒聲問之曰：「此是何聲？」答曰：「是僕之子，皆不能言。」客曰：「君可還；內省過，何以致此？」主人異其言，知非常人。良久出云：「都不憶有罪過。」客曰：「試更思幼時事。」入內食頃出，語客曰：「記小兒時，當梁上有燕巢，中有三子。其母從外得食哺三子，皆出口受之。積日如此。試以指納巢中，燕雛亦出口承受。因取三薔茨，各與食之，既而皆死。母還不見子，悲鳴而去。昔有此事，今實悔之。」客聞言，遂變為道人之容曰：「君今既自知悔罪，今除矣。」便聞其子，言語周正。忽不見此道人。（搜神後記）

比丘尼

晉大司馬桓溫、字元子，末年，忽有一比丘尼，失其名，來自遠方，投溫為檀越。尼才行不恒，溫甚敬待，居之門內。尼每浴，必至移時。溫疑而窺之，見尼裸身揮刀，破腹出腸，斷截身首，支分臠切。溫怪駭而還。及至尼出浴室，身形如常。溫以實問，尼答曰：「若遂凌君上，形當如之。」時溫方謀問鼎（篡位），聞之悵然。故以戒懼，終守臣節。尼後辭去，不知所在。（搜神後記）

洞穴珠

漢武宴于未央宮，忽聞人語云：「老臣負自訴。」不見其形。良久，見梁上一老翁，長八九寸，面皺鬚白，拄杖僂步至前。帝問曰：叟何姓名？所訴者何？翁緣柱放杖，叩頭不言。因仰視屋，俯視帝脚，忽不見。帝駭懼，問東方朔。朔曰：「

其名爲藻兼，水木之精也。陛下頃來，頻興宮室，斬伐其居，故來訴耳。仰頭看屋，而前視陛下脚者，顧陛下宮室足於此，不欲更造。」帝乃息役。後帝幸瓠子河，聞水底有絃歌之聲，置肴膳芬芳于帝前。前梁上翁、及數人，年少絳衣，紫帶佩纓，皆長八寸。一人最長，長尺餘，淩波而去，衣不沾溼，或挾樂器。帝問之曰：「向所聞樂，是公等奏耶？」對曰：「臣前昧死歸訴，蒙陛下息斧斤，得全其居，故相慶樂耳。」遂奏樂獻帝洞穴珠一枚，遂隱不見。帝問方朔：「何謂洞穴珠？」朔曰：「河底有一穴，深數百丈，中有赤蚌，蚌生此珠徑，明曜絕世矣。帝遂寶愛此珠，置於內庫。（述異記）

深山道人

有王媼者，房山人，家在深山，嘗告先母張太夫人曰：「山有道人，年約六七十，居一小庵，拾山果爲糧，掬泉而飲，日夜擊木魚誦經。從未一至人家。有就其庵與語者，不甚酬答，餽遺亦不受。王媼之姪傭於外，一夕，歸省母，過其庵前，道人大駭曰：「夜深虎出，爾安得行？須我送爾往！」乃琅琅擊木魚前道。未半里，果一虎突出，道人以身障之，虎自去，道人不別自去。復忽失所在。此或似仙歟？（閱微草堂筆記）

聖姑

吳興郡界首有洞庭山，山中聖姑祠廟在焉。吳志曰：「姑姓李氏，有道術，能履水行。其夫怒而殺之。自死至今向七百歲，而顏貌如生，儼然側臥。遠近祈禱者，心至則能到廟，心若不至，風迴其船，無得達者。今每月一日沐浴，為除爪甲。每日粧飾之。其形質柔弱，只如寢者。蓋得道歟？（紀聞）

聖姑祠

河間郡有聖姑祠，姓郭，字女君，魏青龍二年四月十日，與鄰女樵采於泓、深二水處。忽有數婦人，從水而出，若今之青衣。至女君前曰：「東海使聘爲婦，故遣相迎。」因敷茵于水上，請女君于上坐。青衣者侍側，順流而下。其家大小奔到岸側，惟泣而已。女君怡然曰：「今幸得爲水仙，願勿憂慮！」語訖，風起而沒于水鄉。人因爲立祠，又置東海公像於聖姑側，呼爲姑夫。（述異記）

胡僧

宋二帝北狩，到一寺中，有二石鑄金剛，並拱手而立。入其門，有一胡僧出入其中。神像高大，首觸桁棟，別無供器，止有石盂、香爐而已。僧揖坐，問曰：「何來？」帝以南來對。僧呼童子點茶，茶味甚香美，再欲索之，僧與童子趨堂後，而去。移時不出，求之，寂然空舍。惟林竹間，有一小室，中有刻胡僧，並二童子侍立。視之，儼然如獻茶者。（異聞總錄）

幻境

費長房傳：費長房、曾為市掾，市中有老翁賣藥，懸一壺於肆頭，及市罷，輒跳入壺。旦日，翁乃與長房俱入壺中，惟中玉堂嚴麗，旨酒甘肴，盈衍其中，共飲畢而出。長房遂賣藥老翁求道，而顧家人為憂。翁乃斷一青竹竿，度與長房身齊，使懸之舍後。家人見之，卽長房形，以為縊死，。賣藥老翁與長房入深山，踐荊棘，於羣虎之中，留使獨處，長房不恐。又臥於空室，以朽索懸萬斤石於心上。衆蛇競來齧索，且斷，長房亦不移。翁來撫之曰：「子可教也！」後使食糞，糞中有三蟲，穢特甚，長房惡之。翁曰：「子幾得道，恨於此不成如何？」長房歸來，自謂去家經旬日，而已十餘年矣。（後漢書）

王質

信安郡、石室山，晉時王質、伐木至，見童子數人棋而歌。質因聽之。童子以一物與質，如棗核。質含之，不覺饑餓。須童子謂曰：何不去？質起視斧柯，盡爛。既歸，無復時人。（述異記）

騰雲駕霧

王喬傳：王喬爲葉令，朔望日，常自縣詣臺朝。帝怪其來數，而不見車騎，密令太史伺候之。言其臨至，輒有雙鳧從東南飛來。於是候鳧至，擧網張之，但得一隻舃焉。乃詔上方診視，則四年中所賜尚書官屬履也。（後漢書）

第十四篇　妖孽

漢書五行志云：「草木之類謂之妖；妖猶夭胎，言尚微也。蟲豸之類謂之孽，孽則牙萌矣。六畜謂之禍，言其著也。人謂之痾，痾、病也，言浸深也。異物生，謂之眚。氣相傷，謂之沴；沴猶臨涖不和意也。」總而言之：皆即中庸所謂：「國家將亡，必有妖孽」之妖孽也。

妖孽雖云為國家將亡之徵兆，但「妖由人興」，「妖不自作」；如「上明而政平」則雖星墜、木鳴，亦無害於國。「上闇而政險」，則雖無妖興，亦無補乎治。唐魏元忠云：「見怪不怪，其怪自滅。」故妖孽雖可怪而不足畏也。維其可勸可戒，可歌可泣之事跡，亦足俾吾人嚴省察，資修治，不特有資談助而已。故亦擇述如次

第一章　人痾（三十七則）

人變牛（二則）

婁邑秦望山之陽，有居民金禹亭者，性兇惡嚚訟，老而彌甚。一日，忽謂其子曰：「我享報將至，明晨，便不食矣。今夕佳辰，可速治盛饌以饗我！」子聞之，駭不敢問，果多置酒肴，以燕其父。飲畢，各歸寢。夜將半，大風遽至，良久，聞啓戶聲，急吹火視之，則牀已空矣。於是合家起覓，見乃父在菜圃中，頷上生二肉角，長二寸許，眼横口哆，宛然一老牯也。但遍無毛耳。兩手已變牛蹄，後二足，尚如故。與之食不食，惟伏地囓草，囓畢，猶能人立。遠近觀者，踵相接。或呼其名，垂淚而不止。

吾聞作惡之人，有死後墮畜道者，生前現報，古籍中間載一二，然未敢深信。不意眞有其事也。第怪人世巨惡，不一而足，往往席豐厚享。乃一介小人，獨受所報，豈報之於地下者，較甚人間歟？抑或借此，懲一以警百與？吁！可畏也已。（蓴鄉贅筆）

莫治書、性乖戾，所爲皆逆天背理之事。年四十外，偶病癱症，臥床數十載，便溺滿身。一日忽呼其子，索草數束，即命閉門，不容人入。其子聞內有啖草聲，啓門視之，已變爲牛矣。（玉麈寶鈔徐升庵記）

人變驢（二則）

武城之東普光寺，行童元暉，近村王大子也。既作僧，爲街坊化緣，嗜酒不儉，一意狎遊。年二十五歲，得疾甚恐。還其家，困臥閱一寒暑。忽昏不知人，擧室環泣。少頃，昂首長鳴，頓仆於地。問其所苦，稍能言曰：「腰脊之下尾骨，痛不可忍。」呼瘍醫孔彥章視之，乃短驢尾，自皮膚間崛起。父畏醜狀宣播，急掩其衣，痛愈切。復裸以示人，然後止。明日長尺許，又明日，遍體生毛，首面已肖驢形。數日後，蹄鬣俱備，兩耳翹翹然，哮吼悲鳴，四肢據地卓立。遂成眞驢。家人議欲殺之。寺僧云不可，此天所以示戒，彰其惡報，以懲後來。如殺之，是逆天背理，將爲君家不利。於是畜於廐中，而弗施轡勒。驢嘶敵不已，且亂嚙人。試攀鞍韂前，則聳耳以待，若有喜意。負重致遠，能日行二百里，凡十年方死。（夷堅志）

陝西城固縣鄉民，有不孝婦，平時待其姑如虐奴婢，非一日矣。嘉慶庚辰正月初一日早起，婦忽向姑詈罵，喃喃不絕口。姑不理，而往別家拜年。有頃，不孝婦入房鎖門而臥，久之不出，但聞房中有聲如牛馬走。迨姑回欲入房，視之而不得。

急呼他人踏門，人惟見此婦臥於地，一腿已變成驢矣。越數月方死。（北東園筆錄）

人變豬（二則）

乾隆己酉十一月，常熟東南任陽鄉，有不孝婦，欲殺其姑者，置毒藥於餅中，而自往他所避之。其姑將食，忽有一乞人來求其餅。姑初不肯與，乞人袖中出一綠綾衫與之換去。及婦歸家，姑喜以衫示婦，婦又奪之。初着，身忽仆地，姑急扶之，不能起。忽變成豬，鄰人咸集視之，婦猶作人語曰：「我本應天誅，以今生無他罪過，但變豬以示人耳。」言訖，遂成豬叫。獨其前腳猶似手也。

又同時山東定陶縣，一農婦，素虐其姑，姑雙瞽，欲飲糖湯，婦詈不絕口。乃以雞矢置湯中，姑弗覺也。忽雷電大作，霹靂一聲，婦變爲豬，入廁上食糞。一時觀者，日數百人，歲

餘猶不死。（北東園筆錄）

人變虎（十三則）

山東有一婦，待姑不孝，一日有老嫗過其門，被服皆線結，光彩奪目，婦見而愛之，欲以己衣相易。嫗竟脫贈，不受其衣。婦取着之，忽變爲虎皮，但頭面猶存故相。里民聞於官，命豢養僧舍。人咸謂不孝之報。繪圖刊行以警世。（曠園雜誌）

廣西獞猺，久居深山，日與虎狎，有變爲虎者。居人射獵得虎，兩前足或有銅鐲環，則知爲獞猺所化。以蠻俗手必有釧也。

襄有貫姓者，依壻而居，壻見其尻際生尾，體毛漸長，不復省人事，送還其家。中途謂壻曰：「我不歸矣！」遂自擲溪谷中，跳躍而去。越日，出近村，攫民豕雞鴨，吮其血。村民

逐之，急則兩手據地作獸行。緩則人行。後不知所往。（金壺七墨）

唐長安年中，郴州左史，因病而爲虎。將噉其嫂，村人擒獲，乃左史也。雖形未全改，而尾實虎矣。因縶樹數十日，還復爲人。長史崔玄簡親問其故？左史云：「初被一虎，引見一婦人，盛服，諸虎恒參集，各令取當日之食。時某新預虎列，質未全，不能別覓他人，將取嫂以供，遂爲所擒。今雖作虎不得，尚能其聲耳。」簡令試之，史乃作虎聲，震駭左右，簷瓦振落。（五行志）

晉復陽縣、里民家兒，常牧牛。牛忽舐此兒，舐處肉悉白，，兒俄而死。其家葬此兒，殺牛以供賓客。凡食此牛肉男女二十餘人，悉變作虎。（廣異記）

晉太元元年，江夏郡安樂縣，師道宣年二十二，少未了了，後忽發狂，變爲虎，食人不可紀。後有一女子樹上採桑，虎取食之竟，乃藏其釵釧於山石間。後復人形，知而取之。經年還家，復爲人，遂出仕，官爲殿中令史。夜共人語，忽道天地變怪之事，道宣自云：「吾曾得病發狂，遂化作虎啖人，言其姓名。」同坐人、或坐人，或有食其父、子、兄弟者，於是號哭，捉送赴官，遂餓死建康獄中。（齊諧記）

晉時豫章郡吏易拔、義熙中，受番還家，違道不返。郡遣追，見拔言語如常，亦爲設食。使者催令束裝，拔因語曰：「汝看我面！」乃見眼目角張，身有黃斑色，便豎一足，徑出門去。家先依山爲居，至籬，即變成三足大虎，豎一足，即成其尾也。（異苑）

梁衡山侯蕭泰，爲雍州刺史，鎮襄陽。時虎甚暴，村門設檻，饑發，村人炬火燭之，見一老道士，自陳云：「從村丐乞

還，誤落檻裏。」共開之出檻，即成虎奔馳而去。（五行記）

唐故吏員外張昇隨僖宗之蜀，以年少未舉，遂就攝涪州衙推，州司差里正游章當値。他日遂告辭，問何往？章不答，但云：「有老母及妻男，乞時爲存問！」言訖，而去。所居近鄰夜聞章家大哭，翌日，使問其由？言章夜辭其家，入山變爲虎矣。二三日，又聞章家大驚叫，翌日，又問其故？曰：章昨夜思家而歸，自上半身已變，而尚能語。（聞奇錄）

近世有一人，寓居南陽山，忽患熱疾，不瘳。時夏夜月明，暫於庭前偃息。忽聞扣門聲，審聽之，忽如睡夢，家人卻無聞者。但於恍惚中，不覺自起，看之，隔門有一人云：「君合成虎，今有文牒。」此人驚異，不覺引手受之。見送牒者，手是虎爪，留牒而去。開牒視之，排印於空紙耳，心甚惡之，置牒席下，復寢。

明旦，少憶，與家人言之，取牒猶在，益以為怪。疾似愈，忽憶出門散適，遂策杖閒步，諸子無從者。行一里餘，其下有澗，沿澗徐步，忽於水中，自見其頭，已變為虎，又覩手足，皆虎矣，而甚分明。自度歸家，必為妻兒所驚，但懷貞恥，緣路入山。經一日餘，家人莫知所往，四散尋覓，比鄰皆謂：虎狼所食矣！一家號哭而已。

此人為虎入山，兩日覺飢餒，忽於水邊蹲踞，見水中科斗蟲數升。自念常聞虎亦食泥，遂掬食之，殊覺有味。又復徐行，乃見一兔，遂擒之，應時而獲。即噉之，覺身輕轉強。晝即於深榛草中伏，夜即出行求食。亦數得鹿兔等，遂轉為害之心。忽尋樹上，見一採桑婦人，草間望之，又私度，吾聞虎皆食人，試攫之，果獲焉。食之，果覺甘美。常近小路，伺接行人。日暮有一荷柴人過，即欲捕之。忽聞後有人云：「莫取！莫取，！」驚顧，見一老人，鬢眉皓白，知是神人。此人雖變，然心猶思家，遂哀告。老人曰：「汝曹為天神所使，作此身，今欲向畢，却得復人身。若殺負薪者，永不變矣。汝明日，合食一王評事後，當即為人。」言訖，不見此老人。

此虎遂又尋草潛行，至明日，日晚，近官路伺候。忽聞鈴聲，於草間匿。聞空中人曰：「此誰角馱？」又問：「王評事何在？」答曰：「在郭外！縣官相送飯曾，方散。」此虎聞之，便沿路伺之。一更已後，時有微月，聞人馬行聲，空中又曰：「王評事來也！」須臾，見一人，朱衣乘馬，半醉，可四十餘，亦有導從數人。相去猶遠，遂於馬上擒之，曳入深榛，食之。其從迸散而走。食訖，心稍醒，却憶歸路，去家百餘里，來尋山而歸。又至澗邊，照其身，已變為人矣。遂歸其家。家人驚怪，失之已七八月日矣。言語顛倒，似沉醉人。漸稍進粥食，月餘平復。後五六年，遊陳許長葛縣時，縣令席上坐客約三十餘人。主人因話人變化之事，遂云牛哀之輩，多為妄說。此人遂陳己事，以明變化之不妄。主人驚異，乃是王評事之子也。自說先人，為虎所殺，今既逢讎，遂殺之。官知其實，聽免罪焉。（原化記）

康熙乙丑止月，有僧九人，衣異色衣，從餘杭化緣，入臨安於潛昌化，盡化為虎，為害甚酷。三邑嚴捕，卒不可得。四月間，於潛山中、茅菴之頂，一虎坐化石上，居僧不知，登山遇虎墮崖，幾斃。獵者視之，則已死矣。舁送縣官，此後虎患漸息。石門沈元征先生秉鐸於潛時，所親見也。九僧：臨安化虎者三，昌化四，於潛二。（述異記）

康熙十四年，浙東湯縣某鄉章姓，有一老婦，年已七十餘，時時無故他出，輒數日不歸。其子竊疑之。一日尋至深山，過土地祠，聞祠中聲甚異，入視之，見其母方跳躑變虎，因驚呼，從後握其髮，持之不釋。母以爪傷子面，負痛放手，母跳躍而去，不知所之。數日，傷愈，遍求之山中，見一披髮虎前行，後從數虎子，不敢近，悵惘而歸。傳聞遠近。（述異記）

偽蜀建武四五年間，有百姓譙本者，秉性凶暴，不孝不義，鄰里皆惡之。少無父，常毆罵母，母每含忍。一旦歸甚晚，其母倚門而迎，本遙見便罵。母曰：「我只有汝一子，憂汝歸晚，汝反罵我也！」遂撫膺大哭，且歎且怨。本在城巷住，此時便出門，近城沿路上坐，忽大叫一聲，脫其衣，變為一赤虎，，直上城去。至來日，猶在城上。蜀主命趙廷隱射之，一發正中其口，衆分而食之。蜀主初纂一方，天雨毛，人變虎，地震者耳。（野人閒話）

廣西有一村氓，每日早出晚歸，必携死猪羊鹿犬等物至家，以爲常。後因其子擇日成婚，須豬羊祀神，妻囑其覓活者爲佳。村民有難色。妻遂疑已前之物，皆屬偷盜。命子尾其後，覘之。至一山，見其父入岩洞中，少頃有虎咆哮而出。其子驚悸良久，徐入洞求父所在。但見一衣存焉，疑爲虎食矣。

未幾，虎歸洞，而父復出，其子駭甚，因急歸告母。村民歸家，見其妻色變，遂大言曰：「吾爲汝等識破，今出不復返矣。」疾走出門，妻子牽衣留之，力挽其足，竟脫一襪而去。

後其子於山中，遇一虎，一足人也。因思此虎必其父，將爲獵者所得，遂遍揭街市云：「若有人獲虎一人足者，勿送官，願以重價購之。不數月，果得而葬之云。此康熙年間事也。

（述異記）

清青城子志異續編云：人變虎，自古有之。淮南子云：「牛哀病七日，化而爲虎，搏殺其兄。」郜國志云：「藤州夷人，往往化爲小虎」。書書云：「武后時，郴州左史，因病化虎，擒之乃止，而虎毛生矣。」豈譚子所謂至暴者，化爲猛虎，心之所變，不得不變？抑乖戾之氣所鍾，自有此一種人耶？

馮公廷虞，四川叙永廳人，乾隆己酉拔貢。授通江縣廣文。嘗爲余言：伊地有苗僅三姓，內惟王姓者，一代必有一人變虎。或二三十年一見云。曾目及其事，其人如寒狀。始則頭痛身熱，旋因身骨節痛，日夜呻吟不飲食。如此七八日，一夜變虎。家中人咸驚恐，聚衆鳴鑼放銃，持杖執戈以逐。其虎眷念庭幃，若不忍去。惟迫於衆逐，每數步必回頭，逐至深山而止。三五日，必仍回，其家閉戶，虎不得入，繞屋行不去。逐如前。後或一月一至，數月一至，久則不至焉。疑前事盡忘矣。

想其方變虎也，其自視何如？視人又何如？徘徊不去，眷念復至，猶有人之心存。其情可憫，其心可悲。是虎而人者也。彼夫忤逆橫暴，視父母兄弟妻子如陌人者，直人而虎者也。虎而人，人猶憫其為虎。人而虎，人將惜其為人。然則人之變虎，猶有人心。類虎之人，居然虎性，變虎固宜，類虎无不怪之怪。怪固不甚在乎罕見罕聞者也。

老嫗變狼（二則）

廣東厓州農民，孫姓者，家有母，年七十餘。忽兩臂生毛，漸至腹背，再至手掌，皆長寸餘。身漸傴僂，尻後尾生。一日仆地，化作白狼，銜門而去。家人無奈何，聽其所之。每隔一月、或半月，必還家視其子孫，照常飲食。鄰里惡之，欲持刀劍殺之。其子婦乃買豚蹄俟其再至，囑曰：「婆婆享此以後不必再來，我輩兒孫，深知婆婆思家無惡意，彼鄰居人那能知

道？倘以刀箭相傷，則彼兒媳者、心上如何忍待？」言畢，狼哀號良久，環視各處，然後走出。自後竟不來矣。（子不語）

太原王含者、爲振武將軍，其母金氏，本胡人女。善弓馬，素以獷悍聞。嘗馳健馬，臂弓腰矢，入深山，取熊鹿狐兔，殺獲甚多。故北人皆憚其能而推重之。後年七十餘，以老病，遂獨止一室，辟侍婢，不許輒近左右。至夜即扃戶而寢。往往發怒，欲杖其家人輩。後一夕，既扃其戶，忽聞軋然之聲，遂趨以伺之，望見一狼，自室中開戶而出。天未曉，而其狼自外還入室，又扃其門。家人且懼，具白於含。是夕，於隙中潛窺，如家人言。含憂悸不自安。至曉，金氏召含，且誨即市麋鹿。含熟以獻，金氏曰：「吾所需，生者爾。」於是以生麋鹿至於前。金氏啖立盡。含益懼。家人輩或竊語其事，金氏聞之，色甚慚。是夕既扃戶，家人又伺而視之，有狼遂破戶而出。自

是竟不復還矣。（宣室志）

老婦化黿（三則）

靈帝時，江夏黃氏之母，浴而化爲黿，入於深淵，其後時出見，初浴簪一銀釵，及見猶在其首。（後漢書）

魏文帝黃初初，清河、宋士宗母，化爲鼈入水。（晉書）

孫浩寶鼎元年，丹陽、宣騫母，年八十，因浴化爲黿。兄弟閉戶衞之，掘堂上作大坎，實水其中，黿入坎，遊戲三日，恒延頸外望。伺戶小開，便輪轉自躍入于遠潭，遂不復還。與漢靈帝時黃氏母同事，吳亡之象也。（晉書）

暴長

安帝義熙七年，無錫人、趙未年，八歲，一旦暴長八尺，髭鬚蔚然，三日而死。（晉書）

棺中生人

明帝太初三年，太原人發冢破棺，棺中有一生婦人，問其本事，不知也。視其墓木，可三十歲。（晉書）

老人生角

景帝二年九月，膠東下密人，年七十餘生角，角有毛。時膠東、膠西、濟南、齊四王，有舉兵反謀。謀由吳王濞起，連楚、趙，凡七國。下密縣居四齊（即上膠東等四國）之中。角、兵象上向者也。老人、吳王象也。年七十、七國象也。明年，吳王先起，諸侯從之，七國俱滅。（漢書）

長人

魏元帝咸熙二年八月，襄武縣，言有大人見，長三丈餘，跡長三尺二寸，髮白，著黃巾、黃單衣，柱杖呼王始語曰：「今當太平」晉尋代魏。（晉書）

人頭食肉

吳戍將鄧喜、殺豬祠神，治畢懸之，忽見一人頭，往食肉，喜引弓射中之，咋咋作聲，繞屋三日。後人白喜謀叛，闔門被誅。（晉書）

死嬰言

禎明二年，有船下，忽聞人言曰：「明年亂」。視之，得死嬰兒，長二尺，而無頭。明年，陳滅。（隋書）

怪胎（六則）

莊帝永安三年十一月丁卯，京師民家妻，產男，一頭、二身、四手、四脚、三耳。（晉書）

肅宗熙平二年十一月己未，并州表送：祁縣民韓僧眞、女令姬，從母右脇而生，靈太后令付掖庭。（宋史）

潮州城西，婦孕過期，產子如指大，五體皆具者百餘，蠕蠕能動。（宋史）

淳熙十四年六月，臨安府、浦頭，婦產子，生而能言，四日暴長四尺。（宋書）

至正九年四月，棗陽民、張氏婦，生男，甫及周歲，長四尺許，容貌異常，皤腹、擁腫，見人輒嬉笑，如世俗所畫布袋和尚。（元史）

梁太清元年，丹陽有莫氏妻生男，眼在頂上，大如兩歲兒。墜地而言曰：「兒是旱疫鬼，不得任。」母曰：「汝當令我得過。」疫鬼曰：「有上司，何得自由？母可急作絳帽，故當有憂。」母不暇作帽，以絳繫髮。自是旱者二年，揚、徐、兗、豫，尤甚。莫氏鄉鄰，多以絳免，他土効之無驗。（隋書）

怪病

世有奇疾者，呂縉叔以知制誥知穎州，忽得疾，但縮小，臨終僅如小兒。古人不曾有此疾，終無人識。有松滋令姜愚，無他疾，忽不識字，數年方稍稍復舊。又有一人家妾，視直物皆曲，弓絃、界尺之類，視之皆如鈎。醫僧奉真親見之。江南逆旅中一老婦，啖物不知飽，徐德占過逆旅，老婦愬以飢。其子恥之，對德占以蒸餅啖之。盡一竹簣，約百餅，猶稱飢不已。日食飯一石米，隨即痢之。飢復如故。京兆醴泉主簿蔡繩、予友人也。亦得飢疾，每飢立啖物，稍遲則頓仆悶絕。懷中常置餅餌，雖對貴官，遇飢亦便啖。繩有美行，博學有文，為時聞人，終以此不幸。無人識其疾，每為之哀傷。（夢溪筆談）

高祖太和十六年五月，尚書李沖奏：定州中山郡，毋極縣民李班虎女獻容，以去年九月二十日，右手大拇指甲下，生毛九莖，至十月二十日，長一尺二寸。（魏書）

第二章　禽獸禍（六十二則）

虎變人（三則）

唐開元中，有虎取人家女為妻，於深山結室而居。經二載，其婦不之覺。後忽有二客，攜酒而至。便於室中羣飲。戒其婦云：「此客稍異，愼無窺覷！」須臾，皆醉眠。婦女往視，悉虎也。心大驚駭，而不敢言。久之，虎復爲人形還，謂婦曰：「得無窺乎？」婦言：「初不敢離此！」後忽云：「思家，願一歸覲！」經十日，夫將酒肉，與婦偕行。漸到妻家，遇深水，婦人先渡，虎方褰衣。婦戲云：「卿背後，何得有虎尾出？」虎大慚，遂不渡水，因而疾馳不返。（廣異記）

明經王居貞者，下第歸洛之潁陽，出京與一道士同行。道士終日不食，云：我咽氣術也。每至居貞睡後燈滅，即開一布囊，取一皮披之而去。五更復來。他日居貞佯寢，急奪其囊。道士叩頭乞。居貞曰：「言之，即還汝！」遂言：「吾非人，衣者虎皮也。夜即求食於村里中，衣其皮，即夜可馳五百里。」居貞以離家多時，甚思歸，曰：「吾可披乎？」曰：「可也！」居貞去家猶百餘里，遂披之暫歸。夜深，不可入其門，乃見一猪，立於門外，擒而食之，遂巡回，乃還道士皮。及至家云：居貞之次子夜出，爲虎所食。問其日？乃居貞回日。自後一兩日甚飽，並不食他物。（傳奇）

松陽人、入山採薪，會暮，爲二虎所逐。遽得上樹，樹不甚高，二虎躍之，終不能及。忽相語曰：「若得朱部事，應必捷。」留一虎守之，一虎乃去。俄又一虎，細長善攫，時夜月正明，備見所以，一虎頻攫其人衣，其人樵刀猶在腰下，伺其復攫，因以刀砍之，斷其前爪。大吼，相隨皆去。至明，人始得還。會村人相問，因說其事。村人云：「今縣東有朱都事，往候之，得無是乎？」數人同往問訊，答曰：「昨夜暫出傷手

，今見頓臥。」乃驗，其眞虎矣。遂以縣令，命羣吏持刀圍其所，而燒之。朱都事忽起，奮迅成虎，突人而出，不知所之。（廣異記）

犬變人（六則）

晉祕書監、太原溫敬林，亡一年，婦栢氏，忽見林還，共寢處，不肯見子弟。兒子來見林，林小開窗，出面見之。後酒醉形露，是鄰家老黃狗，乃打死之。（幽明錄）

司空東萊李德，停喪在殯，忽然見形，坐祭牀上，顏色服飾，眞德也。見兒婦孫子，次戒家事，亦有條貫，鞭朴奴婢，皆得其過。飲食旣飽，辭訣而去。家人大小哀割斷絕，如是四五年。其後飲酒多醉而形露，但見老狗，便共打殺，因推問之，則里中沽酒家狗也。（搜神記）

太叔王氏、後娶庾氏女，年少美色。王年六十，常宿外，婦深無忻。後忽一夕見王還，燕婉兼常。晝坐因共食，奴從外來，見之大驚，以白王，王遽入，僞者亦出。二人交會中庭，俱著白帢衣服，形貌如一。眞王便先擧杖打僞者，僞者亦報打之。二人各敕子弟令與手。王兒乃特前痛打，僞者遂成黃狗。王氏時爲會稽府、佐門士，云：恒見一老黃狗，自東而來，其婦大恥，發病死。（續搜神記）

北平田琰、母喪，恒處廬，一日暮夜，忽入婦室，婦怪之曰：「君在毁滅之時，焉可如此？」琰不聽而合。後琰入，不與婦語，婦怪無言，並以前事責之。琰知魅臨，暮竟未眠，衰服掛廬。須臾，見一白狗，攫廬銜衰服，因變爲人，著而入。琰隨後逐之，見犬將升婦牀，便打殺之。婦羞愧，病死。（搜神記）

宋王仲文、爲河南郡主簿，居緱氏縣北得休，因晚行澤中，見車後有白狗，仲文甚愛欲取之，忽變形如人狀，目赤如火，差牙吐舌，甚可憎惡。仲文與其奴、共擊之，不勝而走，未到家，伏地俱死。（搜神記）

唐李義者、淮陰人也。少亡其父，養母甚孝。泣笋臥冰。未之過也。及母卒，義號泣，至於殯絕者數四。經月餘，乃葬之。及回至家，見其母如生存家內，起把義手，泣而言曰：「我如今復生，爾葬我之後，潛自來，爾不見我。」義喜躍不勝，遂侍養如故。又謂義曰：「愼勿發所葬之柩！若發之，我卽復死。」義從之。

後三年，義夜夢其母，號泣踵門而言曰：「我與爾爲母，寧無劬勞襁褓之恩？況爾少失父，我寡居育爾，豈可我死之後三年，殊不祭享？我累來，及門，卽以一老犬守門，不令我入。我是爾母，爾是我子，上天豈不知？爾若便不祭享，必上訴於天。」言訖，號泣而去。義亦起追之，不及。

至曙，憂疑愴然，無以決其意。所養老母乃言：「我子今日，何顏色不樂於我？必以我久不去世，致爾色養有倦也？」義乃泣言：「實以我夜夢一不祥事，於母難言，幸勿見罪！」

數日，復夢其母，及門號叫，撫膺而言曰：「李義！爾是我子否？何得如此不孝之極？自葬我後，略不及我塚墓，但侍養一犬。然我終上訴於天，爾當坐是殃譴！我以母子情重，故再告爾。」言訖，又去。義亦追之不及。

至曙，潛往所葬之塚祝奠曰：「義是母之生，是母之育，方成人在世。豈無母之恩也？豈無子之情也？至於母存日，冬溫夏涼，昏定晨省，色難之養，未嘗敢怠也。不幸違慈顏，已有終天之痛，首存殘喘，本欲奉祭祀也。乃葬母之日，母又還家再生，今侍養不缺。且兩端不測之事，裁斷無計，遲延終日，何路明之？近累夢母，悲言相責，即夢中之母是耶？抑在家之母是耶？從夢中之母言，又恐傷在家之母。從在家之母言，又慮夢中之事實。哀哉！此為子之難，非不孝也。上天察之！」言訖，大哭，再奠而回。

其在家母已知之，迎義而謂之曰：「我為爾母，死而復生，再與爾同生路，奈何忽然迷忘，却於空塚前破其妖夢，是知我復死也！」乃仆地而絕。

義終不測之，哀號歎曰，復謀葬之。既開其塚，是其亡母在，是棺中，驚走而歸。其新亡之母，乃化一楸老黑犬躍出，不知所之。（大唐奇事）

犬從地出（三則）

元帝太興中，吳郡太守、張懋，聞齋內床下犬聲，求而不

得，既而地自坼，見有二犬子，取而養之，皆死。尋而懋為沈充所害。（晉書）

太興四年，廬江，何旭家，忽聞地中有犬子聲，掘之，得一母犬，青黧色，狀甚羸瘦，走入草中，不知所在。視其處，有二犬子，一雄一雌。哺而養之，雌死雄活。及長為犬，善噬獸，其後旭里中為蠻所沒。（晉書）

輔國將軍孫無終家，于既陽地中，聞犬子聲，尋而地坼，有二犬子，皆白色，一雄一雌。取而養之，皆死。後無終為桓玄所誅滅。（晉書）

案：尸子曰：「地中有犬，名曰地狼。」夏鼎志曰：「掘地得犬，名曰賈。」此蓋自然之物也，不應出而生，為犬禍也。

狗言（三則）

孝懷帝永嘉五年，吳郡嘉興、張林家狗言云：「天下人，餓死于是」果有二胡之亂，天下饑荒焉。（晉書）

安國李道豫，宋元嘉中，其家犬，臥於當路，豫踏之。犬曰：「汝即死！何必踏我？」豫未幾而卒。（述異記）

有朱休之者，元嘉中，與兄弟對坐之際，其家犬，忽蹲視二人而笑，因搖頭而言曰：「言我不能歌，聽我歌：梅花今年故復可，那汝明年何其家？斬犬不殺至梅花。」時兄弟相鬥，弟奮戟傷兄，收繫經年，至夜，舉家疫死。（集異記）

怪犬（三則）

後周、保定三年，有犬生子，腰以後，分為兩身、二尾、六足。犬猛畜而有爪牙，將士之象也。時宇文護與侯伏龍恩等，有謀懷貳，犬體後分，此其應也。（隋書）

安帝隆安初，吳郡治下，狗恒夜吠，聚高橋上，人家狗有

限，而吠聲甚衆。或有夜覘視之云：一狗假有兩三頭，皆前向，亂吠。無幾，孫恩亂於吳會焉。（晉書）

大業元年，雁門百姓閭犬，多去其主，羣聚于野，形頓變如狼，而噉噬行人，數年而止。時天下怨叛，江都之變，並宿衛之臣也。（隋書）

豕禍（四則）

昭帝元年，燕王宮永巷中，豕出國，壞都竈，銜其釜六七枚，置殿前。劉向以爲近豕禍也。時燕王旦與長公主左將軍謀爲大逆，誅殺諫者，暴虐無道。竈者，生養之本，豕而敗竈，陳釜於庭，釜將不用，宮室將廢辱也。燕王不改，卒伏其辜。（漢書五行志）

成帝咸和六年六月，錢唐人家，猳豕產兩子，而皆人面，如胡人狀，其身猶豕。（魏書）

延昌四年七月，徐州上言：陽平戍猪生子，頭面似人，頂有肉髻，體無毛。靈太后幼主傾覆之徵也。（魏書）

建武元年，有豕生八足。成帝十三年，京都人家，豕產子，一頭、二身、八足。兩面相向。（魏書）

豕言（二則）

開皇末，渭南沙門三人，行投施法於人場圃之上，夜見大豕，來詣其所，小豕從十餘。謂沙門曰：「阿練，我欲得賢聖道，然猶負他一命。」言罷而去。賢聖道者，君上之行也。皇太子勇、當嗣業，行君上之道，而被囚廢之象也。一命者，言爲煬帝所殺。（隋書）

開皇末，渭南有人寄宿他舍，夜中聞二豕對語，其一曰：「歲將盡，阿耶明日殺我供歲，何處避之？」一答曰：「可向水北姊家。」因相隨而去。天將曉，主人覓豕不得，意是宿客，而詰之。宿客言狀，主人如其言，而得豕。其後蜀王秀得罪，帝將殺之，平樂公主、每匡救得全。後數年而帝崩，歲盡之應。（隋書）

馬禍（四則）

建武中，南岸有一蘭馬走逐路上女子，女子窘急，走入人家牀下避之。馬終不置，發牀，食女子股脚間肉，都盡。禁司以聞，敕殺此馬。是後頻有寇賊。（南齊書）

靈帝光和元年，司徒長史馮巡馬生人。後巡爲黄巾所殘殺。（後漢書）

愍帝建興二年九月，蒲子縣、馬生人。（晉書）

弘治元年二月，景寧、屏風山，有異物成羣，大如羊，狀如白馬，數以萬計。首尾相啣，迤邐騰空而去。

嘉靖四十二年四月，海鹽有海馬萬數，岸行二十餘里，其

一最巨，高如樓。（明史）

牛禍（三則）

惠帝太安中，江夏張騁所乘牛言曰：「天下亂，乘我何之？」騁懼而還。犬又言曰：「歸何早也？」尋後，牛又人立而行。（晉書）

武帝太康九年，幽州塞北，有死牛頭語。（晉書）

桓玄之國，在荊州詣刺史殷仲堪，行至鶴穴，逢一老公驅青牛，形色瓌異，桓玄即以所乘牛易取。乘至零陵涇溪，駿駛非常，息駕飲牛，牛逕入江水，不出。玄遣人覘守經日，無所見，於後玄敗，被誅。（晉書）

羊禍（二則）

高祖太和二十三年三月，肆州上言：陽曲縣、羊生羔，一頭、一身、一牝一牡、三耳、八足。尋高祖崩。（魏書）

開皇十二年六月，繁昌、楊悅，見雲中二物，如羝羊，黃色，大如新生犬，鬥而墜。悅獲其一，數旬，失所在。時皇太子勇，既升儲貳，晉王陰毀而被廢黜，二羔鬥，一羔墜之應也。（隋書）

貓言（四則）

某友言：某公夜寢，聞窗外偶語。潛起窺之，時星月如晝，闃不見人，乃其家貓與鄰貓言耳。鄰貓曰：「西家取婦，盍往覘覦乎？」家貓曰：「其廚娘善藏，不足稅吾駕也。」鄰貓又曰：「雖然，姑一行何害？」家貓又曰：「無益也。」鄰貓固邀，家貓固卻。往復久之。鄰貓躍登垣，猶遙呼曰：「若來！若來！」家貓不得已，亦躍從之曰：「聊奉伴耳！」

某公大駭，次日執貓將殺之。因讓之曰：「爾貓也，而人言耶？」貓應曰：「貓誠能言，然天下之貓皆能言也。庸獨我乎？公既惡之，貓請勿言。」某公怒曰：「是眞妖也！」引棓將擊殺之。貓大呼曰：「天乎寃哉！吾眞無罪也。雖然，願一言而死。」某公曰：「若復何言？」貓曰：「使我果妖，公能執我乎？我不爲妖，而公殺我，則我且爲厲，公能復殺之乎？且我嘗爲公捕鼠，是有微勞於公也。有勞而殺之，或者其不祥乎？而鼠子聞之，相呼皆至，據廩以糜粟，穴篋而毀書，櫥無完衣，至無整器，公不得一夕安枕而臥也。妖孰甚焉？故不如捨我，使得效爪牙之役。今日之惠，其寧敢忘？」

某公笑而釋之，貓竟逸去，亦無他異。（東陽夜怪錄記苗介立事。貓之能言，古有之矣，而此貓滑稽特甚，足爲捧腹。）—耳食錄—

永野亭黃門爲余言：其一親戚家，喜畜貓。忽作人言者，察之貓也，大駭！縛而撻之，求其故。貓曰：「無有不能言者，但犯忌，故不敢耳。今偶脫於口，駟不及舌，悔亦何及？若牝貓，未有不能言者矣。」其家不之信，令再縛一牝者，撻而求其語。初但嗷嗷，以目視前貓。前貓曰：「我且不得不言。況汝耶？」於是亦作人言求免。其家始信而縱之。後亦多不祥。余聞其說，愈謂太平廣記所載，貓言莫如此！莫如此之尊。爲不誣也。

蘭岩曰：以言遭楚，貓應自悔。然猶以駟不及舌，痛自懲責。乃人也，每以多言取禍，反怨天尤人，不克自省，誠此貓之不若矣。（夜譚隨錄）

護軍參領舒奭，喜詠歌。行立坐臥，罕不嗚嗚。一日，友人過訪，歡飲於室。漏已二下，尚相與賡歌不輟。忽聞戶外細聲唱，所謂敬德打朝者，諦聆之，字音清楚合拍，妙不可言。

舒服役只一僮，素不解歌，茲忽聞此，深疑之。潛出窺何？則見一貓，人立月中，旣歌且舞。舒驚呼其友，貓已在牆。以石投之，一躍而逝。而餘音猶在牆外也。

蘭岩曰：上有好者，下必有甚焉者矣。舒喜歌唱，而貓亦效尤。舒應樂其善繼主人也。何以投之以石哉？一夜譚隨錄一

某公子爲筆帖式，家頗饒裕。父母俱存，兄弟無故，得人生之一樂焉。上下食指甚繁，而尤喜畜貓，白老烏員，何止十數？每食，則羣集案前，嗷嗷聒耳。飯鮮眠毯，習以爲恒。適飯後閒話，家人咸不在側。夫人呼婢，數四不應。忽聞窗外有代喚者，聲甚異。公子啓簾視之，寂無人，惟一貓奴踞窗台上。回首向公子，面有笑容。公子大駭！入告夫人諸昆弟，同出視貓。戲問曰：「適間呼人者，非汝也耶？」貓曰：然！衆大譁，其父以爲不祥，亟命捉之。貓曰：「莫拏我！莫拏我！」一言

訖，一躍，徑上屋簷而逝。數日不復來。舉室皇然，談論不已。

一日，小婢方餉猫，此猫復雜羣中來就食。急走入房，潛告諸公子。諸公子復大擾，同出捉之，縛而鞭之數十。猫但嗷嗷，倔強之態可惡，欲殺之。其父止之曰：「彼能作妖，殺之恐不利？不如舍之。」公子陰命二僕，盛以米囊，負而投諸河。甫出城，囊驟空。臨河而返，猫已先歸，直至寢室，啓簾而入。公子兄弟方咸集父母側，論猫事。瞥見猫來，胥發怔。

猫登踞胡床，怒視其父，目眥欲裂。張鬚切齒，厲聲而罵曰：「何物老奴！屍居餘氣，乃欲謀溺殺我耶？在汝家，自當推汝爲翁。若在我家，雲礽輩猶可孫耳。汝奈何喪心至此？且汝家禍在蕭牆，不旋踵而至。不自驚惕，而謀殺我，豈非大謬？汝盍亦自省，平日之所爲乎？生具螟蛉之材，負緣得祿。初仕刑部，以鉤距得上官心。出知二州，愈事貪酷。桁楊斧躓，威福自恣。作官二十年，草菅人命者，不知凡幾？尚思恬退林泉，正命牖下，妄想極矣！所謂獸心人面，汝實人中妖孽。乃反以我為怪，真怪事也！」遂大罵不已。辱及所生，舉室紛拏，莫不搶攘。或揮古劍，或擲銅瓶。茗碗香爐，盡作攻擊之具。

貓哂笑而起曰：「我去！汝不久敗壞之家，我不謀與汝輩爭也。亟出戶，緣樹而逝。至此不復再至。半年後，其家大疫，死者日以三四。公子坐爭地免官，父母憂鬱相繼死。二年之內，諸昆弟姊妹妯娌子姪奴僕死者，幾無孑遺。惟公子夫婦，及一老僕，暨一婢僅存。一寒如范叔也。

閱齋曰：妖由人作，見以為怪，斯怪作矣。唐魏元忠謂：

「見怪不怪，其怪自滅。」非見理明晰，不能作是語。雖然，內省多疚，亦不易作祖率漢。（夜譚隨錄）

狐（五則）

高祖太和十年三月，冀州獲九尾狐，以獻。十一年十一月，冀州又獲九尾狐，以獻。

孝靜天平四年四月，西兗州、獻白狐。七月光州、獻九尾狐。元象元年四月，光州獻九尾狐。二年二月，光州獻九尾狐。興和三年五月，司州獻九尾狐。（魏書）

漢陽令劉某，治祝由科邪教過嚴，有奸民上控撫軍。撫軍戒飭之，公抗言牴觸。撫軍怒曰：「若果才能，有沔陽州某案，若能審辨乎？」劉唯唯！先是沔陽有金桂姐，受黃氏聘，及婚期，綵輿迎至家，則兩新婦齊出、簪珥服飾，聲音體態，無不相肖，因之未敢成禮，仍以兩女歸金。金父母無從分別。於是兩姓，均以人妖莫辨訴官。由州至撫，案懸半載，俱未能決。故撫軍以之難劉。劉稟請提案，至撫軍公署候審。並請臨審時，借用撫軍寶印。撫軍許之。

臨期，公喚二女，隔別細鞫，並其父母庚甲產業、陳設，一一盤詰。及核供詞，如出一口。公乃喚二女至案前曰：「觀汝二人，原是一胞雙生，若並斷與黃家，恐爾父母不肯。吾今特設一鵲橋在此，能行者斷合，否則斷離。」乃鋪白布如橋，從儀門直接公座。命二女行布上，一辭不能，盈盈淚下。一則欣欣然，喜見於面。公叱淚下者，逐出署外，喚喜者登布上。此女如履平地，步至公前。公暗擊院印，從頭擊下，兩旁覆以網，而現為狐。投之江中，於是案結。撫軍大悅，奏陞漢陽府知府。從此遐邇歌龍圖再出矣。（續子不語）

余岳母凌母章太夫人常言住南京時，有兩怪事。一為其鄰居劉姥與章太夫人友善，劉姥年約四十，獨居一房，宴如也。人皆言劉姥有狐仙為情侶，而不敢問。章太夫人以摯友資格問之，且詳問之。劉姥亦詳告之，不諱言也。劉姥言公公（尊稱狐仙曰公公）每夜深來，凌晨去，來去方向則不得知，問亦不告。祇言不要問，來時必携食物或首飾或少數金錢，多則勿與。劉姥常強索之，公公謂如強索不再來矣。以是姥亦安之，不敢再索。章太夫人長子凌同普（即余妻兄，留美歸國後，任交通部建設委員會職員，約十年前病逝臺北。）時在大學，欲破除迷信，常在家倡言欲捉狐殺妖。章太夫人力誡之，勿聽，不得已，求劉姥轉求公公原諒其口舌之罪。且獻以雞蛋，為公公所嗜之物。公公許之，謂看在與劉姥為至交，不加害其子（同普），但必欲一顯靈異以加警戒。時同普自飼雛雞二十來個，一日晨起，全數失去，同普懼不敢吐罵，章太夫人則央劉姥以轉懇於公公施恩發還。明早視之，雛雞又全在焉。自是同普不再言破除迷信，更不敢大聲倡言捉狐殺妖矣。因公公欲劉姥轉達，如有不敢，同普難免殺身之禍也。自蒲松齡著聊齋，世言中國北方多狐，不知在南方之如「公公」者，蓋亦正多也，二爲兵家居南京時，有一樓房，人言有異，向不敢往居住。正在大學肄業之淩同普，暑假歸來，必欲打掃此樓房以我宿，章太夫人力勸勿往，不信。太夫人乃命一健僕偕同宿。一夜，攜燈把刀，扶梯而上，樓有口無門，梯亦臨時攜用之梯。原無樓梯，且終年無人一上其樓也。同普將樓房打掃清潔，置兩床，與健僕各臥其一。明晨醒起，健僕臥在床下，同普則臥在樓門口邊，頭懸門口外，俯視地下，如欲墜然，昨夜攜置之梯，亦失所在。（蕭瑜莫明其妙錄）

周公世僎、宰虞城時，有耿家莊劉化民家患狐，百法驅禳無效，因訴於公，諜移城隍。公從其請。狐在空中喝曰：「汝求城隍，城隍奈我何？」祟之益甚。公謂神且莫制，殊難爲力。其友沈松濤曰：「予在息縣，有巨紳某之子，甫畢姻，迫於父嚴，恐戀新婚，促令從師讀，且督責曰：無故不得擅歸。其子綢繆燕爾，未免妄想。一日獨坐書齋，見隔牆有美人露半身，秋波流注挑之，微笑而下。方欲移几梯接，又見牆上立金甲神，手執紅旗二桿，一書「右戶」，一書「右夜」，向女招展。女杳然遂滅。今試寫四字在紙上，試之如何？」因裁黃紙二方，研硃砂書之，令劉持歸，貼戶牖間。是夜狐來，果却步而言曰：「戶夜神在此，今且讓汝三年，後當再來。」從此寂然。周旋卽隨去，不知其後若何？其時內幕蔣生知此情節，聞紹興桂林菴有三尼，亦被妖纏，蔣乃教以用硃砂如法，書「右戶右夜」四字，貼其櫺窗，無風自啓，樓上狐扒竄一夜，聲如織甲，至曙始息。狐蓋逃去。今按四字，平平不解出於何典？乃能降狐如是。故誌之。（續子不語）

吳時、嘉興倪彥思，居縣西埏里，有鬼魅在其家，與人語，飲食如人，唯不見形。彥思奴婢有竊罵其主者，云：「今當以語彥思治之」，無敢罵之者。彥思有小妻，魅從求之，彥思乃迎道士逐之。酒肴既設，魅乃取廁中草糞，布著其上，道士便盛擊鼓，召請諸神。魅乃取虎伏于神座上，吹作角聲音。有頃，道士忽覺背上冷，驚起解衣，乃伏虎也。於是道士罷去。彥思夜于被中竊與婦語其患此魅，魅即屋梁上謂彥思曰：「汝與婦道吾，吾今當截汝屋梁」。即隆隆有聲。彥思懼梁斷，取火照視，魅即滅火，截梁聲愈急。彥思懼屋壞，大小悉遣出，更取火視，梁如故。魅大笑向彥思：「復道吾不？」郡中典農聞之曰：「此神正當是狸物耳」。此魅即往，謂典農曰：「汝取官若干百斛穀，藏著某處，爲吏污穢，而敢論吾。今當白于官，將人取汝所盜穀」。典農大怖而謝之。自後無敢道，三年後，

去不知所在。（搜神記）

鼠（七則）

昭帝元鳳元年九月，燕有黃鼠，銜其尾，舞王宮、端門中。往視之，鼠舞如故。王使夫人以酒脯祠，鼠舞不休，夜死。時燕王旦謀反，將敗死亡象也。（漢書五行志）

唐武德元年，李密、王世充、隔洛相拒，密營中鼠一夕渡水。嘉靖時有羣鼠銜渡。萬歷戊午己未，江北有方鼠千萬銜尾渡，江南蘆麥盡為所咋。其鼠頭方尾長。天啓時田鼠糾結如桴蔽江入，蘆葦根苗立盡。張養默言：短尾方喙，小於鼠而足方長。崇禎壬午，鼠銜尾渡江。占曰：「鼠無故，皆夜去，則邑有兵。」（物理小識）

陳禎明二年四月，羣鼠無數，自蔡洲岸，入石頭淮，至青塘兩岸。數日死，隨流出江。未幾，國亡。（隋書）

太康四年，會稽彭蜞及蟹，皆化為鼠，甚衆，復大食稻為災。（晉書）

紹興十六年，淸遠、翁源、眞陽三縣，鼠食稼，千萬為羣。時廣東久旱，凡羽鱗皆化為鼠。有獲鼠於田者，腹猶蛇文。漁者夜設網，旦視皆鼠。自夏徂秋，為患數月方息。歲為饑。（宋史）

魏齊王正始中，中山王周南為襄邑長，有鼠從穴出，語曰：「王周南，爾以某日死。」周南不應。鼠還穴，後至期，更冠幘皂衣出語曰「周南！汝日中當死。」又不應。鼠復入穴。斯須臾出，語如向日。適欲中鼠入，須臾復出，出復入，轉更數語如前日，適中鼠曰：「周南！汝不應，我復何道？」言絕顚蹶而死。即失衣冠，取視，具常鼠。是時，曹爽專政，競為比周，故鼠作變也。（晉書）

下蔡侯生家，有鼠為患。室中衣服器具，無一不為鼠所嚙蝕殘缺者。侯廣購異貓，前後以十數計，皆為鼠嚙死。

一日，有賣藥者來，自言能制鼠，神效。侯購其藥，和於食以飼之。是夜，聞其家雞與鼠隔壁偶語，雞問之曰：「子將安之？」鼠曰：「主人惡我已甚，將害於我，我將往營穴於東鄰之牆。」雞曰：「忠言逆耳利於行，毒藥苦口利於病。今行將別矣，吾請與子進逆耳之言，可乎？」鼠曰：「子姑言之！」雞曰：「好安而惡擾，人情也。子嘗破人之牆屋，毀人之什器，嚙人之衣服。時則縱舞於庭，跳叫於室。左顧右盼，旁若無人。此無怪主人之惡汝，而毒食以飼汝也。今而後，是必洗子之心，革子之面，而後可。不然，吾恐五洲之大，無一穴以容汝身也。」鼠曰：「謹受教！」遂去。以後寂然無聲，自是亦不復有鼠患矣。

南泉居士曰：寇盜之徒，必無所容於天地之間，欲保其身而安其居。蓋亦受教於德禽哉？（南皋筆記）

第三章 蟲豸（三十六則）

龜（七則）

高祖延興元年十二月，徐州、竹邑戍士邢德於彭城南一百二十里，得蓍一株、四十九枝；下掘，得大龜，獻之。（魏書）

徐太尉彥若之赴東南，將渡小海，元隨車將息，忽於淺瀨（沙灘）中，得一小琉璃瓶子，大如嬰兒之拳。其內有一小龜子，可長一寸許，旋轉其間，略無暫已。瓶口極小，不知所入之由也。因取而藏之。其夕，忽覺船一舷壓重。及曉視之，即有衆龜層疊乘船而上。大懼，以其將涉海，慮蹈不虞。因取所藏之瓶子，祝而投于海中。龜遂散。既而話於海船之胡人，胡人曰：此所謂龜寶也，希世之靈物，惜其遇而不能得。蓋薄福之人不勝也。苟或得而藏于家，何慮寶藏之不豐哉？胡人歎惋不已。（金華子）

東陽縣、吳時，有人入山，逢大龜，擔之。未至家，遇夜，纜舟于岸。見老桑呼龜曰：「元緒！汝當死矣。」龜呼桑樹曰：「子明！無苦也。雖然盡南山之樵，不能潰我。」對曰：「諸葛恪、明敏，禍必及于予。」明日，其人將龜獻吳王，命煮之。三日三夜不死。遂問諸葛恪。恪曰：「此龜有精，須得多載老桑爲薪煮之，立爛。遂命以老桑斫之爲薪，既然即爛。（述異記）

禪符中，方士王捷，本黥卒，嘗以罪配沙門島，能作黃金。有老鍛工畢升曾在禁中，爲捷鍛金。升云：「其法爲爐竈，使人隔牆吹火，蓋不欲人窺其啓閉也。其金，鐵爲之，初自治中出，色尚黑，凡百餘兩爲一餅，每餅輒解鑿爲八片，謂之鴉嘴金者是也。今人尚有藏者，上令尚方鑄爲金龜金牌各數百。龜以賜近臣，人一枚。時受賜者，除戚里外，在庭者十有七人。餘悉埋玉淸昭應宮寶符閣及殿基之下，以爲寶鎭。牌賜天下州府軍監各一，今所謂之金寶牌者是也。洪州李簡夫家有一龜，乃其伯祖虛己所得者，蓋十七人之數也。其龜夜中往往出遊，爛然有光，掩之則無所得。其家至今匱藏。（夢溪筆談）

開皇中、掖庭宮，每夜有人來挑宮人，宮司以聞。帝曰：「門衞甚嚴，人何從而入？當是妖精耳。」因戒宮人曰：「若逢，但斫之。」其後有物如人，夜來登牀。宮人抽刀斫之，若中枯骨。其物落牀而走，宮人逐之，因入池而沒。明日，帝令涸池，得一龜，徑尺餘，其上有刀迹。殺之，遂絕。（隋書）

金門羽客李鍊師，和順人。嘗爲章廟所召，提點天長館。

平生靈異，如金盂出水之類甚多，至八十一事，聞於邢州神霄宮壁間。門人王守中，又欲刻碑以傳。召匠者攻石，石中得一龜，日在几案間馴狎。如是百日，風過失所在。（續堅夷志）

洛河出美石，其中時有滑淨光瑩類玉者，人多取白石舂末，用法合鍊爲藥玉，即皆洛河之所出也。建隆初，暮春月，五六人乘閒於洛濱，選揀白石爲玩物。中有儒家子李元者，得一石，長四寸餘，潤厚稱之。重於常石，光潔溫潤，衆謂之玉。李將歸，置於佛前經歲。李素與玉工人姓崔者熟，謂工曰：「某得一白石，眞玉也。可解之乎？」崔因往視之，沈吟久之曰：「謂之爲石，既重而且潤。謂之爲玉，又外狀不類。可試治之。」遂以解玉砂，截五之一焉。視之，果石之美者也。其截處，中心空虛，有物在其內，微動，崔與李驚訝之。須臾，有一物，如錢許大，徐徐而出，即小白龜也。六甲皆具，體瘦而健，昂首引殼而行。夫石既混成，又周無隙罅，則是龜也，從何而入？李取漆合貯之，日於佛前燃香供養之。人知，求觀者甚衆，李命數人同送於洛濱，去水三數步放之。龜甲不動。食頃，引首左顧，向水而去。及入水，不沒，履水逆行約數丈。漸沒入水，遂不復見。龍耶？龜耶，衆不之測。（洛陽搢紳舊聞記）

按：溧陽縣屬山下橋有東嶽廟者，大殿大石柱二，其一有小洞一口，手可伸入，其中有石蟹，大可一把，探手可摸得，且能行動，時爬至洞口。維洞口小，蟹大，無法取出。鄉民咸畏其神，無敢損害，後被江西石工背人數去。此與石中白龜，似可印証。

龍（十三則）

乾道五年七月乙亥，武寧縣，龍鬪於復塘村，大雷雨，二龍奔逃，珠墜，大如車輪，牧童得之。自是，連歲有水災。（宋史）

大同十年夏，有龍夜因雷而墮延陵人家井中。明旦視之，大如驢，將以戟刺之，俄見庭中及室中，各有大蛇，如數百斛船。家人奔走。後侯景反，幽殺簡文于酒庫，宗室王侯，皆幽死。（隋書）

湖北黃陂縣之西，有鄺山者，層巒滴翠，高矗雲霄，與木蘭山對峙。山之麓有古寺，曰清淨菴，地僅半弓，編茅為屋。一老僧卓錫其間。同治十三年四月二十五日，天氣清朗，曠無雲翳，甫交亭午，忽聞菴後石壁如裂，聲震遠近，屋瓦皆飛。僧亟出探望，但見石崖內，水勢滔天，飛流直下，霎時山門已衝去。僧隨手攀一板片，浮沉其間。俄有龍逐浪而來，其頭如牛，仰露水面，偶觸木石，則波濤激起丈餘。由蔡店而至黃邑西濠，沿岸民房，衝塌無算，漂沒不下千人。蓋自鄭山至河口，被災者幾及二百餘里云。（庸盦筆記）

正德七年六月丁卯夜，招遠有赤龍懸空，光如火，盤旋而上，天鼓隨鳴。十三年五月癸丑，常熟、俞野村，迅雷震電，有白龍一、黑龍二，乘雲並下，口中吐火，目睛若炬。撤去民房，三百餘家，吸二十餘舟於空中。舟人墜地，多怖死者。是夜紅雨如注。五日乃息。（明史）

同治十三年，四月十三日，有六龍鬥于高淳之石臼湖，湖水飛騰，聲勢震盪，壞舟數十，茅屋數百間，人有死者。而嘉興亦于是日，有龍陣風，壞屋千餘間，死傷頗衆。夫高淳與嘉興，相距數百里，同日遇龍陣之災。豈高淳之鬥者，即嘉興起

風之龍，追上石臼湖中，而始相鬥耶？不可知矣。（庸盦筆記）

太和二年六月七日，密州卑產山北面，有龍見；初赤龍從西來，續有青龍、黃龍從南來，後有白龍、黑龍從山北來。並形狀分明，自申至戌，方散去。（舊唐書）

貞觀中，汾州言青龍見，吐物空中。有光如火。墮地，地陷。掘之得玄金，廣尺，長七寸。（舊唐書）

乾元二年九月，道州、三岡縣，放生池中，日氣下照，水騰波踴，上有黃龍躍出，高丈餘。又於龍旁數處，浮出明珠。（舊唐書）

紹興初，朱勝非出守江州，過梁山，龍入其舟，纔長數寸，赤背，綠腹，白尾，黑爪，甲目有光。（宋史）

天聖中，近輔獻龍卵，云：得自大河中，詔遣中人送潤州金山寺。是歲大水，金山廬舍爲水所漂者數十間，人皆以爲龍

卵所致。至今匱藏，予屢見之。形類色理，都如雞卵，大若五斗囊，舉之至輕，唯空殼耳。（夢溪筆記）

彭蠡小龍，顯異至多，人人能道之。一事最著；熙寧中，王師南征，有軍仗數十船，泛江而南。自離眞州，即有一小蛇登船。船師識之。曰：此彭蠡小龍也，當是來護軍仗耳。主典者以潔器薦之。蛇伏其中，船乘便風，日掉數百里，未嘗有波濤之恐。不日至洞庭，蛇乃附一商人船回南康。世傳其封域止於洞庭，未嘗踰洞庭而南也。有司以狀聞，詔封神爲順濟王。遣禮官林希致詔。子中至祠下焚香畢，空中忽有一蛇墜祝肩上。祝曰：龍君至矣。其重一臂不能勝，徐下至几案間，首如龜，不類蛇首也。子中致詔意曰：使人至此，齋三日然後致祭。王受天子命，不可以不齋戒。蛇受命，徑入銀香奩中，蟠三日不動。祭之日，既酌酒，蛇乃自奩中引首吸之。俄出循案行，色如淫胭脂，爛然有光。穿一翦綵花過，其尾尚赤，其前已變爲黃矣。正如雌黃色。又過一花，復變爲綠，如嫩草之色。少頃，行上屋樑，乘紙牖脚以行。輕若鴻毛，倏忽入帳中，遂不見。明日，子中還，蛇在船後送之，踰彭蠡而回。此龍常遊舟楫間，與常蛇無辨，但蛇行必蜿蜒，而此乃直行，江人常以此辨之。（夢溪筆談）

張魯之女，曾浣衣於山下，有白霧濛身，因而孕焉。恥之，自裁將死，謂其婢曰：「我死後，可破腹視之！」婢如其言，得龍子一雙，遂送於漢水。既而女殯於山，後數有龍至其墓前。成蹊。（道家雜記）

浙江上虞縣之西門外，居民多邊海而處，海之石塘西，自夏蓋山而止，山巔有夏蓋夫人廟，俗傳爲夏禹王妃塗山氏也。海中向有一白龍，每年於中秋前後，例必朝山一次。居民于此數日內，見雲脚鱗生，即指爲龍，然其形，卒不得而見也。光緒四年八月十四日下午，涼雨新霽，海波如鏡，忽西北方，雲疊魚鱗，極其整密，俄有白光一道，上沖霄漢，至半空，夭矯騰拏，變化不測，四爪畢現，全身甚露，鱗甲萬點，尤覺分明。但其首，則模糊不辨。頃之，龍尾亦隨波而上，盤空際，陡見其掉尾一掃，霎時間，黑風捲地，海水壁立，狂雨猛至，雷電交作，震山撼谷。迨雨過天霽，則已月出東山。縣中父老，皆謂四五十年來，未見此瑞，見則歲必大熟。道光二年，曾見一次，是歲禾稼倍登，棉花豐稔，今茲歲，必大穰矣，已而果然。（庸盦筆記）

龍宮

唐衞國公李靖，微時，嘗射獵靈山中，寓食中山，村翁奇其爲人，每豐饋焉。歲久，益厚。忽遇羣鹿，乃逐之。會暮，欲捨之不能。俄而陰晦迷路，茫然不知所歸，悵然而行。困悶益甚。極目，有燈火光，因馳赴焉。

既至，乃朱門大第，牆宇甚峻。扣門久之，一人出問？靖告迷道，且請寓宿。人曰：「郎君已出，獨太夫人在，宿應不可！」靖曰：「試為咨白！」乃入告，復出曰：「夫人初欲不許，且以陰黑，客又言迷，不可不作主人！」邀入廳中，有頃，一青衣出曰：「夫人來！」年可五十餘，青裙素襦，神氣清雅，宛若士大夫家。靖前拜之，夫人答拜曰：「兒子皆不在，不合奉留，今天色陰晦，歸路又迷，此若不容，遣將何適？然此乃山野之居，兒子還時，或夜到而喧；勿以為懼！」既而食，頗鮮美，然多魚。食畢，夫人入宅，二青衣送牀席及衾被，香潔皆極，鋪陳閉戶，繫之而去。

靖獨念，山野之外，夜到而鬧者，何物也？懼不敢寢，端坐聽之。夜將半，聞扣門聲甚急，又聞一人應之曰：「天符報，大郎子，當行雨，周此山七百里。五更須足，無漫滯，無暴厲！」應者受符入呈，聞夫人曰：「兒子二人，未歸，行雨符到，固辭不可，違時見責，縱使報之，亦以晚矣。僮僕無任專之理，當如之何？」一小青衣曰：「適觀廳中客，非常人也！盍請乎？」夫人喜，因自扣其門曰：「郎！覺否？請暫出，相見！」靖曰：諾！遂下階見之。夫人曰：「此非人宅，乃龍宮也！妾長男赴東海婚禮，小男送妹，適奉天。符次當行雨，計雨處雲程，合踰萬里。報之不及，求代又難。輒欲奉煩頃刻間，如何？」靖曰：「靖俗人，非乘雲者，奈何能行雨？有方可教，即唯命耳！」夫人曰：「苟從吾言，無有不可也！」遂勅黃頭備青驄馬來，又命取雨器，乃一小瓶子，繫于鞍前，戒曰：「郎乘馬，無漏銜勒信其行，馬跑，地嘶鳴，即取瓶中水一滴，滴馬鬃上，慎勿多也！」

於是上馬，騰騰而行，倏忽漸高，但訝其隱疾，不自知其雲上也。風急如箭，雷霆起於步下。於是隨所躍，輒之。既而電掣雲開，下見所憩，忖思曰：「吾擾此村多多矣，方德其人，計無以報。今久旱，苗稼將悴，而雨在我手，寧復惜之！」顧一滴不足濡，乃連下二十滴。俄頃，雨畢，騎馬復歸。夫人者泣於廳曰：「何相誤之甚？本約一滴，何私下二十尺之雨？此一滴，乃地上一尺雨也。此村夜半，平地水深二丈，豈復有人？妾已受譴杖八十矣！」但視其背，血痕滿焉。兒子亦連坐奈何？」

靖慚怖，不知所對。夫人復曰：「郎君世間人，不識雲雨之變，誠不敢恨！只恐龍師來尋，有所驚恐，宜速去此！然而勞煩，未有以報，山居無物，有二奴奉贈，總取亦可，取一亦可！唯意所擇。」於是命二奴出來，一奴從東廊出，儀貌和悅，怡怡然。一奴從西廊出，憤氣勃然，拗怒而立。靖曰：「我獵徒，以門猛事，今但取一奴。如取悅者，人以爲我怯也。兩人皆取，則不敢！夫人既賜，欲取怒者。」夫人微笑曰：「郎之所欲乃爾！」遂揖與別，奴亦隨去。

出門數步，回望失宅，顧問其奴，亦不見矣。獨尋路而歸。及明，望其村，水已極目，大樹露其梢而已，不復有人。其後，竟以兵權靜寇難，功蓋天下而終。不及於相，豈非取奴之不得乎？世言關東出相，關西出將，豈東西喩耶？所以言奴者，亦下之象。向使二奴皆取，卽極將相矣。（續玄怪錄）

蛇（四則）

吳末、臨海人，入山射獵，爲舍住。夜中有一人，長一丈，著黃衣白帶，徑來謂射人曰：「我有仇尅，明日當戰。君可見助，當厚相報。」射人曰：「自可助君耳，何用謝！」爲答曰：「明日食時、君可出溪邊，敵從北來，我南往應。白帶者、我。黃帶者、彼。」射人許之。

明出，果聞岸有聲，狀如風雨，草木四靡。視南亦爾。唯見二大蛇，長十餘丈，于溪中相遇。便相盤繞。白蛇勢弱，射因引弩射之。黃蛇即死。

日將暮，復見昨人，來辭謝云：「住此一年獵，明年以去。愼勿復來！來必爲禍。」射人曰：「善！」遂仍一年獵，所獲甚多，家至巨富。

後數年，忽憶先所獲多，乃忘前言，復更往獵。見先白帶蛇人告曰：「我語君，勿復更來。不能見用，仇子已大，今必報君，非我所知。」射人聞之甚怖，便欲走，乃見烏衣人，皆長八九尺，俱張口向之。射人即死。（搜神後記）

世傳蛇跌鼈，性最毒，食之能殺人。買鼈時，須以繩穿其尾，倒掛兩時許試之。如蛇也，則頓復原形矣。上海鄉人，素以販鷄爲業，一日担籠遇雨，避大樹下，忽聞橐然一聲，有物自樹顚墮下，視之鼈也。大如九寸盆，首尾皆伸出五六寸，尚係蛇形。鄉人捕置籠中，比歸則籠鷄皆死。鼈之頭尾，已與鼈無異。惟腹帶紅線耳。遂埋諸土，而棄死鷄于地。明日有黃鼠狼野貓各一，死于鷄旁，蓋皆食鷄而致斃者，其毒如此。（庸盦筆記）

人首蛇，粵西常有客經山行路，往往聞喚姓名聲。切不可應，應則夜間即來啖之。故飯舖主人，客到必問，今日路上有人喚否？答曰，無有，則已。如有，即授以一篋，藏諸枕畔。夜睡蛇來，篋中輒作風雨聲。客啓篋，有蟲飛去，始免於患。翌日，即有一蛇，死於店門，主人索謝，量力酬之。或曰：此蟲

名。飛蜈蚣，能制北蛇。否則雖萬里之外，亦無他術以避之。故飯店常蓄此，以待宿客。（志异續編）

陳方樗汪姓，性多忌諱，姽汝南陳伯敵家，有圍牆，術者謂不吉，擬拆，拆至半，見一蛇，等兒臂。人執鉏钁揮擊，厥聲鏗鏗然。蛇作人言曰：「祈勿傷我！我願他徙。否則爾等亦勿利。」怪之，擊愈力，蛇即死。匝月，擊者七人，連續死。（明齋小識）

魚（十二則）

明月峽中，有二溪，東西流。宋順帝昇平二年，溪人微生亮，釣得一白魚，長三尺，投置船中，以草覆之。及歸取烹，見一美女在草下，潔白端麗，年可十六七。自言高唐之女，偶化魚游，爲君所得。亮問曰：「既爲人，能爲妻否？」女曰：「冥契使然，何爲不得？」爲亮妻三年後，忽曰：「數已足矣

！請歸高唐。」亮曰：「何時復來？」答曰：「情不可忘者，有思復至！」其後，一歲三四往來，不知所終。（三峽記）

宋後廢帝、元徽三年，京口戍將劉萬年，夜巡於北固山西。見二男子，容止端麗，潔白如玉，遙呼萬年，謂曰：「君與今帝，姓族近遠？」萬年曰：「族異姓同！」一人曰：「汝雖族異，恐禍來及！」萬年曰：「吾有何過？」答曰：「去位，禍即不及！」萬年見二人所言，益異之。萬年謂二人：「深謝預聞，何用見酬？」萬年欲請歸鎭，二人曰：「吾非世人，不食世物！」萬年與語之次，化爲魚，飛入江去。萬年翌日託疾，遂罷其位。後果如魚所言。（江表異同錄）

孔子厄於陳，絃歌於館中，夜有一人，長九尺餘，皀衣高冠，咤聲動左右。子路引出，與戰於庭，仆之於池，乃是大鯉魚也，長九尺餘。孔子嘆曰：「此物也，何爲乎來哉？吾聞物老，則羣精依之，因衰而致其來也。豈以吾遇厄絕糧，從者病乎？夫六畜之物，及龜蛇魚鼈之屬，神皆能為妖怪，故謂之五酉五行之方，皆有其物。酉者、老也，故物老，則為怪矣。殺之則已，夫何患焉。」（搜神記）

吳少帝五鳳元年，四月，會稽餘姚縣百姓王素、有女年十四美貌，鄰里少年求娶者，頗衆，父母惜而不嫁。一日，有少年，姿貌玉潔，年二十餘，自稱江郎，願婚此女。父母愛其容質，遂許之。問其家族？云：居會稽。後數日，領三四婦人，或老或少者，及二少年，俱至。素因持資財以為聘，遂成婚媾。

已而經年，其女有孕，至十二月，生下一物，如絹囊，大如升，在地不動。母甚怪異，以刀剖之，悉白魚子。素因問江郎，所生皆魚子，不知何故？素尚未語，江郎即曰：「我所不幸，故產此異物。」母心獨疑江郎非人，因以告素。素密令家人，候江郎解衣就寢，收其所着衣，視之，皆有鱗甲之狀。素見之大駭，命以巨石鎭之。

及曉，聞江郎求衣服不得，異常詬罵。尋聞有物僵仆，聲震於外，家人急開戶視之，見牀下有白魚，長六七尺，未死，在地撥刺。素斫斷之，投江中，女後別嫁。（三吳記）

宋文帝元嘉二年春，彭城劉樞、字正一，自江陵歸鄂下，宿上明洲。時夜月微明，吟宴次。忽二人扣舟，高呼正一云：「我自鄂下來，要見正一！」樞引首望之，於岸下，見二人，各長五尺餘，容貌華飾，皆白服。便出與語。乃語樞曰：「久欲奉謁，今會良時！」樞曰：「卿自鄂下來，有何相謂？」其一人曰：「聞君儒者也，故修謁耳！」遂與同宴，夜闌，二人俱醉，於飲處便臥。樞甚異之，左右皆相目，不敢言。乃以被覆之。

及明，尚寢，欲喚，因舉被，見二魚，長各五六尺，眼雖動，而甚困矣。不敢殺，乃舁至江中。

是夕，樞夢二人，衣白衣，各執一珠，放樞臥前，不語而去。及曉，枕前二珠，各徑寸，乃是雙白魚也。（三吳記）

後周大象元年六月，陽武有鯉魚，乘空而鬥，猶臣下興起，小人從之而鬥也。明年，帝崩，國失政，尉迥起兵相州，高祖遣兵擊敗之。（隋書）

開皇十七年，大興城西南四里，有袁村，設佛會，有老翁，皓首、白裙、襦衣、來食而去。衆莫識，追而觀之，行二里許，不復見；但有一池中，有白魚，長丈餘，小魚從者，無數。人爭射之，或弓折弦斷，後竟中之。剖其腹，得粟飯，始知此魚，向老翁也。後數日，漕渠暴溢，射人皆溺死。（隋書）

大業十二年，淮陽郡、驅人入子城，鑿斷羅郎郭，至女垣之下，有穴，其中得鯉魚，長七尺餘。是時，長白山賊，寇掠河南，月餘至城下，郡兵拒之，反爲所敗，男女死者，萬餘人。（隋書）

梁大同十年三月，帝幸朱方，至四瀆中及玄武湖，魚皆仰首，見于上，若望乘輿者。帝入宮而沒。（隋書）

齊神武武平七年，相州、鸕鶿泊，魚盡飛去，而水涸。明年，而國亡。（隋書）

越州應天寺有鰻井，在一大磐石上，其高數丈，井纔方數寸，乃一石竅也。其深不可知。唐徐浩詩云：「深泉鰻井開。」即此也。其來亦遠矣。鰻將出遊，人取之置懷袖閒，了無驚猜，如鰻有鱗，兩耳甚大，尾有刃跡，相傳云：黃巢曾以劍斬之。凡鰻出遊，越中必有水旱疫癘之災，鄉人常以此候之。一

夢溪筆談一

蜈公

余舅父章升扶、過泗州匯蕩山，日方午，獨行澗中，忽東北有腥風撲鼻而至。一蟒蛇長數丈，騰空奔迅，其行如箭，若有所避者。後有五六尺長紫金色一蜈蚣逐之。蛇躍入溪中，蜈蚣不能入水，乃舞掉其羣脚，颯颯作聲。以鬚鉗掉水良久。口吐一紅丸，落水中。少頃，水如湯沸，熱氣上衝。蛇在水中，顛撲不已，未幾死矣。橫浮水面，蜈蚣乃飛上蛇頭，啄其腦，仍向水吸取紅丸，納口中，騰空去。（子不語）

癩蝦蟆

癩蝦蟆、蛙屬之至陋者也。然其爲用，能啖蜈蚣而去蚊、不可以貌廢也。張口向蜈蚣，蜈蚣伏不動，徐徐入其口中，而出於尻竅，復囘身張口向之，又入出如前者三四。遂葬其腹矣。

。咀嚼之法，未有奇於此者。既啖數頭，乃強飼以丹砂，緘其口，而懸之，以盤承其涎，既盡放去，取筆濡涎，畫圈於紙，黏壁上，室中之蚊，咸集圈中。去其圈，蚊復飛去。（耳食錄）

第四章　草木石妖（十五則）

柱生芝花（三則）

建元四年，城西古樓柏柱，數百年，忽生花。（南齊書）

天寶初，臨川郡人李嘉所居柱上，生芝草，草狀天尊像。太守張景夫拔柱以獻。

上元二年七月甲辰，延英殿御座，生白芝一三花。占曰：白芝主喪。明年上皇、肅宗俱崩。（舊唐書）

參人

高祖時，上黨有人宅後，每夜有人呼聲，求之不得。去宅一里所，但見人參一本，枝葉峻茂，因掘去之。其根五尺餘，具人體狀，呼聲遂絕。（隋書）

草木出血（三則）

漢獻帝建安二十五年春正月，魏武帝在洛陽，起建始殿，伐濯龍而血出，又掘徙梨根傷，亦血出。帝惡之，遂寢疾，是月崩。（晉書）

天寶六載，少陵原楊慎矜父墓封域內，草木皆流血，慎矜令浮屠史敬思禳之，退朝裸而桎梏於叢棘間，如此數旬，而流血不止。十二載，李林甫第東北隅，每夜火光起，或有如小兒持火出入者。（新唐書）

堅木多年，其汁有赤者，陸敬叔伐木見血，謂之彭侯。蜀志巴東有公孫述折柱長三丈，破之有血出。枯而不朽，老則生怪，有物憑之。至若武夷仙人架船，水心巖沈香棺，則古來水漂者，而木堅不壞也。謂鑿取方寸以祈雨者，則神之而適驗耳。（物理小識）

木生人狀

靈帝熹平三年，右校別作中，有兩樗樹，皆高四尺許，其一株宿夕暴長，長丈餘，大一圍，作胡人狀，頭、目、鬢、鬚、髮備具。京房易傳曰：「王德衰，下人將起，則有木生人狀。」（後漢書）

大樹無故自拔

七年，宮中有樹，大數圍，夜半，無故自拔。齊以木德王，無故自拔，亡國之應也。其年齊亡。（隋書）

石言（二則）

昭公八年春，石言于晉。晉平公問于師曠（晉掌樂大夫）

。對曰：「石不能言，神或憑焉。作事不時，怨讟（讟、痛怨之言，音讀）動于民，則有非言之物而言。今宮室崇侈，民力彫盡，怨讟並興，莫信其性（信、猶保也。性、生也）。石之言，不亦宜乎？於時晉侯方築虒祁之宮。叔向曰：君子之言，信而有徵。（左傳）

愍帝建興五年，石言于平陽。是時帝蒙，亦在平陽，有非言之物而言，妖之大者。俄而帝為逆胡所弒。（宋書）

兩石相擊

後齊河清四年，殿上石自起，兩兩相擊。及周師東伐，寵臣皆叛入周。（隋書）

石像自躍

周建德元年，濮陽郡、有石像，郡官令載向府，將刮取金，在道自躍投地，如此者再。乃以大繩縛著車壁，又絕繩而下

。時帝既滅齊，又有事於淮南，征伐不息，百姓疲敝，失衆心之應。（隋書）

石鼓自鳴

成帝鴻嘉三年五月乙亥，天水之冀縣南山，大石鳴，聲隆隆如雷。有頃，止聞平襄二百四十里，野雞皆鳴。石長丈三尺，廣厚略等，旁著岸脅去地二百餘丈。民俗名曰石鼓。石鼓鳴，有兵。（漢書）

石文

建炎三年四月，鼎州、桃源洞，大水，巨石隨流而下，有文曰：「無爲大道，天知人情。無爲窈冥，神見人形。心言意語，鬼聞人聲。犯禁滿盈，地收人魂。」（宋史）

國家圖書館出版品預行編目資料

齊諧選編 / 毛鵬基編著. -- 初版. -- 臺北市：蘭臺, 2012.12

面；公分. -- (蘭臺國學研究叢刊. 第一輯；4)

ISBN：978-986-6231-51-3（平裝）

813.6　　　　　　101022752

蘭臺國學研究叢刊 第一輯 4

齊諧選編

著　　者：毛鵬基
編　　輯：郭鎧銘
封面設計：鄭荷婷
出 版 者：蘭臺出版社
發　　行：蘭臺出版社
地　　址：台北市中正區重慶南路1段121號8樓之14
電　　話：(02)2331-1675或(02)2331-1691
傳　　真：(02)2382-6225
E—MAIL：books5w@yahoo.com.tw或books5w@gmail.com
網路書店：http://store.pchome.com.tw/yesbooks/
http://www.5w.com.tw/lanti/
http://www.5w.com.tw、華文網路書店、三民書局
總 經 銷：成信文化事業股份有限公司
劃撥戶名：蘭臺出版社　帳號：18995335
網路書店：博客來網路書店 http://www.books.com.tw
香港代理：香港聯合零售有限公司
地　　址：香港新界大蒲汀麗路36號中華商務印刷大樓
C&C Building, 36,Ting, Lai, Road, Tai,Po, New,Territories
電　　話：(852)2150-2100　傳真：(852)2356-0735
出版日期：2012年12月 初版
定　　價：新臺幣1200元整（精裝）
ISBN：978-986-6231-51-3
套書定價：新臺幣12000元整（精裝）
ISBN：978-986-6231-56-8